AF234082

LA
LOI D'UPLAND

PAR

L. BEAUCHET

PROFESSEUR A LA FACULTÉ DE DROIT DE L'UNIVERSITÉ DE NANCY
MEMBRE DE L'ACADÉMIE ROYALE DES SCIENCES D'UPSALA
ET DE L'ACADÉMIE DES BELLES-LETTRES DE STOCKHOLM

LIBRAIRIE
DE LA SOCIÉTÉ DU RECUEIL J.-B. SIREY ET DU JOURNAL DU PALAIS
Ancienne Maison L. LAROSE & FORCEL
22, rue Soufflot, PARIS, 5e arrond.
L. LAROSE & L. TENIN, Directeurs

1908

BIBLIOTHÈQUE NATIONALE
R F
IMPRIMÉS.

LA LOI D'UPLAND

8 F

19863

DU MÊME AUTEUR

Étude sur la condition de la mère en droit romain et en droit français. Nancy, 1878.

Programme du cours d'histoire générale du droit français public et privé. Nancy, 1882.

Étude historique sur les formes de la célébration du mariage dans l'ancien droit français. Paris, 1883.

Origines de la juridiction ecclésiastique et son développement en France jusqu'au xiie siècle. Paris, 1883.

Histoire de l'organisation judiciaire en France. Époque franque. Paris, 1886.

Formation et dissolution du mariage dans le droit islandais du Moyen âge. Paris, 1887.

Code pénal de Finlande de 1889, traduction. Nancy, 1890.

De la peine de mort, par K. d'OLIVECRONA, traduction et préface. Paris, 1893.

Loi de Vestrogothie (Westgöta-lagen), traduite et annotée et précédée d'une étude sur les sources du droit suédois. Paris, 1894.

Codes maritimes scandinaves, traduction, notes et préface. Paris, 1895.

De la polygamie et du concubinat à Athènes. Paris, 1895.

Histoire du droit privé de la République athénienne, 4 vol. in-8°. Paris, 1897.

Transportation et colonisation pénale à la Nouvelle-Calédonie. Paris, 1898.

Traité de l'extradition. Paris, 1899.

Traité de procédure de Bonfils, nouvelle édition, entièrement refondue. Paris, 1901.

Histoire de la propriété foncière en Suède. Paris, 1904.

Les octrois et la décentralisation municipale. Nancy, 1907.

LA
LOI D'UPLAND

PAR

L. BEAUCHET

PROFESSEUR A LA FACULTÉ DE DROIT DE L'UNIVERSITÉ DE NANCY

MEMBRE DE L'ACADÉMIE ROYALE DES SCIENCES D'UPSALA

ET DE L'ACADÉMIE DES BELLES-LETTRES DE STOCKHOLM

LIBRAIRIE

DE LA SOCIÉTÉ DU RECUEIL J.-B. SIREY ET DU JOURNAL DU PALAIS

Ancienne Maison L. LAROSE & FORCEL

22, rue Soufflot, PARIS, 5ᵉ arrond.

L. LAROSE & L. TENIN, Directeurs

1908

IMPRIMERIE
CONTANT-LAGUERRE

BAR-LE-DUC

A MONSIEUR R. DARESTE

MEMBRE DE L'INSTITUT

Hommage affectueux et reconnaissant.

INDEX BIBLIOGRAPHIQUE [1]

Afzelius, *Om parts ed såsom processuelt institut.* Upsala, 1879.

Amira, *Nordgermanisches Obligationenrecht,* I, *Altschwedisches Obligationenrecht.* Leipzig, 1882.

Antell, *Om tillgreppsbrotten.* Lund, 1889.

Ask, *Om formaliteter vid kontrakt.* Lund, 1887.

* Beauchet, *Loi de Vestrogothie.* Paris, 1894.

Beauchet, *Histoire de la propriété foncière en Suède.* Paris, 1904.

* Bergfalk, *Om svenska jordens beskattning till och med början af 17 : de århundradet.* Upsala, 1832.

Bergfalk, *Om försvarlösa personers behandling.* Upsala, 1833.

Björling, *Om bötesstrafet i den svenska medeltidsrätten.* Lund, 1893.

Björling, *Den svenska rättens exstinctiva laga fång till lösören på grund of god tro.* Lund, 1896.

Broomé, *Om svenska allmänna fattigvårdslagstiftningen.* Lund, 1856.

Calonius, *Om de forna trälarnes rätt i Sverige.* Jönköping, 1836.

Charpentier, *Om sytning.* Helsingfors.

Dahlberg, *Bidrag till den svenska fattiglagstiftningens historia.* Upsala, 1893.

Ericksen, *Om trældom hos Skandinaverne.*

Estlander, *Klander d lösöre enligt äldre svensk rätt.* Helsingfors, 1900.

Forsell, *Om ägoskilnader.* Upsala, 1851.

Forsman, *Bidrag till läran om skadestånd i brottmål enligt finsk rätt.* Helsingfors, 1893.

Fröman, *Ammärkningar om bordsrätten.* Stockholm, 1846.

---

(1) Les ouvrages marqués d'un * sont ceux auxquels nous renvoyons en l'absence de toute autre indication.

Hellner, *Hustrus förmåga rättshandlingar.* Lund, 1895.

Herrig, *De rebus agrariis suecicis et danicis.* Berlin, 1868.

Hildebrand, *Sveriges medeltid.* Stockholm, 1880 et s.

Juel, *Om dana arf.* Upsala, 1851.

Järta, *Försök at framställa lagfarenhetens utbildning,* in *Vitter. Histor. akad. handlingar,* t. 14. Stockholm, 1838.

Karlsson, *Den svenske konungens domsrätt under medeltiden.* Stockholm, 1890.

Kreüger, *Bidrag till upplysning om det kanoniska rättegångssättet i Sverige,* dans la *Naumann's Tidskrift,* 1882, p. 20 et s.

Lagus, *Om oäkta barns rättsförhållande till Familien.* Helsingfors, 1858.

Lancken, *Om länsförfattningen i Sverige under medeltiden.* Lund, 1864.

Landtmanson, *Träldomens sidsta skede i Sverige.* Upsala, 1897.

Landtmanson, *Om commodum possessionis och besittningsskydd.* Upsala, 1863.

Landtmanson, *Cours manuscrit* (se trouvant à la bibliothèque de la *Juridiska föreningen,* à Upsala).

Lehmann, *Verlobung und Hochzeit nach der nordgermanischen Rechten des früherens Mittelalters.* München, 1882.

Lehmann, *Die Königsfriede der Nordgermanen,* Berlin et Leipzig, 1886.

Liljenstrand, *Om kanoniska rättens inflytande på Sveriges lagstiftning.* Helsingfors, 1851.

Liljenstrand, *De nordiska bygningabalkarne.* Helsingfors, 1881.

Lindblad, *Om dråp och mord.*

Lindblad, *Läran om bevisning inför rätta enligt Sveriges lag.* Upsala, 1842.

Linde, *Svenska kamerallagfarenheten,* Stockholm, 1868.

Naumann, *Om edsöret enligt landskapslagarne.* Lund, 1843.

Nordling, *Föreläsningar om bostilnad och om behandlingen of dödmansbo.* Upsala, 1875.

Nordström, *Bidrag till den svenska samhällsförfattningens historia.* Helsingfors, 1839, 1840.

Olivecrona, *Testamentsrätten enligt svensk lagstiftning.* 2ᵉ éd., Upsala, 1878.

Olivecrona, *Om makars giftorätt i bo.* Upsala, 1878. —

Rabenius, *Om tionden.* Upsala, 1853.

Ragvaldus Ingemundi, *Leges Sveorum Gothorumque... latinitate primum donatæ.* Stockholm, 1481.

Ramstedt, *Om krigs og skatteväsendet i Svealandens lagar.* Upsala, 1875.

Schlyter, *Juridiska afhandlingar.* Upsala, 1836, et Lund, 1879.

Serlachius, *Om klander å jord enligt de svenska landskapslagarne.* Helsingfors, 1884.

Seth, *Studien om lagen om dikning.* Jönköping, 1896.

Sjögren, *Kontraktsbrotten enligt Sveriges medeltidslagar.* Upsala, 1896.

Stiernhöök. *De jure Sveorum et Gothorum vetusto.* Holmiæ, 1672.

Styffe, *Grundregalernas uppkomst i Sverige.* Stockholm, 1864.

Söderwall, *Ordbok öfver svenska medeltidsspråket.* Lund, 1884 et s.

Tengberg, *Om den äldsta territoriala indelningen i Sverige*. Stockholm, 1875.
Thulin, *Om mantalet*, Stockholm, 1899.
Thyren, *Makes gäld enligt svensk rättsutveckling*. Lund, 1893.
Trygger, *Om fullmakt såsom civilrättslig institut*. Upsala, 1884.

Uppström, *Öfversigt af den svenska processens historia*. Stockholm, 1884.

Walberg, *Om lega af jord å landet enligt svenskt civilrätt*. Stockholm, 1870.
Wiberg, *Om befästandet af Kyrkans friheter i Sverige under medeltiden*.
Wilda, *Geschichte des deutschen Strafrechts, Das Strafrecht der Germanen*.
Halle, 1842.
Winroth, *Familjerätt. Äktenskaps hindren*, Lund, 1890; *Äktenskaps ingående*.
Lund, 1892.
Winroth, *Om tjenstehjons förhållandet enligt svenskt rätt*. Upsala, 1878.
Winroth, *Om arfvingarnes ansvarighet för arflåtarens förbindelser*. Upsala,
1842.

INTRODUCTION

Les anciennes lois provinciales de la Suède peuvent se ranger en deux groupes distincts, d'après les deux nations différentes qui avaient occupé et colonisé les territoires formant la Suède actuelle. La loi nationale de Christophe le rappelle expressément dans ses premières lignes, où il est dit : « Le royaume de Suède s'est formé, dès les temps païens, du Svealand (pays des Svear ou Suédois proprement dits) et du Götaland (pays des Goths) ».

Nous avons donné, il y a quelques années, la traduction annotée de la plus ancienne et de la plus originale des lois gothes, la loi de Vestrogothie (1). Aujourd'hui nous donnons la traduction de la plus intéressante des lois du Svealand, la loi d'Upland.

Nous avons exposé précédemment (2) les circonstances dans lesquelles s'est faite la rédaction de la loi générale de 1296 pour l'Upland et le rôle prépondérant qu'y jouèrent le laghmán Birger Petersson et le plus savant de ses

---

(1) *Loi de Vestrogothie,* traduite et annotée et précédée d'une Étude sur les sources du droit suédois. Paris, 1894.

(2) Etude précitée, p. 47.

douze collaborateurs, le célèbre prévôt d'Upsala, Anders And. L'influence qu'exerça ce dernier dans la codification de 1296 est une des principales causes de la supériorité de la loi d'Upland sur les autres lois du Svealand.

Ainsi que l'a très bien observé le regretté M. d'Olivecrona (1), « la loi d'Upland peut être considérée comme l'expression la plus haute du sentiment du droit depuis le commencement du xiii° siècle jusqu'au milieu du xiv°. Elle forme comme la transition à la période suivante, bien qu'elle soit la plus ancienne parmi les lois suédoises proprement dites ».

Aussi l'influence de cette loi sur les autres lois du Svealand fut-elle considérable. De même que les autres provinces de cette région avaient été peuplées par des colons d'Upland, de même les autres lois suédoises rédigées postérieurement à 1296, la loi de Sudermanie, la loi nouvelle de Vestmanie et celle d'Helsingie, ont emprunté une grande partie de leurs dispositions à la loi d'Anders And; souvent même la nouvelle loi de Vestmanie a été copiée textuellement sur celle d'Upland.

Cette supériorité de la loi d'Upland peut être attribuée aussi à la prééminence religieuse dont jouissait le roi de cette province avant l'introduction du christianisme en Suède. Elle peut provenir également de ce fait que le laghman d'Upland était, parmi ses collègues des autres provinces, celui qui avait le plus de considération et d'autorité, car, aux grandes assemblées nationales, c'est lui qui interprétait les décisions du peuple. Aussi la loi d'Upland formait-elle en quelque sorte le droit commun du Svealand, en ce sens que c'est à elle que l'on se référait pour le jugement des procès qui ne pouvaient se solu-

---

(1) *Foreläsningar uli Sveriges yttre rättshistòria* (autographié).

tionner d'après les autres lois provinciales, souvent moins complètes (1).

Ce sont, en conséquence, les dispositions de la loi d'Upland qui ont principalement servi de base à la première loi nationale rédigée par les soins du roi Magnus Eriksson en 1347, et qui ont passé de là dans la seconde loi nationale de 1442 du roi Christophe, simple modification de celle de 1347, et qui resta en vigueur jusqu'au Code actuel de 1734.

Dans notre étude sur les sources du droit suédois (2), nous avons signalé les différentes éditions dont a été l'objet la loi d'Upland. Depuis la publication de cette étude il en a été donné une nouvelle édition (3) d'après un manuscrit que Schlyter n'avait pas eu à sa disposition et qui fut découvert en 1867 seulement par Ch. Eichhorn au château d'Angsö. Ce manuscrit renferme, sans doute, un des textes les plus complets de notre loi. Mais nous avons préféré, pour notre traduction, suivre le texte de Schlyter, en indiquant en note les plus importantes des variantes signalées par le grand historien.

Je ne veux pas terminer cette préface sans adresser à nouveau l'expression de ma profonde gratitude à ceux de mes collègues et amis d'Upsala et de Stockholm, qui se sont mis si aimablement à ma disposition pour m'aider à découvrir le sens, parfois si obscur, de certaines dispositions de la loi d'Upland et pour l'interprétation desquelles nous n'arrivions quelquefois, malgré nos efforts combinés, qu'à de simples conjectures. Je citerai spécialement

---

(1) Strinnholm, *Svenska folkets historia*, t. I, p. 575, qui cite en ce sens Snorre Sturlesson, Ol. den hel. S. c. 76.

(2) P. 53.

(3) *Upplandslagen efter Angsöhandskriften*, par Otto von Friesen, Uppsala, 1902.

MM. les professeurs Sjögren et O. Ottelin d'Upsala. Je dépose aussi sur la tombe de mon vénérable ami, M. K. d'Olivecrona, qui a disparu depuis mon dernier séjour en Suède, l'hommage de ma vive et bien affectueuse reconnaissance.

L. B.

LOI D'UPLAND

TRADUCTION

PRÉFACE (1)

Dieu lui-même a fait la première loi et l'a envoyée à son peuple par Moïse qui fut le premier législateur pour son peuple.

(1) Nous jugeons inutile de reproduire ici le texte de la confirmation donnée par le roi Birger Magnusson, le 2 janvier 1296, à la loi d'Upland. Cette confirmation, en effet, a été publiée en latin et en suédois, et le texte latin se trouve dans l'édition de Schlyter, en tête de la loi. Cette confirmation mérite toutefois l'attention à divers points de vue. Elle montre d'abord qu'à la fin du xiii⁰ siè-cle, en Upland, c'est-à-dire dans la plus ancienne et la plus importante des provinces suédoises proprement dites, la royauté avait acquis un tel développement et un tel prestige qu'on ne croyait pas pouvoir se passer de la sanction royale pour la promulgation d'un code, même quand il n'était qu'une collection des anciennes coutumes de la province. Aussi voit-on dans le texte les habitants de celle-ci s'adresser au roi en le priant de leur donner une loi nouvelle et meilleure. Mais le roi, de son côté, ne se croit pas encore autorisé à publier seul une loi nouvelle, et il charge le laghman, avec l'assistance de douze personnes choisies par lui, de rédiger un projet de code, qui fut ensuite soumis au peuple, en assemblée générale, et accepté par lui avant d'être l'objet de la confirmation royale. La loi se fait donc encore à cette époque, suivant la formule célèbre, *consensu populi et auctoritate regis.*

Il est vrai que, déjà avant la publication de la loi d'Upland, la royauté avait cru pouvoir promulguer, de son propre chef, certaines ordonnances obligatoires dans tout le royaume, comme celles d'Alsnö et de Skenninge de 1285 (Beauchet, p. 88). Mais ces ordonnances avaient un objet spécial, quoique tout à fait nouveau, et l'on comprend que la royauté ait hésité à promulguer seule un code complet comme la loi d'Upland. C'eût été violer trop ouvertement le sentiment d'indépendance, encore profondément enraciné chez le peuple, et son culte des coutumes traditionnelles que de faire un code nouveau sans que le peuple eût l'occasion de faire entendre sa voix et d'exprimer son approbation ou sa désapprobation. La prudence conseillait au roi de procéder

De même le tout-puissant roi des Svear et des Goths, Birger, fils de Magnus, envoie à tous ceux qui habitent entre la mer et le fleuve Sagå (1) et Öþmorþ (2) ce livre avec les flokker (3) de Viger (4) et les lois d'Upland. Les lois doivent être faites et ordonnées au peuple pour le gouvernement et des riches et des pauvres, et pour la distinction du juste et de l'injuste. Les lois doivent être conservées et observées pour la protection des pauvres, pour la paix des pacifiques, mais pour le châtiment et la terreur des violents. Les lois doivent être pour l'honneur des justes et des prudents, mais pour la correction des méchants et des imprudents. Si tous étaient justes il n'y aurait pas besoin de lois (5). Viger Spa fut le créateur de la loi, païen à l'époque païenne. Ce que, dans sa laghsagha (6), nous trouvons d'utile à tous les hommes, nous le mettons dans ce livre ; ce qui est inutile et offre des inconvénients, nous voulons l'exclure. Ce que ce païen a omis, comme le droit de l'Église et la loi de l'Église, nous l'ajouterons au commencement de ce livre. Et nous voulons suivre dans cette loi nos ancêtres, saint Erik, Birger, Jarl et le roi Magnus. Et ce que de notre opinion et de notre délibération nous avons ajouté ou enlevé, ainsi qu'y ont consenti tous les prudents, nous devons le réunir pour l'utilité de tous ceux qui habitent là où nous l'avons dit précédemment. Ce Code est divisé en huit livres (*Suit l'énumération des divers livres*).

autrement que pour la publication des ordonnances précitées. Toutefois, il est intéressant de voir combien, dans la confirmation, le roi prend soin d'invoquer son *auctoritas regia* comme fondement de son droit de donner à la loi nouvelle sanction et force obligatoire ou, en d'autres termes, comme base de son droit de participer au pouvoir législatif qui, jusqu'alors et de temps immémorial, était réservé exclusivement au peuple.

(1) Formant frontière entre l'Upland et la Vestmanie.

(2) Bois formant frontière entre l'Upland, la Gestricie et l'Helsingie.

(3) V. sur le sens de ce mot, Beauchet, p. 6, note 4.

(4) Laghman d'Upland.

(5) La loi danoise du Jutland, promulguée en 1241, renferme sur le but de la loi des réflexions semblables, que le rédacteur de la loi d'Upland a trouvées justes et qu'il a en conséquence reproduites dans notre préface. On rencontre des maximes analogues dans la préface du *Codex recentior* de la loi de Vestrogothie.

(6) V. Beauchet, p. 5, 9 et s.

LIVRE DE L'ÉGLISE

I

Tous les chrétiens doivent croire au Christ, qu'il est Dieu et
qu'il n'y a pas d'autres dieux que lui seul (1). Personne ne

(1) *Inleþning* = puerperae introductio in ecclesiam. Schlyter, Gl. Upl. Ce mot
signifie aussi la redevance payée au prêtre par la femme à cette occasion.

(2) V. *infrà*, Kkb. 15 : 5, note.

I. — (1) D'autres lois provinciales, rédigées à une époque plus voisine de
l'introduction du christianisme en Suède, témoignent d'un zèle plus grand
pour la propagation de la foi nouvelle. Ainsi la loi de Gotland (I : 4) interdit
formellement les sacrifices païens, sous peine d'une amende de trois marks.
L'ancienne loi de Vestrogothie (Kb. 1) prive également du droit de succéder
l'enfant qui n'a pas reçu le baptême. La loi d'Upland, au contraire, par sa
rédaction montre qu'elle considère la croyance au Christ comme partagée

doit faire de sacrifices aux faux dieux, ni croire aux forêts ou
aux pierres sacrées pour les païens. Tous doivent vénérer
l'église : là tous doivent (venir), vivants et morts, ceux qui
entrent en ce monde ou ceux qui en sortent. Le Christ a
ordonné de construire l'église (2) et de payer la dîme (3).
Adam et ses enfants ont les premiers payé la dîme et Salomon
(a construit) l'église. — § 1. Si les chrétiens veulent obéir à
l'ordre du Christ et bâtir à nouveau l'église, les bonde (4) doivent
se rendre près de l'évêque, ceux qui sont là dans la paroisse,
en ayant avec eux le prêtre de la paroisse, et demander à
l'évêque la permission (5) de construire l'église. Celui-ci doit
examiner leurs ressources et donner la permission. De là ils
doivent retourner chez eux et fixer un rendez-vous (*stæmpnudagher*) (6) à tous ceux qui possèdent des immeubles dans la
paroisse. Ils doivent fournir les jours de corvée d'après le
nombre des bonde (7) et les charrois d'après la valeur des

par tous les citoyens, et la prescription qu'elle pose a plutôt pour but de
maintenir la pureté du dogme. Cf. Liljenstrand, *Om kanoniska rättens infly-
lande på Sveriges lagstiftning*, p. 12.

(2) La construction de l'église et du presbytère est une des charges les
plus importantes de la propriété foncière concernant les édifices d'intérêt
commun. A l'époque païenne, les édifices divers nécessaires pour la célébration du culte étaient construits par contributions volontaires, sans que la
loi eût à intervenir. Cette situation se prolongea quelque temps encore après
l'introduction du christianisme en Suède, et le clergé préférait s'adresser à
la foi des nouveaux convertis plutôt que de leur faire donner des ordres par
le législateur. Mais quand la religion chrétienne fut solidement établie, la loi
prescrivit impérativement l'accomplissement d'obligations que l'on ne remplissait vraisemblablement plus avec le même zèle. C'est ce qui eut lieu aussi
pour la dîme.

(3) La dîme était une redevance dont le caractère obligatoire ne faisait plus
de doute à l'époque de la rédaction des lois provinciales, et la manière même
dont en parlent quelques-unes de ces lois, comme la loi d'Upland, montrent
qu'elles considéraient le paiement de la dîme presque comme un article de
foi. Cf. sur l'introduction de la dîme en Suède, Beauchet, *Loi de l'estrogothie*,
p. 263, notes.

(4) Propriétaires fonciers. — V. sur le sens de ce mot, Beauchet, p. 131,
note 4. — D'une manière générale, et pour ne pas dérouter ceux qui con-
sulteront cette traduction, nous avons préféré employer la même forme pour
le pluriel que pour le singulier. Ainsi *bonde* fait au pluriel *bönder*.

(5) *Sic*, Vg. II, Kb. 2; Sm. Kkb. 1 : 1; Wm. II, Krb. 1 : pr. ; H. Kkb. 1 : 1.

(6) V. sur le sens de ce mot, Beauchet, p. 132, note.

(7) *Æptir bonda tal* par opposition aux charrois fournis *æptir iorþa tal*. —

terres (8). — § 2. Un des propriétaires de la paroisse peut
être négligent pour la construction de l'église. Alors les marguilliers de la paroisse (9) peuvent prendre son gage (10) (à
savoir) quatre penning pour un jour de corvée, et autant
pour le second, et autant pour un troisième et néanmoins le
jour de corvée intégral (sera fourni). Les marguilliers de
la paroisse peuvent le faire impunément sans jugement. Si
quelqu'un est en retard et néglige (11) (de fournir) plus de trois
jours de corvée, il remplira la corvée et en outre (paiera) trois
marks (12) : ces trois marks doivent être employés à la construction de l'église (13). Si pour tout ce qui concerne la construction
de l'église et les terrains destinés au service de l'église (*kirkiubol*), quelqu'un est en retard, le prêtre peut lui refuser la
communion jusqu'à ce qu'il ait fait droit, si les paroissiens
n'osent le poursuivre (14). — § 3. Le prêtre qui bâtit à nouveau

Cf. Wm. II, Krb. 1 : pr.; Sm. Kkb. 1 : 1. La loi d'Helsingie (Kkb. 1 : 2),
décide que tous les bonde payant l'impôt entier feront les charrois *æptir bonda
tali* et fourniront les jours de corvée *æptir vighræ mannæ tali*, d'après le
nombre des hommes en état de porter les armes.

(8) Disposition conservée dans le Code de 1734, Bb. 26, 1.

(9) *Kirkiu væriandi* = défenseur de l'église, ou *tutor ecclesiæ* suivant le
langage des diplômes. D. 2345, 2448. Les marguilliers sont les représentants
légaux de l'église dans toutes les affaires juridiques qui la concernent et,
comme tels, ils ont non seulement le droit, mais encore l'obligation de poursuivre le recouvrement de toutes les créances de l'église. Cf. sur les attribu-
tions des marguilliers, Amira, *Nordgermanisches Obligationenrecht, I, Altschwedisches Obligationenrecht*, p. 745.

(10) C'est un des cas où subsiste la prise de gage. V. sur cette institution,
Beauchet, p. 206, note; Amira, p. 234 et s. En principe, la prise de gage
ne peut avoir lieu sans un jugement préalable. Par exception ici un jugement
n'est pas nécessaire. Cf. Sm. Kkb. 1 : 1.

(11) *Fællir niþer*. V. sur la terminologie en matière de *mora*, Amira, p. 408.

(12) L'amende encourue pour *mora solvendi*, qui est souvent de trois marks,
comme dans le cas présent, s'élève quelquefois au-dessus de ce chiffre et va
jusqu'à 6, 9 et même 40 marks ; mais dans d'autres cas, moins nombreux, elle
descend au-dessous, à 6, 4, 3, 2 et même un öre ou 4 penning, comme dans
le présent paragraphe. Cf. Amira, p. 415.

(13) L'amende pour retard, quand elle s'élève à trois marks au moins, se partage généralement entre le créancier et des communautés, comme le härad. Ici,
par exception, elle revient au seul créancier. Cf. Amira, p. 416. V. aussi sur le
caractère de cette amende, Björling, *Om bötesstraf et i den svenska medeltidsrätten.*

(14) Ragvald Ingemundsson traduit : « etiamsi ad ejus domicilium paro-
chianis tutus non pateat accessus. »

l'église sans la permission de son évêque et le consentement
de ses paroissiens, paiera une amende de neuf marks. De ces
neuf marks, l'évêque en prendra trois, l'église (prendra) de
même trois (15) marks et les paroissiens trois marks.

II

Si l'église est commencée avec ses fondations et couverte
d'un toit, elle doit avoir un presbytère où le prêtre doit habiter.
Il doit y avoir un markland (1) de terre dépendant de chaque
église de *hundari* (2) et un demi-markland (3) dépendant de

(15) L'église est nommée quelquefois dans les lois provinciales comme le
demandeur (*malseghandi*, à proprement parler *dominus litis*) ayant droit à
une part de l'amende pénale. L'amende est alors employée aux besoins de
l'église. Quelquefois, par exception, l'amende qui devrait revenir à l'église
comme *malseghandi*, est touchée par l'évêque, *quia ipse est tutor ecclesiae.*
Vg. IV : 21 : 78. Cf. Björling, *Bötesstrafet*, p. 31.

II. — (1) Dans le Svealand, les lois font souvent allusion à une division du
sol qualifiée par les mots *markland, öresland, örtugland, penningland* (dans les
diplômes : marca terre, ora terre, solidus terre, denarius terre). C'est une
division qui repose sur le système monétaire alors en vigueur (V. sur ce
système, Beauchet, p. 133, note), de telle sorte qu'un markland comprenait
huit öresland, un öresland trois örtugland, et un örtugland huit penningland
dans le Svealand, et seize penningland dans le Götaland. Cette division du
sol reposait, ainsi qu'on l'admet généralement, sur une véritable estimation
du sol en argent, et les expressions par lesquelles on la désigne marquaient,
selon toute vraisemblance, ce qu'une terre devait payer à titre de redevance,
dans le cas où elle se trouvait entre les mains d'un fermier, redevance cal-
culée sur la base d'un vingt-quatrième par rapport à la valeur de la terre, de
telle sorte qu'une terre de la valeur d'un mark, ou vingt-quatre örtug, se nommait un örtugland, Styfe, *Grundregalernas uppkomst*, p. 56 et s. ; Schlyter,
Gl. Upl. v° *Markland* et Gl. *eod* v° ; Ramstedt, *Om krigs- og Skattevüsendet i
Svealandens lagar*, p. 28 et s. V. toutefois, Hildebrand, *Sveriges Medeltid*,
t. 1, p. 243.

(2) *Hundaris Kirkia*, église vraisemblablement construite dans le lieu où
se tenait l'assemblée judiciaire du *hundari* (correspondant au *hæraþ*, vestro-
goth) et destinée à l'usage commun des citoyens qui se rendaient à cette assemblée. Schlyter, Gl. Upl., p. 346. Il existait à l'époque païenne, entre les
habitants du härad, un lien religieux assez étroit qui se manifestait par des
sacrifices communs et un temple commun qu'a remplacé, depuis l'introduction
du christianisme, l'église dont parle notre texte. C'est d'ailleurs entre les
citoyens du härad qu'existe d'une manière étroite l'association de paix destinée à garantir leur sécurité mutuelle. Cf. sur le härad, Beauchet, p. 135, note.

(3) Une fois l'église construite, les paroissiens doivent assurer son entre-

l'église de paroisse (4). Ce domaine a toujours été exempt de tout impôt (5). Les bonde doivent payer les impôts pour ces terres. Si l'église possède plus de terres qu'il vient d'être dit (cet excédent) sera pleinement soumis à l'impôt, à moins que le roi ne concède à la terre l'immunité. — § 1. Les bonde doivent amener des maisons (6) sur le terrain du presbytère. Il y a sept maisons légales : la maison d'habitation et la cuisine, la grange et le grenier à grains, le magasin à vivres et la chambre à coucher et l'écurie. Il peut y avoir contestation entre le prêtre et les paroissiens relativement aux maisons légales, le prêtre disant qu'elles sont inférieures à ses besoins :

tien par une certaine dotation foncière dont l'importance est déterminée par la loi. Cf. Wg. II, Kb. 2 ; Sm. Kkb. 2 ; Wm. II, Krb. 2 : pr. ; H. Kkb. 2 : pr.

(4) *Tolfta kirkia* (*tolf* = duodecim). La paroisse (*sokn*) forme une division territoriale qu'il ne faut pas confondre avec celle du by. La paroisse est une subdivision du härad comprenant les différentes personnes ou plutôt les différents domaines rattachés à la même église. On pourrait croire, d'après l'expression employée par la loi d'Upland pour désigner l'église de la paroisse (*tolfta kirkia*), que, dans cette province, la paroisse correspondait à la douzième partie du härad. Mais cette supposition n'est plus admissible pour l'époque de la rédaction de cette loi. Si peut-être originairement le härad comprenait en Upland douze paroisses, correspondant aux douze *tolftir* entre lesquels le härad est subdivisé, il paraît certain qu'aux xiii° et xiv° siècles, cette division duodécimale n'est plus rigoureusement admise. La paroisse, du reste, ne correspond pas non plus au by, car celui-ci n'était point généralement assez important pour constituer à lui seul une paroisse. Cf. Schlyter, Gl. Upl. v° *Tolfta kirkia;* Beauchet, p. 136, note 4.

(5) Déjà dans un acte du 29 juillet 1281 (D. 725) le roi Magnus Ladulås, confirmant les privilèges du clergé, déclarait « omnia bona mobilia et immobilia que ecclesiarum nomine possidentur... ab omni jure regio et a causis omnibus regalibus solucionibus... seu quibuscumque tributis rebus vel personis impositis vel imponendis... expressà libera penitus et exempta. » Cf. Ordonnance d'Alsnö de 1285, §§ 11, 13. V. Nordström, *Den svenska Samhällsförfattningens historia*, I, p. 212 ; Wiberg, *Om befästandet af kyrkans friheler i Sverige under medeltiden*, p. 33.

(6) Les maisons qui, dans le droit moderne, sont immeubles par nature, ont, dans l'ancien droit suédois, un caractère mobilier. Cette conception s'explique, du reste, très bien par plusieurs raisons, notamment par une raison tirée du mode même de construction des maisons, faites autrefois, comme encore généralement aujourd'hui, de madriers assemblés, facilement démontables et transportables. C'est en raison du caractère mobilier des maisons que la loi d'Ostrogothie (Vins. 2) décide notamment que les formalités de la vente des meubles (avec un *vin* et des témoins : Cf. Beauchet, p. 247, note) sont applicables à la vente des maisons.

ils doivent alors prendre dans d'autres paroisses deux prêtres
et deux bonde qui doivent examiner l'affaire, et ce qu'ils décident, le prêtre et les bonde doivent l'observer. — § 2. Quand
les maisons du prêtre ont été pourvues de tout le nécessaire
le prêtre doit les entretenir pour qu'elles ne se détériorent pas
par sa négligence, (il doit) établir un égout sur (le toit de) la
maison et faire une porte devant, et tout cela il doit l'établir
ou le réparer : il le fera à ses propres frais. Si la maison a
besoin de beaucoup de réparations (7), les bonde doivent amener les matériaux à cet effet, en supporter les frais et reconstruire la maison. L'église peut tomber en ruines par la négligence du prêtre. Le prêtre doit alors la reconstruire à ses frais
et payer à l'église une amende de trois marks. Si les bonde
disent que la maison est détériorée par la négligence du prêtre,
et si le prêtre le nie, deux prêtres et deux bonde d'autres
paroisses rechercheront si la maison est ou non détériorée par
la négligence du prêtre. — § 3. Aucun prêtre ne peut non plus
transporter ailleurs le presbytère sans la permission de son
évêque et le consentement des paroissiens (8), à moins qu'il
ne le transporte à ses propres frais et que ce ne soit ni aux
frais des paroissiens ni à ceux de l'église. — § 4. Tous les prêtres et les fermiers de l'église (9) doivent construire les ponts
et entretenir l'échalier et établir les chemins (10) ou payer l'a-
mende fixée par la loi de la province.

(7) C'est-à-dire s'il y a de grosses réparations à faire. Le prêtre a l'usufruit
du presbytère. On peut dès lors conclure de ce texte que, dans l'usufruit,
sur lequel, comme du reste, sur les servitudes réelles, les lois provinciales
sont à peu près muettes, l'usufruitier a la charge des réparations d'entretien,
tandis que les grosses réparations doivent être faites par le propriétaire.

(8) Pour l'aliénation des biens de l'Église, qui ne pouvait avoir lieu qu'en
oas de nécessité, le droit canonique exigeait au début le consentement du
collège provincial, puis celui du chapitre cathédral, et même pendant un certain temps l'autorisation du pape. Les lois provinciales suédoises, en tant du
moins qu'il s'agit des terres des églises paroissiales, exigent l'autorisation de
l'évêque et l'assentiment des paroissiens. Cf. Wg. II, Kb. 67. Beauchet, p. 286.

(9) Les obligations de voirie et celles de clôture pèsent sur tout propriétaire
foncier (ou sur le fermier qu'il s'est substitué), sans qu'il y ait à cet égard
aucun privilège, même pour les prêtres. Wg. II, Kb. 63 (Cf. Beauchet,
p. 285); Sm. Kkb. 2 : 3 ; Wm. II, Krb. 2 : 3 ; H. Wb. 18 : 1.

(10) Un manuscrit ajoute « et entretenir les enceintes pour la capture des
loups *varghagarther*) comme les autres bonde ». Pour la destruction des

III

L'église doit avoir des ornements : ce sont les vêtements
liturgiques et les nappes de l'autel, le calice et le corporal (1) et
tous les livres sacrés. Aucun prêtre ne peut acheter ces livres
ou les faire copier sans l'autorisation de son évêque et le consentement des paroissiens, à moins qu'il ne veuille le faire à
ses frais. L'église doit avoir des cloches parce qu'elles doivent convoquer la paroisse aux offices. Quelque chose peut faire
défaut dans les ornements de l'église : l'évêque doit alors en
délibérer avec les paroissiens (2) et suppléer à ce qui manque
avec la dîme : l'église est alors terminée et close et bien pour-
vue de tout.

IV

Si les bonde veulent faire consacrer (1) l'église, ils doivent
envoyer un messager à l'évêque. L'évêque doit venir et consacrer, car par la parole un homme devient chrétien et une
église sacrée. L'évêque doit leur fixer un rendez-vous, quand
il veut venir. Les bonde doivent lui fournir la *gengærþ* (2) ou

loups, alors très nombreux en Suède, et des autres animaux nuisibles les
lois provinciales prescrivent d'abord des battues périodiques, auxquelles doit
se rendre tout bonde, muni des engins prescrits. Elles prescrivent également
l'entretien d'enceintes spécialement destinées à la capture des loups, l'établissement de ces enceintes incombant alors aux bonde du district de chasse
(*skallalæghi*) tantôt par parties égales, tantôt suivant des principes analogues
à ceux qui président à la répartition de l'échalier entre les membres d'une
même association de clôture (Cf. Wg. II, Fb. 46 ; Ög. Bb. 36 : 4 ; Sm. Bb. 27 :
pr. ; Wm. II, Bb. 15 : 1 ; MELl. Bb. 18 : 1, 2 ; Chr.Ll. Bb. 21, 22).

III. — (1) La loi de Vestrogothie (II Kb. 2) entre dans plus de détails à
cet égard. Cf. Ög. Krb. 1 ; Sm. Kkb. 3 ; H. Kkb. 3.

(2) Cf. pour ce conseil de la paroisse : Wg. II Kkb. 65, 67 ; Ög. Krb. 21.

IV. — (1) La consécration épiscopale est nécessaire, d'après le droit canonique, pour qu'une église puisse servir à la célébration des offices, et cette consécration doit être renouvelée à la suite soit de réparations importantes, soit
d'une profanation de l'église (III, dist. 1, can. 20). Ces principes sont
admis par les anciennes lois suédoises, sauf par la loi d'Ostrogothie (Krb. 1)
aux termes de laquelle « le roi fait commencer la construction de l'église ».
Cf. Wg. I, Kkb. 3, 5, 6 (Beauchet, p. 132) ; Sm. Kkb. 5 ; Wm. I, Krb. 8 ;
II Krb. 3 ; H. Kkb. 4 ; Sm. Kkb. 4.

(2) V. sur l'étymologie et le sens de ce mot, Beauchet, p. 133, note 5.

payer douze marks, comme ils le veulent (3), si les bonde sont au nombre de plus de trente dans la paroisse (4). S'ils sont moins de trente, ils donneront alors huit marks. Si l'évêque ne peut venir pour sa *gengærþ*, les bonde doivent aller à lui et fixer à l'évêque un rendez-vous. Si l'évêque ne vient pas à leur rendez-vous, les bonde pourront alors consommer eux-mêmes sa *gengærþ*, et l'évêque consacrera l'église quand il le voudra. Les bonde n'ont point ensuite à lui payer de *gengærþ*, à moins qu'il n'ait une excuse légale (5). Si l'évêque ne veut pas consacrer l'église, les *bonde* pourront se plaindre au roi. — § 1. L'évêque doit pour sa dîme (6) bénir les saintes huiles, et les clercs, le calice et le corporal et les ornements sacerdotaux, l'église et le cimetière, l'autel et les ornements de l'autel, et il ne recevra des bonde en penning ou comme *gengærþ* rien de plus que ce qui est dit maintenant, et il viendra dans la paroisse à l'époque qu'il lui plaira. Le prêtre doit lui fournir la nourriture et la *gengærþ* et non les bonde. L'évêque doit prendre soin des bonnes âmes comme un bon père de ses enfants.

V

Si l'église est consacrée, et si un prêtre vient et demande à en être le pasteur, tous ceux qui sont d'accord sur ce

(3) La *gengærþ* est fournie à l'évêque en divers effets, probablement suivant la générosité des bonde; mais la loi d'Upland autorise le rachat de cette prestation.

(4) La possession de la terre étant, en principe, la seule condition de la charge de l'impôt, tout bonde était originairement soumis également à cette charge, sans aucun égard à l'importance relative des terres possédées par lui. C'est conformément à ce principe que notre loi détermine les charges incombant à la paroisse d'après le nombre des bonde et non d'après l'étendue de leurs domaines. Cf. H. Kkb. 4.

(5) *Lagha forfall.* — Sur les excuses légales, V. Amira, p. 412.

(6) La règle généralement admise par les lois provinciales est celle du partage de la dîme en trois parts principales. L'une de ces parts revient au prêtre. Les deux autres parts sont à leur tour l'objet d'un partage tripartite, dont une part échoit à l'évêque, la seconde à l'église et la troisième est réservée aux pauvres. La dîme de l'évêque a le caractère d'une indemnité pour l'administration de certains sacrements réservés à l'évêque. Cf. Beauchet, p. 263, note 2.

point ont le droit de le désigner (1). Les paroissiens doivent se rendre avec lui chez l'évêque. L'évêque doit examiner sa science et sa lettre d'ordination. Si les paroissiens ne peuvent s'entendre pour le choix du prêtre, les bonde doivent se rendre chez l'évêque et lui demander un prêtre. L'évêque doit donner l'église à celui que veut favoriser celui qui a un droit de patronat à cet égard, le *jus patronatus* comme disent les clercs (2). Si le prêtre est nommé avec le consentement de l'évêque et celui des paroissiens, les bonde doivent remettre entre les mains du prêtre l'église et ses ornements, et le prêtre (doit les remettre) au sacristain (3).

VI

Si l'église est volée les portes ouvertes, celui qui a institué le sacristain réparera le dommage (1), si le sacristain ne peut lui-même le réparer. — § 1. Aucun prêtre n'a le droit d'emporter les ornements sacerdotaux dans la paroisse, à moins qu'un

V. — (1) Le principe originairement suivi en Suède, et que consacre la loi de Vestrogothie (I, Kb. 11 ; II, Kb. 21. Cf. Beauchet, p. 136 et 276) est celui de l'élection du curé par ses paroissiens, l'évêque devant la confirmer purement et simplement. Lors du célèbre concile de Skenninge de 1248 (Dipl., n° 359) qui marque une date capitale dans l'histoire du droit ecclésiastique suédois, on ne toucha pas à la question de la nomination des curés. La loi d'Upland apporte une restriction au droit d'élection et confère à l'évêque un certain pouvoir de contrôle. La loi d'Ostrogothie (Krb. 4) et celle de Sudermanie (Kkb. 4 : pr.) accordent aux paroissiens le droit de proposer à l'évêque trois candidats d'âge mûr et l'évêque a la liberté du choix parmi eux. C'est d'ailleurs ce que portent certains manuscrits de la loi d'Upland (Schlyter, p. 21, note 1). La loi de Vestmanie (II, Krb. 4) qui, d'ailleurs, concorde avec la loi d'Upland, prescrit le même procédé (proposition de trois candidats) dans les cas où les paroissiens ne peuvent s'entendre sur le choix du curé.

(2) Cf. Sm. Kkb. 4. Les anciennes lois n'indiquent point le fondement de ce droit de patronat, mais il dérive vraisemblablement du droit canonique (Decr. Greg. III : 38). Il doit provenir d'une fondation faite en faveur de l'église et suffisante pour l'entretien de celle-ci et de son pasteur. Le fondateur et, après lui, ses héritiers, avaient alors un droit de présentation. Ce droit est encore admis dans la loi ecclésiastique de 1686, ch. 19, § 7. Cf. Nordström, t. I, p. 228.

(3) *Sic*, Ög. Krb. 11.

VI. — (1) V. *infrà*, § 3. — Il y a là un cas de *vaþavœrk*. Cf. sur cette cause d'obligation, Amira, p. 378 et s., 389.

honorable bonde ou une mère de famille ne soit malade. Si l'un
de ces ornements se perd, le prêtre réparera la moitié du dommage et le bonde ou la mère de famille chez qui se rend le
prêtre réparera l'autre moitié (2). — § 2. Si l'église brûle par la
lumière ou par le feu que le sacristain y a porté, les paroissiens peuvent actionner le sacristain en justice (3) : celui-ci
peut offrir la preuve du cas fortuit avec le serment de dix-huit
cojureurs (4) et l'amende de sept marks pour dommage involontaire et déposer l'amende entre les mains d'un séquestre (5).
On observera pour la preuve de ce dommage fortuit les mêmes
règles que pour tous les incendies fortuits (6). Si le défendeur
échoue dans sa preuve par le serment, il paiera une amende
de dix-huit marks. Ces dix-huit marks doivent être employés
à la construction de l'église. — § 3. Quelqu'un peut venir à
l'église et solliciter l'emploi de sacristain ; il est juste de nommer celui au sujet duquel le prêtre et les paroissiens sont d'accord. En cas de désaccord, les paroissiens nommeront celui

(2) V. Sur le caractère des dommages-intérêts dans cette hypothèse, Björling, *Bötesstrafet*, p. 33.

(3) D'après certaines lois provinciales, c'est envers le curé que le sacristain est responsable. Ög. Krb. 5 : pr.; Sml. 5 : pr.

(4) Il s'agit ici d'un *vaþaværk*, et le serment par lequel le défendeur peut se
justifier doit, conformément à la règle générale, être offert et prêté immédiatement. Sm. Kkb. 4 : 2 ; Wm. II, Krb. 5 : 2. Cf. Amira, p. 380.

(5) D'après les lois du Svealand l'auteur du *vaþaværk* doit, en même temps
qu'il offre les dommages-intérêts, les déposer entre les mains d'un séquestre.
Cf. Upl. Mb. 7 : 1. — V. Amira, p. 381. — Sur ce séquestre (*taki*) v. Amira,
p. 664.

(6) L'incendie, même involontaire (*vaþabrenna*) est réprimé assez sévèrement par les lois provinciales, et cela se comprend dans un pays où la
plupart des constructions sont en bois. Dans le système le plus généralement
suivi, la réparation consiste tantôt dans une somme fixe payée à titre d'a-
mende pour dommage involontaire (*vaþabot*), tantôt dans la réparation du
préjudice causé dans le cas particulier. Mais alors, dans l'application de ce
second système, les lois provinciales renferment des dispositions assez
diverses. En ce qui concerne notamment le montant de la *vaþabot*, les unes
le font varier suivant la nature et la valeur des objets brûlés (Upl. Kkb. 6 : 2 ;
Mb. 2 : 1 ; Wb. 24 : pr.; Wm. II, Krb. 5 : 1 ; Mb. 2 : 1 ; Bb. 24 : pr. §§ 1-2 ;
Sm. Bb. 18 : 1-5 ; Mb. 18 : 1 ; H. Mb. 2 : 1 ; Wb. 19 : 1) ; D'autres, au contraire, ne tiennent aucun compte de la valeur de la chose (Got. I : 51 ; II : 73,
III : 70). Peut-être l'amende prononcée contre l'incendiaire était-elle également
fixe dans la loi de Vestrogothie (I Kb. 8 : pr. ; II Kb. 14 ; IV : 21 : 49).

qu'ils voudront (7).— § 4. La paroisse peut perdre quelque chose de ces ornements par la négligence du sacristain (8) de quelque manière que ce soit : le sacristain doit le réparer, et ce que le sacristain ne peut pas réparer, les paroissiens qui l'ont nommé le répareront. — § 5. Quand les cloches ont été remises entre les mains du sacristain, il doit sonner la sonnerie légale (9) pour les matines, pour la messe (10) et pour tous les offices d'enterrement, et si un bonde veut faire sonner le trentième jour après la mort (11), il donnera au sacristain quatre penning. Le sacristain est tenu de porter les livres sacrés et l'étole dans la paroisse avec le prêtre. — § 6. Les liens (12) de la cloche peuvent se rompre : le sacristain doit alors un premier dimanche se tenir à la porte de l'église, puis de même un second et un troisième, et avertir les paroissiens et demander aux marguilliers de s'occuper de la cloche (13). Si la cloche vient ensuite

(7) Le sacristain est, d'après les lois provinciales, tantôt nommé par le curé et par les paroissiens conjointement (tel est le système de notre loi), tantôt par le premier ou par les seconds seulement. Ög. Krb. 4 : 1 ; Sml. 5 : pr. ; Sm. Krb. 4 : 1 ; Wm. II, Krb. 5 : 2 ; H. Kkb. 6.

(8) Il semble, en cette matière que, dans le droit primitif, le sacristain, chargé de la garde des ornements et des objets du culte, échappait à toute responsabilité du moment qu'il avait fermé les portes de l'église. Cf. Ög. Krb. 5 : pr. ; Wm. II, Krb. 5 : pr. La règle posée par le pr. de notre chapitre paraît également inspirée de cette ancienne conception. Mais, dans le droit le plus récent, le sacristain est responsable de toute négligence. C'est ce que décide la loi d'Upland. Cf. Sml. 5 : 1 ; Wm. II, Krb. 5 : 2. La loi de Vestmanie (I, Krb. 5 ; 4 ; II, Krb. 18) l'oblige spécialement à veiller aux fonts baptismaux.

(9) Une des principales obligations du sacristain est celle de la sonnerie des cloches. A cet égard les lois provinciales déterminent généralement quelle est l'étendue de la « sonnerie légale = *lagharingning* », c'est-à-dire des sonneries qu'il doit faire dans telles ou telles circonstances sans avoir droit à un salaire spécial. Ög. Krb. 8 : pr. ; Sml. 5 : 2 ; Wm. II Krb. 5 : 3 ; Upl. Kkb. 6 : 5. D'autres décident qu'il doit sonner tous les offices et être entièrement au service du curé et de la paroisse. Sm. Kkb. 4 : 2.

(10) Un manuscrit porte : « la messe haute et les vêpres ». Schlyter, p. 24, note 33.

(11) Un manuscrit porte : « ou pour la bénédiction nuptiale » Schlyter, p. 24, note 40.

(12) Ragvald traduit : « ferramenta quibus campana ligata est superius in turri. »

(13) La responsabilité du sacristain est moins étendue en ce qui concerne les cloches, car celles-ci se trouvaient généralement dans un campanile séparé de l'église et de libre accès. Cf. Wg. I, Kb. 10 ; III : 92. Beauchet, p. 136 et 416. Sa responsabilité n'est engagée, en ce qui concerne le bris de la

à tomber après la dénonciation légale et tue le sacristain, on paiera pour lui sept marks d'amende. Tout le dommage que le sacristain a reçu de la cloche, tout cela est réparé comme dommage fortuit. L'amende sera payée par les marguilliers mis en demeure (14). Si la cloche se brise depuis la dénonciation légale, on paiera pour elle une amende de trois marks. Cette amende sera payée par les marguilliers de leurs propres deniers, et les trois marks seront employés à l'achat d'une cloche. S'il n'y a pas eu d'avertissement préalable, et si la cloche tue le sacristain ou lui fait une blessure, le fait ne donne lieu à aucune amende, et, si la cloche se brise, le sacristain paiera une amende de trois marks. Celui qui sonne la cloche sans en avoir été prié par le sacristain, paiera une amende de trois öre. S'il brise la cloche, il en paiera la valeur équivalente à la bonté antérieure de la cloche, et paiera en outre trois marks. Si la cloche le tue ou lui cause un autre dommage, le fait est impuni. Celui qui reçoit un dommage du battant de la cloche n'a droit à aucune réparation. Si le sacristain ou son héritier dit qu'il y a eu avertissement légal que la cloche était en mauvais état, et si les marguilliers le nient, l'affaire est soumise au témoignage de douze paroissiens choisis d'accord par les deux parties. — § 7. Le sacristain a droit à un demi-*spander* (15) de grains de tous ceux qui paient au prêtre la dîme des grains et des troupeaux, suivant le *spander* en usage à Upsala (16) ou à sa valeur en argent au jour de Noël (17), et il doit le recueillir lui-même, et (le prêtre) re-

cloche par suite de sa chute, que s'il n'a pas averti les marguilliers conformément à la loi. Ög. Krb. 8 : 1, 2; Sml. 5 : 3; Wm, I., Krb. 5 : 6; II, Krb. 5 : 4; Sm. Kb. 4 : 4; H. Kkb. 6 : 3. Ceux-ci sont responsables s'ils ont été légalement avertis.

(14) Un manuscrit ajoute « de leurs propres deniers ». Schlyter, p. 25, note 84.

(15) Mesure de capacité, appelée *modius* dans les diplômes, et équivalente dans le Svealand, au sixième d'une tonne (*tunna*). V. sur ces mesures, Amira, p. 437, 438.

(16) Dans les lois provinciales le sacristain est rémunéré par les paroissiens au moyen d'une sorte de dîme complémentaire, mais d'un caractère plutôt personnel que réel. Rarement il reçoit un salaire en argent. En tout cas sa dîme est quérable. Cf. Ög. Krb. 11; Sml. 5 : 3, note 23; Sml. Kkb. 4 : 3; Wm. I, Krb. 5 : 1; II, Krb. 5 : 5; H. Kkb. 6 : 1.

(17) A la saint Thomas, dit la loi de Sudermanie, Kkb. 4 : 3, note 97.

fusera la communion au bonde qui ne veut pas faire droit au sacristain. Et tous les artisans donneront au sacristain deux penning et tous ceux qui donnent au prêtre un öre donneront au sacristain deux penning à Pâques. A ceux-là, le prêtre et le sacristain feront le même droit qu'à ceux qui lui paient à la fois la dîme des grains et la dîme vive. Ceux qui donnent au prêtre moins d'un öre sont exempts vis-à-vis du sacristain. — § 8. Si un bonde a besoin du prêtre pour lui ou pour faire baptiser son enfant, il le dira au sacristain et le sacristain le dira au prêtre.

VII

La dîme doit être réservée dans les champs, chaque dixième meule ou chaque dixième gerbe, et une barrière légale doit être mise autour(1). Le prêtre en a le tiers(2) et des deux lots qui restent l'église a le tiers(3). On doit mettre autour une barrière

VII. — (1) Les lois provinciales renferment des prescriptions assez détaillées sur la manière dont la dîme doit être marquée et mise de côté sur les champs mêmes, de façon à éviter toute lésion dans les droits du clergé. Cf. Wg. II, Kb. 36 ; III : 1 ; Sm. Kkb. 6 ; Sml. Kb. 6. — D'assez bonne heure toutefois, le clergé avait cherché, par des conventions spéciales, à se procurer des revenus fixes et certains, et les bonde y trouvaient aussi cet avantage d'être débarrassés des ennuis du calcul et du contrôle des produits. Cf. Dipl. n° 2111 (a. 1317), 2112 (a. 1317), 2116 (a. 1317), 2133 (a. 1318).

(2) La part de la dîme attribuée au prêtre est une indemnité de l'exercice de son ministère, et les lois déterminent en conséquence les offices qu'il doit dire ou les actes de son ministère qu'il doit accomplir « pour sa dîme ». Cela n'empêche pas que, pour certains autres, le prêtre n'ait droit à ce que l'on nomme un casuel, dont la loi fixe ordinairement le montant.

(3) La loi d'Upland ne fixe pas d'une façon expresse la part à laquelle les pauvres ont droit dans la dîme et, après avoir donné un tiers au prêtre, puis un tiers de ce qui reste (soit 2/9es à l'église), elle ne dit pas où vont les quatre autres neuvièmes. Il ne peut toutefois y avoir aucun doute à cet égard, si l'on se reporte aux autres lois rédigées sur le modèle de la loi d'Upland, et qui sont très explicites sur ce point (Sm. Kkb. 6 ; Wm. II, Krb. 6 : pr.; Sml. 6 : pr.). La loi d'Upland suppose d'ailleurs dans la suite du texte que l'évêque a droit à une part, puisqu'elle dispense les bonde de l'obligation de la transporter chez lui. D'autre part, l'expression *decimæ pauperum* se retrouve dans plusieurs diplômes de l'Upland. Dipl. nos 380 (a. 1250), 391, 392 (a. 1252), 669 (a. 1279). Si le texte de la loi d'Upland n'est pas aussi complet qu'il aurait dû l'être, la raison en est vraisemblablement dans les difficultés qui s'étaient élevées un peu avant la rédaction de cette loi sur les

légale (4) pendant quatorze nuits après que tous les membres de la société de clôture ont rentré leur récolte. Si ensuite chacun ne veut pas garder (5) son lot, le dommage sera supporté par celui qu'il atteindra, et les bonde seront à l'abri de toute poursuite, et les bonde ne feront aucun charroi pour l'évêque ou pour le prêtre, à moins que cela ne leur plaise à eux-mêmes (6). — § 1. On peut semer et recueillir moins de cent meules; si l'on ne recueille pas moins d'une meule ou de deux, quel que soit le chiffre que l'on recueille au-dessous de cent, le bonde doit alors comme dîme chaque dixième meule ou chaque dixième gerbe, et il doit mettre autour une barrière légale, et il sera exempt de toute redevance pécuniaire. — § 2. Si un mercenaire (7) ou une autre personne n'ayant point de domicile fixe (8) loue une terre

parts respectives des ayants droit. Ainsi, en 1299, trois ans avant la publication de la loi d'Upland, il fut décidé que les habitants des trois folkland devaient retenir « tertiam partem decimarum quae olim consuevit decima pauperum vulgariter appellari », jusqu'à ce que l'on eût légalement déterminé la part qui devait leur revenir (Dipl. 1472).

(4) Barrière destinée à mettre la dîme à l'abri des animaux lâchés dans les champs aussitôt après la récolte.

(5) Ragvald traduit : « inferre partem suam », c'est-à-dire rentrer chez lui.

(6) La dîme est-elle quérable ou portable? Il faut distinguer. En ce qui concerne la part du prêtre, celui-ci doit en principe la percevoir sur les champs mêmes où elle a été mise à part. Ög. Krb. 9; Upl. Kkb. 7 : pr. Certains manuscrits de la loi d'Upland parlent toutefois de l'obligation du bonde de conduire la dîme chez le prêtre moyennant l'exemption de la dîme du foin (V. *infrà*, note 13). Le *Codex recentior* de la loi de Vestrogothie (Wg. II, Kb. 36; IV : 21 : 2) décide aussi que la dîme du prêtre doit être menée à l'église, et la nouvelle loi de Vestmanie (Wm. II, Krb. 6 : pr.) dispose que si l'on suit à cet égard l'ancien usage de voiturer la dîme du prêtre, le bonde peut pour sa peine retenir la dîme des poulains. Quant à la dîme de l'évêque, la loi d'Upland déclare que, comme celle du prêtre, les contribuables ne sont pas tenus de la charroyer, d'où l'on peut conclure *a contrario* à l'obligation de charroyer la part de l'église. En ce sens : Thurgren, *Recensio* de l'étude de Rabenius, *Om tionde*, p. 10. *Contrà*, Rabenius, *loc. cit.*, p. 40.

(7) *Leghudrænger*. V. *infrà*, Upl. Kgb. 10 : 2 sur la définition du *leghudrænger*.

(8) *Löskamaþer*. Dans les anciennes lois provinciales, cette expression est prise par opposition à celle de *bofaster man*, c'est-à-dire personne ayant une résidence fixe, personne domiciliée. Il ne faut point confondre le *löskamaþer* avec le vagabond (*lösdrifvare*) du droit suédois moderne. Les *löskæ mæn* sont ceux qui ne possèdent point une fortune de trois marks. Ainsi notamment l'obligation du service forcé pèse sur eux. V. sur le service forcé Beauchet, p. 257, 277, 367, notes.

et ne réside pas elle-même sur cette terre, elle doit payer la dîme là où la terre est située et elle paiera la redevance là où elle réside, que ce soit dans la paroisse ou non. Si elle demeure sur la terre, elle paiera alors la dîme et sera exempte de la redevance si elle a là sa table et sa nappe. — § 3. Celui qui veut payer la dîme légale des grains, paiera comme dîme chaque dixième meule ou chaque dixième gerbe: il commencera par un bord du champ et finira à l'autre bord; il comptera les gerbes vers le côté extérieur de l'une des parcelles puis reviendra au côté opposé et comptera ensuite sur la parcelle voisine, sans porter le grain entre les champs (9). Il commencera par la meule ou par la gerbe qu'il a récoltée la première sur le champ, en comptant ainsi jusqu'à ce qu'il y en ait dix, et la dîme doit demeurer en place sur le champ et on doit l'entourer d'une barrière légale, comme il a été dit précédemment. Si la dîme est volée, consommée ou détériorée quand elle est dans la barrière légale, le bonde doit la payer à nouveau. — § 4. L'église doit acheter avec sa dîme ses ornements, les nappes d'autel, les ornements sacerdotaux, la cire et l'encens (10). Si elle a besoin de réparation, les bonde doivent amener (les matériaux) et l'église doit elle-même louer les gens (nécessaires) et en supporter les frais (11).— § 5. Et nous devons payer la dîme du lin, et du chanvre, des raves, des pois et des fèves (12), et du seigle et du blé, suivant une antique coutume,

(9) Cette règle, destinée à assurer le contrôle de la dîme et à prévenir des confusions ou mélanges préjudiciables au prêtre, se rencontre non seulement dans les lois du Svealand (Sm. Kkb. 6; Sml. 6 : pr.) mais encore dans la loi d'Ostrogothie, Krb. 9. Voici la traduction donnée par Loccenius de la disposition de cette dernière loi. « Agricola debet presbytero decimas de segete sua et prima mergete quam secat et deponit. Ille numerabit sursum ac deorsum per agrum et seponet decimam quamvis mergetem ad quam devenit. »

(10) Un manuscrit ajoute « le vin et les hosties. » Schlyter, p. 31, note 24.

(11) Ragvald traduit ainsi : « Subveniant tunc parochiani ecclesie de materialibus et ecclesia satisfaciat artificibus providendo ipsis de salario et expensis. »

(12) Certains manuscrits parlent aussi de l'orge, de l'avoine, des myrtes, des pommes et de tous les fruits qui croissent sur la terre. Schlyter, p. 31, notes 45, 50. Les lois provinciales diffèrent dans leurs dispositions sur l'objet de la dîme des produits des champs. Pour la loi de Vestrogothie, Cf. I, Kkb. 17; Br. § 1; II, Kkb. 36; III : 1; Beauchet, p. 149, 263, 277, 407. La

B.   2

et du houblon (13). — § 6. Le prêtre a droit pour son ministère à
toute la dîme des animaux (14). Nous devons payer la dîme
des veaux quand ils sont âgés de neuf nuits, celle des porcelets
quand ils sont âgés de neuf nuits, des chevreaux, des oies
et des agneaux pour la messe de saint Olaf. Le prêtre prendra
soin lui-même de sa dîme (15). Les bonde doivent mener la
dîme vive à l'église et ils ne seront pas soumis à l'obligation
de prêter serment (16). Si le croît n'est pas assez nombreux
pour que le prêtre puisse en percevoir sa dîme, le bonde
donnera quatre penning pour chaque poulain, deux penning
pour un veau, un demi-penning pour un porc, un demi-
penning pour une oie, un penning pour un agneau et autant
pour un chevreau. Nous devons aussi payer la dîme (17) de tout
le frai du poisson et de tous les coups de filet jetés pendant

loi d'Ostrogothie (Krb. 9) ne spécifie pas plus que l'ancienne loi de Vestrogothie. La loi de Sudermanie (Kkb. 6) impose la dîme « de tous les grains ».
L'ancienne loi de Vestmanie (I, Krb. 3 : pr., § 3) décide que la dîme se
composera de chaque dixième meule, et parle aussi de la dîme des pois et
du houblon, ainsi que du lin et du chanvre, chaque seizième botte. La nouvelle loi de Vestmanie (Krb. 6 et note 62), plus explicite, dispose que la dîme
sera payée de tous les grains en dedans et en dehors des clôtures, du lin,
du chanvre, des pois, des fèves, du seigle et du blé et du houblon. La loi
d'Helsingie (Kkb. 7) parle simplement de la dîme des grains et des champs.
La loi du Småland (Krb. 6) est conçue en termes aussi vagues. La loi de
Gotland (I : 4) mentionne la dîme des grains, du foin et du houblon.

(13) Un manuscrit porte que le bonde est exempt de la dîme du foin à la
condition de charroyer la dîme du grain jusqu'à la maison du prêtre. Schlyter,
p. 31, note 56. Cf. Sm. Kkb. 6, note 21. Il semble ainsi qu'originairement
il y avait une dîme sur le foin. Cf. lettre de Grégoire IX du 23 janv. 1230,
Dipl. n° 257.

(14) La dîme des animaux, *qvickliund*, est admise par toutes les lois provinciales, sauf par la loi de Gotland. Elle porte d'abord sur tous les produits
de l'élevage domestique, et les lois provinciales y soumettent même les produits de la chasse ou de la pêche, en les considérant comme des produits
du sol ou de l'eau où ils sont capturés. Cf. Wg. I Kb. 17 : 1 ; II, 40 ; Ög.
Krb. 9 ; Sm. Krb. 7 : pr. ; Wm. I, Krb. 3 : 1 ; II, Krb. 6 : 5 ; H. Kkb. 7 ; Sml.
Krb. 6 : 1.

(15) La dîme des animaux se distingue de celle des récoltes en ce que, sauf
dans la loi d'Helsingie (Kkb. 7) qui en attribue une faible part à l'évêque,
elle revient au prêtre seul.

(16) Dans sa traduction latine Ragvald dit : « Nec debent desuper ad ju-
randum astringi utrum recte decimas persolvissent. »

(17) Un manuscrit parle également de la dîme de la laine. Schlyter, p. 32,
note 6.

l'hiver ainsi que de toutes les peaux de petit gris (18). — § 7. Si dans la paroisse réside un artisan (19) qui n'y sème rien, il doit donner au prêtre, à Pâques, un demi-öre, s'il est seul. S'ils sont deux ensemble, ils donneront un öre entier (20), mais non davantage parce qu'ils seraient plus ensemble. S'il réside dans la paroisse un *hussætisman* (21) qui a loué une maison (22) et ne sème rien et n'a pas de bestiaux, il doit payer (la dîme) au prêtre à Pâques, comme un mercenaire, c'est-à-dire un demi-öre, et une servante à gages (paiera) une örtug (23). — § 8. Un bonde peut être en retard avec sa dîme et le reconnaître : le prêtre peut alors lui refuser la communion le jour de Pâques.

(18) Un manuscrit ajoute « et des bêtes fauves et des oiseaux. » Schlyter, p. 32, note 2.

(19) *Giærningis man.* Sur le caractère du contrat de louage d'ouvrage qui intervient avec un artisan, v. Amira, p. 649.

(20) Il y a ici une responsabilité solidaire entre les deux débiteurs. Cf. Amira, p. 187.

(21) *Hussætu maþer* ou *hussætis man*, = tugurii dominus vel incola qui non est particeps agrorum pagi. Schlyter, Gl. Ög. C'est la même définition que donne Schlyter du *græssæti* dont parle la loi de Vestrogothie (I Fb. 3). V. Beauchet, p. 253, note. Un manuscrit de la loi d'Upland qualifie de *innisman*, celui qui est au texte est appelé *hussætis man*.

(22) Les lois provinciales sont à peu près muettes sur le louage des maisons à la campagne par les journaliers libres et les artisans (*innismæn*). Le principe posé par ces lois, et d'après lequel le possesseur des clefs de la maison, (*þæn hus nykil hawær*), c'est-à-dire le locataire, est responsable des choses volées qui y sont trouvées, paraît impliquer une certaine indépendance de l'*innismaþer*, vis-à-vis du maître de la maison qu'il habite. Cf. Upl. Mb. 47 : 6; Sm. þb. 12 : 5; Wm, II, Mb. 30 : 6. D'autres textes paraissent assimiler l'*innismaþer* au *landbo* ou fermier rural. Wg. II, Add. 7 : 8; Ög. Eþs. 1 : 8. Cf. Amira, p. 635.

(23) D'une manière générale, aux bonde, propriétaires fonciers, et aux *landbo*, fermiers qui leur sont assimilés, les lois opposent une catégorie de personnes qu'elles désignent par les expressions *græssæti, hussætis mæn, innismaþer* : ce sont celles qui possèdent une fortune de trois marks au moins, ce qui les soustrait à l'obligation du service forcé (auquel sont tenus les *löskæ mæn, suprà*, note 8), n'ont point de terres à elles et résident sur le domaine d'autrui, où elles font de la petite culture, principalement de l'élevage du bétail. Comme elles exercent ordinairement un métier, on les nomme aussi *giærningis mæn* (*suprà*, note 19). Cette fortune, suffisante pour soustraire ces personnes au service forcé, les soumettait par contre à l'obligation de payer l'impôt, bien qu'elles ne fussent point propriétaires fonciers, mais elles ne le payaient que dans une proportion moindre que les bonde, la moitié, d'après les lois nationales. MELl. Bb. 14 : 3; Chr.Ll. Bb. 15 : 5.

Si le prêtre dit qu'il n'a reçu aucune dîme ou qu'il a reçu une dîme moindre que celle qu'on devait lui donner, le bonde se défendra avec son seul serment et il sera ensuite à l'abri de toute action (24). Si le prêtre poursuit un bonde parce qu'il lui aurait volé la dîme depuis qu'elle a été légalement séparée, (le bonde) se défendra contre cette accusation de vol de la même manière qu'un bonde se défend contre un bonde dans une semblable cause, chacun selon son délit, ou il paiera l'amende légale. — § 9. Le prêtre a droit chaque année à une collecte de vivres (25) de la valeur de quatre penning ou à quatre penning.

VIII

Quand le prêtre a perçu sa dîme, il a droit aussi à des redevances : cinq öre pour son travail quand il enterre un mort ; il ne doit pas les demander avant que le mort n'ait été enterré. Pour les cinq öre, il doit dire trois messes des morts, une le jour des obsèques, l'autre le septième jour (après) et la troisième le trentième jour (1). Si les héritiers du défunt veulent avoir une messe au bout de l'an, ils le décideront avec le prêtre comme ils s'entendront à ce sujet. Si le défunt possède (des biens) pour dix öre ou pour moins de dix öre, le prêtre aura le tiers de tout ce qu'il a, et l'héritier prendra deux parts. S'il possède plus de dix öre, le prêtre a droit alors à la redevance intégrale pour les funérailles (2). Le petit enfant âgé de moins de douze ans, doit être enterré sans aucun retard, et le prêtre ne doit

(24) Les lois gothes sont plus sévères en cas de refus ou de retard dans la dîme. Wg. II, Kb. 70 ; Ög. Krb. 13. Cf. Sm. Kkb. 7 : 1 ; Wm. I, Krb. 14 ; II, Krb. 6 : 7.

(25) *Matskot.* Cf. Wm. II, Krb. 9. La loi d'Helsingie (Kkb. 10) précise la valeur du *matskot* : une miche de pain et une livre de beurre. Cf. Ord. du 13 juillet 1397 pour la dîme d'Helsingie, Dipl. n° 1202. V. au surplus sur ces offrandes auxquelles le prêtre a droit, *infrà*, c. X.

VIII. — (1) Cf. Wm. II, Kkb. 7 : pr. 1, pr. ; H. Krb. 8 ; Ordonnance du 13 juillet 1297 pour la dîme d'Helsingie (Dipl. n° 1202) : « Pro defuncto quolibet fiant tres missæ... ad quas missas sacerdos agentibus defuncti oblacionem ministret, pro qua oblacione in qualibet dictarum missarum sacerdos recipiat sex ulnas tele, et tres panes cum edulio eisdem panibus congruenti. »

(2) Un manuscrit ajoute : « Pour les enfants âgés de plus de douze ans, le prêtre a droit à un öre d'argent comme redevance pour les obsèques ».

recevoir aucun argent pour cela. Si l'enfant a recueilli une succession, si elle est supérieure à dix öre, le prêtre a droit à la redevance intégrale pour les funérailles de l'enfant. Si elle est de dix öre ou moins, le prêtre en prendra le tiers, comme il est dit précédemment. — § 1. Si un voyageur est malade dans la paroisse, le bonde chez qui il se trouve doit en informer le sacristain, et le sacristain (doit en informer) le prêtre. Le prêtre doit venir à lui et le confesser, lui donner l'extrême-onction et bénir le corps, l'accompagner au cimetière et bénir la tombe, et il prendra cinq öre sur les effets de cet homme, s'il en a pour cette valeur (3). Le prêtre lui doit trois messes des morts pour cet argent. Si cet homme ne possède point une telle valeur, le prêtre prendra le tiers de ce qu'il a et lui dira une seule messe des morts. — § 2. Si un mendiant (4) meurt dans la paroisse, le prêtre lui doit le même office qu'à un bonde, bien qu'il n'ait que son bâton et sa besace. Le bonde chez qui se trouve le cadavre doit le notifier aux voisins les plus proches et, à défaut de ceux-ci, aux voisins moins proches (5). Ils doivent conduire le corps pour l'enterrer et être présents quand on l'enterre. Celui qui a reçu la dénonciation et ne veut pas venir, paiera une amende de trois öre, que prendront ceux qui ont suivi le corps à l'enterrement, ou bien il se justifiera avec le serment de deux cojureurs qu'il n'a pas reçu la dénonciation ou qu'il avait un empêchement (6).

---

(3) Les lois provinciales n'accordent de salaire au prêtre pour la visite des malades que s'il s'agit d'un étranger à la paroisse et, d'une manière générale, d'une personne ne payant pas la dîme. Wg. I, Kb. 15: pr. ; II, Kb. 30 ; Ög. Krb. 12: pr. ; Sm. Kkb. 11 : 1 ; Wm. II, Krb. 7 : 1 ; Sml. 7 : 3.

(4) *Stafkarl*, parce que le mendiant circule avec son bâton, *staf*. Cf. Wg. I, Kb. 15 : 2 ; II, Kb. 33 ; Ög. Krb. 12 : 1 ; Sm. Kb. 11 : 1 ; Wm. II, Krb. 1 : 2. — La loi d'Ostrogothie (Dr. 13) appelle aussi le mendiant *hæræþs þiakkær*: c'est celui, dit-elle, qui circule *parmi les hommes pieux* et ses amis et ne réside nulle part. L'expression employée par cette loi semble indiquer que son district de circulation était le härad. D'autre part, l'indication des « hommes pieux » montre que les couvents devaient être souvent des lieux d'asile pour les mendiants. Cf. Nordström, t. 2, p. 120.

(5) C'est là une quasi obligation de voisinage. Cf. H. Kb. 12 : 2.

(6) Cf. Sm. Kkb. 13 ; Wm. II, Krb. 8 : pr.

IX

Aucun prêtre ne doit, pour la bénédiction nuptiale d'un bonde et de son épouse (1), percevoir plus d'une örtug pour chaque cierge (2), et (les époux) feront telle offrande qu'ils voudront (3). Si le bonde a lui-même un cierge, le prêtre doit lui donner la bénédiction sans aucune opposition, quel que soit le cierge, et ils feront telle offrande qu'ils voudront. Quand un indigent doit être béni, on doit le bénir avec les cierges de l'église, sans aucune opposition (4), et il fera telle offrande qu'il voudra. Nous appelons indigent (5) l'*hussætis folk* (6) et le *malæ karl* (7) et le serviteur à gages et les esclaves (8) et les

. IX. — (1) La bénédiction nuptiale, au point de vue de la loi civile, n'est pas nécessaire pour la validité du mariage. Lagus, *Om oäkta barns rättsförhållande till Familien*, p. 23. V. Beauchet, p. 287, note 2. La loi d'Upland, Kkb. 15 : 2, distingue précisément à ce sujet entre les époux qui sont *fæst mæþ landzlaghum*, mariés suivant la loi de la province, et ceux qui veulent *mæþ kirkiuræt samæn, wighiæs*, être bénis suivant la loi de l'église. Dans un autre texte, Æb. 19, elle oppose le mariage d'un homme libre avec une femme esclave *mæþ lagh ok lanzræt*, conformément à la loi civile, au mariage de deux esclaves pour lequel il y a eu à la fois *fæstning* civile et *vighning*, bénédiction nuptiale, et c'est précisément pour encourager à faire bénir le mariage que ce texte déclare libre l'enfant de deux esclaves qui se sont mariés à l'église. Cf. Schlyter, *Juridiska afhandlingar*, I, p. 152

(2) Les différentes lois provinciales parlent des *vixlæ lius*, ou cierges qui brûlaient pendant la bénédiction nuptiale, ainsi que de l'offrande au prêtre qui célèbre le mariage. Wg. II, Kkb. 53; Sm. Kkb. 13; Wm. II, Krb. 8 : pr.; — Cf. Wm. I, Krb. 3 : 5; H. Kkb. 9; Got. I, 24 : pr. V. aussi le Statutum pro Helsingis du roi Birger de 1297 (Hadorph).

(3) Bien que l'administration des biens de la communauté appartienne au mari seul, la femme est autorisée à certains actes de disposition, comme les offrandes légales ou coutumières à l'église. Wg. II, Kb. 54; III : 21; IV : 21 : 70; Ög. Kb. 31; Sml. 10 : 1; Sm. Kb. 7 : 1; Wm. I, Krb. 3 : 4; II, Krb. 10; H. Kb. 10. V. aussi sur le droit de la femme mariée, Upl. Kpb. 4.

(4) Ragvald traduit : « sine quavis exactione. »

(5) *Fatöct folk* = pauvres gens.

(6) V. sur l'*hussæris folk*, *suprà*, c. 7, § 7, note 21.

(7) Le *mala karl* est celui qui ne paie pas la dîme au prêtre, mais une redevance pécuniaire nommée *mali*. L'ordonnance du 13 juillet 1297 (Dipl. n° 1202) pour la dîme d'Helsingie porte à ce sujet : « Pro pensione vero dicta maala mercenarius quilibet solvat sacerdoti duas ulnas tele, mercenaria autem unam ulnam tele cum tercia parte.»

(8) *Hemu hjon*, expression qui montre que les esclaves étaient bien la propriété du maître et faisaient partie de sa maison, *hem*. Le rapprochement

mendiants. — § 1. Si une femme est conduite à l'église après la naissance de son enfant, elle donnera au prêtre un öre pour le cierge. Si la femme a elle-même un cierge, il doit être d'une demi-livre de cire, et elle fera telle offrande qu'elle voudra et elle sera conduite alors dans l'église sans aucune opposition (9). Si la femme est indigente, elle sera introduite dans l'église avec les cierges de l'église, et l'église aura elle-même ses cierges tels qu'elle les avait auparavant. Si la femme vient avec ce qu'elle doit légalement donner pour ses relevailles (10), et si le prêtre ne veut pas l'introduire, et si elle est privée pour cela du commerce de son mari, le prêtre fera avec deux prêtres et lui-même troisième, la preuve qu'il ne lui a pas refusé l'entrée dans l'église, ou il paiera une amende de trois marks, dont deux pour l'évêque et un pour le bonde.

X

Si le prêtre a reçu la dîme et les autres redevances, il doit célébrer ses offices publics et savoir ce qu'il doit aux bonde (1). Il doit célébrer tous les offices publics. Il doit observer cinq jours de grande fête pour sa paroisse, à savoir les jours de Noël, de Pâques, de la Toussaint, celui de la dédicace de l'église ainsi que celui de la purification de la Vierge (2). Ces

que fait le texte entre les mendiants et les esclaves prouve que ceux-ci ne possédaient rien. Le texte établit, d'autre part, que les esclaves participaient, comme les hommes libres, à tous les avantages de l'église. Cf. Landtmanson, *Trälldomens sidsta skede i Sverige*, p. 20; Calonius, *Om de forna trälarnes rätt i Sverige*, p. 143; Beauchet, p. 187, note 2. V, sur le mariage des esclaves, *infrà*, Upl. Æb. 19.

(9) Cf. Wg. II, Kb. 53; III : 20; IV : 21 : 69; Sm. Kkb. 8; Wm. I, Krb. 3 : 5; II : Krb. 8 : 1; H. Kkb. 7; Sml. 7 : 1. L'ordonnance du 13 juillet 1297 pour la dîme d'Helsingie porte, à ce sujet : « Mulier autem introducenda post partúm pro candela et oblacione solvat sacerdoti duas ulnas tele et cibum dictum altarisbyrdh. »

(10) Ragvald traduit : « cum his que pro introductione requiruntur. »

X. — (1) Il y a ainsi un contrat synallagmatique de louage de services entre le bonde qui paie la dîme et le prêtre qui doit en échange remplir son ministère, þiænist.

(2) Un manuscrit ajoute le jour de la Pentecôte. Schlyter, p. 40, note 33. Les différentes lois provinciales prescrivent ces sortes d'offrandes. Wg. II, Kb. 54; III, 21; IV : 21 : 70; Sm. Kkb. 7 : 1; Wm. II, Krb. 9; Sml. 10. L'ordonnance du 13 juillet 1297 pour la dîme d'Helsingie prescrit cinq oblations

cinq jours sont ses jours légaux d'offrande de la part des
bonde et de leurs épouses. Si un bonde ou sa femme reste à la
maison et ne vient pas à l'église un jour légal d'offrande, il
fera son offrande le jour de fête suivant et sera alors libéré.
S'il persiste dans son retard et ne peut pas donner l'offrande,
il paiera deux pénning pour un.

XI

Si un bonde veut faire baptiser son enfant, si le prêtre est
absent et parti de la paroisse sans permission, et sans avoir
d'excuse légale, et si dès lors l'enfant ne reçoit point le baptême,
le prêtre paiera une amende de trois marks au père de l'enfant (1). — § 1. Si l'enfant naît malade et ne peut venir à
l'église, et s'ils ne peuvent rencontrer le prêtre, alors les
hommes peuvent baptiser l'enfant avec de l'eau et rien d'autre.
S'il n'y a pas d'homme présent, les femmes doivent alors
baptiser l'enfant en disant : « Je te baptise au nom du Père et
du Fils et du Saint-Esprit ». Si l'enfant meurt après avoir été
ainsi baptisé, on peut l'enterrer dans le cimetière. Si l'enfant
qui a été ainsi baptisé revient à la santé et peut venir vivant à
l'église, le prêtre peut ajouter au baptême de l'enfant ce qui
manquait. Si l'enfant grandit, et s'il y a doute sur le point de
savoir s'il a reçu le baptême ou non dans l'année de sa naissance, l'évêque doit examiner l'affaire et faire à cet égard ce

annuelles. Elle porte, en parlant des paroissiens : « In quibus festivitatibus
sacerdos tradet eis oblacionem, ipsi vero pro hiis solvant sacerdoti duas ulnas
tele, alii autem omnes in die pasche communicandi illo tantum die offerant
sacerdoti denarium unum vel sui valorem. »

XI. — (1) Le principe admis par les lois suédoises est que les amendes de
trois marks et au-dessus ont un caractère pénal et, par suite, doivent être partagées en trois parts, dont l'une pour le demandeur, l'autre pour le roi et la
troisième pour le bärad. V. sur ce partage de l'amende, Beauchet, p. 147,
note 29. Ce principe comporte toutefois une double série d'exceptions en sens
inverse. Ainsi, d'abord, des amendes de six et même de trois öre sont l'objet
d'un partage tripartite. V. Upl. þg. 9 : 1 ; St. Kp. 15 : pr., 28 ; Rst. 7 : pr. Par
contre, comme dans le cas cité au texte, des amendes de trois marks et même
supérieures à cette somme sont attribuées, à titre de réparation civile, au
seul demandeur et constituent ce que l'on appelle alors une *ensak* = mulcta
quæ uni tantum cedit. V. Upl. Kkb. 12 : pr., 13 : pr. ; Mb. 9 : 4 ; Sm. Mb. 24 :
pr. ; Wm. II, Jb. 17 ; Wg. I Md. 3 : 3 ; II, Db. 8 ; Sml. 2 : 1. Cf. Björling
p. 108 109.

qu'il trouve de plus juste. — § 2. Si un homme et une femme habitent seuls dans un þorp (2) et si la femme met au monde un enfant malade, plutôt qu'il ne meure sans recevoir le baptême, le père le baptisera, quand ils n'ont pas pu avertir d'autres personnes, et le mariage n'est pas rompu par cette parenté spirituelle (3). — § 3. S'il y a plusieurs habitants dans le by, si le bonde vient trouver le voisin et lui demande d'être parrain, si le voisin refuse le parrainage et que l'enfant meure sans avoir été baptisé, le voisin paiera une amende de trois marks, ou prouvera avec dix cojureurs qu'il n'a pas refusé le parrainage. L'évêque en prend la moitié (4) et l'héritier (5) de l'en-

(2) V. sur le sens de ce mot Beauchet, p. 229, note 4. Le þorp, dont il est rarement question dans les lois provinciales, mais que mentionnent assez souvent les lois nationales, a une origine assez incertaine, et la différence entre le by et le þorp est loin d'être nette. Dans les provinces gothes, le þorp désigne une ferme isolée ou un petit by formé ordinairement par suite de l'émigration d'un ou de plusieurs habitants du by (fullbyr. Wg. I, Jb. 15:1; II, Jb. 35). Dans les provinces du Svealand, l'origine du þorp doit plutôt être cherchée dans des défrichements peu importants effectués par les habitants du by sur les terrains de la communauté, sur l'almenning, généralement dans des endroits assez éloignés des bol ou (fermes composant le by), et où alors, pour la commodité de l'exploitation et l'élevage du bétail, on édifiait certains bâtiments, occupés d'abord une partie de l'année, puis d'une façon permanente. Le þorp se trouvait ainsi dans un certain état de subordination vis-à-vis du by ou du bol sur le territoire duquel il s'était formé. Il en est considéré comme une dépendance et les diplômes parlent souvent de la cession d'un domaine (bol) avec les þorp et þorpostadher qui s'y rattachent. (Dipl. 3358, 4554). Celui qui possède un þorp ou y réside est nommé þorpa karl ou torpare. Il n'est soumis aux impôts ou aux charges publiques que dans une mesure moindre que le bonde. Cf. Thulin, Om mantalet, p. 9 et s.

(3) Il n'est question de parenté spirituelle, dans les anciennes lois suédoises, qu'à propos du baptême et de la confirmation. A l'origine, cette parenté ne semble avoir constitué un empêchement au mariage qu'entre la personne baptisée ou confirmée et ses parrains ou les enfants de ceux-ci, ainsi qu'entre les parrains et les père et mère de la personne baptisée ou confirmée. Wg. III : 103, IV : 21 : 19. Mais, plus tard, les principes du droit canonique prévalurent et on admit une parenté spirituelle, faisant obstacle au mariage, même entre le parrain et la marraine. Ordonnance de l'archevêque Birger du 29 septembre 1368. Toutefois, le mariage n'est pas rompu par le fait que l'un des époux administre, en cas de nécessité, le baptême à l'enfant commun. Wm. II, Krb. 10 : 2; H. Kkb. 11 : 1.

(4) Lorsqu'un délit commis envers l'église lèse en même temps un particulier, celui-ci a une part dans l'amende, tantôt la moitié, comme au texte, tantôt le tiers. Björling, p. 87.

(5) Dans les délits impliquant violation d'un devoir religieux envers une per

fant la moitié. Si l'enfant reçoit (néanmoins) le baptême, personne ne doit payer d'amende pour le refus de parrainage.

XII

Lorsqu'un bonde est malade et envoie un messager au prêtre, si le prêtre s'occupe à une autre chose, si le bonde meurt et ne reçoit pas la communion, le prêtre paiera une amende de trois marks à l'héritier du bonde. Si le prêtre reçoit à la fois un messager pour baptiser un enfant et pour donner la communion à un malade, il doit porter secours au bonde plutôt qu'à l'enfant. Si le prêtre s'occupe de l'enfant plutôt que du bonde, et si celui-ci meurt sans avoir été confessé ni communié, le prêtre paiera une amende de trois marks à l'héritier du bonde. — § 1. Si un bonde envoie un messager au prêtre pour bénir un mort, si le corps reste chez le bonde une, deux ou trois nuits sans être béni, le prêtre paiera une amende de trois marks, ou prouvera qu'il avait un empêchement légal (1). Des trois marks, le bonde en prendra un et l'évêque deux. Si le bonde emporte le corps avant qu'il ne soit resté à la maison aussi longtemps, le bonde encourt une amende de trois marks (2). Les trois marks sont partagés en trois. L'évêque en prend un, le second échoit aux propriétaires des terrains sur lesquels le corps a été conduit, et le troisième au hundari (3).

sonne ultérieurement décédée, c'est toujours l'héritier qui est considéré comme le demandeur, *malseghandi* (*suprà*, c. 1, note 15). Ög. Krb. 6 : pr. ; Upl. Kkb. 12 : pr. Sm. Kkb. 9 : pr. ; Wm. II, Krb. 10 : 3, 11 : pr. ; H. Kkb. 11 : pr., 12 : pr. ; Sml. 9 : 3. Cf. Björling, p. 49.

XII. — (1) V. *suprà*, c. 11, note 1.

(2) Les lois provinciales se préoccupent d'assurer l'accomplissement des cérémonies religieuses funéraires. Ög. Krb. 7, 12 ; Sm. Kkb. 9 : 1 ; Wm. I, Krb. 42 : 2 ; II, Krb. 11 : 1. Cf. Liljenstrand, *Kanon.*, p. 29.

(3) Lorsque le délit commis envers l'Église blesse l'ordre social, l'amende revêt un caractère pénal et, par suite, est en principe l'objet d'un partage. Alors, de deux choses l'une : ou bien le délit implique à la fois la violation des lois de l'Église et la lésion d'un intérêt privé, et dans ce cas l'évêque partage l'amende avec le demandeur privé, le roi et le härad ; ou bien le délit ne touche point un particulier, et l'évêque partage l'amende seulement avec les représentants de la société, le roi et le härad. Toutefois ces principes comportent des exceptions. Ainsi, tantôt le härad est exclu et l'évêque

Après que le corps est resté trois nuits à la maison, le bonde peut l'enlever impunément et l'enterrer lui-même dans le cimetière. — § 2. Si un bonde poursuit le prêtre parce qu'un membre de sa famille n'a pas reçu la communion, le prêtre a le droit de justifier de son empêchement avec (le serment de) deux prêtres, lui-même étant troisième. Le premier (empêchement), c'est qu'il n'a pas reçu le messager, le second que l'évêque l'a cité à son tribunal, le troisième qu'il était malade au lit, le quatrième, qu'il disait la messe, quand il a reçu le messager. Si le prêtre ne peut prêter le serment, il paiera une amende de trois marks à l'héritier du bonde.

XIII (1)

Si le prêtre omet de célébrer la messe un des jours que précèdent des vigiles, il paiera une amende de trois marks. Ses paroissiens (2) prendront les trois marks, à moins qu'il ne justifie d'une excuse légale : la première c'est qu'il était malade, la seconde que l'évêque lui a envoyé un messager (3). Il doit le prouver avec le serment de trois prêtres. — § 1. Les bonde doivent venir à l'église le dimanche. Le prêtre indiquera les jours de fête et les jours de jeune. Si le prêtre oublie (de les indiquer) et si le bonde ne les observe pas, c'est le prêtre qui encourt l'amende et non le bonde. Si le bonde oublie et ne les observe pas, il encourt une amende de trois marks, ainsi que le prêtre quand il oublie. Pour toutes les accusations portées contre lui, le prêtre doit être cité devant son supérieur, et là il doit ou bien se justifier ou bien être condamné. S'il se justifie, il sera à l'abri de toute action ; s'il succombe, il paiera l'amende d'après la loi de la province (4). — § 2. L'évêque ni le prêtre ne peuvent

partage avec le roi et le demandeur privé, tantôt, à l'inverse, le härad, à l'exclusion du roi, partage avec l'évêque et le demandeur. Björling, p. 87.

XIII. — (1) Cf. Sm. Kkb. 10 ; Wm. II, Krb. 12 ; H. Kkb. 13.

(2) Ce sont les habitants de la paroisse individuellement et non la communauté religieuse que les textes considèrent comme demandeurs. Cf. Ög. Krb. 5 : 1 ; 24 : 1 ; Upl. Kkb. 1 : 3 ; H. Kkb. 2 : 2 ; Sm. Kkb. 10 : pr. Cf. Björling, p. 52.

(3) Un manuscrit ajoute : « la troisième, c'est qu'il devait visiter un malade dans la paroisse. » Schlyter, p. 46, note 91.

(4) Sur la juridiction ecclésiastique, Beauchet, p. 285 et s. ; Kreüger,

prononcer contre une personne l'excommunication mineure (5) si ce n'est pour ces causes (6), à savoir pour avoir refusé de se soumettre aux pénalités ecclésiastiques, pour (ne pas avoir payé) la dîme et les redevances de l'église et du prêtre, et pour toute cause spirituelle, mais non pour dettes. Le prêtre qui met un bonde hors de l'église et sans l'autorisation de l'évêque (7), paiera une amende de trois marks : le bonde en prendra la moitié et l'évêque la moitié (8). Si quelqu'un a été frappé d'excommunication mineure pour une cause légitime, et reste en cet état plus d'un an et d'une nuit, l'évêque peut le frapper d'excommunication majeure. S'il ne veut pas s'amender et chercher son pardon dans l'an et nuit, il doit être alors dénoncé au roi, et le roi doit le condamner à mourir par le glaive (9) et sans qu'il puisse être enterré dans le cimetière. Ses héritiers

Bidrag till upplysning om det Kanoniska rättegångssättet i Sverige, dans la *Naumann's Tidskrift*, 1882, p. 20 et s.

(5) Sur les peines ecclésiastiques et l'excommunication, Beauchet, p. 144, note.

(6) L'excommunication est généralement admise par les lois provinciales comme un moyen de contrainte indirecte pour le paiement des sommes dues à l'Église. La loi de Vestrogothie paraît même interdire l'emploi de tout autre mode de poursuite (Wg. II, Kb. 70 ; Ill : 52). Par exception, la loi d'Ostrogothie (Krb. 25 : 1), n'autorise l'emploi de l'excommunication que pour l'exécution des pénitences ecclésiastiques (*skript*, Cf. Beauchet, p. 141, note ; Nordström, t. 2, p. 364), mais non pour le recouvrement des amendes (*fea giald*). D'après la loi d'Upland et les autres lois du Svealand rédigées sur son modèle, l'excommunication est employée comme voie de contrainte en cas de retard : *a*) dans les redevances dues à l'Église ou à la fabrique (*Kirkiu tillaghur*), *b*) ou dans les redevances dues au curé (*præsts tillaghur*) ; *c*) dans le paiement de la dîme ; *d*) dans le paiement d'une dette concernant les causes spirituelles (*andilik mal*), c'est-à-dire ressortissant à la juridiction ecclésiastique, comme l'usure ou la rétention de la *gengærþ* de l'évêque. Wm. I, Krb. 15 ; II, Kb. 12 : 2 ; Sm. Kb. 10 : 2. V. aussi Dipl. 1965, 2111.

(7) C'est une conséquence de la règle que le *jus clavium* appartient en propre à l'évêque. Mais le curé, bien qu'incompétent en principe pour prononcer l'excommunication mineure, peut recevoir à cet effet une délégation de l'évêque. Wg. II, Kb. 71 ; III : 32 ; Wm. II, Krb. 12. Cf. Nordström, t. II, p. 365 ; Kreüger, *loc. cit.*, p. 27.

(8) V. sur ce partage de l'amende, Björling, p. 89.

(9) C'est l'application du droit canonique : Decr. Greg. liv. 2, tit. 1, *De judiciis*, c. 10. Cf. Wg. III : 93 ; Ög. Krb. 25 ; Sm. Kkb. 10 : 2 ; Wm. I, Krb. 15 ; II, Krb. 12 : 2 ; H. Kkb. 10 ; Sml. 13 : 4. La loi d'Ostrogothie attribue au roi les biens meubles du coupable.

légitimes doivent alors hériter de ses biens, et il sera *ogilder* (10)
pour son infraction.

XIV (1)

Si quelqu'un veut donner (2) son bien à un monastère ou à une
église, il peut donner ce qu'il veut, soit au prêtre pour ses aliments, soit à l'église pour ses ornements. Si le prêtre ou les
marguilliérs de l'église disent qu'il a été donné davantage, et si
cela est nié, si le donateur est vivant, il a le *vitzorþ* pour établir
combien il a donné (3). Si le donateur est mort et si son héritier nie, l'église doit faire la preuve avec les *fastar* qui étaient
présents, et il doit y avoir autant de fastar lors de la donation
que lors d'une vente (4), pour chaque donation proportionnellement à sa valeur (5). Si l'on donne ses biens pour le salut
de son âme à une église ou à un monastère, si l'héritier légi-

(10) *Ogilder* = homo pro quo, si occidatur vel aliud damnum accipiat,
nulla mulcta solvitur.

XIV. — (1) La rubrique porte : *um siælagift ok testament*. Des donations
pour son âme et des testaments. Les diplômes emploient les expressions *do-
natio pro anima, pro salute, in salutem animæ*. Dipl. 63, 65, 161, 302, 482, etc.

(2) Il s'agit ici plutôt, comme l'indique la rubrique, des testaments que
des donations entre-vifs. Sur l'introduction du testament en Suède, cf. Beauchet, p. 179, 180, notes.

(3) Il y a là une exception au principe posé par les anciennes lois suédoises
que celui qui invoque un titre d'acquisition (*fang*) a toujours le *vitsorþ*. V.
aussi Wm. II, Krb. 13 : pr. Cf. Serlachius, *Om klander d jord*, p. 87.

(4) La donation immobilière exige des formalités de publicité analogues à
celles de la vente des immeubles, c'est-à-dire les formalités de la *fæst* et la
présence des *fastar* ou témoins. V. sur les *fastar*, Beauchet, p. 214, note.
Cf. Wm. II, Krb. 13 : pr.; H. Kb. 14. La loi d'Upland (add. 1) exige même pour
les donations pieuses qu'elles se fassent dans un lieu public, comme au ting
ou devant l'assemblée de la paroisse.

(5) Le donateur n'est point, en principe, tenu à la garantie envers le donataire pour le cas d'éviction, mais il peut s'y obliger par une clause expresse
du contrat. Dipl. 645, a. 1278. Par exception, la loi de Vestrogothie (III : 101)
impose au donateur, ou plutôt à son héritier, dans les donations pieuses, l'o-
bligation de garantie, mais dans les limites de la quotité disponible. Ce privilège des donations *in salutem animæ* devait probablement être admis de
même dans le Svealand. C'est ce que l'on peut induire d'un diplôme de Sudermanie, n. 2493, a. 1325. — Si le donateur n'est pas, en principe, tenu à la garantie, il est obligé à la délivrance de l'immeuble qu'il a promis de donner.
Notre loi règle la manière de trancher les contestations qui peuvent s'élever à
cet égard. Cf. Wm. II, Krb. 13 : pr.

time est présent et majeur, si tous les deux sont d'accord, qu'il y ait des *fastar* et que l'on observe toutes les formalités légales, la donation est pleinement valable, quel que soit son montant (6). Si l'héritier ne consent pas, ou n'est pas présent ou est mineur, ou dément, il ne peut donner plus du dixième de ses biens propres, qu'il en ait plus ou moins : telle est la donation légale (7). On peut donner tous ses biens acquêts pour le salut de son âme. Si l'on se rend dans un couvent ou dans un hospice, on n'a pas le droit de donner sans le consentement de l'héritier plus qu'il n'a été dit ci-dessus. Si l'on donne plus que la donation légale et si quelqu'un attaque la donation dans l'an et nuit, tout ce qui excède la donation légale sera révoqué. Si l'héritier est prisonnier de guerre, ou à l'étranger, ou mineur, le bien donné sera mis entre les mains d'un séquestre (8) jusqu'à ce que l'héritier revienne ou sorte de prison ou que le mineur devienne majeur. L'héritier aura ensuite le droit, à son choix, soit de retenir le bien donné, soit de le remettre (au do-

(6) Parmi les lois du Svealand, la loi d'Upland, bien que la plus ancienne, est la plus favorable à la liberté des donations pieuses. Cela s'explique vraisemblablement par l'influence qu'a eue sur sa rédaction le célèbre doyen du chapitre d'Upsala, Anders And. Cf. Beauchet, p. 50. Ainsi l'ancienne loi de Vestmanie (Gb. 16 : pr.) fait dépendre la quotité disponible, même pour les donations pieuses, du consentement de l'héritier. D'après la loi d'Helsingie (Kkb. 14), on peut bien léguer tous ses acquêts, mais on ne peut léguer ses terres patrimoniales que pour une valeur de 16 öre. La loi de Sudermanie (Kkb. 12) permet de donner avec le consentement de l'héritier le dixième des biens patrimoniaux; l'héritier, s'il n'a pas consenti, peut retrayer les biens dans l'an et nuit. Quant aux acquêts on peut en donner moitié, si l'on est bien portant, et un tiers si l'on est malade. Toutefois, dans une disposition finale, insérée probablement après coup, la loi autorise la libre disposition des acquêts *pro salute animæ*. La nouvelle loi de Vestmanie (Krb. 17) reproduit textuellement la loi d'Upland. Cf. Olivecrona, *Testamentsrätten enligt svensk lagstiftning*, p. 76 et s.

(7) Un manuscrit ajoute : « Le testament doit ainsi être observé : si quelqu'un donne séparément à l'église et séparément au prêtre, que ce soit plus ou moins, chacun se contentera de ce qui lui a été donné. Si quelqu'un fait un legs à l'église et ne donne rien au prêtre, celui-ci prendra la moitié avec l'église et il sera tenu de comprendre le défunt dans ses prières. » Schlyter, p. 50, note 47.

(8) *Taki* = séquestre. Les anciennes lois ordonnent le séquestre d'office (*laghatak*) dans un certain nombre d'hypothèses qu'elles indiquent, comme celle citée au texte. Cf. Wm. II, Krb. 13 : pr. V. aussi dans la loi d'Upland : Mb. 8 : 1; Æb. 10 : 1. Cf. sur le séquestre, Amira, p. 664 et s.

nataire) (9). Si personne n'attaque la donation dans l'an et nuit de la manière qui vient d'être dite, l'église conservera irrévocablement ce qu'elle a reçu. Si l'on donne son bien à quelqu'un d'autre, à des parents ou à des serviteurs (10), la donation est valable pourvu que l'héritier y consente (11). Si l'on fait une donation avec le consentement de l'héritier qui est alors l'héritier légitime (12), lorsque le donateur fait la donation, personne n'a le droit de rompre cette donation si elle a été faite avec des fastar et les formalités légales (13). — § 1. Si l'on fait une donation en biens meubles à l'église ou au prêtre, deux personnes domiciliées doivent y assister (14), pour témoigner si la donation peut être attaquée, et le sacristain ne peut porter témoignage à ce sujet. — § 2. En cas de contestation entre le prêtre et l'église (15), le prêtre disant que la donation lui a été faite à titre d'aliments, et l'église disant qu'elle a été faite pour ses ornements, si celui qui a fait la donation est vivant, il a droit de décider quel est celui des deux auquel il a donné (16). Si le donateur n'est plus vivant, douze hommes de la paroisse décideront quel est celui des deux qui a droit à la donation, et le prêtre et l'église désigneront chacun une demi-nämnd. — § 3. Tout ce qui a été donné à l'église, que

(9) Un manuscrit ajoute : « Si l'héritier ne peut lui-même racheter (le bien), et son plus proche parent le rachètera. » Schlyter, p. 51, note 90.

(10) Ragvald traduit : « familiaribus ».

(11) Un manuscrit reproduit ici la distinction de la loi de Sudermanie (Kkb. 12, *suprà*, note 6) : liberté de donner moitié si l'on est bien portant, un tiers seulement si l'on est sur son lit de malade: Schlyter, p. 52, note 7.

(12) C'est-à-dire l'héritier présomptif le plus proche.

(13) *Mæþ fullum skælum. Skiæl* = quod leges fieri vel observari jubent. Schlyter, Gl. Upl. Sur la portée du *skæl*, cf. Amira, p. 262.

(14) Sur les simples témoins, *vitni* par opposition aux *fastar*, cf. Amira, p. 231 et s.

(15) L'affaire ressortit à la juridiction ecclésiastique. Wg. I), Kb. 61 ; III : 29; IV : 21 : 41.

(16) La loi d'Upland se réfère vraisemblablement à l'hypothèse où aucun des deux donataires n'a encore pris possession de l'immeuble donné. La règle qu'elle pose (reproduite par la loi de Vestmanie, II, Krb. 13 : 2) et qui accorde ainsi au donateur le droit de *hemula* (appropriare, defendere) celui des deux donataires qu'il préfère, présente une analogie frappante avec celle qui est admise pour le cas de conflit entre deux acheteurs, dont aucun n'a encore pris possession. Upl. Jb. 6 : 1 ; Sm. Jb. 6 : pr.

ce soit un immeuble ou des meubles, ainsi que les revenus
qu'elle tire de ses immeubles, qu'ils lui aient été donnés ou
qu'elle les ait achetés avec sa dîme, ainsi que toutes ses dîmes,
l'église doit les employer à ses ornements et l'on ne doit rien
faire d'autre avec si ce n'est pour les besoins de l'église (17).
— § 4. Si un immeuble a été engagé au profit de l'église et si le
bonde ou ses parents peuvent le racheter dans le délai fixé, l'immeuble sera à eux. S'ils ne peuvent pas le racheter dans le délai
fixé, l'engagement (18) sera régi par le droit commun (19). — § 5.
Si un bonde donne au prêtre un immeuble ou des meubles, qu'il
soit malade ou bien portant, les biens donnés appartiennent
au prêtre et puis à son successeur, à l'un après l'autre, à moins
que la donation n'ait été faite sous la clause que le prêtre donataire pourrait faire ce qu'il voudrait des biens donnés. Si un
immeuble lui a été donné, les fastar devront en témoigner; si
la donation consiste en meubles, des témoins (20) doivent en
témoigner, comme il a été dit précédemmeut. — § 6. Si un
bonde meurt et est enterré en dehors de la paroisse, le prêtre
a droit à un salaire intégral (21), comme s'il était enterré dans
la paroisse. Le prêtre doit aussi lui dire toutes les messes des
morts comme s'il y était enterré. — § 7. Si celui à qui l'entrée
de l'église a été interdite (22) vient à l'église quand on dit la
messe, et s'il arrive avant la consécration, le prêtre peut
quitter ses habits sacerdotaux, si l'interdit ne veut pas d'ailleurs sortir de l'église, et pour cette interruption de l'office
divin ne paieront l'amende ni les bonde ni le prêtre, mais
celui-là qui a été cause de cette interruption. Si cet homme
arrive quand le canon est commencé (23), le prêtre ne peut pas
interrompre et les bonde peuvent impunément entendre la

---

(17) On peut se fonder sur cette disposition pour en conclure que tout immeuble appartenant à l'église était exempt de la dîme. Thurgren, *loc. cit.*,
p. 9. *Contrà*, Rabenius, p. 40.

(18) Cf. Amira, p. 199.

(19) *I bondæ laghum*, littéralement « par la loi des bonde ».

(20) *Vitni*, par opposition aux *fastar*. Cf. Wm. II, Krb. 15; H. Kkb. 14.

(21) Cf. Amira, p. 48.

(22) Il s'agit ici de l'excommunication mineure, *forbuþ*, qui emporte exclusion des sacrements et du service divin. Cf. Wm. II, Krb. 17; Sm. Kkb. 10
3; H. Kkb. 19 : 4.

(23) Ragvald traduit : « post canonis inchoacionem. »

messe. Si le länsman (24) poursuit la paroisse par le motif que les
paroissiens ont entendu la messe avec celui à qui l'église était
interdite, la paroisse se justifiera avec le serment de dix cojureurs ou paiera une amende de trois marks. Si un proscrit vient
à l'église (25), on ne peut l'expulser malgré lui de l'église ou
du cimetière. Le prêtre peut alors dire la messe impunément
et les paroissiens l'entendre impunément. — § 8. Le baptistère peut être brisé. Le prêtre doit alors en avertir les paroissiens trois dimanches. S'ils ne le réparent pas dans les sept
nuits après les trois dimanches, les paroissiens paieront à
l'évêque (26) une amende de trois marks : cette amende échoit
à l'évêque seul. — § 9. Il peut y avoir des bandes de poissons
en frai la nuit de Pâques, la nuit de la Pentecôte ou la nuit de
l'Ascension : on peut alors enlever les nasses et débarrasser
les filets des poissons et on ne peut les mettre en place avant
que la messe ne soit dite un de ces jours précités. On doit également s'abstenir de travailler tous les dimanches comme il est
dit maintenant. Les jours fériés autres que les dimanches, on
peut impunément partir à la pêche au moment du frai, et l'on
peut impunément faire les travaux des champs à l'automne et
au printemps un jour férié, sauf le dimanche, mais cependant pas
avant que la messe ne soit dite (27). — § 10. Si un homme majeur ou une femme (majeure) met la main dans le baptistère,
il paiera une amende de six öre ou fera la preuve négatoire

(24) Il s'agit ici non pas du *lænsman* royal = (subpræfectus hundredi, exactor regius) mais du *lænsman* de l'évêque (exactor episcopi). Ce fonctionnaire,
qui est aussi nommé dans les textes *biskups soknari* (Upl. Kkb. 15 : pr.;
Wm. II, Krb. 24 : 3) est chargé de veiller au recouvrement des amendes dues
à l'évêque. Des clercs ne peuvent, d'après la résolution du concile de Skenninge du 1er mars 1248 (Dipl. no 359) être investis de ces fonctions. Sur le
länsman royal, V. *infrà*, Kgb. 10 : 10.

(25) Ragvald traduit : « Quod si quis causa immunitatis ad ecclesiam con-
fugerit. »

(26) Les amendes encourues pour violation de la loi ecclésiastique échoient
rarement à l'église, sauf dans divers cas où celle-ci est considérée comme le
malseghandi (*suprà*, c. 1, note 15). V. notamment Upl. Kkb. 17 : 1, 4 ; 19 : 2, 3.
Ordinairement c'est l'évêque qui touche l'amende, de même que c'est lui qui la
prononce. Dans la plupart des cas, l'amende est une *ensak* de l'évêque (*suprà*,
c. 11, note 1), attendu que l'Église seule peut être considérée comme lésée
par l'infraction. Cf. Björling, p. 86 ; Amira, p. 370. V. *infrà*, note 29.

(27) Cf. Wg. II, Kb. 52, qui permet de rentrer le foin et les grains un jour
férié après six heures du soir.

      B.   3

avec deux cojureurs, et lui-même troisième. Si un mineur le
fait ainsi, il sera impuni parce qu'il n'a pas de discernement.
Si l'on pose un chapeau, des gants ou une arme sur l'autel re-
couvert d'une nappe, là où est la pierre consacrée (28), on paiera
une amende de quatre penning, ou bien l'on fera la preuve
négatoire avec son seul serment. Les quatre penning échoient
au prêtre (29). L'évêque doit instruire et juger les causes dont il
vient d'être parlé.

XV

Pour le mariage, l'inceste entre parents (1), le commerce
entre personnes unies par une parenté spirituelle, l'inceste
entre alliés, la poursuite ne peut être faite par aucun *soknari* (2) et
par aucun autre (juge) hormis l'évêque ou celui qui a entre les
mains la juridiction épiscopale (3). Si l'on est convaincu de culpa-
bilité dans l'une de ces causes (4), on paiera à l'évêque une amende
de six marks (5) et l'évêque décidera si le mariage doit être maintenu ou non (6). — § 1. Si un homme contracte avec une femme

(28) *Vighper sten* = lapis altari impositus, sub quo, in quadrata cavatura,
sanctorum reliquiæ erant conditæ. Schlyter, Gl. Upl.

(29) Par exception, comme dans le cas présent, l'amende encourue pour
violation de la loi ecclésiastique échoit quelquefois non à l'évêque (V. *suprà*,
c. 14, note 26) mais au prêtre. Dans certains cas, elle est partagée entre
l'évêque (2/3) et le prêtre (1/3). Sm. Kkb. 10 : 1, 20 : 1.

XV. — (1) L'inceste entre parents, nommé au texte *frændsimis spiæl* est appelé
aussi *ætsku spiæll*. Ög. Krb. 15 : pr. Cf. Sm. Kkb. 15 ; Wm. II, Krb. 19 ; H.
Kkb. 15 : pr.

(2) C'est le même que le länsman dont parle le ch. 14 : 7. V. *suprà*, c. 14, note 24.

(3) Sur les causes ressortissant à la juridiction ecclésiastique, cf. Kreüger,
loc. cit., p. 22 et s. ; Nordström, II, p. 531 et s. Cette juridiction est exercée
en principe par l'évêque, et la poursuite dans les affaires pénales l'est par
le länsman, dans les affaires non pénales par la partie intéressée. La juridiction épiscopale, lorsque des laïques se trouvent en cause, est exercée
normalement au ting. Au ting épiscopal on suit, en principe, les règles
du droit provincial en ce qui concerne la procédure et la preuve. Cf. Nordström, t. II, p. 537.

(4) Ragvald traduit : « Si quis in simili jurisdictione se ingesserit. »

(5) Sur les empêchements au mariage, cf. Beauchet, p. 195, note 2 ; Winroth, *Familjerätt, Äktenskapshindren*, p. 187.

(6) Un mariage nul ne peut pas cesser par la seule volonté des conjoints,
mais seulement par le pouvoir de celui qui est investi de la juridiction ecclésiastique.

des fiançailles (7) et si celles-ci sont rompues par un jugement ecclésiastique (8), chacun des fiancés paiera une amende de trois marks. Il en est de même si des époux se sont légalement réunis (9) et se séparent sans un jugement ecclésiastique : l'évêque perçoit six marks pour chaque séparation, et chacun (des époux) paiera une amende de trois marks si la séparation est imputable à tous les deux ; et si elle est imputable à l'un d'eux, il paiera une amende de six marks, et celui-là sera impuni qui demande l'accomplissement du mariage. Si l'un prétend s'être fiancé à une femme, et si celle-ci le nie, et s'il arrive une lettre de l'évêque défendant de contracter une autre union avant que la première ne soit rompue par un jugement de l'Église, et si elle contracte ensuite une autre union avant que la première soit rompue, elle paiera une amende de trois marks, ainsi que celui qui a contracté mariage avec elle sachant (qu'elle était déjà mariée), ou bien il fera avec dix cojureurs la preuve qu'il ignorait qu'elle fût mariée. — § 2. Si un homme et une femme veulent (10) se marier à l'Église, ils doivent le notifier au prêtre

(7) Sur le contrat de fiançailles, cf. Beauchet, p. 190 et s. — Les fiançailles formaient un empêchement au mariage dans la même mesure qu'un mariage véritable et, par suite, elles étaient comprises dans les dispositions édictées par les lois à cet égard concernant l'alliance. Cf. les bulles papales du 6 juillet 1101 et du 21 mai 1288, Dipl. nᵒˢ 41, 962.

(8) Suivant Amira (p. 535 et s.), c'est seulement quand les lois eurent interdit la rupture unilatérale des fiançailles (Upl. Kkb. 15 : 1 ; Æb. 1 : 4 ; Wm. II, Krb. 20 : pr.; Æb. 1 : 4; Sm. Gb. 1 : pr.; H. Æb. 1 : 4; MELl. Gb. 2 : 6; St. Gb. 2 : 5) que des effets d'obligation en résultèrent pour les fiancés, en ce sens que chacun d'eux pouvait former devant le tribunal ecclésiastique une action en accomplissement du mariage. Cet auteur induit l'existence des effets d'obligation des mots *band* et *samband* employés par les lois (Upl. Kb. 15 : 1; Wm. II, Krb. 20 : pr.). Celles-ci ne parlent cependant nulle part d'une semblable action. Au contraire, il paraît bien résulter des lois d'Upland et de Vestmanie (*loc. cit.*) que le seul effet des fiançailles consistait dans la défense, pour celle des parties qui voulait se dédire, de contracter un autre lien avant que le premier ne fût dissous. Cf. Sjögren, *Kontraktsbrotten enligt Sveriges medeltidslagar*, p. 26.

(9) Il s'agit de la *copula carnalis*, ou consommation du mariage, dans le sens canonique du mot. Cf. Winroth, *loc. cit.*, *Familjerätt, Äktenskaps ingående*, p. 85.

(10) Sur le caractère facultatif de la bénédiction nuptiale, V. *suprà*, c. 9, note 1. — Cf. Nordström, II, p. 30.

de leur paroisse. Le prêtre doit publier (11) trois dimanches (12)
à la porte de l'église que le mari et la femme sont fiancés conformément à la loi de la province et qu'ils veulent faire bénir
leur union conformément au droit de l'Église. Si quelqu'un vient avant le jour fixé, qui connaît un empêchement
dans la cause, en raison de l'inceste, de la parenté spirituelle
ou de fiançailles antérieurement contractées par la femme ou
par le mari, ou qui connaît une autre sorte de fait qui puisse
empêcher le mariage, le prêtre ne peut pas les bénir avant
que l'affaire n'ait été élucidée. S'il ne survient aucune opposition avant le jour fixé précité, le prêtre peut les marier
et personne n'a le droit d'attaquer ensuite le mariage (13)
qui a entendu que le prêtre avait fait les publications légales.
Si l'on attaque le mariage depuis qu'il a été légalement
publié ou depuis que les époux ont été bénis, on paiera une
amende de six marks : le roi percevra deux marks, et l'évêque
deux marks, et le demandeur deux marks si le mariage est
valable et régulier. — § 3. Maintenant il est question des
causes d'adultère (14). Celui qui commet un adultère simple
avec une femme non parente paiera une amende de six marks.
On paiera la même amende pour un double adultère. En cas
de concours d'un adultère, d'un inceste entre parents, d'un
commerce entre personnes unies par une parenté spirituelle et

(11) Sur les publications de mariage, cf. Beauchet, p. 287, note 2.

(12) Certaines lois provinciales parlent de trois jours fériés (Wg. II, Kb. 69.
Cf. MELl. Gb. 2 : 3; St. Gb. 2 : 2); d'autres, comme la loi d'Upland, de trois
dimanches (Sm. Kkb. 13; Wm. 1, Krb. 7; II, Krb. 20 : 1; H. Kkb. 15 : 1. Cf.
KrLl. Gb. 2 : 3.

(13) Les lois provinciales reproduisent la décision de la bulle du 5 avril
1216 du pape Innocent III (Dipl. n° 156) concernant le délai pendant lequel
on peut faire opposition au mariage. La dernière publication, qui précédait
immédiatement la bénédiction nuptiale, était préclusive. Quiconque avait entendu la publication ne pouvait ensuite soulever un grief purement privé, et,
bien que, quand il s'agissait d'empêchements dirimants, l'action en nullité
fût possible non seulement après les publications, mais même après la bénédiction nuptiale, l'exercice de cette action pouvait, après les publications, entraîner une certaine responsabilité pénale pour le cas où le demandeur était
débouté. C'est ce que décide la loi d'Upland. Cf. Wm. II, Krb. 20 : 1. D'après
la loi d'Helsingie (Kkb. 15 : 1), cette responsabilité est encourue pour toute
action indûment intentée, même dans le délai légal.

(14) V. sur l'adultère, Beauchet, p. 194, note.

d'un inceste entre alliés, chacun des délits paiera l'amende
à part (15). Si un bonde accuse sa femme d'adultère, il doit
poursuivre devant le ting l'homme qu'il accuse d'adultère.
Là celui-ci doit offrir le serment pour se défendre et se justifier
avec le serment de dix cojureurs ; s'il échoue dans ce serment,
il paiera une amende de trois marks, et la femme peut se
défendre avec le serment négatoire et se justifier avec dix
cojureurs. Si elle échoue dans ce serment, elle paiera une
amende de trois marks. Et celui d'entre ceux qui échoue dans
son serment sera frappé d'une pénitence ecclésiastique (16)
et expiera par une amende l'usurpation du lit d'autrui (17),
selon ce qu'il est dit au livre du mariage. Si l'homme
(accusé) a prêté le serment requis, ils seront tous les deux
impunis. Si une femme accuse son mari au ting pour cause
d'adultère, le mari doit lui promettre le serment de dix cojureurs. S'il peut prêter ce serment, ils seront impunis tous les
deux, l'homme et la femme. S'il échoue dans ce serment, il
paiera une amende de trois marks (18), et la femme se justifiera
avec le serment de dix cojureurs. Si elle échoue dans ce serment, elle paiera une amende de trois marks. En cas de concours d'un adultère, d'un inceste spirituel, d'un inceste entre
parents, d'un inceste entre alliés, l'amende sera payée pour
chacun de ces délits séparément, et l'on se défendra avec un
seul serment si on doit se défendre. Sauf le cas où la femme ou
le mari se poursuivent réciproquement, personne ne peut accuser
un autre d'adultère à moins qu'il n'ait été pris sur le fait ou qu'il
n'y ait deux témoins qui ont remarqué et vu l'entrée et la

(15) Le concours de délits peut être réel ou formel. Sur le concours réel, v.
infrà, Mb. 31. En ce qui concerne le concours formel, la règle de l'ancien
droit suédois est que les diverses amendes sont encourues intégralement
pour les différents délits compris dans le même acte. Cf. Sm. Kkb. 15 : 3 ;
Wm. II, Krb. 21. Le droit danois admet également le cumul des amendes en
cas de concours formel de délits. Sk. V, 3 : 12, 9. Cf. Björling, p. 102.

(16) *Skript.* — V. *suprà*, c. 13, note 6. Les pénitences ecclésiastiques, avec
ou sans amende au profit de l'évêque, peuvent être infligées à raison de certains délits, à savoir : 1º les *delicta carnis*, comprenant : l'inceste, la bestialité, l'adultère, le concubinage ; 2º l'avortement ; 3º le sortilège ; 4º le
parjure ; 5º le meurtre ; 6º le sacrilège. Cf. Nordström, II, p. 367 et s.

(17) *Siængæran*, littéralement rapine (*ran*) du lit.

(18) Si l'adultère du mari fait encourir à celui-ci une amende, il n'est point
pour la femme une cause de divorce. V. *infrà*, Æb. 6 : 3.

sortie (des coupables) (19). Alors le représentant de l'évêque (20) peut recevoir le serment ou des penning (21). Si celui qui est accusé d'adultère peut prêter le serment, ils seront tous deux impunis et les témoins aussi. Si l'un a été pris sur le fait avec les témoins dont il est parlé au livre du mariage, chacun (des coupables) paiera comme amende de l'adultère trois marks qui seront pour l'évêque (22). — § 4. L'évêque est aussi le juge de l'usure (23). Celui qui pratique l'usure paiera à l'évêque une amende de six marks, s'il est convaincu de ce crime. — § 5. Pour toute espèce de *banzmal* (24), s'il y a un demandeur légi-

(19) La loi d'Ostrogothie (Krb. 27 : pr., 2) et celle du Småland (13 : 5) ajoutent une troisième hypothèse, celle où « un enfant en porte témoignage », c'est-à-dire où la naissance d'un enfant vient témoigner de la perpétration du *stuprum*. Cf. Sm. Kkb. 15 : 3 ; Wm. II, Krb. 21.

(20) La *diffamatio* (mala fama, infamia) et les *delicta notoria* sont admis dans le droit ecclésiastique des lois provinciales comme des motifs suffisants de l'institution d'une poursuite dans les affaires ressortissant à la juridiction ecclésiastique. L'obligation de poursuivre incombe au représentant de l'évêque (*soknare*, *lænsman*), mais, comme cela résulte de notre loi, il ne peut poursuivre sur de simples soupçons. La loi d'Ostrogothie (Krb. 26 : 1) décide de même qu'il ne peut poursuivre « pour aucun *huma mal* (causa quæ incerta suspicione nititur), mais seulement pour une cause manifeste (*yppinbar mal*) ». Cf. H. Kkb. 16.

(21) Le représentant de l'évêque ne peut naturellement exercer la poursuite pour adultère qu'en ce qui concerne les conséquences pénales du délit.

(22) L'adultère tombe sous une double juridiction. En temps que délit civil, il est justiciable du ting séculier ; en temps que péché et que cause de dissolution de la vie conjugale, il relève du tribunal ecclésiastique. Cf. Nordström, t. II, p. 533 ; Kreüger, *loc. cit.*, p. 29.

(23) L'usure s'entend ici dans le sens canonique : « Usurarius est qui a debitore recipit aliquid ultra sortem. » (Decr. Greg. liv. 5, tit. 19, c. 19). Il ne semble pas que l'ancien droit suédois ait prohibé l'usure ainsi comprise, car la loi d'Upland est la seule loi provinciale qui réprime l'usure. La première prohibition générale pour tout le royaume fut édictée en 1344 par le roi Magnus Eriksson, à la diète de Telge (Dipl. n° 3797). Mais il ne semble pas que cette défense ait été longtemps suivie. Cf. St. Rst. 15. V. Amira, p. 661 ; Nordström, II, p. 535.

(24) *Banzmal* = crimen quo læsa existimabatur ecclesia, quamobrem mulcta pendebatur episcopo, qui reum in contumacia perseverantem, tandem excommunicabat. Schlyter, Gl. Upl. Les lois provinciales ne définissent pas nettement ce qu'il faut entendre par un *banzmal*. Suivant Kreüger (*loc. cit.*), p. 26, les *banzmal* s'appliqueraient aux causes dans lesquelles la juridiction ecclésiastique imposait à des laïques une peine religieuse : excommunication, interdit, ou même amende, soit cumulativement, soit séparément, c'est-à-dire

time, l'évêque doit examiner l'affaire d'après les témoins les plus véridiques qu'il peut trouver, et juger alors ce qu'il trouve de plus vrai. S'il n'y a pas de témoins, le jugement décidera que le défendeur prêtera serment. S'il peut prêter serment, il sera en paix, lui et ses biens. S'il échoue dans son serment, il paiera une amende de six marks à l'évêque et (expiera) son crime selon la loi de la province. (De cette dernière amende) l'église prend un tiers, le demandeur un autre (tiers) et le hundari le troisième (25). — § 6. Si l'on a un commerce charnel avec sa femme ou avec une étrangère (26) dans l'église ou dans le cimetière, et si le länsman de l'évêque produit deux témoins du fait, celui qui est accusé de ce délit se défendra avec le serment de dix cojureurs. S'il peut prêter le serment, ils seront tous les deux (l'homme et la femme) impunis. S'il échoue dans son serment, il paiera une amende de trois marks,

aux cas de juridiction criminelle ecclésiastique sur les laïques. Nordström (II, p. 533) entend par *banzmal* les délits non seulement contre la loi religieuse mais aussi contre la loi civile, à raison desquels une expiation envers l'Église était imposée et pour lesquels l'évêque avait le droit d'excommunier le coupable, si celui-ci ne remplissait pas ses obligations envers l'Église. Mais cette interprétation est fort contestable. D'après les principes du droit canonique, l'excommunication, majeure ou mineure, pouvait être prononcée non seulement à raison du refus de se soumettre à une peine ecclésiastique, mais aussi comme peine spéciale. Les infractions qui emportaient excommunication se nommaient de préférence *banzmal*, mais on comprenait aussi sous ce mot d'autres infractions de la compétence de la juridiction ecclésiastique et qui emportaient une peine spirituelle quelconque. La loi de Vestrogothie (II, Kkb. 59), lorsqu'elle divise les causes de la compétence de la juridiction ecclésiastique en causes concernant les clercs, mariages, causes d'excommunication (*banzmal*) et testaments, entend évidemment par *banzmal* toute la juridiction criminelle sur les laïques. La loi d'Upland doit être interprétée dans le même sens. Cela résulte notamment de la règle posée au texte qui impose à l'évêque l'obligation d'examiner l'affaire d'après les témoins les plus véridiques qu'il peut trouver. Il s'agit de la juridiction criminelle générale de l'évêque, car on ne saurait admettre que dans les causes autres que celles d'excommunication majeure (*bann*), l'évêque fût affranchi de cette règle de preuve. Cf. Liljenstrand, *Kanon. rätt.*, p. 28.

(25) Certains manuscrits partagent l'amende entre le roi, le demandeur et le hundari. Schlyter, p. 66, note 89.

(26) Sur le concubinage, V. Beauchet, p. 283, note 2. — Ce fait est considéré comme un délit religieux, puni d'une pénitence ecclésiastique, et, en cas de récidive, d'une amende. Cf. Wg. II, Kkb. 57; III : 95; Ög. Krb. 15; Wm. II, Krb. 22.

et la femme est recevable à se défendre avec le serment, si elle le peut : si elle échoue, elle paiera une amende de trois marks. — § 7. L'évêque doit rechercher si l'on souille l'église ou le cimetière (27). Celui qui les souille est passible d'une amende de six marks, et il supportera les dépenses de l'évêque lorsqu'il vient purifier l'église ou le cimetière. — § 8. Si l'on a commerce avec quelque animal (28) comme avec une femme, et si l'on est pris sur le fait, on peut lier le coupable et le mener au ting : celui-là doit agir comme demandeur (29) qui est propriétaire de l'animal. On doit ensuite nommer douze hommes (30) au ting qui doivent décider ce qu'il y a de vrai. S'ils acquittent l'accusé, celui-là paiera une amende de quarante marks qui a lié l'innocent. S'ils le condamnent, le demandeur peut enterrer vivant (31) le coupable ainsi que l'animal avec qui il a péché : ce droit appartient à celui qui était propriétaire de l'animal. Si le demandeur veut lui faire grâce de la vie, celui qui a commis le délit paiera une amende de six marks (32) à partager en trois parties : l'évêque prend une part, le demandeur en prend une autre et le roi la troisième. Si l'on poursuit une autre personne pour un semblable fait, il (33) doit avoir deux témoins; il (34) doit se justifier avec le serment de dix-huit cojureurs. S'il peut prêter le serment (35), il sera impuni, ainsi que les témoins. S'il échoue

---

(27) Cf. Wg. II, Kb. 52; Ög. Krb. 24 : 1; Wm. II, Krb. 22; Got. 8 : 7.

(28) V. sur le crime de bestialité, Wg. I, Rb. 5 : 3; Br. 5; Beauchet, p. 266, note 16.

(29) Le *malseghandi* ou demandeur est quelquefois, comme dans le cas présent, une personne dont le droit, d'après la notion que nous nous en faisons, n'a pas été lésé par le délit commis. De même est considéré comme demandeur le propriétaire du terrain sur lequel a été porté un cadavre non béni. *Suprà*, Kkb. 12 : 1. Cf. Ög. Krb. 7 : 1; Sm. Kkb. 9 : 1; Wm. I, Krb. 6 : 1.

(30) Le crime de bestialité est ainsi de la compétence de la nämnd. V. sur cette compétence, Nordström, II, p. 828 et s.

(31) Un manuscrit ajoute « ou le brûler. » Schlyter, p. 68, note 83.

(32) Il y a, dans les anciennes lois suédoises, un grand nombre de dispositions qui donnent au demandeur le droit de choisir entre l'amende et une autre peine, mais qui fixent en même temps le chiffre de l'amende. Ce chiffre est généralement déterminé d'après la rigueur de l'autre peine. Cf. pour la loi d'Upland : Mb. 13 : pr., 19 : pr., 36, 37 : pr. Cf. Björling, p. 24.

(33) Le demandeur.

(34) Le défendeur.

(35) Un manuscrit porte « le serment négatoire (*duls eþer*) ».

dans ce serment, il paiera une amende de six marks, comme il a été dit, à partager en trois parties, et l'évêque décidera de la pénitence ecclésiastique à lui imposer. Si un pèlerinage pieux hors de la province a été imposé comme pénitence au coupable, il demandera une lettre (36) à l'évêque et offrira le prix de la lettre, à savoir deux öre. Si l'évêque ne veut pas lui accorder la lettre dans l'an et nuit, il paiera une amende de quarante marks, à partager en trois parts : le roi prend une part, le demandeur une autre et les habitants du hundari la troisième. Si l'évêque offre la lettre et en demande le prix, et si le coupable ne veut pas le payer dans l'an et nuit, il paiera une amende de quarante marks : l'évêque est (seul) demandeur (37) pour cela.

<h1 style="text-align:center">XVI</h1>

Si le länsman de l'évêque poursuit un bonde pour violation d'un jour férié (1) ou prétend qu'il a fait un jour férié le travail d'un jour ouvrable ou qu'il a rompu un jour de jeune prescrit par la loi, et s'il y en a deux témoins, l'accusé peut alors faire la preuve négatoire avec dix cojureurs; s'il échoue dans ce serment, il paiera une amende de trois marks et les témoins seront impunis. — § 1. Si le länsman de l'évêque prétend que celui à qui une pénitence ecclésiastique a été imposée est entré dans l'église en dehors de laquelle il devait rester, ou qu'il a mangé de la viande en temps de pénitence ou que (l'accusé) a eu des relations avec un excommunié (2) ou s'est livré à des

---

(36) Ragvald traduit « literas testimoniales. »

(37) *Allir mæn* = tous les hommes. Cette expression montre qu'originairement ce n'était point la communauté, considérée comme personne morale, qui avait droit à l'amende, mais ses divers membres, qui se la partageaient entre eux. Cf. Björling, p. 68

XVI. — (1) Le travail est généralement interdit les jours fériés par les lois provinciales. Wg. I, Br. 4; II Kb. 52; III : 18; IV : 21 : 37; Ög. Krb. 20 : 1; Upl. Kkb. 12 : 9; Sm. Kkb. 17 : 1; Wm. II, Krb. 24 : pr.; H. Kkb. 16 : pr.; Got. I : 6. — La violation du repos férié est qualifiée *hælghudaghæ brut*. Nordström (II, p. 261) qualifie aussi de ce nom la violation de la paix de Dieu dont il est question *infrà*, Kkb. 21 : pr.

(2) L'excommunication majeure (*bann*) entraîne interdiction de tout commerce avec un membre de la communauté chrétienne, de même que la proscription entraîne exclusion de la communauté civile. Cf. Wm. II, Krb. 24 : 1.

pratiques superstitieuses (3), et s'il y a deux témoins (4) dans l'une des causes précitées, les témoins doivent témoigner au ting. Le défendeur se justifiera alors avec dix cojureurs. S'il échoue dans ce serment, il paiera une amende de trois marks, et les témoins échapperont à toute responsabilité dans cette cause. — § 2. Personne ne doit au länsman de l'évêque un serment ou une amende s'il n'a le demandeur légitime devant lui (5) ou le témoignage de deux personnes (6). Si le bonde peut prêter le serment, les témoins seront néanmoins irresponsables. Dans toutes les causes que l'évêque peut poursuivre, les témoins seront toujours irresponsables, que le serment soit prêté ou non.

XVII

Si des hommes se battent un jour férié, de telle sorte que la *manhælhþ* (1) soit violée par un meurtre ou une blessure pleine, l'évêque perçoit trois marks. S'il (l'accusé) peut se défendre vis-à-vis du demandeur, il est justifié vis-à-vis de l'évêque ; s'il succombe vis-à-vis du demandeur, il paiera l'amende à l'évêque ainsi qu'il est dit précédemment. Si deux, trois ou plus de trois personnes en frappent une autre un jour férié, il n'est payé qu'une seule (2) amende (à l'évêque), à savoir de trois marks ou de six. — § 1. Celui qui tue une personne un jour ouvrable paiera à l'église (3) une amende de trois marks. Si deux ou plus de

(3) Cf. sur ces pratiques : Wg. II, Rb. 10, 11; IV, 21 : 21.

(4) Sur le droit de poursuite du länsman, V. *suprà*, c. 15, note 20.

(5) Ragvald traduit : « Nemo tenetur deferre juramentum, aut pecuniam Præposito, Episcopo, vel ejus officiali, nisi tunc quando agitur contra principalem... » Loccenius traduit : « Curator fisci episcopi nec jusjurandum nec mulctam exigito nisi justi actoris intentione. »

(6) V. *suprà*, c. 15, note 20.

XVII. — (1) *Manhælghþ* = uniuscujusque liberi hominis publica securitas Schlyter, Gl. Ög. Ce mot est synonyme de *manhælghi* employé par la loi de Vestrogothie. Cf. Beauchet, p. 164, note 3. Nordström, II, p. 239. V. *infrà*, *Manhælghis balkær*.

(2) Il y a ici solidarité au point de vue du paiement de l'amende entre les divers coupables. Amira, p. 180. Cf. Wm. II, Krb. 24 : 2; Sm. Kkb. 18 : pr.

(3) Bien que le meurtre tombât sous l'application de la loi civile, l'Église imposait de son côté une expiation au coupable, au moyen d'une pénitence

deux personnes en tuent une autre un jour ouvrable, elles paieront toutes (4) une amende de trois marks à l'évêque. — § 2. Si l'on tue une personne un jour férié, on paiera à l'évêque une amende de six marks. Si plusieurs personnes en tuent une autre un jour férié, elles paieront toutes (5) à l'évêque une amende de six marks. — § 3. Si l'on tue son père ou sa mère, son épouse ou une personne née du mariage (6), on paiera à l'évêque une amende de six marks, que le crime ait été commis un jour férié ou un jour ouvrable. — § 4. Si l'on tue un prêtre ou un clerc (7), ou si on leur fait une blessure pleine un jour ouvrable, on paiera une amende de six marks à l'Église pour le *banzmal* (8) et une amende de trois marks pour la *manhælghþ* (de la victime). Si l'on tue un jour férié, l'amende s'augmente de trois marks. — § 5. Tous ceux qui peuvent se justifier vis-à-vis du demandeur légitime (9), sont également

ou même d'une amende, afin de prévenir dans une certaine mesure l'exercice irréfléchi du droit de vengeance personnelle, si fréquent dans les anciens temps. Cf. Nordström, II, p. 369

(4) Les règles sur la complicité varient suivant les cas. Si la peine édictée pour le délit est autre qu'une amende, elle est encourue en principe par chacun des complices. Wg. II, þb. 6 ; III : 145 ; IV : 18 : 7 ; Upl. Mb. 13 : 2, 19 : 3 ; Sm. Mb. 28 : pr. ; Wm. II, Mb. 12 : 2 ; MÉLl. Kgb. 23 : 7 ; Hgb. 8 ; St. Hgb. 7 : pr. ; Drvl. 1 : pr. ; KrLl. Kgb. 27 : pr. ; Hgb. 9. Si, au contraire, la peine édictée est une amende, originairement, elle n'était encourue qu'une fois, quel que fût le nombre des complices. Upl. þb. 7 : 5 ; Got. 4 : 1 : 3. On se plaçait ainsi au point de vue du demandeur : d'un seul délit ne pouvait naître qu'une créance. Mais la responsabilité de l'amende était solidaire, *suprà*, note 2. On adopta pour l'amende, un autre système en ce qui concerne la répression du meurtre. V. *infrà*, Mb. 9 : 4.

(5) Ou plutôt « à elles toutes ».

(6) Il s'agit de ce que le texte nomme un meurtre *innan siængu* = en dedans du lit, c'est-à-dire, suivant la définition de Schlyter (Gl. Upl. p. 352) : homicidium quo parens, liberi, frater, soror vel conjux occiduntur. Cf. *infrà*, Mb. 13, ind.

(7) Le meurtre d'un clerc emporte naturellement en outre le paiement de l'amende du meurtre édictée par la loi. Il y a dans l'amende spéciale imposée au profit de l'Église au meurtrier d'un clerc quelque chose d'analogue à la *þokkabot* dont il est question ultérieurement, Mb. 20. Cf. Ög. Krb. 29, 30 ; H. Kkb. 17 : 2 ; V. toutefois, Wg. I, Mdb. 5 : 5.

(8) V. *suprà*, c. 15, note 24. L'évêque peut ainsi excommunier le coupable, conformément à la bulle d'Alexandre III du 26 juillet 1164 (Dipl. n° 52), qui frappait d'excommunication ceux qui auraient maltraité un clerc.

(9) *Rætter malseghandi.*

justifiés vis-à-vis de tous ceux qui pourraient les poursuivre
et qui auraient droit à l'amende s'ils succombaient.

XVIII

L'échalier de l'église peut être tombé (1). Le länsman de
l'évêque doit alors nommer des experts dans la paroisse. S'il
y a de grandes ouvertures (*bar lip*) dans l'échalier de l'église,
et que les experts en témoignent, on paiera une amende de trois
marks pour chaque ouverture, jusqu'au nombre de trois (2).
Chacun répondra pour soi et pour son ouverture, et la paroisse
sera irresponsable (3). S'il y a dans l'échalier de l'église de pe-
tites ouvertures par lesquelles les porcs (4) puissent pénétrer,
ou si l'auvent de la porte (5) du cimetière est tombé, ou si la
petite porte est tombée, c'est une affaire de trois öre à payer
par celui que cela concerne, et la paroisse ne sera pas responsable (6). — § 1. Si un bonde en vole un autre dans l'église ou
dans le cimetière, chacun peut alors saisir son voleur, et le
voleur paiera une amende de trois marks à l'évêque pour violation de la paix de l'église, et paiera en outre l'amende de
son crime selon la loi de province (7). Il ne peut avoir droit

XVIII. — (1) Sur la responsabilité en cas de négligence dans l'entretien
de l'échalier, V. *infrà*, Wb. 6.

(2) Certains manuscrits ajoutent cette phrase, empruntée à la loi de Sudermanie, Kkb. 18 : « Si l'échalier reste tombé un dimanche, un second et un
troisième, depuis que l'expertise a eu lieu, on paiera à l'évêque une amende
de trois marks pour chaque dimanche ; s'il reste tombé toute l'année, on ne
paiera pas plus d'amende pour cela. » Schlyter, p. 75, note 57.

(3) Cf. Amira, p. 188.

(4) *Svina smugha*. — La loi d'Upland parle aussi (Wb. 6 : 1) de la *grisà
smugha*, ouverture par laquelle peuvent pénétrer de petits cochons (*gris*).

(5) Ragvald traduit : « pinnaculum coopertum. »

(6) Un manuscrit ajoute cette phrase, d'après la loi de Sudermanie (Kkb.
18 : 1) : « Quiconque laisse entrer volontairement un cheval ou un autre animal dans le cimetière, paiera une amende de trois öre ou se justifiera avec le
serment de trois hommes ». Schlyter, p. 75, note 83.

(7) Les lois provinciales traitent comme tout autre vol celui qui est commis
dans l'église ou le cimetière au préjudice d'une personne qui s'y trouve ou
ayant pour objet soit une chose de l'église (sacrum de sacro), soit une chose
qui y a été déposée (non sacrum de sacro) ; toutefois, en pareil cas, le coupable ne jouit pas du droit d'asile. Upl. Kkb. 50 ; Sm. þb. 11 ; H. Mhb. 33 ;
— Cf. Wg. I, Kb. 7 : pr.; II, Kb. 11. Par exception, la loi municipale qui

d'asile en ce lieu, parce qu'il a commis une infraction contre l'église même.

XIX

Il est maintenant question des amendes que l'évêque doit percevoir sur les serments. Si le serment est déclaré nul (1) : pour le serment d'un seul homme (l'évêque) percevra trois marks (2) ; s'il y a plusieurs personnes dans le serment, il percevra six marks, trois marks des cojureurs (3) et trois marks du chef des cojureurs. S'il y a plusieurs serments prêtés dans la même cause, le serment sur l'affaire principale, le serment du fidéjusseur (4), le serment des témoins du ting, et, s'ils sont déclarés nuls, ils paieront tous la seule amende de l'évêque, à savoir six marks, trois marks pour le chef des cojureurs et trois marks pour les cojureurs, si les divers serments sont dans le même sens. S'ils sont en désaccord, chacun d'eux paiera une amende de six öre, jusqu'à ce que trois marks aient été pleinement payés par les cojureurs. Quand on aura ainsi pleinement payé, trois marks par les cojureurs et trois marks par leur chef, personne n'a le droit de poursuivre ultérieurement (5) lui ou ses cojureurs. Si les cojureurs peuvent se justifier à l'encontre de leur chef,

ne considère comme un vol plein que celui qui s'élève à un mark, se contente d'un demi-mark pour le vol commis dans une église. St. þb. 3. Cf. Bj. 18 : pr. ; Got. I : 57 : 4.

XIX. — (1) Nordström (II, p. 534) enseigne, en se fondant, sur ce texte, que le tribunal de l'évêque était compétent pour statuer sur la nullité du serment. Mais, de ce que l'évêque avait droit à une amende en cas de serment nul, il n'en résulte pas nécessairement que c'était lui qui examinait la légalité du serment. Celui-ci devait être annulé par le juge séculier. Kreüger, *loc. cit.*, p. 29.

(2) A titre de pénitence ecclésiastique. Cf. Wg. II, Kb. 49, 52 ; Ög. Krb. 15 : 1, 18 ; Sm. Kkb. 16. — Bien que le texte ne parle pas d'une amende au profit du roi, i est vraisemblable que celui-ci en percevait une. Wijk, *Om mened*, p. 16.

(3) La loi de Vestrogothie (II, Add. 13 : 2) ne frappe les cojureurs que d'une amende d'un mark, le chef des cojureurs (que la loi d'Upland nomme *huvupsman*) étant frappé d'une amende de trois marks.

(4) *Takseþer* = juramentum fidejussoris, quo adserit reum juramentum de ipsa causa promissum dedisse. Schlyter, Gl. Upl. Cf. Amira, p. 702.

(5) Un manuscrit porte : « plus souvent ». Schlyter, p. 77, note 67.

celui-ci paiera une amende de six marks. Quand un sermen est prêté et ensuite annulé, le paiement de l'amende sera poursuivi intégralement contre le chef des cojureurs dans les causes où l'évêque a droit à une amende, et le chef des cojureurs recourra contre ceux-ci. — § 1. Si quelqu'un vient au ting (6), dit avoir prêté légalement serment et veut ainsi triompher de son adversaire, et si le serment est déclaré non valable, il paiera une amende de trois marks si le chef des cojureurs a juré seul ; si les cojureurs ont aussi prêté serment, ils paieront une amende de trois marks et leur chef également trois marks, et il (le plaideur) sera soumis à une pénitence ecclésiastique, qu'il ait juré ou non. — § 2. Si un mineur âgé de moins de quinze ans (7) prête serment, ou un individu frappé d'une pénitence ecclésiastique et qui n'a pas encore été réadmis dans l'église, le serment n'est pas valable et l'église perçoit six marks. — § 3. Si une personne prête deux serments le même jour, celui qui a été prêté le dernier est nul et l'église perçoit six marks. — § 4. Si un serment est annulé par le juge ou par le laghman, et si le bonde reste inactif et ne veut point appeler du jugement en donnant un gage (8), ni se

(6) Certains manuscrits ajoutent « ou à la *radztuva* (curia urbis). » Schlyter, p. 77, note 77.

(7) Quinze ans est l'âge de la majorité généralement admis par les anciennes législations scandinaves et spécialement par les lois provinciales suédoises. Wg. II, Add. 7 : 29 ; Ög. Drb. 12 ; Upl. Mb. 2 : pr. Wm. II, Mb. 2 : pr. ; Sm. Kkb. 15 : 4 ; Mb. 18 : pr. La loi d'Helsingie fixe la majorité à douze ans. (Æb. 7 : 1 ; Wb. 16 pr. ; Mb. 21) ; toutefois, dans le c. 19 1 : de son *kyrkiu balker*, emprunté à la loi d'Upland, elle admet l'âge de quinze ans pour la majorité quant à la capacité de prêter serment. Cf. Estlander, *Studier i äldre svensk förmynderskapsrätt*, p. 22 ; Nordström, II, p. 643. La loi d'Upland, fixe dans un cas spécial la majorité à vingt ans : *infrà*, Kgb. 10 : 1. Cf. Upl. Mb. 11 : 2 ; H. þg. 14 : 2 ; Kpb. 2. Cf. Estlander, p. 23.

(8) Le *væþ* (pignus), dans le sens qu'il a au texte, consiste, d'une manière générale dans ce fait que, de deux personnes entre lesquelles un fait est contesté, l'une promet à l'autre une certaine somme ou une chose pour le cas où elle serait dans l'erreur. Dans les lois provinciales le *væþ* (*væþia* est le verbe correspondant) est assez fréquemment usité dans la procédure. Il sert notamment en cas d'appel contre un jugement, c'est-à-dire quand l'une des parties affirme que celui-ci est injuste. Upl. þg. 7 : 1, 10, 13 ; add. 14. Cf. Amira, p. 225 ; Nordström, II, p. 599 et s. Schlyter, Gl. Upl. explique ainsi le mot *væþia* : « post sententiam a judice vel inspectoribus latam pignoribus certare etenim primum judex vel inspectores, ac postea is quantum sententiam

soumettre au jugement ou faire droit, s'il reçoit une lettre de l'évêque l'avertissant de faire droit, d'appeler contre le juge ou de subir la pénitence ecclésiastique, s'il ne veut rien faire mais vient dans l'église depuis qu'elle lui a été interdite et cause une interruption de l'office divin, il paiera une amende de trois marks pour la première interruption, et de même pour la seconde et de même pour la troisième. L'amende n'est pas plus élevée parce qu'il y aurait de plus nombreuses interruptions. Mais s'il s'abstient de venir à l'église et de manger de la viande, il n'encourt alors aucune peine. — § 5. Si un juge condamne une personne à une pénitence ecclésiastique (9) et que l'église perçoive de l'argent de ce fait, et que le juge absolve ultérieurement la même personne et en condamne une autre pour la même cause, l'église doit alors rendre son argent à celui qui a été absous et le libérer de la partie de la pénitence qui reste à accomplir, et elle percevra l'argent de celui qui est condamné, et le juge paiera une amende de trois marks pour son injuste sentence (10). De ces trois marks, l'évêque prend deux marks et le roi un demi-mark et celui qui a été absous un demi-mark. Si le laghman a jugé ainsi, il paiera une amende de six marks; de ces six marks l'évêque prend quatre marks, et le roi un et celui qui a été absous en prend un.

<h2 style="text-align:center">XX</h2>

Si un clerc commet un délit contre un laïque, quelque espèce de cause que ce soit, le bonde doit citer le clerc devant

impugnare voluit, apud sequestrem deposuerunt pignora, ei denique cessione qui in superiori judicio victor evaderet; judici nempe vel inspectoribus si data sententia confirmaretur, litigatori contra si tolleretur ».

(9) Les pénitences ecclésiastiques (*skript*) peuvent être imposées indépendamment de toute excommunication, et le prêtre de la paroisse ou le prévôt ont le droit de les prononcer. Ög. Krb. 15 : 1; Upl. Add. 8; H. Kkb. 19 : 2. Il semble même résulter de notre texte que le juge séculier était compétent pour les prononcer contre le condamné dans les causes qui les comportaient. V. *suprà*, pour l'excommunication, c. 13, notes 6 et 7.

(10) Le principe de la responsabilité à raison des actes de sa fonction est généralement admis dans les anciennes lois suédoises. Ög. Eps. 28; Wm. I, þg. 2; II, þg. 13; MELl. Tg. 3; St. Kg. 5; Dipl. n° 736. Cf. Uppström, *Öfversigt af den svenska processens historia*, p. 64; Nordström, II, p. 584.

son chef(1) qui exerce la juridiction ecclésiastique. Si un laïque commet un délit contre un clerc, il sera actionné au
ting(2). Le laïque doit répondre à l'action soit avec son serment, soit avec l'amende légale (3). Si des personnes dépendant de l'église (4) commettent un délit contre d'autres individus, ou ces autres individus contre ces personnes, l'affaire
est jugée selon le droit commun, quel que soit le délit(5). De
même quand des personnes sont en procès avec l'Église relativement à une terre, de quelque espèce que ce soit, l'affaire
est jugée conformément au droit commun et ressortit à la juridiction du roi et du laghman. Toutes les fois que l'évêque ne
veut pas faire droit à un bonde, le bonde doit venir (se plaindre)
devant son roi(6). Toutes les contestations concernant les immeubles, et toutes les usurpations illicites des terrains d'au-
trui(7) qu'il s'agisse d'un clerc ou d'un laïque, sont soumises
au droit commun(8).

XX. — (1) Sur l'origine du privilège de clergie, Beauchet, p. 447, note 6. Cf.
Wg. II, Kb. 59; III : 27; IV : 21, 41 et 131; Ög. Gb. 6: pr.; Sm. Kkb. 19; H.
Kkb. 20. Dipl. 3877. Le forum privilégié des clercs n'a lieu, semble-t-il, qu'en
matière criminelle. Cela résulte notamment de notre texte. « Si un clerc commet un délit (*bryter*) contre un laïque... » La loi de Vestrogothie (IV : 21 : 131)
paraît, il est vrai, soustraire absolument les clercs à la juridiction séculière.
« Nullus presbyter debet respondere judicio seculari ». Mais ce texte est évidemment trop absolu. Il est d'autant moins décisif que la même loi attribue
formellement aux tribunaux séculiers un certain nombre de causes où des
clers sont intéressés, causes dont parle également notre chapitre *in fine*. Cf.
Nordström, I, p. 221; Kreüger, *loc: cit.*, p. 22.

(2) La règle est ainsi que la compétence se détermine d'après la qualité
du défendeur, celui-ci ayant toujours droit à son forum, c'est-à-dire, suivant
le vieux principe germanique, étant toujours jugé par les membres de la
même communauté de droit.

(3) C'est-à-dire que, s'il ne peut prêter le serment négatoire prescrit par la
loi, il encourt l'amende prononcée pour le délit.

(4) Le texte les nomme *kirkiunna hion*, expression que Schlyter (Gl. Upl.)
traduit ainsi « Laici templo quodam modo adjuncti, coloni aut ex reliqua
familia templo adscripta ».

(5) On peut conclure *a contrario* du texte que les contestations que pouvaient
avoir entre eux les *kirkiunna hion* étaient de la compétence du tribunal ecclésiastique. Wiberg, *loc. cit.*, p. 33.

(6) Cf. H. Kkb. 20; Sm. Kkb. 19; Wg. II, Kb. 70. Cf. Karlsson, *Den svenske
konungens domsrätt*, p. 33.

(7) Cf. Wg. II, Kb. 63; III : 65; IV : 21 : 33; Sm. Kkb. 18; H. Kkb. 20; Wb. 18.

(8) *lorþa aværkan*. Les divers délits comportant un usage illicite de la pro-

XXI

Tous ceux-là doivent jouir de la paix de Dieu (1) et de sa sainte Église qui accompagnent le saint sacrement et s'y trouvent réunis en procession (2). Celui qui viole cette paix, en dehors ou en dedans du cimetière, est passible de la même amende que si le fait était commis dans l'église même, et (il est puni) selon son délit. S'il y a contestation, l'un disant qu'il a subi un dommage pendant le temps de la paix, l'autre le niant, la contestation sera décidée par douze hommes nommés par les deux parties : ces douze hommes doivent être de la même paroisse (3). — § 1. Celui qui arrive furtivement à se faire donner la sainte communion depuis qu'elle lui a été interdite (4), paiera à l'évêque une amende de trois marks.

XXII

Pour les causes dont il est maintenant question, la couronne et l'Église doivent toutes deux nommer la nämnd. Si l'on viole

priété immobilière sont généralemeut compris sous l'expression *aværkan*, que Schlyter (Gl. Ög.) traduit « Illicita usurpatio alieni agri ». Cette usurpation peut avoir pour objet toute espèce de propriété immobilière, une terre, d'une manière générale (*iorþa aværkan*), un champ (*akra aværkan*), un bois (*skogha aværkan*). Elle se manifeste par un acte matériel quelconque attentatoire aux droits du propriétaire, comme un acte de culture, l'abatage d'un arbre, le fait de chasser ou de pêcher sur le terrain d'autrui. Mais, en principe, cet acte implique seulement contradiction au droit de jouissance du maître du terrain et ne révèle point chez son auteur une prétention à la propriété : c'est un trouble.

XXI. — (1) *Gupsfriþer*. — Sous l'influence de l'Église, et pour mettre autant que possible un frein à l'exercice des vengances personnelles, tous les lieux consacrés au culte, les jours fériés et même pendant d'assez longues périodes voisines des grandes fêtes, avaient fait l'objet de paix (*friþer*) spéciales. Cf. Naumann, *Om edsöret enligt landskapslagarne*, p. 8 et s.; Schlyter, *Juridiska afhandlingar*, I, p. 83; Calonius, *Om de forna trälarnes rätt i Sverige*, p. 177, note.

(2) *I flok ok i farunöte*, allitération, c'est-à-dire en société. *Flokker* = collectio; *farunöte* (de l'islandais *för* = iter et *neyti* = societas) = société de voyage.

(3) Sur la composition de la nämnd au ting de l'évêque : Ög. Krb. 3; Sm. Kkb. 20. — Cf. Nordström, II, p. 804 et s.

(4) L'excommunication mineure (*forbuþ*) emporte interdiction de la sainte communion et de l'office divin. Cf. H. Kkb. 21 : 1.

la paix le jour de Saint-Laurent, si l'on tue ou si l'on blesse le
jour de Saint-Erik, le dernier jour de fête de Notre-Dame ou
le jeudi-saint (1), en allant à Upsala, en y étant ou en en revenant, on paiera une amende de vingt marks à la couronne
et de vingt marks à l'Église pour la violation de la paix (2).
Si quelqu'un viole la paix le premier jour de fête de Marie (3),
à Sigtuna ou lorsque l'évêque consacre l'église (4), il paiera
la même amende. La paix précitée commence à l'heure des
vêpres la veille du jour de fête et finit le jour suivant au coucher du soleil. — § 1. La couronne et l'Église doivent toutes
deux nommer (les membres de) la nämnd quand l'edsöre est
violé dans l'église ou dans le cimetière, qu'ils se rencontrent
ou amis ou ennemis (5) ou sur le chemin de l'église, qui conduit à l'église ou qui en revient, lorsqu'il se trouve qu'ils étaient
auparavant ennemis. Quand une personne a été entraînée de
force hors de l'église ou hors du cimetière, quelque criminel
que ce soit, à moins qu'elle n'ait commis un délit contre l'é-

XXII. — (1) Sur ces différents jours de paix à l'occasion de fêtes religieuses, cf. Ög. Krb. 23 ; Sm. Kkb. 21 ; Wm. II, Krb. 26 ; H. Kkb. 21.

(2) Le coupable encourt en outre l'amende dont est frappé le délit par la
loi commune.

(3) Ragvald traduit : « in die assumpsionis Marie ». C'est ce que porte
aussi un manuscrit. Schlyter, p. 84, note 66.

(4) Certains manuscrits nomment d'autres jours de fête. V. Schlyter, p. 84,
notes 66, 74.

(5) C'est-à-dire, qu'il y ait ou non préméditation de commettre le délit
Cette manière de parler se rencontre souvent dans les lois suédoises. Pour
marquer, par exemple, qu'un meurtre n'a pas été commis avec préméditation,
la loi dit : « Lorsque deux personnes se rencontrent amies et se séparent
ennemies... » V. Upl. Kgb. 5 : 2, 9 : 2 ; Mb. 12 : 3 ; 29 pr. Il paraît y avoir
une contradiction entre notre texte et un autre passage de la loi d'Upland,
Mb. 29 : pr. Il résulte, en effet, de notre texte, que l'edsöre est violé par un
délit commis dans l'église ou le cimetière même sans préméditation. Au contraire le c. 29 : pr. Mb. édicte une simple amende de 40 marks pour une
blessure pleine dans le cimetière, lorsqu'il n'y a pas préméditation, de telle
sorte que, d'après ce dernier texte, il n'y aurait pas violation de l'edsöre.
Nordström (II, p. 342) prétend expliquer cette contradiction de la manière
suivante. D'après lui, dans le second texte (29 : pr. Mb.), les mots « si les
parties se sencontrent amies, etc. » se réfèrent uniquement au ting et non
à l'église ou au cimetière, tandis que les mots du premier texte (Kkb. 22 : 1)
« qu'ils se rencontrent amis ou ennemis » se réfèrent seulement à l'église et
au cimetière. L'explication de Schlyter (*Jur. Afhand.* II, p. 287) nous paraît
préférable. Suivant cet auteur, l'origine de la contradiction entre les deux

glise (6) même où elle se trouve, la couronne perçoit alors vingt marks pour la violation de la paix, si le fait est manifeste et évident. Si le fait n'est pas manifeste, la couronne et l'Église nommeront la moitié (des membres de) la nämnd, et l'autre moitié sera nommée par celui dont on poursuit la condamnation. Si l'accusé est condamné, l'amende pour violation de la paix est partagée comme il a été dit précédemment, et en outre il y a une amende de six marks pour le *banzmal*, et l'évêque est remboursé de ses frais (7) lorsqu'il doit purifier l'église ou le cimetière. Si la *manhælghþ* a été violée dans le cimetière, on paiera l'amende d'après la loi de la province et en outre six marks pour le *banzmal*, si le fait a été commis dans l'église ou dans le cimetière. — § 2. Dans la nämnd dont il vient d'être parlé, le länsman du roi et celui de l'évêque (8) doivent être présents et non pas seulement l'un d'entre eux. Et la couronne et l'Église nommeront la moitié (des membres) de la nämnd, et celui que l'on poursuit nommera l'autre moitié. Maintenant le livre de l'Église est récité. Que le Christ et l'Église soient notre secours. Amen (9).

textes provient de ce que les livres du roi (Kgb.) et du *manhælghi* (Mb. renferment les règles générales sur la violation de l'edsöre, mais le livre de l'Église (Kkb.) édicte des peines plus rigoureuses qui ont été admises, lors de la rédaction de ce livre, pour la protection de ceux qui fréquentent l'église. Lors de la rédaction définitive de la loi, on n'a pas fait attention à ces divergences et on a oublié de les concilier. Cf. Naumann, p. 33, 35, notes.

(6) Les lois scandinaves admettent le droit d'asile dans les églises et les couvents comme un moyen de protection contre l'exercice de la vengeance privée. La loi de Gotland notamment renferme à ce sujet des prescriptions détaillées (8 : 8, 13, 14 : 3). Ce droit d'asile comportait toutefois quelques exceptions. V. Upl. Kkb. 18 : 1; Mb. 50. Si les amis du fugitif ne venaient point l'assister, c'était au prêtre de la paroisse à veiller à ce qu'il ne souffrît ni du froid, ni de la faim, ni de la soif. Cf. Naumann, p. 31; Nordström, II, p. 403.

(7) Un manuscrit ajoute « par celui qui a commis l'infraction ». Schlyter, p. 86, n. 40.

(8) La couronne et l'Église sont ici *malseghandi* (demandeurs) et, comme tels, participent à la nomination de la nämnd. Cf. Nordström, II, p. 790. Schlyter, *Jur. Afhand.*, I, p. 91; Naumann, p. 42.

(9) Un manuscrit ajoute certaines règles sur les obligations des paroissiens envers l'église ou le prêtre : « Chaque homme doit faire à l'église un jour de corvée pour la tour ou les cloches ou les autres constructions, quand cela

LIVRE DU ROI

lui est notifié, ou il paiera à l'évêque une amende de deux öre. Tous les paroissiens doivent fournir au prêtre un jour de corvée à l'automne. Tous les paroissiens doivent mener leur dîme sur le *præstastompn*. Tous les paroissiens doivent, soit riches, soit pauvres, établir et munir de ponts le chemin par lequel le prêtre va à l'église. Les marguilliers ne peuvent échanger, vendre ou aliéner les biens meubles de l'église sans l'assentiment du prêtre, ni le prêtre sans leur assentiment. » Cf. pour cette dernière règle, Dipl. 2345, a. 1322. Le *præstastompn* c'est, suivant Schlyter (Gl. Upl.), le *kirkiubol*, V. *suprà*, c. 1 : 2.

(1) *Hemsokn* = securitatis domesticæ violatio. Schlyter, Gl. Upl.

(2) *Qvinna friþer* (*qvinna* = femina).

(3) *Leþunger* = expeditio navalis, una cum tributis illuc pertinentibus. Schlyter, Gl. Upl.

(4) *Skipvist* = proprie cibaria nautica, vel commeatus ad expeditiones navales. — Mais ce mot s'entend ici « de tributis quæ pacis tempore pendebantur, ac speciatim de quatuor pensionibus frumentariis et numariis quovis anno factis. » Schlyter, Gl. Upl.

(5) *Roden* = ora maritima ad Uplandiam pertinens, Gestriciam (Gestrikeland) quoque complexa Schlyter, Gl. Upl. La loi d'Ostrogothie appelle *roþer* la partie de la province bordant la côte et dont les habitants sont tenus, en temps de guerre, d'équiper les navires de la flotte (Ög. Dr. 14). La zone maritime est divisée en *skiplagh* (societas navalis) correspondant aux härad de la zone continentale de la province. Les mots *roden* et *roþer* viennent de *roa* = ramer, et font allusion au service de rameurs que devaient les habitants de cette contrée pour le service de la flotte de guerre. V. Schlyter, *Jur. Afh.*, II, p. 51, 65.

I

Si la province (1) doit élire un roi, trois *folkland* (2) doivent d'abord instituer le roi (3), à savoir le Tiundaland (4), l'Attundaland et le Fiæþrundaland (5). Le laghman d'Upland doit d'abord près d'Upsala (6) le juger roi (7). Ensuite chacun des autres laghman, l'un après l'autre, le jugera (8), à savoir ceux de Sudermanie, d'Ostrogothie, de Tiohärad, de Vestrogothie, de Néricie et de Vestmanie (9). (Chaque laghman) doit

I. — (1) La province (*land*, *terra* dans les diplômes), qui originairement formait un royaume indépendant, constitue, à l'époque des lois provinciales, une personne morale distincte, dotée d'une représentation propre, le *landsþing*, et capable d'acquérir et de posséder.

(2) Le *folkland* est une division de la province qu'on ne trouve qu'en Upland. V. Beauchet, p. 47 et s. Le folkland peut, comme la province elle-même, être propriétaire et posséder un almenning. Upl. Wb. 20 : pr.

(3) Sur le caractère électif de la royauté et l'élection du roi par les habitants de la province d'Upland, V. Beauchet, p. 200, 201, notes 2 et 3. Notre texte paraît formel pour réserver à la province d'Upland le droit d'élire le roi. La loi de Vestrogothie (I, Rb. 1 : pr.; II, Rb. 1) est non moins nette en ce sens. Néanmoins Reuterdahl (*Svenska kyrkans historia*, II, 2, p. 160, 161) entend autrement le passage en question de la loi d'Upland. Suivant lui, ce sont les laghman des différentes provinces réunies à Upsala qui élisent le roi, le laghman d'Upland n'ayant d'autre privilège que de voter le premier. Reuterdahl s'appuie notamment sur l'Add. 1 à la loi de Sudermanie. Mais son opinion a été savamment réfutée par Schlyter, *Jur. Afhand.*, II, p. 276 et s. Cf. les notes suivantes.

(4) Ainsi nommé de ce qu'il comprenait dans son ressort dix hundari ou härad, les deux autres folkland en comprenant, comme l'indique aussi leur nom, huit et quatre.

(5) Aux trois folkland il faut vraisemblablement ajouter le territoire de Roden (*suprà*, Index, note 5) qui était réuni politiquement à l'Upland. Schlyter, *loc. cit.*, I, p. 4.

(6) C'est-à-dire dans la plaine de Mora, située au sud d'Upsala.

(7) C'est-à-dire déclarer solennellement que l'élu avait été légalement élu roi. Le laghman d'Upsala n'a point ainsi à élire le roi, mais simplement à proclamer la légalité de son élection. En le faisant il agissait, comme en toute circonstance, en sa qualité de premier juge.

(8) Chacun des différents laghman nommés au texte procède à cette déclaration non point à Upsala, comme le laghman d'Upland, mais ultérieurement (*ensuite*) lorsque le roi élu arrive dans la province, lors de la tournée d'avènement dont parle le ch. 2. La loi de Vestrogothie le dit formellement (*loc. cit.*).

(9) Il y a un oubli pour le laghman du Vermeland. Schlyter, *Jur. Afh.*, II, p. 84. Cf. Beauchet, p. 28.

lui adjuger la couronne et le pouvoir royal pour gouverner la
province et administrer le royaume (10), assurer l'observation
des lois et maintenir la paix (11). Le roi est alors jugé (12)
pour l'*Upsala öpe* (13).

II

Il doit alors parcourir l'*Eriksgata* (1). Ils (2) doivent l'accompagner et lui fournir des otages (3) et prêter serment (4) et il
doit leur donner la loi (5) et jurer de maintenir la paix. Ils doi-

(10) C'est l'indication de ses droits.

(11) C'est l'indication de ses principaux devoirs, devoirs à l'accomplissement desquels il s'oblige par serment dans son Eriksgata, *infrà*, c. 2.

(12) Le c. 3 semble faire dépendre l'exercice par le roi de ses divers droits
du couronnement. Suivant Schlyter (*loc. cit.*, I, p. 30) le fait d'être : « jugé
roi » autorise l'élu à se faire reconnaître par toutes les provinces comme roi
légitime dans son Eriksgata, et ensuite à se faire couronner. Mais l'exercice
du pouvoir royal est subordonné au couronnement.

(13) C'est-à-dire autorisé à toucher les revenus de l'*Upsala öpe* et les autres
revenus indiqués au c. 3 *infrà*.

II. — (1) Sur l'*Eriksgata* et l'étymologie de ce mot : V. Beauchet, p. 201,
note 3 ; Wadstein, *Historisk tidskrift*, 1899, p. 121.

(2) C'est-à-dire les habitants des différentes provinces où le roi se rend
successivement.

(3) Dans chaque province on désigne au ting provincial les personnes qui,
en qualité d'otages, doivent être remises en la puissance du roi, comme
garantie de sa sécurité pendant sa traversée de la province. Cf. Wg. I, Rb.
1 : 1. Il est évident qu'il n'y a pas lieu à constitution d'otages en Upland,
dont les citoyens ont eux-mêmes élu le roi, mais seulement dans les autres
provinces qui n'ont pas participé à l'élection et qui, pour ce motif, pourraient
être animées de dispositions hostiles envers le nouvel élu, comme ce fut le
cas pour les Vestrogoths à l'égard du roi Ragvald (Wg. IV : 15 : 10). V. sur
la dation d'otages (*gislan*) dans l'ancien droit suédois, Amira, p. 691.

(4) Il semble d'après notre texte que, quand le roi arrive de l'Upland dans
une autre province, la première chose qui se passe au ting de cette province
où sont rassemblés les citoyens pour recevoir le roi, c'est la prestation du
serment de fidélité au roi. Ce n'est point là cependant l'ordre suivi. Le roi
commence par « donner la loi et jurer la paix ». Puis le laghman de la province « le juge roi » c'est-à-dire le déclare roi pour la province et enfin le
peuple prête serment de fidélité. Schlyter, *Jur. Afh.*, I, p. 20 et s. Les serments
réciproques du roi et du peuple devaient être donnés en Upland comme dans
les autres provinces, bien que notre texte ne dise pas expressément, Schlyter, *ibid.*, p. 21.

(5) Cf. Wg. I, Rb. 1.

vent l'accompagner d'Upsala à Strängnäs (6). Là les Suder-
maniens doivent le recevoir et, avec la paix (7) et des otages,
l'accompagner jusqu'à Svintuna. Là les Ostrogoths doivent aller
au-devant de lui avec leurs otages et l'accompagner à travers
leur province jusqu'au milieu du bois de Holaveden. Là les
gens du Småland doivent aller au-devant de lui et l'accompagner jusqu'à Junabakker. Là les Vestrogoths doivent aller au-
devant de lui et, en lui promettant la paix et en lui donnant
des otages, l'accompagner jusqu'à Ramundaboda. Là les gens
de la Néricie doivent aller au-devant de lui et l'accompagner à
travers leur province jusqu'au pont d'Uphovra. Là les gens de
la Vestmanie doivent venir au-devant de lui et l'accompagner,
en lui promettant la paix et en lui donnant des otages, jusqu'à
Östenbro. Là les gens de l'Upland doivent aller au-devant de
lui et l'accompagner jusqu'à Upsala. Le roi a alors légalement
parcouru les provinces et le royaume avec les Upsvear (8) et
ceux de la Sudermanie avec les Goths et les Gutar et avec tous
les gens du Småland. Il a alors parcouru l'*Eriksgata*.

III

Le roi doit alors (1) être couronné par l'archevêque et ses
suffragants dans l'église d'Upsala. Il est ensuite autorisé à être
roi et porter la couronne; il a droit alors à l'*Upsala öþe* (2) à

(6) Il s'agit des citoyens de l'Upland qui attestent devant ceux de Sudermanie la régularité de l'élection. Puis ce sont les otages de Sudermanie qui
vont faire la même attestation en Ostrogothie, et ainsi de suite. Schlyter,
ibid. Cf. Wg. I, Rb. 1.

(7) C'est-à-dire en lui promettant la paix (*gruþ*), ou, en d'autres termes, en
lui promettant qu'il ne sera pas molesté pendant son séjour dans la province.
Cf. sur le contrat d'assurance de la paix, Amira, p. 689.

(8) Schlyter (Gl. Upl.) entend ici par les *Upsvear* les Svear habitant l'U-
pland. Il nous semble plutôt, en tenant compte de l'opposition faite par le
texte entre les *Upsvear* et les *Suþærmæn* que les premiers comprennent aussi
les Svear de Vestmanie. Cf. Tengberg, *Om den äldsta territoriala indelningen
i Sverige*, p. 9, note 8.

III. — (1) Le couronnement doit ainsi avoir lieu après l'Eriksgata.

(2) V. *suprà*, c. 1, note 13. L'établissement du domaine de la couronne,
comme dans l'ancien droit suédois sous le nom d'*Upsala öde* (c'est-à-dire les
propriétés d'Upsala, le mot *öde* ayant la même signification que le mot *od* =
possessio) est attribué par les sagas au roi Yngve Frey, qui régnait proba-

l'amende du *dulgha drap* (3) et au *dana arf* (4). Il peut alors donner des fiefs à ses serviteurs (5). S'il est un bon roi, que Dieu lui donne longue vie.

IV

Ces causes sont celles du serment du roi (1), quand il doit être institué, et des grands de Suède. Celle-ci est la première. Si quelqu'un se venge (2) sur une autre personne que celle qui avait commis le délit (3), la nämnd du hun-

blement au commencement de l'ère chrétienne. Ce roi transféra le lieu des sacrifices de Sigtuna, où Odin l'avait institué, à Upsala qu'il choisit comme sa capitale, en y construisant un nouveau temple. Pour l'entretien de celui-ci, il fit l'abandon de tous les biens qu'il possédait dans le royaume et qui consistaient vraisemblablement soit dans ses propriétés allodiales, soit dans les économies qu'il avait pu faire sur les impôts établis par Odin. Les biens ainsi abandonnés non seulement devaient servir à l'entretien du temple et des sacrifices, mais aussi avaient pour objet de subvenir aux besoins des rois ses successeurs. Aussi était-ce une condition de l'abandon que les biens compris dans l'Upsala öde ne pourraient jamais être aliénés ou diminués. Cf. sur le domaine de la couronne, Schlyter, *Jur. afh.*, I, p. 30 ; Beauchet, p. 299, note 23, p. 347, notes 1 et 2.

(3) V. sur la définition du *dulgha drap*, Beauchet, p. 449, note 2. Cf. Schlyter, *Jur. afh.* 1, p. 34 ; Björling, p. 78. V. aussi Sm. Add. 1 : 1 ; MELl. Kgb. 2.

(4) Cf. sur le *dana arf*, Beauchet, p. 182, note 5 ; Axel Juel, *Om dana arf*, p. 16 et s.

(5) Cf. sur la concession de fiefs, Beauchet, p. 219 et 220, texte et notes, p. 299, note 23 ; Schlyter, *loc. cit.*, I, p. 37.

IV. — (1) *Kunungs eþsöre*. Sur l'*eþsöre* et son origine, V. Beauchet, p. 376 et s., texte et notes.

(2) L'expression suppose préméditation chez le coupable. Naumann *loc. cit.*, p. 18.

(3) Cette disposition, qui paraîtrait inexplicable dans notre droit moderne, s'explique très bien au contraire, dans l'ancienne société suédoise où s'appliquait encore ce que Tacite disait des Germains (suscipere tam inimicitias seu patris seu propinqui, quam amicitias, necesse est) et où la vengeance était encore soit activement, soit passivement une affaire de famille. V. Beauchet, p. 148, texte et notes. C'est ainsi que, quand la victime ou ses parents ne pouvaient se venger directement sur l'auteur même du délit, ils n'hésitaient pas à frapper un membre de la famille du coupable. C'est pour mettre un frein à l'exercice de ce droit de vengeance que le législateur déclara d'abord *orbotæ mal* le fait de se venger sur un autre que celui qui a commis le crime (Wg. II, Om. 9. Cf. Beauchet, p. 298), puis y vit un cas de violation de l'edsöre. Wg. Add. 7 : 11 ; IV : 19 : 2 ; Ög. Eþs. 2 : 2 ; Sm. Kgb. 4 : pr. ;

dari (4) doit décider s'il s'est vengé sur une autre personne que celle qui avait commis le délit, ou s'il y a eu une autre rixe entre eux (5). — § 2. Celle-ci est la seconde : si quelqu'un se venge depuis que la paix a été promise (6) et la composition faite (7), ou aussi si quelqu'un se venge depuis que le serment a été prêté (8) ou parce qu'il a été poursuivi en justice par un autre (9); la nämnd du hundari doit décider s'il y a eu composition ou non.

V

Celle-ci est la troisième (1) : si quelqu'un chevauche (2) à la maison d'une autre personne, et viole sa paix domestique (3), qu'il soit un seul ou qu'il y en ait plusieurs (4), et dans l'in-

Wm. I, Eþs. 1 : pr.; II, Kgb. 1 : pr.; H. Kgb. 1 : pr.; MELl. Eþs. 13; St. Eds. 10; KrLl. Eds. 11. Cf. Schlyter, *Jur. afh.*, I, p. 65 et s.; Naumann, p. 18.

(4) La décision des causes d'edsöre est réservée à la nämnd du haräd Wg. II, Add. 7 : 25 à 27; Ög. Eþs. 10 : 2.

(5) C'est-à-dire si le meurtre ou la bléssure ont pour cause une dispute ayant une autre cause.

(6) C'est-à-dire quand on a accordé au meurtrier une sorte de trêve pour les pourparlers concernant la composition. Cf. Schlyter, *loc. cit.*, p. 60; Nordström, II, p. 22 et 344; Naumann, p. 20.

(7) Cf. Schlyter, *loc. cit.*, p. 100. — Cf. Wg. ll, Add. 7 : 10.

(8) C'est-à-dire si l'on se venge sur une personne qui s'est justifiée, au moyen du serment négatoire, de l'accusation portée contre elle. Schlyter, *loc. cit.*, p. 85; Nordström, II, p. 347. Naumann (p. 23) estime, mais cette interprétation nous paraît fort contestable, que l'on peut appliquer cette disposition au cas de vengeance sur une personne qui aurait témoigné en justice contre une autre.

(9) Cf. Nordström, II, p. 346; Schlyter, *loc. cit.*, p. 85; Naumann, p. 20.

V. — (1) Les dispositions de ce chapitre sont destinées à assurer l'inviolabilité du domicile. Cf. sur cette inviolabilité, Naumann, p. 25.

(2) *Riþær* = equitat. Cela veut dire simplement « se rend ».

(3) La violation de la paix domestique (*hemfriþer*) constitue l'*hemsokn*. Cf. Beauchet, p. 298, texte et note 8. La paix domestique a lieu non seulement dans la maison mais encore, d'après notre loi (Mb. 12 : 1) dans un rayon de soixante toises. Toutefois il n'y a violation de l'edsöre qu'en cas de violence commise avec préméditation dans la maison même ou dans l'enclos (*garþer*) de la topt. Schlyter, *Jur. Afh.*, I, 80; Naumann, p. 25.

(4) Cette phrase s'explique par ce motif qu'avant la promulgation des lois sur l'edsöre, la violence commise par une seule personne ne pouvait constituer une *hemsokn*. Schlyter, *ibid.* Cf. Nordström, II, p. 254; Beauchet, p. 298, note 8.

tention (5) de causer un dommage (6) à cette personne ou à quelqu'un dans sa maison, et si aussitôt qu'ils sont entrés dans la maison, ils blessent ou ils frappent jusqu'au sang ou tuent ou lient celui qui est innocent (7), ils ont tous violé l'edsöre du roi, et chacun est *huvuþsman* pour soi (8) et tous sont *biltugher* (9) et leurs biens partagés (10). Il peut arriver qu'ils chevauchent à la maison et ne puissent y faire aucun dommage, mais violent sa maison : ils feront la preuve négatoire avec le serment de dix-huit cojureurs ou paieront une amende de six marks, car le délit est alors puni d'une petite amende. Celui-là peut succomber qui est l'agresseur et viole la paix domesti-que ; s'il est frappé, blessé ou tué en dedans de la maison et des poteaux de la porte (11), il n'y a pas lieu au paiement d'une amende. — § 1. Si une personne, qui n'appartient point aux gens du bonde, se réfugie dans la maison du bonde, en cas de nécessité, pour (échapper à) ses ennemis, ses héritiers ont le droit alors, si elle est tuée ou blessée (12), de partager les biens et de toucher l'amende (13), et celui-là demandera la paix qui est propriétaire de la terre (14). — § 2. Si des hommes se

(5) Cela suppose la préméditation. Cf. le § 2 du même chapitre.

(6) Ce dommage ne peut consister qu'en un attentat sur la personne, meur-tre, blessures ou coups. Schlyter, *ibid.;* Naumann, p. 27.

(7) C'est-à-dire une personne non coupable, non accusée que l'on n'ait pas le droit d'emprisonner. Cf. Wg. II, Add. 7 : 19 *in fine.*

(8) *Huvuþsman* signifie ici princeps in reatu. Schlyter, Gl. Upl. Le texte signifie que chacun de ceux qui ont participé au crime sont considérés comme coauteurs et punis de la même peine. C'est une exception au droit commun, V. *infrà,* Mb. 9 : 4.

(9) *Biltugher* = celui qui est proscrit dans tout le royaume pour violation de l'edsöre : V. Beauchet, p. 146, note.

(10) V. sur la pénalité de l'*eþsöris brut* ou violation de l'edsöre, *infrà,* Kgb. 9.

(11) L'agresseur ne peut donc pas être poursuivi en dehors de la maison.

(12) Il y a là une faute de rédaction, qui a passé dans d'autres lois sué-doises (Sm. Kgb. 5 : 1; Wm. 1, Eþs. 2 : 3 ; II Kgb. 2 : 1). Il faut lire : « Alors lui, s'il a été blessé, ou ses héritiers, s'il a été tué, ont le droit... »

(13) Il semble résulter de ce texte que le demandeur ne prenait pas seule-ment son tiers dans les biens confisqués (*infrà,* c. 9 : pr.), mais aussi l'amende normalement due pour le délit. Cf. Naumann, p. 44.

(14) En principe, comme le décide le c. 9 : pr. c'est la partie lésée par l'*edsörebrot,* violation de l'edsöre, qui doit intervenir auprès du roi en faveur du proscrit. Notre texte apporte une exception à ce principe. Une autre ex-

rencontrent amis dans une maison et se séparent ennemis, alors même qu'un délit est commis entre eux, l'edsöre du roi n'est pas violé (15), à moins qu'il ne sorte de la maison, et se procure une arme dans une autre et ne revienne pour commettre un délit sur lui (meurtre, coups ou blessures) ; il y a là alors violation de la paix domestique. — § 3. Si quelqu'un court dans une maison pour (échapper à) ses ennemis et si, (son ennemi) lance un trait sur lui ou jette quelque chose dont il reçoit un dommage dans la maison où il se trouve, c'est là une violation de la paix domestique. — § 4. Si l'on viole la paix domestique d'un *landbo*, de telle sorte que l'edsöre est violé contre lui-même, soit par des blessures, soit par un meurtre, il a à la fois le droit de partager les biens et de demander la paix. Si l'edsöre est violé contre un autre que le landboe lui-même, alors celui contre qui l'edsöre est violé a le droit de partager les biens, et celui-là doit demander la paix qui est propriétaire de la terre (16).

VI

Celle-ci est la quatrième. Si un homme prend une femme(1) avec violence (2), et si l'on en aperçoit, soit sur elle, soit sur lui, une marque qu'il lui a faite ou qu'elle lui a faite, ou si cela se passe assez près du by ou du chemin pour que l'on puisse entendre des cris et un appel (3), si le fait a été légalement attesté (4) la nämnd du hundari doit alors décider ce qu'il y a de vrai (5). Si un homme prend une femme avec violence et

ception est apportée par le § 4 de ce chapitre. V. également *infrà*, Kgb. 6 : 2. Cf. Wg. II, Add. 7 : 8; Ög. Eþs. 1 : 8; Sm. Kgb. 5 : 1 et 4; Wm. I, Eþs. 2 : 3 et 4; II, Kgb. 2 : 1 et 4; H. Kgb. 2 : 1 et 4; MELl. Eþs. 8 : 1; 10, 24 : pr.; KrLl. Eds. 21 : 1, 24 : pr., 25, 26.

(15) V. *suprà*, note 5. Cf. Naumann, p. 26 ; Schlyter, *Jur. afh.*, p. 80; Beauchet, p. 278, texte et note 6.

(16) V. *suprà*, note 14.

VI. — (1) Il s'agit ici du crime de viol (stuprum violentum).

(2) Violence physique ou morale (menaces). Naumann, p. 29.

(3) Il faut établir, en d'autres termes, que la femme n'a pas consenti volontairement. Naumann, p. 29; Schlyter, *Jur. Afh*, I, p. 84.

(4) *Skærskotat*, dit le texte. Cf. Beauchet, p. 165, note 4.

(5) A la différence des lois gothes (Cf. Wg. II, Add. 1 : 12; Ög. Eþs. 3; pr.) la loi d'Upland ne punit pas la simple tentative de viol.

s'il est pris en flagrant délit ou aussitôt la perpétration du crime, et que douze hommes en témoignent, il sera condamné à la décapitation (6). — § 1. Si un homme prend une femme avec violence et si la femme le tue sur le fait même, et que douze personnes en témoignent, il n'y a pas lieu au paiement d'une amende. — § 2. Si un homme prend une femme avec violence, fuit avec elle hors de la province (7) et est légalement convaincu de violence, il ne peut jamais avoir la paix (8) avant que le *giptaman* (9) de la femme ne l'implore pour lui (10).

VII

Si quelqu'un dresse des embûches (1), à un autre sur le chemin de l'église (2) ou sur le chemin du ting (3), tue blesse ou frappe jusqu'au sang, il a violé l'edsöre du roi. S'il n'y a pas de meurtre, de blessure ou de coups entre eux, le fait n'est puni d'aucune aménde (4). S'il survient une rixe sur le chemin de l'église ou sur le chemin du ting non par suite d'une inimitié invétérée, mais sans préméditation, l'edsöre du roi n'est pas violé. — § 1. Si des hommes quittent l'église ou le ting, se rendent chez un ami ou au cabaret ou autre part sans rentrer immédiatement à la maison, si on leur dresse des embûches et qu'ils en reçoivent un dommage, la paix de l'église ni la paix du ting ne sont violées.

(6) Sur l'enfant né du viol, V. *infrà*, Æb. 20.

(7) Il s'agit ici du crime de rapt. Cf. sur ce crime. Naumann, p. 30.

(8) Le rapt entraîne l'application des pénalités prévues par le c. 9 *infrà*. Schlyter, *Jur. Afh.* I, p. 55.

(9) Le *giptaman* est le même que la loi de Vestrogothie nomme *giftomaper* (V. Beauchet, p. 176, p. 120 et s.) *giftoman* en suédois moderne.

(10) Cf. Wg. I, Gb. 3; II, Gb. 2; Got. I : 21 : 2; MELl. Eþs. 14 : 3; St. Eds. 11 : 2; KrLl. Eds. 12 : 2.

VII. — (1) Cette manière de parler implique chez le coupable préméditation. Naumann, p. 33; Schlyter, *Jur. afh.*, I, p. 82.

(2) Sur la violation de l'edsöre dans l'église même, v. *suprà*, Kkb. c. 22, note 5.

(3) Il peut aussi y avoir violation de l'edsöre au ting même. Cela résulte implicitement d'autres textes de notre loi (Mb. 12 : 3, 29 : pr.) qui frappent d'une simple amende, assez élevée d'ailleurs, le meurtre ou les blessures faites au ting sans préméditation. Naumann, p. 37; Schlyter, *loc. cit.*, p. 82.

(4) Cf. Wg. II, Add. 7 : 13 et 15.

VIII

Si un homme saisit une autre personne, la conduit à un poteau, lui coupe les mains ou les pieds (1), il y a là violation de
l'edsöre du roi, à moins que cela n'arrive dans une lutte armée.
Si une femme ou un mineur commettent un semblable délit (2),
ils paieront l'amende légale (3). La femme ni le mineur ne
peuvent être proscrits (4).

IX

Ces causes que nous avons citées sont celles où il y a violation du serment du roi et des grands de la Suède. Celui qui
commet une de ces infractions, a perdu (par son crime) tout ce
qu'il a, sauf les immeubles (1), quelque nombreux qu'ils soient,

VIII. — (1) Après l'avoir mise ainsi dans l'impossibilité de se défendre. Pour
ce crime, la loi n'exige pas la préméditation. Ainsi il y a violation de l'edsöre
même quand deux personnes, en étant venues aux mains à la suite d'une
querelle subite, l'une d'elles fait subir à l'autre la mutilation dans les circonstances prévues au texte. Cf. Schlyter, *Jur. afh.*, I, p. 85, 86. Notre loi
(Mb. 30) punit autrement des crimes analogues.

(2) C'est-à-dire un des divers délits entraînant violation de l'edsöre et non
pas seulement celui dont il est question au c. 8. Schlyter, *loc. cit.*, p. 79.

(3) C'est-à-dire l'amende qui serait applicable abstraction faite de la violation de l'edsöre.

(4) Le mineur ne peut être proscrit à raison du défaut de responsabilité
criminelle, et la femme pour des motifs d'honnêteté publique, car elle ne pou-
rait guère en cas de proscription, se procurer honnêtement des ressources.
Wg. II. Add. 7 : 29; Ög. Eþs. 15 : pr., § 1; Sm. Kgb. 8 : 1; Wm. I, Eþs.
5 : 1; II Kgb. 5 : 1; H. Kgb. 5 : 1; MELl. Eþs. 32. Cf. Lehmann, *Verlobung
und Hochzeit*, p. 18, Nordström, II, p. 96. — Quant aux esclaves, bien que le
texte ne le dise pas, ils ne peuvent pas violer l'edsöre. La proscription ne
pouvait leur être applicable, car elle aurait eu pour effet de leur procurer la
liberté. Cf. Naumann, p. 41; Schlyter, *loc. cit.*, p. 79.

IX. — (1) L'ancien droit suédois était plus sévère : ainsi le Codex antiquior
de la loi de Vestrogothie (Om. 2, 4) punit le *niþingsværk* de la confiscation de
tous les biens, meubles et immeubles. La loi d'Ostrogothie (Eþs. 30, 31 : pr. 32)
admet aussi pour certains crimes graves la confiscation des immeubles. Mais
la violation de l'edsöre royal entraîne seulement confiscation des meubles.
Wg. II, add. 7 : 20; Ög. Eþs. 8, 26; Sm. Kgb. 9 : pr.; Wm. 1, Eþs. 6 : pr.;
II, Kgb. 6 : pr.; H. Kgb. 6 : pr. Cf. Schlyter, *Jur. afh.*, I, p. 68. Si les immeubles échappent à la confiscation, c'est probablement parce qu'on les considère comme étant la propriété de la famille plutôt que celle du coupable.

et (il a perdu) aussi le droit de demeurer dans la province (2) et il est *biltugher* dans tout le royaume (3), et jamais il ne peut obtenir la paix avant que celui contre lequel il a commis le délit ne l'implore pour lui (4). Personne ne peut perdre (par son crime) le bien d'un autre (5), ni le père (le bien) du fils (6), ni le fils (le bien) du père (7), ni le frère (le bien) du frère (8) ni d'aucun autre. On sépare d'abord tous les lots de ceux qui sont innocents et chacun prend le lot qu'il a dans la masse. Ensuite le lot de celui qui est coupable est divisé en trois : le demandeur prend un lot, le roi un autre et le hundari le troisième. Quand celui contre lequel il a commis le délit ou ses héritiers implorent la paix pour le coupable, le roi doit la lui donner et il rachètera la paix vis-à-vis du roi avec quarante marks (9). — § 1. Quand la nämnd (10) doit être nommée pour ces causes, le demandeur et l'accusé doivent tous deux être présents et acquiescer (11), et ceux-là sont nommés dans la

(2) La proscription était non seulement une peine, mais aussi un moyen d'amener une composition entre les parties en les tenant éloignées l'une de l'autre, de manière à empêcher l'exercice de la vengeance personnelle. Cf. Naumann, p. 46 ; Schlyter, *loc. cit.*, p. 69 et s.

(3) La perte de la paix (*friþlösa*) peut avoir lieu dans un ressort plus ou moins étendu, suivant la nature du délit, à savoir tantôt dans le härad seulement, tantôt dans la province, tantôt enfin, comme en cas de violation de l'edsöre, dans tout le royaume. Cf. Amira, p. 143.

(4) Après cette intercession et le paiement de l'amende de 40 marks au roi, si celui qui a intercédé pour le proscrit, se venge sur lui, il commet lui-même une violation de l'edsöre d'après le c. 4 : 1 *supra*.

(5) Le châtiment n'atteint plus que le coupable. La loi de Vestrogothie (II, Add. 7 : 20) le dit en termes plus explicites. Cf. Ög. Eþs. 9 ; Wm. I, Eþs. 6 : 1 ; II, Kgb. 6 : pr. ; Sm. Kgb. 9 : pr. ; H. Kgb. 6 : pr.; MELl. Eþs. 24 : 1.

(6) Dans le cas où le père administre les biens recueillis par le fils dans l'héritage maternel. Schlyter, *loc. cit.* Cf. Amira, p. 185, note 3.

(7) Dans le cas où le fils vit en communauté avec le père.

(8) Dans le cas où les frères vivent en état d'indivision.

(9) Il devait être très difficile au proscrit, dont les meubles avaient été confisqués, de payer cette amende. Cf. Schlyter, *loc. cit.*, p. 72.

(10) La nämnd est appelée à prononcer sur l'existence du fait qui a entraîné la violation de l'edsöre.

(11) C'est une application du principe général posé par notre loi þg. 2 : 1. Le texte ne dit pas à qui il appartient de nommer les membres de la nämnd. Mais il faut admettre que chacune des parties en nomme la moitié. C'est ce que décide notamment notre loi (Kkb. 22 : 1) en cas de violation de la paix de l'église. C'est seulement dans le cas où le défendeur fait défaut que la

nämnd que les deux parties désignent d'accord. Celui que les douze *næmpdamæn* acquittent avec leur serment est acquitté, et celui que les douze (*næmpdamæn*) condamnent est condamné, comme il a été dit précédemment. — § 2. Toutes les fois que des personnes se rencontrent amies et se séparent ennemies, l'edsöre n'est pas violé. — § 3. Quiconque reçoit dans sa maison et héberge une nuit celui qui a été déclaré et juré proscrit(12), paiera une amende de trois marks(13). S'il l'héberge plusieurs nuits, il paiera une amende de quarante marks ou se justifiera avec le serment de trois tylft (14). Celui qui reçoit chez lui ou héberge un proscrit dans le jour qui lui est concédé pour fuir, n'encourt aucune amende.

X

Si le roi ordonne la levée d'une armée (1) et de tributs de guerre (2), s'il lève des rameurs et des impôts pour subvenir aux frais de cette levée, il doit désigner le port (3) et les

nomination des *næmpdamæn* est faite par le juge. Wm. I, Eþs. 10; III Kgb. 10. Cf. Schlyter, *Jur. afh.*, I, p. 91.

(12) Un certain délai était accordé au proscrit pour fuir, délai pendant lequel il pouvait chercher à entrer en composition avec la victime ou ses ayants droit. Tant que ce délai, fixé à un mois par un manuscrit de la loi de Vestmanie, n'était pas écoulé, on pouvait impunément héberger le proscrit (Wm. II, Kgb. 6 : 3; H. Kgb. 6 : 2). Au surplus, cette défense d'héberger le proscrit avait pour but d'assurer les effets de la proscription, en empêchant les parents ou amis du coupable de lui donner asile et de le protéger contre la vengeance de l'offensé. Cf. Wg. II, add. 7 : 21.

(13) Sur le cas où plusieurs personnes se rendent coupables du délit de recel, V. *infrà*, add. 3.

(14) Cette justification, comme le disent certaines lois, consiste à affirmer ou bien qu'il ignorait la qualité du proscrit ou bien qu'il ne l'a pas hébergé (Wm. II, Kgb. 6 : 3; H. Kgb. 6 : 2).

X. — (1) Sur l'organisation militaire dans l'ancienne Suède, V. Nordström, I, p. 104 et s.

(2) *Leþunger*. Cet impôt doit être payé toutes les fois que le roi ordonne une expédition navale. Cf. Linde, *Kameral*, p. 145; Bergfalk, *Beskattning*, p. 53; Styffe, *Bidrag till Skand. Hist.*, p. XCI. Le *leþunger* est destiné à subvenir aux frais d'une guerre offensive. En cas de guerre défensive, on recourt au *varþhald* (*excubatio*) dont il est question *infrà*, au c. 12. Cf. Ramstedt, p, 5.

(3) Désigner le port d'où doit partir l'expédition. Si toutefois, comme

proues et le commandant et tous les rameurs et l'armement doit être ordonné au ting (4) de la Chandeleur et être prêt au jour fixé pour le rassemblement. Pour toutes les redevances dues au roi, l'ordre doit en arriver quatorze jours avant qu'elles ne soient payées. — § 1. La contribution légale pour une expédition maritime est de quatre navires pour chaque hundari (5). Si le roi lui-même veut sortir du royaume ou envoyer son armée au dehors, il décidera lui-même (6) combien de temps il veut être absent et il ordonnera l'expédition selon le temps qu'il veut être absent. Ces impôts sont fixés pour la première *skipvist* (7). Si le roi demeure en repos et ne veut ni partir lui-même (8), ni envoyer son armée hors du royaume, la redevance légale (9) est de huit livres (de beurre) et de huit *spander* (10) (de blé) dans chaque *hamna* (11) pour la

l'estime Schlyter (Gl. Upl. p. 340) on doit lire *hampnu* au lieu de *hampn*, le sens serait que le roi doit « nominare illos viros ex singulis hamnis, qui in instante bello militiam facerent. » Sur la *hamna*, V. *infrà*, note 11.

(4) C'est-à-dire publié au ting.

(5) Le montant global des impôts que le roi lève pour ses besoins doit d'abord être réparti entre les différentes provinces. Puis, dans l'intérieur de la province, l'impôt est l'objet de nouvelles répartitions et sous-répartitions suivant les différentes circonscriptions territoriales plus ou moins étendues que peut comprendre la province. Normalement, c'est la division de la province en härad (*hundari*) qui est tout d'abord prise en considération. Notre loi tient compte aussi pour la perception de l'impôt de la division en trois folkland. Cf. Bergfalk, *loc. cit.*, p. 53.

(6) Le droit du roi de décréter seul les expéditions hors du royaume est restreint plus tard dans les lois nationales. MELl. Kgb. 3 : 1. Cf. Schlyter, *Jur. afh.*, I, p. 53.

(7) La *skipvist* désigne à proprement parler les victuailles destinées aux navires pour les expéditions maritimes. Originairement le principe était que l'armée devait s'entretenir elle-même; d'où il résulta que les contributions nécessaires à cet entretien étaient fournies suivant la même base que les hommes eux-mêmes. Cf. Nordström, I, p. 25. Ici le mot *skipvist* désigne l'impôt payé en temps de paix, et spécialement les quatre redevances fournies chaque année en nature ou en argent.

(8) Ragvald traduit : « Sed preficit loco sui alium. »

(9) Il s'agit ici de la redevance que le c. 11 : pr. nomme *leþungslami*, c'est-à-dire de celle qui est payée en l'absence de *leþunger*. Schlyter, Gl. Upl.

(10) Sur le *spander*, V. *suprà*, Kkb. 6, note 15. Cf. Amira, p. 438.

(11) District naval au point de vue du service maritime et des impôts qui s'y rattachent. Cf. Styffe, *Om grundregalerna*, dans les *Witt. hist. o. Antiqv. Akad. H.* xxiv, p. 287; Nordström, I, p. 22, 24. Cf. sur l'étymologie du mot

première skipvist, dans le Tiundaland et dans l'Attundaland
selon le spander d'Upsala, et dans le Fiädrundaland d'après le
spander d'Enköping. Pour la seconde skipvist on doit payer
six livres et six spander. Deux skipvist doivent être payées en
argent, quarante marks pour chaque navire. Ces skipvist
doivent être payées par tous les trois folkland (12), autant par
chaque markland (13) de terre que par homme en état de porter
les armes pour trois navires (14). La quatrième doit être payée
d'après le nombre des hommes (15), des bonde et des fils de
bonde, des serviteurs à gages et des individus sans domicile.
On doit considérer comme majeur celui qui a vingt ans (16). Il
doit répondre de tous les impôts jusqu'à ce que le roi l'exempte.
— § 2. La skipvist doit être payée et conduite dans les magasins du roi (17). Un homme doit alors être présent pour chaque
hamna et un pour chaque attunger (18), à savoir celui que les

hamna, Ramstedt, p. 8; Bergfalk, *Om svenska jordens beskattning*, p. 57,
note 8; Hildebrand, *Sveriges Medeltid*, I, p. 255; Söderwall, *Ordbok öfver
svenska medeltids språket*, v° *Hamna*.

(12) La troisième skipvist doit vraisemblablement, comme les deux premières, être répartie entre les hamna. Ramstedt, p. 28.

(13) V. *suprà*, Kkb. 2, note 1.

(14) C'est-à-dire pour les trois premiers navires.

(15) *Af mantali*. Cette expression est employée par opposition au *iorþæ tal*,
c'est-à-dire à la division de l'impôt fondée sur la superficie des terres, désignée par le markland et ses subdivisions. Les trois premiers quarts de la
skipvist devaient se payer *æptir iorþæ tali* : cela résulte *a contrario* de ce
que la loi décide pour le quatrième quart. La quatrième skipvist présente un
cas d'impôt purement personnel. Un autre cas est celui prévu par le § 2 de
l'impôt qui frappe le serviteur à gages.

(16) C'est-à-dire une exception à la règle qui fixe la majorité à quinze ans,
suprà, Kkb. 19, note 7.

(17) La perception des impôts a lieu suivant les cas par *hundari*, par *fjerding*,
par *attunger*, par *skiplagh* ou *hamna*. L'opération s'accomplit avec le concours de deux autorités, l'une chargée, du côté des contribuables, de livrer
les redevances, l'autre chargée, de la part du roi, d'en prendre livraison. Le
représentant des bonde, qui, en Upland, se nommait l'*attungsmaþer* était, en
Sudermanie et en Vestmanie, pour chaque *skiplagh*, le *styriman* (Sm. Kg.
10; Wm. II, Kg. 7). La présence de ces personnes se conçoit très bien à une
époque où l'art de l'écriture était peu connu, et où les preuves les plus déci-
sives en cas de procès consistaient dans le serment et les témoignages. Cf. sur
la perception des impôts dans le Svealand, Ramstedt, p. 40 et s.

(18) L'attunger est ici la huitième partie du hundari. Il ne faut pas le confondre avec l'attunger, unité fiscale ou géométrique des provinces gothes. Cf.
Beauchet, p. 223, note 9.

B.   5

habitants de l'attunger veulent désigner. Il ne doit pas être
plus pauvre que celui qui a une propriété de la valeur de neuf
marks, ni être insensé ou mineur, un toutefois chaque année et
un länsman pour tout le hundari ou son mandataire certain (19). Celui d'entre ceux qui ne remplit pas son devoir,
paiera une amende de trois marks, un à celui qui possède le
fief (20), le second au hundari et le troisième au receveur du
roi. Tous ceux qui sont bonde doivent payer la skipvist et le
spanna mali (21) et les autres redevances. Celui-là est bonde qui
peut payer la skipvist et le *spanna mali;* s'il ne le peut pas, il
est un serviteur à gages (22) et paiera quatre örtug par an. Si
maintenant ils viennent avec les redevances du roi devant les
magasins du roi, l'*attungsmaþer* doit être présent ainsi que les
hommes de la hamna. Si le bonde ne veut pas faire droit avant
le jour légalement fixé, trois jours avant que la skipvist ne doive
être payée, alors les hommes de la hamna doivent se rendre
chez lui et saisir sur lui deux penning pour un et le roi recevra
ainsi pleine satisfaction (23). Il en est de même pour le *spanna
mali*, un spander de blé, et un spander de malt; et il en est ainsi
pour l'*ættærgæld* (24) qui se monte à trois marks. Toutes les fois

(19) V. sur le mandat à l'effet de recevoir, Amira, p. 687.

(20) Le droit du roi à l'amende peut ainsi être délégué pour partie au possesseur du fief (Cf. Upl. þg. 2 : pr.). Certains diplômes de concession de fief
s'expriment formellement sur ce point. Dipl. 1508, 3170.

(21) Le but de cet impôt, mis ainsi en opposition à la skipvist, n'apparaît
pas très clairement. Il consistait, en Upland, dans un spander de froment et
dans un SPANDER de malt (Schlyter, Gl. Upl.). Le *spanna mali* se retrouve en
Vestmanie (Wm. II, Kgb. 7 : 5).

(22) *Leghudrænger* = mercenarius, *legodrängt*, en suédois moderne. Les
anciennes lois suédoises se servent de dénominations diverses pour désigner
ceux qui ne sont ni bonde ni landbo. Nous avons déjà rencontré dans notre
loi l'expression *hussætu maþer* (*suprà*, Kkb. 7, n. 21). La loi de Vestrogothie
parle du *græssæti* et du *nokkadrumber*. V. Beauchet, p. 253 et 367 notes.
— Cf. Winroth, *Om tjenstehjons förhållandet enligt svensk rätt*, p. 53.

(23) On peut saisir pour les impôts du roi même pendant les temps de paix
(*friþ*) où l'on ne peut, en général, procéder à un acte d'exécution quelconque
(Upl. þg. 14 : 2; Sm. þg. 14 : pr. H. þg. 14 : pr.

(24) Cet impôt qui, comme l'indique son nom, paraît avoir été payé originairement par famille (*ætt*), est, en Upland, de trente marks par hundari dans
les trois folkland et de dix marks par skepplag dans le district de Roden. *Infrà,*
Kgb. 11 : pr. La loi de Vestmanie ne précise pas le montant de cet impôt.
Wm. II, Kgb. 7 : 5.

qu'une redevance doit être payée par tête, le hundari doit être
divisé en autant de parties égales d'après le nombre des hommes. — § 3. Le roi (25) doit avoir quatre bœufs de chaque hundari; chaque fjerding (26) (donnera) son bœuf, une vache
grasse ou une autre bête d'une égale valeur, et six (27) bonde,
un mouton, chaque bonde quatre brassées de foin ou quatre
penning; chaque bonde (donnera aussi) une poule; s'il n'y a pas
de poule, deux équivaudront à un agneau ou à un chevreau,
ou bien un porcelet à une poule et une oie à trois poules, s'il n'y
a pas de poule. — § 4. Si les receveurs poursuivent (et) disent
qu'ils n'ont pas reçu l'entière redevance, tandis que le chef de
l'attunger prétend avoir pleinement payé ce que devait son
attunger, et que les hommes de la hamna l'affirment avec lui,
il en fera la preuve avec huit *attungsmæn* et son länsman, et
ensuite il échappera à toute responsabilité. L'attunger ne peut
offrir de se défendre par le serment, ni le fjerding, ni le
demi-hundari, encore moins le hundari entier ne peut jamais
se défendre par le serment pour les redevances du roi. —
§ 5. Les bonde doivent payer pleine redevance pour les terres
de l'église, selon l'importance du domaine de l'église, c'est-
à-dire un markland de terre pour chaque église de hundari
et un demi markland pour (chaque) église de paroisse; si
l'église a plus d'immunité, ce sera à l'avantage des bonde et
ils échapperont à toute responsabilité. — § 6. Si des fermiers
sont négligents de fournir qui légalement doivent payer, ou
des *þiænislumæn* (28) ou d'autres bonde, de qui les bonde ne

---

(25) Il s'agit ici de la *gengærþ* (*suprà*, Kkb. 4, notes 2 et 3) du roi qui, originairement accidentelle, finit par être comprise au nombre des impôts perma-
nents et annuels. Cf. Wm. II, Kg. 7 : 6. Ramstedt, p. 95. Sur la *gengærþ*
en Vestrogothie, V. Beauchet, p. 449.

(26) *Fiærþunger* (fjerding, en suédois moderne) veut dire ici la quatrième
partie du hundari. Un autre *fiærþunger* est celui dont parle notre loi, Wb.
1 : pr.

(27) C'est l'origine d'une règle que l'on trouve plus tard formulée dans une
résolution du Conseil du roi de 1403 qui, faisant application de ce principe que
« le riche doit aider le pauvre », décide que, pour les impôts extraordinaires,
l'on réunira les contribuables par groupes de quatre, deux riches et deux
pauvres, dont la contribution sera fixée d'après leur fortune respective. C'é-
tait un moyen de maintenir l'égalité entre les contribuables pour les impôts
payables par tête, *af mantali*. Thulin, *loc. cit.*, p. 14.

(28) V. sur les *þiænislumæn*, Beauchet, p. 361, note 2.

peuvent recevoir ce qui leur est dû (29), bien qu'ils le requièrent en leur domicile, le roi a le droit de faire prendre dans leur domicile ce qu'il veut pour la redevance, et en outre une amende, à savoir trois öre pour le retard et trois marks si la hamna tout entière a négligé de payer sa redevance. — § 7. Si un attunger néglige de payer (sa redevance), il encourt une amende de cinq marks, un fiærþunger de dix marks, la moitié de härad de vingt marks, le härad tout entier de quarante marks (30), et ils doivent toujours payer en outre intégralement la skipvist. L'amende appartient à la table du roi (31). Toutes les fois que le roi est intégralement payé, le bonde est à l'abri de toute responsabilité. — § 8. Quelle que soit la redevance, que ce soit la skipvist, le tribut du froment, l'*attærgæld*, les bœufs, les moutons, les poules, le foin, le länsman ou son représentant doit être présent, ainsi que les *attungsmæn*. Ils ne doivent pas partir avant que les receveurs aient tout reçu. Ils doivent attester qui paie ou qui est négligent. Celui qu'ils acquittent est dégagé de toute responsabilité et celui qu'ils condamnent est condamné. — § 9. Si un fjerding est condamné pour un bœuf, il paiera une amende de trois marks ; de même si un autre est condamné, il paiera une amende de trois marks. Le receveur les percevra. Si quelqu'un est condamné pour un mouton ; il paiera une amende de trois öre et le receveur les percevra. S'il est condamné pour une poule ou pour du foin, il paiera deux penning pour un. Tout cela doit être exigé. Si le receveur dit que ce qui lui a été apporté ne vaut rien, (le contribuable) le remportera chez lui impunément et en amènera de meilleure qualité. Les marguilliers ne peuvent être

(29) C'est-à-dire si les autres bonde de la circonscription fiscale ne peuvent arriver à leur faire faire droit.

(30) Le nombre des contrevenants est souvent pris en considération pour la détermination du montant de l'amende, dont le chiffre est fixé alors d'après l'étendue de la communauté dont les membres ont à payer l'amende. Cf. Wg. 1, Md. 1 : 3 ; 11, Drb. 4 ; Ög. Drb. 4 : pr.; Upl. Wb. 23 : 5 ; Sm. Kgb. 10 : 2 ; þg, 2 : pr.; Wm. II, Kgb. 7 : 2 ; H. Kgb. 7 ; Wb. 18 : 2.

(31) Le roi, en sa qualité de représentant de la puissance publique, a une part dans l'amende due pour un délit troublant la paix publique. Mais aussi le roi peut quelquefois, comme dans le cas présent, être directement lésé par le délit. Alors, en qualité de demandeur (*malsehgandi*), il a droit à la totalité de l'amende. Cf. H. Kpb. 7. Cf. Björling, p. 74 et s.

nommés pour (recevoir) les redevances du roi. — § 10. Les
redevances du roi peuvent ne pas arriver pour le jour légalement fixé; il peut alors y en avoir certaines excuses. La première, c'est qu'ils n'ont pas reçu l'ordre; la seconde, c'est
qu'ils ont reçu l'ordre trop tard; la troisième c'est qu'ils ont
eu mauvais temps, de telle sorte que les choses requises se
seraient détériorées, s'ils les avaient transportées. Le länsman
doit en faire la preuve ainsi que six hommes de l'attunger
avec leur serment. — § 11. Si tout le hundari est négligent,
le préfet du roi dans le folkland (32) percevra quarante marks
avec douze hommes du folkland et en outre la skipvist.
Qu'ainsi prospèrent les revenus du roi. Que Dieu lui donne
un bon profit.

XI

Voici les redevances de Roden (1) : huit marks de beurre de
quiconque mange son propre pain et une örtug en espèces de
chaque bonde pour le *þinglami* (2), et dix marks comme *attærgæld* (3) de chaque skiplagh (4); (mais) six *lispund* (5) de houblon de chaque skiplagh et un mark de chaque *ar* (6) si (les
contribuables) restent chez eux, pour le *þungslami*. S'ils pas-

(32) *Folklands hærra.* La loi d'Upland connaît trois sortes de représentants du roi investis de fiefs. En première ligne le *folklandshærra*, dont
il est question au texte et qui, comme son nom l'indique, administre tout un
folkland. C'est lui qui, au ting du folkland, poursuit le hundari qui néglige
de payer l'impôt royal. En seconde ligne et au-dessous, le *lænshærra* préposé
à un ou à plusieurs bärad; il peut, quand il le juge nécessaire, convoquer le
ting du bärad (*infrà*, þg. 1). Enfin en dessous du *lænshærra*, dans chaque
bärad, un *länsman* chargé de convoquer, sur l'ordre du roi ou du *lænshærra*,
le ting du bärad, d'exercer à ce ting les droits du roi, de poursuivre le recouvrement des amendes et tenu vraisemblablement de rendre compte au *lænshærra*. Il n'y a toutefois, malgré la différence de dignité, entre le *lænshærra*
et le *länsman* aucun rapport semblable à celui qui, dans le droit féodal,
existait entre le *dominus feudi* et le *vasallus*. En Suède, en effet, le roi seul
concède des fiefs. Schlyter, *Jur. afh.* I, p. 38.

XI. — (1) V. *suprà*, Index, note 1.

(2) Le *þinglami* est l'impôt payé dans le district de Roden les années où
des expéditions navales avaient lieu.

(3) V. *suprà*, c. 10, note 24.

(4) V. *suprà*, Index, note 5.

(5) Livre livonienne, poids de vingt livres. Cf. Amira, p. 441.

(6) *Ar* signifie à proprement parler une rame et désigne ici un district du
skiplagh, qui probablement, devait fournir un rameur en temps de guerre.

sent la mer avec leur tribut, ils seront exempts du *lepungs-*
tami. Il n'y a pas d'autres redevances. — § 1. Si le navire est
parti en expédition, et si l'on a commencé à y monter la garde
jour et nuit, si quelqu'un en vole un autre ou commet une
rapine ou une infraction quelconque contre la loi de la province, l'amende est deux fois plus élevée que si le délit était
commis à la maison, et la preuve est deux fois moins rigoureuse relativement au nombre des cojureurs et des témoins.
S'il est convaincu de l'infraction, l'amende est payée en trois
parts ; le capitaine du navire prend une part, le demandeur une
autre et les rameurs la troisième (7). Si là quelqu'un (8)
est tué ou reçoit une blessure pleine, le roi a droit à quarante marks pour la violation de sa paix. Cette affaire peut être
arrangée avant qu'ils ne retournent à la maison et elle peut
ensuite devenir litigieuse : alors (l'accusé) peut prouver avec
son capitaine et six rameurs qu'elle a été arrangée et que
l'amende a été payée. Si elle n'a pas été arrangée avant qu'ils
ne retournent à la maison, il prêtera le serment conformément
à la loi de la province ou paiera l'amende légale. — § 2. Si
quelqu'un jette un autre par-dessus bord volontairement, et s'il
y en a deux témoins, il paiera une amende de trois marks si la
victime a été jetée par-dessus le bord qui regarde la terre, et
de six marks si c'est par-dessus le bord qui regarde la mer. Si
le fait arrive par accident, il n'y a aucune responsabilité encourue. — § 3. Si le capitaine aborde un autre navire, il réparera
le dommage et paiera en outre une amende de trois marks. —
§ 4. Si quelqu'un prend avec violence son port à une autre personne, il paiera une amende de trois marks. S'il lui cause plus
de dommage, il le réparera entièrement. Tous doivent évacuer le port devant le roi ainsi que devant l'évêque et le jarl,
ou devant le chef (9) chargé de représenter le roi.

(7) Quelquefois des communautés autres que le härad ou la ville ont une
part dans l'amende payée par un de leurs membres. Tel est le cas prévu au
texte où l'équipage, considéré comme une communauté, touche la part de
l'amende revenant au härad, tandis que le capitaine prend celle que toucherait
le roi. Notre disposition a vraisemblablement pour but d'activer l'expédition.
Si l'affaire n'est pas terminée avant la fin de l'expédition, l'amende se partage
selon la manière habituelle. Sm. Kgb. 11 ; pr.; Wm. II, Mb. 25 : 4; H. Kgb.
9 : 2. Cf. Björling, p. 73.

(8) Quelqu'un de l'équipage.

(9) *Forman* = dux exercitus et forte præses provinciæ. Schlyter, Gl. Upl.

XII

Si le capitaine établit une garde devant son pont d'embarquement, et si quelqu'un est noté comme négligent dans la garde, il paiera une amende de six öre. Un dommage peut ensuite être causé au navire du côté extérieur de la mer, ou du côté intérieur de la terre : l'homme de garde réparera alors le dommage et paiera en outre une amende de trois marks si celui qui a causé le dommage n'est pas pris. Celui-là aussi paiera une amende de trois marks qui néglige sa garde, et qui a été désigné par le capitaine pour la garde, et il réparera en outre le dommage, ainsi qu'il est dit antérieurement. — § 1. Si l'on attend une armée (ennemie) dans sa province, et si l'on veut exposer une garde pour la défense de sa province, une garde pour le by, une garde sur le rivage (1) et une garde pour allumer des signaux sur les hauteurs (2), si quelqu'un omet la garde du by ou commet quelque négligence dans cette garde, il paiera une amende de trois öre : cette amende échoit aux seuls habitants du by. Si l'on omet la garde du rivage ou si l'on y commet quelque négligence, l'amende est de trois marks : le roi en prend un, le skiplagh prend le second, et le troisième revient à celui qui remarque la négligence (3). Si elle n'a pas été remarquée, et si cependant il néglige sa garde, alors celui qui montait la garde avec lui prendra le mark unique. Si l'on omet la garde pour allumer les signaux, ou si l'on commet quelque négligence dans cette garde, l'amende est de six marks : elle échoit au roi seul. Un dommage peut provenir de la faute d'une des gardes précitées : c'est alors le droit de celui qui monte la garde de prouver avec le témoignage de

XII. — (1) Celui qui saisit le coupable sur le fait a quelquefois une part dans l'amende. Sm. Kgb. 12 : 2, Bb. 19 : pr.; Got. I : 6 : 2 et 4; MELl. Svþ. 9; KrLl. Svþ. 7. Cf. Björling, p. 55.

(2) *Stranda varþer*, garde montée ordinairement sur les nombreux îlots ou caps de la côte pour prévenir de l'arrivée de la flotte ennemie.

(3) *Böta varþer*. L'origine de cette expression est douteuse. Schlyter (Gl. Upl.) la fait dériver du mot *böti*, qui aurait désigné les tas de bois destinés à être enflammés. Ramstedt (p. 18) croit que l'expression vient plutôt de ce que la garde en question était sanctionnée par une amende (*böta* = payer l'amende) échéant au roi seul. V. *infrà*.

deux hommes qui l'ont entendu, qu'il a poussé le cri d'a-
larme légal, c'est-à-dire trois cris d'alarme. S'il ne peut fournir ces témoins, il paiera une amende de quarante marks, si le
pays a été ravagé par la guerre et brûlé. S'il n'y a pas eu de
dommage causé, il n'encourra aucune responsabilité. Personne
ne peut faire monter sa garde par un autre sans être responsable de son remplaçant de la même manière qu'il aurait été
lui-même responsable, s'il avait commis une négligence dans la
garde. Les bonde et les hommes domiciliés peuvent être désignés pour la garde (4). Les femmes ne peuvent être convo-
quées pour la garde, non plus que les individus sans domicile
fixe (5). Si quelqu'un est ensuite accusé par le représentant du
roi, à l'occasion de la garde pour l'allumage des signaux, il
prendra à témoin celui qui est survenu : si celui-ci le défend, il
n'encourra aucune responsabilité. S'il succombe, il paiera l'a-
mende comme il est dit précédemment. La garde du rivage
doit être montée jusqu'à ce que le soleil soit levé. Il doit ensuite légalement avertir celui qui doit après lui monter la garde,
en présence de deux témoins, et ensuite la garde ira dans
le même ordre que le *buþkafli* (6). — § 2. Voici les excuses (7) de
ceux qui doivent monter la garde : s'il est malade ou blessé,
s'il a un mort à veiller devant la porte, ou s'il a été convoqué
par le roi, ou s'il a un incendie dans sa maison, ou s'il est à
la recherche de ses bestiaux égarés. Ces excuses dont il
vient d'être parlé, l'accusé doit les prouver avec (le serment de)
deux hommes, et lui-même troisième, et il sera ensuite soustrait à toute responsabilité. S'il ne peut fournir ces témoignages, il paiera l'amende précédemment indiquée, toutes amendes proportionnées au délit. C'est ainsi que se termine le livre
du roi par la loi de Roden. Que le roi du ciel nous protège bien
tous. Amen.

(4) Si le service militaire pèse, en principe, sur tous les hommes libres, il
est cependant certaines fonctions qui sont considérées comme tellement importantes qu'elles ne peuvent être confiées qu'à des personnes « domiciliées »,
bonde et landbo.

(5) *Loskæ mæn.* V. *suprà*, Kkb. 7, note 8.

(6) Sur le *buþkafli* (baculus nunciatorius) v. Beauchet, p. 323, note 1.

(7) Sur les excuses légales (*lagha forfall*) v. *infrà*, Jb. 20 : 1. Cf. Amira,
p. 412; Nordström, II, p. 576.

LIVRE DES SUCCESSIONS

(1) *Morghon gæf* = donum a marito postridie nuptiarum uxori datum. Schlyter, Gl. Upl.

(2) *Jæmpn arf* = hereditas quæ in partes primarias æquales dividitur inter amborum parentum parentes aliosve cognatos. Schlyter, Gl. Upl.

(3) *Ofsinnis arf* = hereditas a pluribus hominibus relicta, quorum quisque uterorum heres fuisset, omnes vero infortunato casu simul perierunt, ut non constet quis ceteris supervixerit. Schlyter, Gl. Upl. Probablement l'expression vient-elle de ce que le mot *ofsinni* signifie un dommage causé par l'inondation et l'hypothèse des *commorientes* se serait alors surtout présentée en cas de personnes noyées simultanément.

Le livre des successions commence par le mariage, car une personne provient toujours de deux, un homme d'un homme, chacun d'un autre. Les époux ne se réunissent point de telle sorte qu'ils ne puissent enfin être séparés, si l'un décède et l'autre survit. Toute hérédité a son fondement dans le mariage.

I

L'homme doit demander (1) la femme (en mariage) et non la prendre avec violence (2). Il doit aller trouver son père et ses plus proches parents (3) et requérir leur consentement. Il peut lui être répondu favorablement ; alors le père a le droit de prendre le *fæstnaþa fæ* (4). S'il n'y a pas de père, c'est la mère (5) qui a ce droit. A défaut de la mère, c'est le frère. A défaut de frère, c'est la sœur, si elle est mariée (6) ; une vierge ne peut donner (7) une vierge en mariage. A défaut de la sœur, c'est

I. — (1) *Biþiæ* = rogare, precari. Même formule dans la loi de Vestrogothie. Cf. Beauchet, p. 190, note 2.

(2) V. toutefois, *infrà*, c. 2 : pr. Suivant Liljenstrand (*Kanon. rätt. infl.*, p. 64), la défense de recourir à la violence vise moins le consentement de la femme que celui du giftoman.

(3) Le mariage est une affaire qui intéresse les deux familles. Cf. Ög. Gb. 5 : 1. D'autres lois exigent également le concours des parents du fiancé. St. Gb. 1.

(4) *Fæstnaþa fæ* = dona in sponsaliis a sponso sponsori collata. Schlyter, Gl. Upl. Il correspond à la *vingæf* des lois gothes. Cf. Beauchet, p. 192, notes 1 à 9.

(5) Les lois gothes ne reconnaissent pas à la mère le droit de *desponsatio*. Cf. Wg. II, Gb. 2 ; add. 8. Beauchet, p. 388, note 4 ; Nordström, II, p. 13 ; Järta, *Lagfarenhets utbildning*, p. 225.

(6) Les lois suédoises, reconnaissant à la mère le droit de *desponsatio*, devaient logiquement l'étendre aux autres parentes de la fiancée. C'est également un progrès sur les lois gothes. V. la note précédente. Ces parentes ne peuvent toutefois exercer leur droit que si elles sont mariées. Cf. Wm. II, Æb. 1 : pr. Mais cela ne veut pas dire que ce soit, comme dans l'ancien droit islandais, le mari de cette parente qui exerce à la place de celle-ci le droit de *desponsatio*. Ce droit paraît bien appartenir à la parente personnellement. Winroth, *Äktenskapshindren*, p. 73 ; Lehmann, *Verlobung und Hochzeit*, p. 14, note 2.

(7) L'expression *giva* ou *gifta* (*gipta*), employée par les anciennes lois suédoises pour désigner l'exercice du droit de *desponsatio*, est empruntée à la terminologie de la donation et non à celle de la vente.

le père du père. A défaut du père du père, c'est la mère du père. A défaut de la mère du père, c'est le père de la mère. (A défaut du père de la mère), c'est la mère de la mère. A défaut de la mère de la mère, c'est le frère du père. A défaut du frère du père, c'est la sœur du père. A défaut de la sœur du père, c'est le frère de la mère. A défaut du frère de la mère, c'est la sœur de la mère. A défaut de la sœur de la mère, ce sont les cousins germains du côté de la mère ou du côté du père. Si les parents paternels sont au même degré que les parents maternels, les parents paternels doivent alors prendre le *fæstnaþa fæ* et non les parents maternels. Si les parents maternels sont à un degré plus proche que les parents paternels, les parents maternels prendront alors le *fæstnaþa fæ*. Celui qui a usurpé le droit du giftoman légitime, paiera une amende de trois marks. Ces (trois marks) sont pris par celui qui a été dépouillé de son droit (8) de fiançailles. Celui qui donne une vierge en mariage sans la permission du giftoman légitime (9), paiera une amende de quarante marks, ou prouvera l'autorisation du giftoman légitime avec le serment de dix-huit cojureurs. — § 1. Si le *fæstnaþa fæ* est reçu (10), il (le giftoman) doit alors fiancer la femme avec huit hommes. Des fastar doivent être là, quatre du côté de la femme et quatre du côté de l'homme (11). Alors le *fæstnaþa fæ* est à la fois apporté et reçu légalement. Celui qui porte un *fæstnaþa fæ* sur un autre *fæstnaþa fæ* (12) paiera une amende de trois marks, ou fera avec le

---

(8) Même amende dans la loi de Vestrogothie. II, Add. 8.

(9) Le giftoman peut ainsi déléguer ses pouvoirs. Cf. Wg. II, Add. 8; Ög. Gb. 4 et 9 ; Wm. II, Æb. 1 : pr. ; MELl. Gb. 2 : 1; St. Gb. 2 : pr.

(10) Le *fæstninga fæ*, suivant Amira (p. 318), rendrait le contrat de fiançailles obligatoire et donnerait à ce contrat un caractère réel.

(11) V. sur les fastar, *suprà*, Kkb. 14 : pr. et note 4. Le nombre des fastar varie suivant les lois. Quatre également de chaque côté d'après la loi d'Helsingie (Æb. 1 : pr.), six de chaque côté d'après la loi municipale (St. Gb. 2), deux de chaque côté d'après la loi de Vestmanie (I, Gb. 1; II, Æb. 1 : 1) et les lois nationales (MELl. Gb. 2). Cf. Ög. Gb. 5 : 1. — V. Schlyter, *Jurid. afhand.* I, p. 146.

(12) Cette disposition nous paraît se référer non pas au giftoman mais au tiers qui conclut avec celui-ci un contrat de fiançailles relativement à une femme qui est déjà légalement fiancée. « Porter un *fæstnaþa fæ* sur un autre » signifie donc essayer, malgré le droit déjà acquis par un autre à la remise de la femme, d'acquérir un droit semblable, inconciliable avec le premier. Le

serment de dix cojureurs la preuve négatoire qu'il ne savait pas qu'un *fæstnaþa fæ* eût été précédemment apporté. Une vierge elle-même peut recevoir le *fæstnaþa fæ*, alors celui-là paiera l'amende qui a apporté le *fæstnaþa fæ* sans le consentement de ceux qui étaient les plus proches parents (de la jeune fille). — § 2. Toute fille qui prend un homme contre la volonté de son père ou de sa mère, si ceux-ci sont vivants, qu'elle le prenne pour mari légitime ou pour concubin, peut être exhérédée par son père et par sa mère, mais non par d'autres parents ou par le giftoman (13). Si le père et la mère veulent lui pardonner (14), elle recueillera sa part héréditaire intégrale. En cas de contestation sur le point de savoir si elle a été ou non pardonnée, douze hommes doivent l'affirmer (15). — § 3. Si l'homme ou la femme changent d'avis et ne veulent pas tenir le contrat de fiançailles, (celui) (16) qui change d'avis, perd la *förning* (17) et le *fæstnaþa fæ* et en outre paie trois

droit de créance acquis à celui qui a donné le premier le *fæstnaþa fæ* est donc protégé contre les tiers de la même manière que le droit du fermier de rester en possession du bien loué est protégé contre ce que la loi d'Upland nomme l'*undir gift*. V. *infrà*, Jb. 13 : 2. Cf. en ce sens Sjögren, *Kontraktsbrotten*, p. 34 et s. *Contrà*, Lehmann, *loc. cit.*, p. 115. Les fiançailles postérieures ne peuvent prévaloir contre les premières. Mais si les secondes sont suivies de la tradition de la femme et du mariage proprement dit, le droit du premier fiancé s'évanouit. C'est pour cela qu'il a besoin d'être spécialement protégé. Cf. Winroth, *Äktenskapsingående*, p. 76.

(13) Le défaut de consentement du giftoman n'entraîne donc pas la nullité du mariage. Cf. Wm. II, Æb. 1 : 2; H. Æb. 1 : 2; Sm. Gb. 1 : 1; Ög. Æb. 1 : 1. — V. Olivecrona, *Muk. Gift.*, p. 144; Winroth, *Äktenskapshindren*, p. 61; Lehmann, *loc. cit.*, p. 47.

(14) Certaines lois exigent de la publicité pour le pardon, c'est-à-dire sa publication au ting ou devant la paroisse. Wm. I, Gb. 3 : 1; H. Æb. 1 : 4. Cf. Winroth, *loc. cit.*, p. 62.

(15) L'affaire est ainsi de la compétence de la nämnd. Cf. Nordström, II, p. 831.

(16) Suivant Amira (p. 535), si le contrat de fiançailles fait naître à la charge du giftoman une obligation, dans le sens juridique du mot, il n'en crée pas, au contraire, à la charge du fiancé. L'exécution du contrat ne peut pas être poursuivie contre celui-ci, même s'il ne s'est pas dédit régulièrement; le fiancé encourt simplement l'amende dont il est question au texte. Cf. Wm. II, Æb. 1 : 3; H. Æb. 1 : 3. Cette opinion est combattue victorieusement, selon nous, par Sjögren, *loc. cit.*, p. 25. Cf. Winroth, *Äktenskapshindren*, p. 115; Lehmann, *loc. cit.*, p. 72.

(17) La *förning* comprend les présents faits par le fiancé à sa fiancée (de

marks (18). La cause des deux est du reste semblable, de sorte que si elle ne veut pas tenir le contrat de fiançailles, elle restituera le *fæstnaþa fæ* et la *förning* et en outre paiera trois marks. — § 4. Si l'on se fiance à une femme, en présence du père ou du parent le plus proche, et si la femme elle-même n'est pas au rendez-vous des fiançailles, ou si elle n'a pas sa maturité d'esprit ou l'âge (de quinze ans), elle a le droit avec ses parents de dire non (19), et celui qui a procédé aux fiançailles paiera une amende de trois marks à partager en trois parts (20). Si la femme elle-même est au rendez-vous des fiançailles, leurs fiançailles ne peuvent être rompues que si l'évêque le veut. Il doit rechercher les empêchements qui peuvent exister entre eux (21).

II

Maintenant l'on prépare la noce (1) à l'époque de la célébration des noces; il (le fiancé) rassemble sa *bruþframma* (2) et

föra = conduire). Ces présents consistaient ordinairement en bracelets, bagues ou colliers d'or, quelquefois aussi en vêtements riches. Cf. Amira, p. 525; Nordström, II, p. 34.

(18) A titre d'amende. Cf. Wm. II, Æb. 1 : 3 ; H. Æb. 1 : 3. La loi d'Helsingie prescrit le partage de l'amende en trois parts. Les lois nationales et municipale l'attribuent tout entière à l'évêque. MELl. Gb. 2 : 6 ; Chr.Ll. Gb. 2 : 5 ; St. Gb. 2 : 5.

(19) Cf. Wm. II, Æb. 1 : 4; Sm. Æb. 1. Il résulte des textes que la femme est déjà considérée comme partie contractante lors du contrat de fiançailles. Cf. Estlander, *Förmynderskapsrätt*, p. 98. Son consentement est nécessaire, et l'ancien droit de contrainte du giftoman n'a laissé d'autres traces dans les anciennes lois suédoises que les dispositions qui le prohibent. Cf. Wg. II, Kkb. 52 (Beauchet, p. 282, note 4); Wm. II, Æb. 1 : 4; H. Æb. 1 : 1. Nordström, II, p. 15, 16; Winroth, *Äktenskapshindren*, p. 55 et *Äktenskapssingäende*, p. 83.

(20) Le giftoman encourt ainsi une responsabilité pénale quand la femme, qui a été fiancée en état de minorité ou en son absence, rompt les fiançailles. Celles-ci avaient bien été légalement contractées, mais elles ne peuvent se réaliser par suite d'un empêchement légal, dont le giftoman est responsable. Cf. Sjögren, p. 23 et s.

(21) Cf. Winroth, *Äktenskapshindren,* p. 115 et *Äktenskapsingäende*, p. 83.

II. — (1) C'est la seconde phase par laquelle passe la conclusion du mariage. V. Beauchet, p. 190, note 3: Nordström, t. II, p. 21.

(2) *Bruþframma* = adjutrix sponsæ, pronuba. Schlyter, Gl. Upl.

ses *bruþmæn* (3) et il les envoie au devant de la femme qui est sa fiancée (4) : alors sa fiancée lui est refusée. Maintenant il chevauche une seconde fois et demande sa fiancée, et elle lui est refusée comme avant; il envoie alors une troisième fois vers elle, et elle lui est refusée comme avant : le giftoman de la femme paiera alors une amende (5) de trois marks en monnaie courante, qui seront partagés en trois parts et le bonde prendra trois marks pesés pour ses frais (6). La veuve peut disposer elle-même de son mariage (7). Si la fiancée lui est refusée à trois époques de la célébration du mariage dans l'intervalle d'une année, il rassemblera une troupe de ses parents et prendra alors sa fiancée, et l'on dit de cette femme qu'elle est prise légalement et n'est point enlevée avec violence (8). Celui qui la lui ravit ensuite paiera ensuite une amende de quarante marks. — § 1. Tout peut bien aller : les *bruþmæn* et la *bruþframma* viennent au devant de la fiancée. Ils doivent avoir la paix pour y aller, ainsi que pour y rester et en revenir. S'ils sont maltraités en quelque façon sur la

---

(3) Sur les *bruþmæn*, cf. Beauchet, p. 197, note 1 et 198, note 3.

(4) Cf. sur l'arrivée du fiancé dans la maison de sa fiancée, Amira, p. 536.

(5) Le refus du giftoman de livrer la fiancée promise est généralement sanctionné par une amende. Wg. I, Gb. 9 : 3, II, Gb. 16; Ög. Gb. 8 : pr.; Sm. Gb. 2 : pr.; Wm. II, Æb. 2 : pr.; MELl. Gb. 4; St. Gb. 4; Chr.Ll. Gb. 4 : pr. Cf. Sjögren, *loc. cit.*, p. 19 et 20.

(6) La noce se célébrant, en principe, chez le fiancé, celui-ci avait à faire les préparatifs du banquet. Il était donc juste que, dans le cas où la noce ne pourvait avoir lieu par la faute du giftoman, le fiancé fût indemnisé de ses frais. Certaines lois font dépendre d'une estimation par experts le remboursement de ces frais. Ög. Gb. 8 : pr.; St. Gb. 4.

(7) La situation juridique de la veuve est, dans notre loi, préférable à celle que lui font les lois gothes (Wg. II, Add. 8 ; Ög. Gb. 14 : 4), qui exigent sa *desponsatio* par le giftoman. La nouvelle loi de Vestmanie (Æb. 7) est aussi libérale que la loi d'Upland. Mais la loi de Sudermanie (Gb. 1 : 1) ne lui permet de se marier qu'avec « le conseil de son père et de ses plus proches parents ». Cf. sur la capacité de la veuve, *infrà*, Upl. þg. 11.

(8) Les autres lois suédoises admettent également que le fiancé peut procéder lui-même directement, et par l'emploi de la force, à l'exécution de la promesse du giftoman concernant la tradition de la fiancée. Sm. Æb. 2 : pr. ; Wm. II, Æb. 2 : pr. ; H. Æb. 2 : pr. La loi d'Ostrogothie (Gb. 8 : pr.) exige au contraire un jugement préalable du roi ou du lagbman, et la fiancée est remise entre les mains du fiancé par les soins du *hæraþshöfþingi* (chef du härad) Cf. Amira, p. 138 ; Winroth, *Aktenskapsingående*, p. 77, 78.

route, le père et les parents (de la fiancée) doivent intenter les
poursuites. Si la fiancée meurt en route (9), on rapportera au
by (paternel) son cadavre ainsi que sa dot. Si le fiancé meurt
en route, on rapportera au by son cadavre et sa dot. Si la
fiancée arrive à la maison de son mari, elle est alors sous la
curatelle de son mari (10). S'il est fait quelque chose à un père
de famille ou à une mère de famille ou à leurs enfants ou à
l'un de leurs serviteurs, il y aura lieu à une amende de cent
(quarante) marks en cas de meurtre du père de famille ou de
la mère de famille ou d'un de leurs enfants, et à une amende
de quarante marks en cas de blessure. Pour les premiers serviteurs (11) du bonde ainsi que pour tous les autres serviteurs on
paie une amende double, en cas de meurtre ou de blessure.

III

Maintenant (1) on demande le silence (2) (pour faire son dis-
cours) et l'on demande une femme en mariage à ses parents :
celui-là a alors le droit de donner la femme en mariage qui est son
plus proche parent. Il doit donner la femme à son mari comme
épouse honorable, pour partager son lit, pour les serrures et les

(9) Il s'agit de la *deductio in domum mariti, bruþfærþ.* V. Beauchet, p. 198,
note 1. — La tradition de la fiancée ne suffit point pour parfaire les rapports
de droit entre époux, soit au point de vue des personnes, soit au point de
vue des biens. Ainsi pendant la *bruþfærþ* la femme est encore nommée
fiancée, l'homme *fiancé*. Si la fiancée meurt en route, comme le décide notre
loi, il y a lieu à restitution de la dot. Cf. Lehmann, *loç. cit.*, p. 85.

(10) Quand la *bruþfærþ* est accomplie, la femme est ainsi sous le *mundium*
de son époux. Cf. Wm. II, Æb. 2 : 1. Aussi le mari devient-il à partir de ce
moment responsable des faits de sa femme. Amira, p. 403.

(11) *Reþo hjon* = famuli primarii, quibus cura rerum familiarum vel
rusticarum est demandata; dispensator vel dispensatrix. — Schlyter,
Gl. Upl.

III. — (1) Il s'agit ici de cette formalité de la noce proprement dite que
l'on nomme *giftarmal* ou *giftarorþ.* Elle précède la tradition de la fiancée par
le giftoman et s'accomplit donc chez ce dernier. Amira, p. 538. — *Contrà,*
Nordström, II, p. 21.

(2) C'est le fiancé qui commence par réclamer le silence pour faire sa demande au giftoman. Celui-ci répond par une formule dans laquelle sont ré-
sumés les droits de la femme au point de vue de la personne et des biens.

clefs (3), et avec le tiers légal dans tous les meubles (4) qu'il possède et qu'il peut acquérir, sauf l'or et les esclaves, et avec tous les droits qui se trouvent dans la loi d'Upland et que le roi saint Erik (5) a donné au nom du Père, du Fils et du Saint-Esprit (6). — § 1. Si un mari ou une femme succèdent à leurs parents et héritent à la fois d'immeubles et de meubles, les meubles seront communs et les immeubles appartiendront à celui qui en hérite.

IV

Le lendemain des noces au matin, le mari doit ¡honorer sa femme et lui donner la morghongæf (1). S'il la lui donne en terres, il doit la lui donner avec des fastar et les formalités légales (2), autant qu'il le veut (3). La femme peut rendre (4) à

(3) C'est-à-dire que la femme doit avoir accès dans la maison du mari. Il importe d'observer que la formule ne fait allusion qu'aux droits de la femme et ne paraît pas impliquer une soumission de celle-ci à son époux. Winroth, *Äktenskapsingdende*, p. 82.

(4) Il semble résulter de cette formule qu'originairement la communauté, dont la femme peut réclamer le tiers, ne comprenait que les meubles. Mais, à l'époque des lois provinciales, elle comprend également les immeubles acquêts. — V. *infrà*, Æb. 9 : 1 — Cf. Thyren, *Makes gäld*, p. 22; Nordström, II, p. 52; Olivecrona, p. 213 et s.

(5) Ce roi, qui vivait dans la seconde moitié du xiii⁰ siècle, a probablement sanctionné la coutume, déjà admise de son temps, et qui, à défaut de convention contraire, attribuait à la femme le tiers des meubles possédés par les époux au jour du mariage ou acquis par eux pendant le mariage; il est peu probable que le roi ait publié à ce sujet une loi tout à fait nouvelle.

(6) Cette terminaison de la formule, qui se retrouve aussi dans d'autres lois (H. Æb. 3 : pr., MELl. Gb. 5 : pr.; St. Gb. 5 : pr.), témoigne du caractère religieux de l'acte et aussi peut-être de l'influence de l'Église sur le développement des droits de la femme. Cf. Liljenstrand, *loc. cit.*, p. 75; Winroth, *Äktenskapsingdende*, p. 82.

IV. — (1) La *morghongæf* de la loi d'Upland correspond à l'*hindradaghsgæf* de la loi de Vestrogothie (Cf. Beauchet, p. 168, note 4, 176, note 7), à la morgengabe germanique. Des diplômes la nomment *donacio propter nuptias* (Dipl. 541, 588, 811, etc.). Elle a pour but, comme le dit la loi, d'honorer la femme, pro honore et ratione dotis, ex causa reverencie, suivant les expressions des diplômes (Dipl. 3364, 3954).

(2) Les lois du Svealand, tenant compte de l'impossibilité d'accomplir ici la publicité habituelle qu'elles prescrivent pour les donations, permettent de la remplacer par celle de la noce et la présence de fastar. Sm. Gb. 3 : 2 ; Wm. II. Æb. 4. — Cf. St. Gb. 9 : 3.

(3) La loi de Vestrogothie fixe à trois marks l'*hindradaghsgæf* (I, Gb. 9 : 2).

son mari, avec des fastar et les formalités légales, autant qu'il lui a été donné comme morghongæf, et cette donation est aussi valable que celle que lui a faite son mari. Que l'on soit riche ou pauvre, on peut faire à sa femme les donations dont il vient d'être parlé, et l'épouse peut de son côté en faire de réciproques, et ceci est la donation légale.

V

Une femme (1) peut commettre un adultère. Si elle en est légalement convaincue, elle est déchue de sa morghongæf et de tous les autres droits et donations résultant du mariage (2). En cas de commerce illicite entre un homme marié et une femme non mariée, et s'ils en sont soupçonnés, ils se justifieront avec le serment de dix-huit cojureurs, et s'ils échouent dans leur serment, ils paieront une amende de six marks à partager en trois parts.

VI

Si la femme d'un autre homme vient dans le lit et la couverture d'une autre femme mariée et est prise en flagrant délit, on doit la conduire au ting (1). Si douze hommes y condamnent la femme ainsi surprise, elle devra payer une amende de quarante marks. Si elle n'a pas d'argent, elle sera punie par

L'ancienne loi de Vestmanie (Gb. 6) fixe également à trois marks le maximum de la *morghongæf*. Notre loi est plus libérale. *Sic*, Wm. II, Æb. 4.

(4) Ce texte est une des bases sur lesquelles Amira (p. 506 et s.) fonde un système fort ingénieux, mais très contestable, suivant lequel toute donation exige une « contre-donation ».

V. — (1) Il ne peut y avoir adultère de la part d'une simple fiancée, mais seulement d'une femme mariée. C'est ce qui résulte de la terminologie des lois suédoises. Lehmann, *loc. cit.*, p. 102.

(2) La femme perd tous les droits pécuniaires résultant à son profit du mariage : 1º en cas d'adultère (Wg. 1, Gb. 5 : 1; II, Gb. 5, 6; Ög. Krb. 27 : pr.; Ep. 26; Wm. II, Æb. 5; H. Æ. 5); 2º en cas de *desertio malitiosa* Wg. II, Gb. 17; Ög. Krb. 27 : pr.); 3º dans le cas où elle tue son mari (Ög. Ep. 19).

VI. — (1) L'adultère, considéré comme péché, est de la compétence de l'évêque (*Suprà*, Kkb. 15 : 3). Mais, considéré comme violation du droit conjugal d'un tiers, il ressortit à la juridiction civile.

<table>
<tr><td>B.</td><td></td><td>6</td></tr>
</table>

la perte de ses cheveux, de ses oreilles et de son nez(2) et elle
sera toujours appelée adultère mutilée(3). — § 1. Si une
femme en surprend une autre dans le lit avec son mari et avec
les mêmes témoins et la frappe à mort(4), et que douze hommes
la condamnent, elle n'encourt aucune peine. — § 2. Un mari
peut surprendre un autre homme au lit avec sa femme, s'il
le frappe à mort ou les tue tous les deux(5), il doit alors les
attacher ensemble, le mort et la vivante, ou les deux morts et
les mener ainsi au ting. Les douze hommes doivent décider
ce qu'il y a de vrai dans l'affaire(6). Si ceux qui sont morts,
sont condamnés, le fait est impuni. Si l'auteur du meurtre est
condamné, il sera condamné à l'amende la plus élevée pour le
meurtre(7). — § 3. Si un bonde chasse l'épouse qu'il a légitimement prise et en prend une autre à la place et couche avec
elle(8), s'il enlève alors à son épouse les serrures et les clefs,
et si elle (l'épouse délaissée) et ses parents accusent la femme
prise par le mari d'avoir mis ses vêtements sur les siens et de lui
avoir ravi les serrures et les clefs, cela se nomme une *utskutstolæ*(9). Il y a lieu à une amende de quarante marks à partager
en trois parts.

(2) Les peines pécuniaires sont souvent, en cas d'insolvabilité du coupable,
converties en peines corporelles, mutilations, comme celle dont il est parlé
au texte (Cf. Upl. Mb. 30 : 1, 2, 4), ou même perte de la vie (Wm. I, Krb.
11). Cf. Björling, p. 126.

(3) *Horstakka* (hor = adultère, *stækkia* = mutiler).

(4) La femme outragée ne peut pas toutefois tuer son mari coupable. La
loi ne le dit pas expressément, mais cela résulte implicitement soit du § 1,
soit du § 2. Cf. H. Æb. 6 : pr. Nordström, II, p. 69; Lagus, *Oäkta barns*,
p. 20.

(5) Le mari n'a le *jus vitæ et necis* sur sa femme adultère que s'il la surprend en flagrant délit. Sm. Gb. 4 ; Wm. II, Æb. 14; H. Æb. 6; Wg. I,
Md. 11; Ög. Eþs. 26. Cf. Schlyter, *Jurid. afhandl.*, I, p. 169.

(6) Un manuscrit ajoute : « La couverture et le drap doivent en porter
témoignage. » Schlyter, p. 103, note 17.

(7) *Morþgæld*, amende qui était vraisemblablement de 140 marks. V. *infrà*,
Mb. 8 : pr.

(8) Sur la bigamie, v. Beauchet, p. 266, note 15. Cf. Sm. Kkb. 15 : 3;
H. Kkb. 15 : 2; Wm. I, Krb. 9 : 5; Wm. II, Krb. 24 : 11.

(9) *Utskutstolæ* = stola muliebris ejecta, expression servant à désigner le
crime commis par le mari dans les circonstances indiquées au texte.

VII

Si une femme se marie dans les biens du mari, elle est mariée pour le tiers légal; si un homme se marie dans les biens de sa femme, il est marié pour deux parts. — § 1. Si elle se remarie et que les biens paternels de ses enfants soient avec elle à la maison, on doit alors séparer pour les enfants les biens paternels(1), et ils prendront d'abord deux parts des biens meubles, et ensuite le (second) mari est marié pour deux parts dans (l'autre) tiers revenant à la femme (2). S'il y a trois mariages, la règle est la même. Personne n'a le droit de se marier (en ayant une part) dans les biens paternels des enfants. Si une femme se marie dans les biens de son mari et si celui-ci a déjà des enfants, on doit alors séparer le bien de ceux-ci, comme il est dit précédemment, et la femme ne se marie jamais dans les biens maternels des enfants avant qu'ils n'aient été séparés (3). Si les biens antérieurement possédés sont séparés et si l'on veut former une société, les enfants ou leurs parents ont alors la faculté de former une société avec leur père ou leur mère (4), en présence de fastar de société (5) qui doivent être au nombre de douze (6). — § 2. Si un homme s'est marié deux fois et si les biens n'ont pas été antérieurement séparés, le bonde prend alors la moitié à l'égard de ses deux épouses.

VII. — (1) C'est un des cas où le partage peut être imposé par la loi. Cf. Ög. Gb. 15, 18, 19; Wm. 1, Gb. 12; II, Æb. 8; H. Æb. 7 : pr.; MELl. Gb. 16, 17.

(2) Il en résulte que le tiers recueilli par la femme dans la première communauté tombe dans la seconde communauté. Cf. Wm. II, Æb. 8 : 1. Olivecrona, p. 216.

(3) La valeur de la part mobilière revenant aux enfants dans la succession de leur père ou mère prédécédé est déterminée d'après les meubles existant à la dissolution du mariage.

(4) Lorsque les biens des enfants sont mis en société avec ceux de leur mère, sont-ils administrés par celle-ci personnellement, ou bien la masse sociale se trouve-t-elle, comme les biens de la femme en général, sous l'administration du mari? La loi est muette à cet égard. V. en ce dernier sens, Amira, p. 673. Cf. Hellner, *Hustrus förmöga*, p. 36.

(5) *Bolaghsfastar.* — *Bolagh* = societas bonorum. Schlyter, Gl. Upl.

(6) C'est là un cas de communauté familiale. Cf. Beauchet, *Nouvelle Revue historique du droit,* 1901, p. 37 et s.; Estlander, *loc. cit.,* p. 55; Amira, p. 735.

S'il y en a trois, il ne prend pas davantage pour cela, et la partie des biens revenant aux héritiers des épouses décédées sera partagée en autant de parts égales qu'il y aura de mariages. Si une femme s'est mariée deux fois, et si les biens n'ont pas été précédemment séparés, elle prend alors le tiers à l'égard de ses deux maris. S'ils sont trois, elle ne prend pas davantage pour cela et la part des biens revenant aux héritiers des conjoints décédés sera partagée en autant de parts égales qu'il y aura de mariages. — § 3. Le père et la mère peuvent être morts tous les deux : les biens de l'enfant seront (alors) administrés par les plus proches parents, un du côté paternel et l'autre du côté maternel (7), le plus proche (8) avec d'autres parents comme témoins (de sa gestion). Il peut y avoir contestation entre eux ; la préférence est alors donnée à celui qui peut et veut le mieux (les gérer) jusqu'à ce que l'enfant arrive à l'âge de raison. Si le père ou la mère est vivant, celui-là qui survit aura la tutelle de l'enfant et de ses biens avec l'un des parents de l'autre ligne. Ils doivent gérer (9) jusqu'à ce que l'enfant ait l'âge de raison. Si le mari meurt avant sa femme et qu'il laisse des enfants, la femme aura la tutelle de l'enfant et des biens paternels jusqu'à ce qu'elle se remarie. Après qu'elle s'est remariée, le plus proche du côté paternel aura la tutelle de l'enfant et de ses biens. Et quiconque a la gestion des biens de l'enfant, que ce soit son père, sa mère ou un parent, doit chaque année rendre un compte régulier de ces biens aux plus proches parents (10).

VIII

Si un bonde marie son fils ou sa fille, et lui donne (1) une terre ou des meubles, (le donataire) aura le bien donné aussi

(7) A la différence des lois gothes (Cf. Wg. II, Ab. 6), les lois du Svealand confient l'exercice de la tutelle à plusieurs personnes. Wm. II, Æb. 8 : 2; H. Æb. 7, 8. Cf. Estlander, p. 35.

(8) Le plus proche, c'est celui qui serait appelé à la succession à défaut du tuteur. Estlander, p. 37.

(9) Pour l'aliénation des immeubles des mineurs, V. *infrà*, Æb. 4 : 5.

(10) Il ne paraît pas que le tuteur ait eu droit à une rémunération pour ses peines. Cf. Nordström, t. II, p. 85.

VIII. — (1) Un manuscrit ajoute « en dot », *mæþfylghþ*. Cette expression

longtemps que le père et la mère y consentent et non plus longtemps (2), car on ne peut hériter d'une personne vivante, ni enfant, ni petit-enfant, ni père ni mère, ni aucun autre parent, mais chacun doit restituer à l'autre avec le serment de dix cojureurs. S'il échoue dans son serment, il paiera une amende de trois marks, et restituera ce qui lui est réclamé. — § 1. Si un père marie son fils ou sa fille et lui donne en même temps une dot consistant à la fois en biens paternels et en biens maternels, si ensuite le père ou la mère meurt, et si les frères ou sœurs réclament ensuite leur part, (le donataire) rapportera alors au partage la dot qui lui a été donnée (3), en prêtant serment, et chacun des frères et sœurs prendra son lot selon sa parenté. Le fils ou la fille peut aliéner son lot par voie d'échange ou autrement : si la donation doit ensuite être rapportée au partage, on imputera sur le lot de celui qui l'a reçue ce qui a été dissipé dans la donation et il prendra (ensuite) une part entière dans le partage. S'il a été donné plus qu'il n'est partagé (4) et s'il a consommé ce qui a été donné, il devra payer sur ses biens propres ce qui manque dans les lots (de ses cohéritiers).

IX

Le mari peut donner à sa femme jusqu'à trois marks, outre la morghongæf. La femme peut donner autant à son mari et en outre restituer la morghongæf, si elle le veut (1). Le père et

sert plus particulièrement à désigner la dot de la fille, par opposition à la dot du fils, nommée plus spécialement *hemgæf* en Vestrogothie. Wg. I, Ab. 21 : pr.

(2) La dot est ainsi considérée dans le Svealand comme un avancement d'hoirie. En Gothie la constitution de dot est irrévocable. Exception est faite toutefois par la loi d'Ostrogothie (Gb. 11, 12) qui, dans le cas où la mère de la fiancée lui a constitué en dot un immeuble provenant de sa propre dot (*ormynd*), lui permet de révoquer la donation tant qu'il n'y a pas prescription (*laghahæfþ*) par la donataire.

(3) Cette obligation du rapport est généralement admise. Wg. I, Ab. 21 : pr.; II, Ab. 30; Ög. Æb. 10 : pr.; Wm. II, Æb. 9 : 1; MELl. Gb. 12 : pr.; St. Gb. 18 : pr.

(4) C'est-à-dire si la donation est supérieure à la part héréditaire de l'enfant.

IX. — (1) Cf. *suprà*, Æb. 4; H. Æb. 9. Nordström (II, p. 56) considère

la mère peuvent donner à leurs enfants jusqu'à trois marks, s'il y en a assez de resté pour que chaque fils reçoive trois marks et (chaque) fille douze öre. S'il n'y en a pas assez, la donation sera rapportée au partage. — § 1. Tout ce que le mari et la femme achètent ensemble, soit en immeubles ou en meubles, cela s'appelle des acquêts conjugaux (2). La femme a le tiers et le mari deux parts de ces acquêts. S'il leur arrive de vendre comme d'acheter, un tiers du prix de la vente tombera dans le lot de la femme et le mari aura deux parts.

X

Des époux peuvent être séparés sans avoir d'enfants. Si le mari meurt avant la femme, chacun d'eux prendra (1) après la mort de l'autre un lit avec tous les accessoires, avec la couette et les draps, le matelas et la couverture. Si la femme survit à son mari, elle a droit à ses habits de fête, les meilleurs plutôt que les plus mauvais : ceux qu'elle doit avoir sont son corsage, sa cotte, son manteau et son fichu de tête, mais pas plus, s'il

la disposition de la loi d'Upland comme ayant pour but d'amener l'égalité dans la possession des terres patrimoniales. Elle a plutôt pour but, comme celle de la loi d'Helsingie, de protéger le patrimoine de la femme, de telle sorte que celle-ci ne peut jamais donner plus que l'équivalent de ce qu'elle a reçu de son mari. Les donations entre époux, d'après les lois précitées, ne paraissent pas permises en d'autres hypothèses. Le silence des autres lois à ce sujet autorise à conclure qu'elles ne permettaient pas ces donations. Hellner, p. 27.

(2) La règle qui fait tomber dans la communauté les acquêts faits pendant le mariage est généralement admise. Wg. I, Ab. 6 : pr. ; II Ab. 8 ; Wg. I, Jb. 4 : 3 ; II, Jb. 11 ; Ög. Gb. 7, 16 : pr. ; Sm. Gb. 3 : 3 ; Wm. I, Gb. 11 ; II, Æb. 8 : 3 ; H. Æb. 9. Cf. Olivecrona, *Mak. Gift.*, p. 214. La loi d'Upland appelle ces acquêts *siangaköp* ou *bolköp*. La raison en est, dit Schlyter (Gl. Upl., v° *Bolköp*), que « emtoribus bona (*bo*), domicilium (*bol*) et *torus* (*siæng*) sunt communia ». Mais il n'y a d'acquêts que les biens achetés par les époux après la consommation du mariage. Ceux achetés avant demeurent propres à l'acquéreur. C'est ce qui résulte *a contrario* de notre texte. Cf. Ög. Gb. 16 : pr. ; Sm. Gb. 3 : 3 ; H. Æb. 9 ; Wm. I, Gb. 11 : 5. Olivecrona, p. 213.

X. — (1) Il s'agit ici d'un préciput légal, nommé plus tard *fordel*, expression qui apparaît pour la première fois dans la loi municipale de Magnus Eriksson. Le préciput du mari est fixé surtout en considération du service militaire auquel il est tenu, celui de la femme en considération de sa qualité de ménagère. Cf. Ög. Gb. 15 ; Sm. Gb. 6 ; H. Æb. 10 ; Wm. II, Æb. 10.

y en a davantage. Si le mari survit à sa femme, il a droit
d'abord à son meilleur cheval et aux armes avec lesquelles
il peut partir en guerre (2), s'il en existe, et ses vêtements
de fête, mais pas plus, même s'il y en a plus qu'il vient
d'être dit. Si le mari meurt et que son épouse survive, son
cheval, sa selle et ses armes viendront en partage, et la
femme aura avant partage ses vêtements de fête et son lit,
et tout ce que le mari et la femme possédaient comme
meubles sera compris dans le partage. Si le mari survit à sa
femme, il a droit avant partage à son cheval, à sa selle, à ses
armes et à un lit, et tous les autres meubles qu'ils possédaient,
soit comme morghongæf (3), soit à un autre titre, seront compris dans le partage, que ce soit le mari ou la femme qui (pré)-
décède. — § 1. Le mari meurt sans laisser d'enfants et l'héritier vient dans la maison voulant partager (4) et disposer
de tout ; la femme répond et dit : « Il est vrai ; j'ai été avec mon
mari moins longtemps que cela devait être et que nous ne le
voulions tous les deux. Je pense que je ne puis demander plus
que le partage légal. Quand j'aurai pris mon lot dans le partage légal, la maison et les ustensiles de ménage et nos acquêts
communs, je te remettrai les serrures et les clefs » (5). Le

(2) La loi d'Helsingie détermine ce que l'on peut considérer comme les armes légales (þg. 14 : 2).

(3) Les lois du Svealand, à la différence des lois de la Gothie (Cf. par ex.,
Wg. I. Jb. 4), ne renferment aucune disposition d'où l'on puisse induire le droit
pour la femme de soustraire certains de ses biens au pouvoir et à l'administration du mari ou d'en disposer elle-même. La communauté y est même plus
complète en ce qui concerne les meubles, à ce point que, comme il est dit au
texte, la morgengabe mobilière tombe dans le partage. On peut toutefois supposer qu'à une époque antérieure il en était dans le Svealand comme dans le
Götaland. Cf. Hellner, p. 33.

(4) Le droit de réclamer le partage de la communauté appartient, à partir
du jour de l'enterrement, à l'héritier (autre que l'enfant) du mari contre la
veuve, et, en cas de prédécès de la femme, quand ses héritiers ont accepté
la communauté, à ceux-ci contre le mari survivant. Wg. I, Ab. 4 : pr., § 1 ;
II, Ab. 4, 5 ; Ög. Gb. 16 : pr., § 1 ; Wm. I, Gb. 12 ; II. Æb. 10 : 1 ; H. Æb.
10 : 1 ; MELl. Gb. 23 ; St. Gb. 17. La même règle est applicable au cas de
divorce sans enfants dans les rapports de l'un des époux avec l'autre. Upl.
Mb. 34 ; Sm. Mb. 16.

(5) La femme a ainsi un droit de rétention pour assurer le paiement de ses
droits matrimoniaux.

mari meurt sans laisser d'enfants; l'héritier vient dans la maison voulant partager et disposer (de la succession); l'épouse répond, se tient devant : « Je suis enceinte de mon mari ». On doit alors examiner et vérifier les biens et les mettre entre les mains d'hommes justes (6), et l'épouse pourra disposer de ce qui lui est nécessaire pour son entretien, et l'on fixera à la femme un rendez-vous de certains mois, c'est-à-dire de sept mois. Si l'enfant naît et vient au monde sept mois depuis que le mari est mort, l'enfant prendra la succession mobilière et immobilière : ce mois se nomme le mois hâtif. Si l'enfant naît et vient au monde huit mois après que le mari est mort, l'enfant prendra la succession mobilière et immobilière : ce huitième mois se nomme le mois ultérieur. Si l'enfant naît et vient au monde neuf mois après que le mari est mort, il prendra la succession mobilière et immobilière : ce neuvième mois se nomme le mois légal. Si l'enfant naît et vient au monde dix mois après que le mari est mort, il prendra la succession mobilière et immobilière : ce dixième mois se nomme le mois extrême. Si l'enfant naît plus tard encore, il ne peut, comme adultérin, prendre la succession, et la femme restituera ce qu'elle a consommé sur les biens. Si elle dit qu'elle a été enceinte et que l'enfant est avorté, elle doit en faire la preuve avec le témoignage de deux femmes et le serment de dix cojureurs (7). — § 2. S'il y a contestation entre deux individus sur les frais de la noce, l'un disant qu'il a été dépensé davantage, et l'autre disant qu'il a été dépensé moins, (le défendeur) restituera autant de frais qu'il avouera, en prêtant serment avec dix cojureurs que les frais n'ont pas été plus élevés.

XI

Si un bonde meurt et que des enfants lui survivent, les enfants hériteront de leur père, et aussi bien de leur mère

(6) C'est un cas de séquestre légal, *laghalak*. Cf. Amira, p. 665.

(7) On rencontre de semblables dispositions dans les autres lois provinciales ou municipales (Wm. I, Gb. 12; II, Æb. 10 : 1; H. Æb. 1(; 1: St. Gb. 17). Les héritiers du mari ont ainsi le droit de contester la légitimité des posthumes. Mais les textes sont muets sur le droit des héritiers de désavouer les enfants nés du vivant du mari. Cf. Lagus, *Oäkta barns rättsf.* p. 29.

que de leur père, que ce soit un fils ou une fille (1). Si un fils
et une fille survivent ensemble, la sœur prendra le tiers vis-à-
vis de son frère (2). S'il y a deux sœurs et un frère, elles
prendront la moitié vis-à-vis du frère. Quel que soit le nombre
des frères et sœurs, la sœur prendra toujours moitié moins
que le frère. Si un frère (3) prédécède laissant des enfants, les
enfants du frère prendront autant que le frère (survivant), et
les enfants de la sœur (prédécédée) autant que la sœur survivante (4). C'est ainsi qu'est déférée toute succession jusqu'au
cinquième homme (5), l'un issu de l'autre (6), tant que l'un
des frères et sœurs (7) est vivant. Lorsque les frères et
sœurs (8) sont tous décédés, les enfants des sœurs prennent
autant que les enfants des frères (9). Lorsqu'un bonde meurt
sans laisser d'enfants, mais en ayant des petits-enfants, ceux-ci
prendront la succession, mobilière et immobilière. S'il n'a
pas de petits-enfants, mais laisse des arrière-petits-enfants,
ceux-ci prendront la succession, mais non le père ou la mère,
le frère ou la sœur (10), même s'ils survivent (11). Si un fils

XI. — (1) Sur l'admission des femmes au droit de succéder, V. Beauchet,
p. 171, note 2.

(2) C'est-à-dire que la part du frère est double de celle de la sœur.

(3) C'est-à-dire un fils du *de cujus*. On doit toujours penser qu'il s'agit ici
seulement de succession en ligne descendante, bien qu'il soit question de
frères et sœurs, car les héritiers sont considérés dans leurs rapports les uns
avec les autres et non dans leurs rapports avec le défunt.

(4) C'est-à-dire que les enfants du fils prédécédé recueillent la succession
conjointement avec le fils survivant, leur oncle paternel, et prennent à eux
tous une part égale à celle de leur oncle. Il en est de même des enfants de la
fille prédécédée.

(5) C'est-à-dire jusqu'au quatrième degré à partir du *de cujus*.

(6) C'est-à-dire suivant que l'un des degrés descendants vient après
l'autre.

(7) C'est-à-dire un des enfants du *de cujus*.

(8) C'est-à-dire les enfants du *de cujus*.

(9) C'est-à-dire que, lorsqu'il y a des petits-enfants issus de plusieurs enfants de différents sexes, et tous prédécédés, les petits-enfants partagent *in
capita*.

(10) Du *de cujus*.

(11) On doit admettre, par analogie de ce qui vient d'être décidé pour les
petits-enfants, que les arrière-petits-enfants, quand ils sont seuls appelés à
la succession, partagent par têtes sans égard au sexe auquel appartiennent
leurs auteurs, pas plus qu'à leur nombre respectif dans chaque souche.

ou une fille succède à son père et que le descendant d'un autre
frère ou sœur soit vivant, celui-ci prendra sa part entière,
une part de frère s'il descend d'un frère, et une part de sœur
s'il descend d'une sœur, le tout jusqu'au cinquième homme (12).
Le cinquième homme ne peut pas recueillir la succession.
Les successions dont il vient d'être parlé sont nommées
successions en ligne descendante (13). Il n'y a jamais
lieu à succession en ligne ascendante ou à quelque autre
succession tant qu'il existe un héritier en ligne descendante (14). — § 1. Si les parents disent que le petit-fils
était mort-né, et si le défendeur répond alors que l'enfant
est né vivant et que l'enfant a tété le sein de sa mère, et

(12) Cette phrase paraît être une simple répétition de ce qui est dit précédemment.

(13) *Bryst arf* (*bryst* = pectus).

(14) La loi d'Upland a-t-elle admis le droit de représentation qui était
inconnu dans les lois gothes (V. Beauchet, p. 171, note)? La question est
assez délicate. Il est certain tout d'abord qu'en supposant un ou plusieurs
enfants au 1er degré venant en concours avec des descendants du 2º, 3º ou
4º degré, ceux-ci bénéficient d'un véritable droit de représentation. Mais ce
jus repræsentationis ne paraît avoir été admis que dans le cas de survivance
d'un enfant au 1er degré se trouvant en concours avec les descendants d'un
autre enfant prédécédé. Le texte, en effet, après avoir parlé du droit de
représentation dans cette hypothèse, ajoute : « C'est ainsi qu'est déférée la
succession... tant que l'un des frères et sœurs (enfants du *de cujus*) est
vivant ». Puis, visant aussitôt après l'hypothèse où tous les frères et sœurs
sont décédés, la loi décide que « les enfants des sœurs prennent autant que
les enfants des frères ». Les petits-enfants issus des frères et sœurs tous
prédécédés ne paraissent donc pas avoir partagé ici *in stirpes*, comme ç'aurait
été le cas si un véritable droit de représentation avait été admis par la loi,
mais *in capita*. La loi est également muette sur le droit de représentation
quand elle parle de la dévolution de la succession aux arrière-petits-enfants.
Ce n'est point d'ailleurs *jure repræsentationis* que la loi, en cas de prédécès
des enfants et petits-enfants, appelle les arrière-petits-enfants ou même les
descendants au 4º degré à la succession par préférence aux parents des lignes
ascendantes ou collatérales. Nous serions donc porté à admettre que la loi
d'Upland n'a admis qu'un droit de représentation imparfait et que, en l'absence de descendants au 1er degré, quand la succession se trouvait dévolue
à des descendants d'un degré ultérieur, même inégal, il n'y avait pas lieu
à représentation (Cf. Nordström, t. II, p. 207, qui ne dit rien de précis sur la
question). Le droit de représentation, restreint du reste, de la loi d'Upland,
et qui était inconnu dans le droit germanique, doit avoir une origine romaine.
Cette origine s'explique quand on songe que le rédacteur principal de la loi,
Anders And, avait étudié à Paris le droit canonique et le droit romain.

que l'on voyait ses ongles et ses cheveux, le témoignage d'une
femme (15) vaut ici celui de deux hommes ; la mère peut alors
succéder à son fils (16). — § 2. Un bonde meurt en laissant
des enfants ; l'héritier vient au ting et demande le silence
disant : « J'ai hérité de mon père et je veux connaître ma
part, partager la succession et disposer de mes biens paternels ». Son frère lui répond alors : « Nous avions un père
honorable et bon, qui pouvait à la fois acquérir et conserver.
C'est notre intérêt que tous les deux nous acquérions et tous
les deux nous conservions, parce que ce qu'il y a mieux, c'est
le bien fraternel indivis ». « Non, dit l'autre, je veux diviser
et partager (17), connaître mon lot et disposer de mes
biens paternels ». Il a alors le *vitsorþ* pour le partage régulier
et légal. S'ils ne possèdent de terres que dans un seul by, le
plus jeune des frères et sœurs prendra celles qui sont le plus
près du soleil, et ainsi de suite suivant l'âge de chacun, et
le plus âgé prendra celles qui sont les plus éloignées (18).
S'ils possèdent des terres dans plusieurs by, les parents paternels et les parents maternels doivent alors fixer leur lot à
chacun le plus également possible. Les parents maternels doivent diviser les lots, et les parents paternels les tenir dans
leur sein (19) et les parents maternels tirer le lot. Si ensuite,
l'un des frères et sœurs réclame quelque chose à l'autre, les
cousins germains du côté maternel et du côté paternel (20)

(15) En principe, les femmes sont incapables de témoigner, comme les
mineurs. V. *infrà*, þg 11 : pr. les cas où, par exception, leur témoignage
est reçu.

(16) Bien que la loi ne le dise pas, il faut admettre que l'enfant ne peut
hériter que s'il a été baptisé. Cf. Wg. II Kb., 1 ; Nordström, II, p. 195 ;
Beauchet, p. 172, note 2.

(17) *Skæra* (secare) *ok skipta* (dividere) : allitération : « Ita exprimitur, dit
Ihre, sive quia, qui dividit, totum in partes secat, sive a sortibus denomi-
natione facta, quæ fiebant per sectos bacillos, vel festucas in sinum conjectas,
et dein a consortibus depromtas ».

(18) Dans les lois gothes, le partage légal (par opposition au partage
amiable) a lieu par la voie du tirage au sort. Wg. II, Add. 11 : pr. La nouvelle loi de Vestmanie suit la même règle que la loi d'Upland. Wm. II, Æb.
10 : 3.

(19) Il y a là une sorte de scotatio, *skötning*.

(20) Dans certains procès, les témoins doivent être parents de la partie
dont le droit est établi par leur témoignage. Cf. Nordström, t. II, p. 718.

doivent témoigner au nombre de dix-huit, qui étaient fastar (21) lors du partage des biens, de ce que comprenait le lot de chacun d'eux. A leur défaut, on prendra les plus proches parents, et, ensuite, mais non auparavant, les frères et sœurs peuvent faire contre l'un d'eux la preuve avec des fastar (22). Si un fils ou une fille a hérité d'un bien de son père, les cousins germains du côté maternel et du côté paternel prêteront le serment des fastar du partage que chacun a eu à sa disposition sa part entière. Et, ensuite (23), le père établira son titre d'acquisition et le fils établira qu'il a reçu l'immeuble dans la succession paternelle, en fournissant alors le serment de dix-huit cojureurs, qu'aucune revendication n'a été formée. S'il (le demandeur) dit que le fonds a été revendiqué du vivant du père, douze hommes affirmeront si le fonds a été ou non revendiqué du vivant du père. Si le fonds a été revendiqué du vivant du père, le fils fera au moyen de fastar la

(21) Dans l'ancien droit suédois, le partage présente juridiquement une grande analogie avec l'échange. Ainsi d'abord, au point de vue de la terminologie, le verbe *skipta* et le substantif *skipti*, qui sont employés en matière d'échange, sont également usités en matière de partage (Cf. Amira, p. 597, 598). D'autre part, au point de la forme, nous rencontrons dans le partage comme dans l'échange des fastar, c'est-à-dire que la convention n'a d'existence légale que si elle est accompagnée des formalités analogues à celles qui constituent la *fæst* de la vente. Une tradition réelle ou symbolique des immeubles partagés devait aussi vraisemblablement avoir lieu sous l'empire des lois qui exigeaient soit l'*umfærþ*, soit la *skötning*, en matière de vente ou d'échange. En ce qui concerne enfin le caractère juridique de l'acte, le partage apparaît dans l'ancien droit suédois comme un contrat commutatif ou translatif.

(22) Le partage entraîne obligation de garantie. Cf. Wg. II, add. 11 : 3.

(23) Le texte suppose que l'héritier d'un acheteur est actionné en revendication par un tiers. Cet héritier peut se défendre en prouvant simplement : 1° que son père a acheté l'immeuble (comme celui-ci aurait dû le faire s'il avait été lui-même défendeur), et 2° qu'il l'a reçu dans la succession de son père. La possession *jure hereditario* confère ainsi un avantage notable au défendeur : elle le dispense de poursuivre la *leþsn* indéfiniment (en remontant d'un auteur à l'autre) et lui permet de s'arrêter à son auteur immédiat, le *de cujus* auquel il a succédé : il lui suffit de prouver l'existence d'un titre formel d'acquisition au profit de celui-ci. C'est cette règle que les textes, et notre loi notamment, expriment en disant : *viti faþir fang ok son fæþrini.* Cf. Wm. I. Bb. 3; Óg. Es. 9 : 1, Schlyter a varié dans l'interprétation de cet adage. Gl. Upl. v° *Fang* et Gl. *eod.* v°, p. 148.

preuve contre le véritable propriétaire (24). Si le fonds n'a pas été revendiqué du vivant du père, il fera la preuve qu'il l'a reçu dans la succession paternelle conformément à ce qui est dit précédemment. Quel que soit le nombre des frères et sœurs qui sont communs en biens, les détériorations ou les améliorations concernent tous leurs lots, tant qu'ils demeurent dans l'indivision (25).

XII

Il est maintenant question de la succession déférée aux frères et sœurs (1). Si le père et la mère sont morts et que survivent des frères et sœurs, quel que soit leur nombre, et si l'un d'eux vient ensuite à mourir, le frère est appelé à succéder à son frère, s'il n'y a pas de sœur, ou la sœur succède à sa sœur, s'il n'y a pas de frère. Si le frère et la sœur survivent tous deux, le frère prend alors une part de frère et la sœur une part de sœur, et de même tous les descendants du frère héritent comme le frère et de même tous les descendants de la sœur héritent comme la sœur, jusqu'au cinquième homme (2). Tant que l'un des frères et sœurs est vivant, le cinquième homme ne peut succéder. Et la sœur prendra dans l'*umeghn*

(24) *Rætter æghandi*, c'est celui qui est tenu de la garantie; il est ainsi désigné parce qu'il devait être propriétaire, du moment qu'il vendait l'immeuble, dans notre espèce, au père de l'héritier défendeur à la revendication.

(25) Cf. sur la responsabilité collective, Amira, p. 184.

XII. — (1) Appelées *skyld arf* d'après le texte (*skylder* = cognatus).

(2) Il y a ici un droit de représentation analogue à celui que nous avons rencontré en ligne descendante (V. *suprà*, c. 11, note 14). Il résulte du texte que si les neveux issus d'un frère prédécédé concourent avec un frère survivant, ils prennent à eux tous une part égale à celle de ce dernier. Mais quand les frères et sœurs du *de cujus* étaient tous prédécédés, la succession dévolue aux neveux devait, semble-t-il, se partager entre eux *in capita*, de même que la succession dévolue à des petits-enfants exclusivement. Lorsque, d'autre part, les neveux appelés à la succession étaient issus, les uns d'un frère germain, les autres d'un frère consanguin ou utérin, étaient-ils tous appelés également par têtes, ou bien maintenait-on entre eux la proportion faite par la loi (c. 13) entre les frères germains et les consanguins ou utérins, de telle sorte que c'est seulement pour la part qui serait échue à leur auteur, s'il avait vécu, que les neveux auraient été appelés par tête? Le texte ne résout pas la question, mais la seconde solution nous paraît plus rationnelle.

selon la valeur (des terres) dans le *bolby* (3), conformément au
témoignage de fastar qui sont ses plus proches parents. S'il y a
plus de bolby qu'il n'y a de frères, la sœur prendra alors sa
part dans le *bolby*. On sépare les frères et sœurs des différents
lits, lorsqu'il y en a plus d'un, et les enfants d'un lit ne succèdent jamais à ceux d'un autre lit avant que ceux-ci ne soient
tous morts.

XIII

Si le père et la mère sont morts en laissant des enfants, et
qu'il y ait à la fois des enfants soit utérins ou consanguins,
soit germains, et que l'un des frères germains vienne à mourir,
les (autres) frères germains prendront alors trois parts et les
utérins ou consanguins un quart, que ce soit un frère ou une
sœur, qu'ils soient beaucoup ou peu du même lit, ils ne reçoivent pas plus qu'un quart, et ils le prendront dans *l'umeghn*
selon la valeur (des terres) dans le *bolby*, et de manière à
donner pleine compensation (1). S'il y a des enfants de deux
lits, et que tous ceux d'un lit soient morts, alors l'autre lit
succède à ce lit, et personne autre, ni homme, ni femme (2).

(3) Pour assurer le maintien des terres patrimoniales dans la famille, les
anciennes lois avaient d'abord refusé aux femmes tout droit de succession.
Puis, quand elles les eurent admises à succéder concurremment avec les
parents mâles du même degré, quoique pour une part moindre, elles se préoc-
cupèrent toujours de conserver aux mâles les terres patrimoniales. C'est pour
cela que notre texte décide que la part de la sœur sera constituée avec des
biens faisant partie de *l'umeghn*, tandis que la part des frères est prise dans
le *bolby*. Le bolby c'est, d'après la définition de Schlyter, « pagus constans
ex areis ad quas pertinent mensæ portiones agrorum pagi ». (Gl. Ög.) Il
comprend les terres patrimoniales qui entourent les *topt*. Au bolby on oppose
alors différentes catégories de terrains désignées sous le nom d'*umeghn*,
omeghn, et comprenant notamment les terrains défrichés sur l'almenning
(Cf. Forsell, *Om ägoskilnader*, p. 12). L'umeghn, en cas de succession, échoit
à l'héritier qui prend le moindre lot dans les immeubles héréditaires et, en
cas de saisie pour dettes, elle est toujours vendue avant les immeubles
compris dans le bolby. Ög. Æb. 9 : pr.; Upl. þg. 8 : pr.; Sm. Æb. 1 : 1;
Wm. II, Æb. 12 : 1; þg. 17 : pr. 2. — Cf. Nordström, II, p. 193.

XIII. — (1) V. *suprà*, c. 12, note 3.

(2) Lorsque les père et mère sont prédécédés, les collatéraux de la première parentèle, c'est-à-dire ceux qui sont issus de ces père et mère, recueillent la succession à l'exclusion de tous autres parents, même d'un degré plus
proche.

XIV

Si un enfant meurt en laissant son père ou sa mère, et si
l'un de ceux-ci est mort, alors le père ou la mère (survivante)
héritera de moitié, et les frères et sœurs germains de l'autre
moitié (1). Si un enfant unique meurt, alors le père ou la mère
héritera de deux parts et les enfants d'un autre lit de la
troisième. S'il n'y a ni frères ni sœurs soit germains soit
utérins ou consanguins, le père ou la mère héritera de tout,
sans rien donner à personne (2).

XV

En cas de concours entre le grand-père paternel et le grand-
père maternel(1), chacun prendra la moitié. En cas de concours entre la grand'mère paternelle et la grand'mère maternelle, elles héritent également. En cas de concours entre le
grand-père paternel et la grand'mère maternelle ou entre le
grand-père maternel et la grand'mère paternelle, ils héritent
tous également (2). Qu'il y ait concours relativement aux biens
paternels ou aux biens maternels, s'ils sont tous deux à égal
degré, chacun d'eux prendra la moitié. S'ils ne sont pas à égal
degré, celui-là prendra alors la succession qui est le plus proche
et il ne donnera rien à l'autre. — § 1. Si quelqu'un meurt en

XIV. — (1) Les frères germains excluent en ce cas les frères utérins ou consanguins.

(2) Si, à côté de frères germains ou bien utérins ou consanguins, il existe
des descendants d'un frère prédécédé, ceux-ci nous paraissent avoir droit à
recueillir la part entière qui serait échue à leur auteur, s'il avait survécu au
de cujus. Mais s'il n'existe que des descendants de frères ou sœurs germains, utérins ou consanguins, ils sont exclus par le père ou la mère survivante. V. *infrà*, c. 16 : 1.

XV. — (1) A défaut de collatéraux de la première parentèle, la succession,
est dévolue aux ascendants du second degré, puis, à défaut de ceux-ci, aux
collatéraux qui en descendent.

(2) Il y a lieu d'admettre que ces ascendants partagent non point par
têtes, mais par lignes. C'est en ce sens d'ailleurs que Schlyter entend l'expression employée au texte *æru all iæmpn ærwæ*, car il traduit *iæmpn arf*
= bæreditas, quæ in partes primarias æquales dividitur inter amborum parentum parentes aliosve cognatos (Gl. Upl.).

laissant son père et sa mère, et si le défunt a acquis des biens personnellement ou par mariage, s'il meurt sans enfants, le père prendra deux parts et la mère un tiers.

XVI

En cas de contestation sur une succession déférée à des parents éloignés (1), celui-là prendra alors la succession qui est le plus proche parent, et il prouvera son droit héréditaire avec le serment de dix-huit cojureurs et ne donnera rien à personne. En cas de conflit entre le grand-père paternel et l'oncle paternel, le grand-père paternel prendra la succession et l'autre en sera écarté. En cas de conflit entre l'oncle paternel et la grand'mère paternelle, la grand'mère paternelle prendra la succession et l'autre en sera écarté. En cas de conflit entre l'oncle paternel et le grand-père maternel ou la grand'mère maternelle, le grand-père maternel prendra la succession et l'autre (l'oncle) sera écarté. La grand'mère maternelle et le grand-père maternel sont sur un pied d'égalité pour la succession. La règle est la même pour le grand-père paternel ou la grand'mère paternelle. — § 1. En cas de conflit du père ou de la mère avec les enfants du frère ou les enfants de la sœur (du défunt), le père ou la mère hériteront et les neveux seront écartés, du moment qu'aucun des enfants du mari ou de la femme ne survit (2) ; mais si l'un d'eux survit, on lui donnera la moitié (de la succession), comme il a été dit précédemment, si c'est un frère germain ; si c'est un frère utérin ou consanguin, il prendra le tiers, et le droit de succéder appartient aussi bien aux enfants du fils (3) qu'au fils (lui-même), et de

---

XVI. — (1) Le texte appelle cette succession *niþar arf* (*niþ* = cognatio). C'est celle qui a lieu en l'absence de frères, sœurs ou descendants d'eux et d'ascendants du deuxième degré. Entre les collatéraux ordinaires, la succession se partage certainement par ligne, et le plus proche recueille la part revenant à sa ligne. Mais qui doit être considéré comme le plus proche ? C'est ce que le texte ne décide pas, et la solution n'est pas facile à donner. La loi ne mentionne d'ailleurs, parmi les collatéraux de la seconde parentèle, que les oncles ou tantes. On pourrait peut-être en conclure qu'à défaut de ceux-ci la succession revenait aux ascendants du troisième degré s'il en existait.

(2) C'est-à-dire à défaut de frères et sœurs du *de cujus*.

(3) C'est-à-dire aux neveux.

même aux enfants de la fille aussi bien qu'à la fille, le tout
jusqu'au cinquième homme en ligne descendante. — § 2. Si
une femme est faite prisonnière à la guerre, étant enceinte de
son mari, elle doit le publier devant les prisonniers et ceux
qui sont sur le même bateau qu'elle. Si l'enfant et les captifs
peuvent revenir, et si les captifs en portent témoignage, l'é-
vêque doit alors rechercher, avec douze hommes des plus anciens de la région, si l'enfant doit prendre la succession ou
non. — § 3. Si quelqu'un est malade sur un navire à l'étranger et nomme son héritier légitime, puis vient à mourir,
celui-là prendra la succession en faveur de qui porteront témoignage ceux qui voyageaient sur le même navire.

XVII

Il est question maintenant de l'*ofsinnis arf* (1). Si se trouvent ensemble sur un bateau le mari et la femme et leurs enfants avec eux, et si l'on ignore lequel est mort le premier ou a
vécu le plus longtemps, les biens paternels seront dévolus aux
parents paternels et les biens maternels aux parents maternels. Si tous se trouvent sur un traîneau, le mari et la femme
et sont tous emportés par le traîneau dans un trou de glace,
sans que l'on puisse savoir qui a vécu le plus longtemps ou
qui est mort le premier, les biens paternels seront dévolus
aux parents paternels et les biens maternels aux parents maternels : cela s'appelle un *ofsinnis arf*. Si tout brûle à la maison, le mari, les enfants et la femme, sans que l'on sache qui
est mort le premier, les biens paternels seront aussi dévolus
aux parents paternels et les biens maternels aux parents maternels. Si une armée ennemie envahit la province, tue et brûle,
et si l'on ignore qui a vécu le plus longtemps, la succession sera
dévolue de même comme il est dit précédemment. De même,
si des personnes meurent dans une bataille, sans que l'on
sache qui est mort le premier ou qui a vécu le plus longtemps,

---

XVII. — (1) V. *suprà*. Index. — La théorie des *commorientes* a été réglée
par presque toutes les anciennes lois suédoises. Wg. I, Ab. 13 ; II, Ab. 16 ;
Ög. Æb. 6 ; Sm. Æb. 6 ; Wm. II, Æb. 35 ; H. Æb. 13 pr. ; MELl. Æb. 7 ;
St. Æb. 6.

B.   7

on applique la même règle que précédemment. — § 1. Celui qui tue une personne à qui il était appelé à succéder ne peut recueillir sa succession (2) et encourt une amende de cent quarante marks, à moins que cela ne soit arrivé par accident (3). Douze hommes doivent décider s'il a tué ou non dans le but de recueillir la succession (4).

XVIII

Il est question maintenant des enfants légitimés (1). Si l'on engendre un enfant dans un commerce illégitime, et si l'homme prend ensuite la femme pour épouse légitime, l'enfant prendra la succession mobilière ou immobilière comme tout autre enfant légitime (2), alors même que l'homme ou la femme aurait dans l'intervalle contracté un autre mariage. Si un homme, malade ou bien portant, se fiance avec des fastar et les formalités légales à une femme qu'il a eue antérieurement pour concubine et dont il a eu des enfants, et s'il s'est fiancé avec elle comme il vient d'être dit, l'enfant est alors légitimé, que le bonde vive ou qu'il soit mort. Si un enfant est procréé après les fiançailles (3), il prend la succession mobilière et immobi-

(2) Ce cas d'indignité est admis par toutes les lois. Wg. I, Ab. 11 ; II, Ab. 14 ; Ög. Eps. 18, 21, 24 ; Sm. Æb. 6 : 1 à 4 ; Wm. II, Æb. 13 : 1 ; H. Æb. 13 : 5 ; MELl. Eps. 33 : pr., 34 ; St. Eds. 19 : pr., 20. Le meurtrier ne pouvait naturellement toucher l'amende du meurtre comme héritier. D'après la loi de Sudermanie (Æb. 6 : 2 et 3), l'épouse innocente du meurtrier, si elle était héritière de la victime, n'était point déchue de son droit de succession, mais elle ne pouvait toucher l'amende. Cf. Björling, p. 50 ; Nordström, II, p. 62.

(3) Il n'y a pas d'indignité encourue en cas de meurtre involontaire.

(4) C'est un cas de compétence de la nämnd. Cf. Nordström, II, p. 828.

XVIII. — (1) Le texte les nomme *skötsætu barn* (*sköt* = sinus vestis, gremium), par allusion à l'ancienne forme d'adoption qui consistait à prendre l'enfant dans ses bras ou sur ses genoux.

(2) Nommé *aþalkono barn*.

(3) Originairement, notamment d'après l'ancien droit islandais et d'après l'ancien droit norvégien (Gul. 124), les enfants nés de simples fiancés étaient illégitimes. Mais, sous l'influence du droit canonique, le bénéfice de la légitimité fut reconnu à ces enfants. Il en est ainsi dans le nouveau droit ecclésiastique norvégien, Cf. Lehmann, p. 100. De même, le droit suédois considère comme légitimes ou légitimés les enfants nés après les fiançailles (Wg.

lière. S'il y a contestation et si l'on dit qu'elle n'a pas été légalement fiancée, elle fera sa preuve avec huit fastar, quatre du côté du mari et quatre du côté de la femme, qui doivent jurer qu'ils étaient présents quand elle a été légalement fiancée.

XIX (1)

Si un homme de condition servile prend une femme de même condition, se fiance et fait bénir son union avec elle, et en a un enfant, cet enfant sera libre (2). Si un homme libre prend une femme esclave conformément à la loi et au droit de la province et avec le consentement du maître (3), et s'ils ont ensemble un enfant, l'enfant sera libre, ainsi que la femme (4) et tous ceux qui naissent d'elle. Si un homme de condition servile (5) prend une femme libre conformément à la loi et au

II, Add. 12 : 2; Ög. Gb. 5 : 1 ; Wm. II, Æb. 13 : 2; MELl. Gb. 2 : 4; Chr. Ll. Gb. 2 : 3; St. Gb. 2 : 3), ou même ceux qui sont nés d'un commerce illégitime mais suivi soit de la noce (Wm. II, Æb. 13 : 2; Sm. Æb. 13 : 1; Ög. Æb. 5 : pr.; MELl. Gb. 2 : 5; Chr. Ll. Gb. 2 : 4; St. Gb. 2 : 4), soit des fiançailles (Wg. II, Ad. 12 : 2; Wm. II, Æb. 13 : 2; H. Æb. 13 : 6), soit même de la bénédiction nuptiale (H. Æb. 13 : 1). Cf. Lagus, *Oäkta barns*, p. 34.

XIX. — (1) Le chapitre a pour rubrique *um þrælæ arf*, de hereditate a servis relicta. Les esclaves étaient incapables de succéder. Cela résulte notamment de notre chapitre, dans lequel le législateur a jugé suffisant de déterminer quels enfants naissaient esclaves, considérant qu'il allait de soi que ces enfants étaient exclus de tout droit de succession (Cf. Wm. II, Æb. 14 ; Sm. Æb. 3 : 2). Le pécule des esclaves, lors de leur décès ou de leur affranchissement, revenait au maître. Ög. Gb. 19 : 1 ; Æb. 13. Cf. Calonius, *Om de forna trälarnes rätt*, p. 149; Landtmanson, *Träldomens sidsta skede i Sverige*, p. 15.

(2) V. *suprà*, Kkb. 9, note 1. Les esclaves, lors de la rédaction des lois provinciales, participent à tous les avantages de l'Église. Ainsi ils ont accès à l'office divin, ils sont baptisés, confirmés, reçoivent la communion ; les femmes esclaves sont reçues à l'église après la naissance de leurs enfants; leur mariage est béni par l'église, et les esclaves sont enterrés religieusement dans le cimetière. Upl. Kkb. 9 : pr. § 1; Wg. I, Kkb. 15; Ög. Krb. 12. Landtmanson, p. 20.

(3) Le consentement du maître était nécessaire pour le mariage de l'esclave, soit avec un autre esclave de la même maison, soit avec un esclave d'une autre maison. Landtmanson, p. 23.

(4) C'est un cas d'affranchissement indirect.

(5) La loi d'Upland ne parle pas du consentement du propriétaire de l'es-

droit de la province (6), celle-ci sort de sa famille (7) ; s'ils
ont un enfant ensemble, l'enfant suivra la condition la meilleure (8).

XX

Si une femme est prise avec violence (1) et devient alors
grosse d'un enfant, et si (le ravisseur) est convaincu de ce fait
par douze hommes, l'enfant prendra la succession mobilière et
immobilière, d'où qu'elle vienne à échoir (2).

XXI

Si un homme est proscrit, quitte la province avec son
épouse, et s'ils ont un enfant pendant qu'il est proscrit, l'enfant ne peut prendre la succession (1). Si l'enfant est conçu dans
la province et naît à l'étranger, il ne peut prendre la succession. Si l'enfant est conçu durant la proscription à l'étranger,
mais naît dans la province, il prendra la succession mobilière
et immobilière. — § 1. Si un homme est proscrit, et quitte la
province et que son épouse reste chez elle, s'il revient et a un
enfant d'elle avant d'avoir obtenu la paix, l'enfant ne peut prendre la succession : cet enfant s'appelle *rishofþe* (2). — § 2. Une

clave, comme dans le cas du mariage d'une serve avec un homme libre. Mais
ce consentement devait être exigé dans les deux cas. Landtmanson, p. 23,
note 3. Cf. Wm. II, Æb. 14.

(6) C'est un véritable mariage qui est ainsi contracté, mais il a un caractère
déshonorant pour la femme, puisque, comme le dit le texte, elle sort ainsi de
sa famille. Les donations faites à la femme sont réduites quand elle se marie
avec un esclave. Ög. Gb. 29 : 1. Cf. Wg. I, Gb. 4 ; II, Gb. 3.

(7) La femme perd ainsi tout droit de succession dans sa famille.

(8) *Gangi æ barn a bætre alf.* Cf. Ög. Gb. 29 : 1 ; Sm. Æb. 3 : 2 ; Wm. 1,
Gb. 4 : pr.; II, Æb. 14. C'est un adoucissement à l'ancien principe germanique ainsi formulé : « Das Kind folget der ärgern Hand ».

XX. — (1) V. sur le crime de viol, *suprà*, Kgb. 6.

(2) L'enfant né du stuprum violentum, et que la loi d'Ostrogothie (Æb. 8 :
1) nomme *brutsbarn*, hérite de son père naturel. Ög. *ibid.*; Sm. Æb. 4 : 2 ;
Wm. II, Æb. 15 ; H. Æb. 13 : 2 ; MELl. Eb. 6.

XXI. — (1) Cf. Wm. II, Æb. 16 ; H. Æb. 13 : 8 ; MELl. Eb. 8. La loi de
Sudermanie (Æb. 4), plus bienveillante, accorde à l'enfant du proscrit le droit
de succéder, si la femme du coupable a suivi celui-ci dans son exil. Pour la
loi de Vestrogothie, v. Beauchet, p. 427, note 2.

(2) L'étymologie de ce mot est incertaine. Cf. Schlyter, Gl., p. 513.

succession peut échoir d'un individu proscrit : quelle que soit cette succession, il en est écarté, et ceux-là la recuillent qui sont les plus proches (après le proscrit)(3). S'il peut obtenir la paix et si ensuite une succession lui échoit, il peut prendre cette succession, mais aucune de celles qui lui sont échues pendant qu'il était proscrit.

XXII

Il est question maintenant de l'amende du *stuprum*. Le *stuprum* est le même pour un homme ou une femme de condition servile que pour un homme libre ou une femme libre (1). Si une vierge se laisse déflorer, l'amende est de quatre marks et demi. Si elle se laisse séduire une seconde fois et par un autre homme, l'amende est de trois marks. Si elle se laisse séduire une troisième fois et par un troisième homme, l'amende est de douze öre. Si elle se laisse séduire plus souvent, elle n'a droit à aucune amende (2). Si une veuve se laisse séduire, l'amende est de trois marks ; si elle se laisse séduire une seconde fois, l'amende est de douze öre. Si elle se laisse séduire une troisième fois, il n'y a aucune amende. Pour ces sortes de *stuprum* il n'y a pas d'amende plus forte que celle dont il vient d'être parlé. — § 1. La mère prendra l'amende du *stuprum* (3) et elle nour-

(3) C'est un vieux principe de droit germanique que la jouissance des droits de famille, et spécialement du droit de succéder, supposent une communauté permanente de vie avec la famille. Le proscrit, ayant cessé de remplir ses devoirs envers celle-ci, doit naturellement être privé de ses droits de famille. C'est pour la même raison que ceux qui se retirent dans un cloître perdent le droit de succéder. Wg. I, Ab. 9 ; II, Ab. 13 ; Sml. 18 : pr.

XXII. — (1) Cette assimilation est due vraisemblablement à l'influence du christianisme et à la pratique de la bénédiction nuptiale pour les esclaves.

(2) Le stuprum, pour donner lieu à l'amende, implique une atteinte à l'honneur de la femme. Aussi l'amende varie-t-elle en décroissant suivant que la femme s'est laissé séduire un plus ou moins grand nombre de fois. Au delà de trois fois on ne conçoit plus de déshonneur possible. C'est aussi pour le même motif que l'amende n'est encourue que si la seconde séduction est l'œuvre d'un autre homme. Cf. Wm. I, Gb. 7 ; II, Ab. 17 : pr. ; Wg. II, Add. 12 : pr. ; Ög. Æb. 16 : pr.

(3) Dans la majorité des lois suédoises, la femme est considérée comme complice du délit de stuprum, et ce délit est puni comme portant atteinte à l'honneur de la famille. C'est, en conséquence, le père de la femme ou ses parents qui touchent l'amende, nommée quelquefois þukkabot, comme celle qui est édictée pour d'autres atteintes à l'honneur d'un genre différent. Wg. II, Gb. 6 : 1 ;

rira l'enfant pendant trois ans. S'il y a un enfant entre eux, l'enfant prendra l'amende du *stuprum* (4). — § 2. L'amende du *stuprum* ne peut être payée si ce n'est lorsque l'enfant porte témoignage et que (le coupable) n'ait été légalement convaincu ou qu'il n'ait lui-même avoué (5).

XXIII

Si le père renie (1) l'enfant et que la femme lui attribue l'enfant, la femme doit se procurer douze hommes et celui à qui l'enfant est attribué douze autres, et ils doivent se rendre ainsi au ting. Là chacun d'eux doit désigner un homme et ces deux désigneront (à leur tour) six hommes (2), et ces six (hommes) doivent rechercher avec les voisins plus ou moins éloignés ce qu'il y a de plus vrai dans la cause. Ces six prêteront alors serment du côté des douze qu'ils préféreront (3). S'ils se portent du côté des douze qui accompagnent la femme, ils doivent alors attester que l'homme est le père de l'enfant. L'enfant prendra

II, Gb. 8 ; Add. 12 : pr. § 2 ; Ög. Vaþ. 14 : 1 ; Æb. 16 ; Sm. Æb. 3 : 1 ; H. Æb. 14 : pr.; MELl. Æb. 15 ; KrLl. Æb. 17. La loi de Vestrogothie (II, Gb. 18) n'accorde toutefois au *malsmaþer* que les deux tiers de l'amende, l'autre tiers revenant à la femme. La loi d'Upland attribue l'amende à la femme ou à son enfant, les lois de Vestmanie et de Gotland à la femme seule. Wm. I, Gb. 7 : II, Æb. 17 : pr., § 1; Got. I : 20 : 15.

(4) Le sens de cette phrase est assez difficile à saisir. Elle peut d'abord signifier que si, dans les trois ans dont il vient d'être parlé, la femme a un autre enfant, c'est celui-ci et non sa mère qui touchera l'amende du stuprum. Mais comme le texte porte : *taki barn lighris bötær*, peut-être le sens est-il que, après que la femme a mis au monde un second enfant, les amendes encourues pour le premier stuprum et pour le second seront employées à l'entretien des deux enfants. Ainsi que le dit Schlyter (p. 125, note 4) un autre manuscrit porte *lighris bot*, ce qui rend le véritable sens très douteux.

(5) L'amende n'est ainsi encourue que si le stuprum est notoire.

XXIII. — (1) Le texte envisage successivement trois hypothèses : 1° le prétendu père renie l'enfant du vivant de la mère ; 2° il avoue sa paternité ; 3° il la conteste après la mort de la mère.

(2) En principe la nämnd est nommée directement par les parties, qui en désignent chacune la moitié. Ici, par exception, elle est nommée par l'intermédiaire de deux personnes déléguées à cet effet par les parties. Cf. Upl. Mb. 15 : pr.; Sm. Mb. 36 : pr.; H. Æb. 16 : 2. Nordström, II, p. 791 et 795.

(3) C'est-à-dire qu'après avoir donné leur avis, les six membres de la nämnd le confirment par serment avec les douze cojureurs de la partie à qui ils donnent raison.

alors l'amende du *stuprum* et trois marks comme biens paternels et trois marks parce qu'il (son père) l'a renié. Les six marks doivent être en monnaie courante; l'enfant les prend; ni le hundari, ni le roi n'y ont aucune part. Si le père reconnaît l'enfant, il paiera l'amende du *stuprum* (4) et (donnera à l'enfant) trois marks pour ses biens paternels. Si les dix-huit hommes se prononcent en faveur de celui à qui l'enfant est attribué, l'enfant est alors sans père. Le länsman de l'évêque doit alors les citer devant l'évêque; l'évêque doit alors faire rechercher ce qu'il y a de vrai dans la cause et l'affaire est soumise au jugement de l'évêque (qui décidera) s'ils doivent partir de la province ou non (5). — § 1. Si la femme meurt en couches, et que l'enfant intente contre son père une demande en reconnaissance, et que le père le renie, chacun d'eux, le père et le fils, doit alors avec douze hommes se rendre au ting. Là chacun d'eux doit désigner un homme, et ces deux désigneront (à leur tour) six hommes. Ces six doivent rechercher ce qu'il y a de plus vrai dans la cause. S'ils condamnent le père, la mère prend l'amende du *stuprum* (6) et l'enfant trois marks après la mort de son père et autant après la mort de sa mère, soit qu'il y ait un enfant légitime ou non (7). — § 2. L'enfant naturel doit être nourri par son père ou par sa mère, par celui des deux qui a en partage les biens les plus considérables, depuis qu'il a quitté le sein de sa mère (8), et jusque-là la mère nourrira l'enfant. Si aucun d'eux ne peut entretenir l'enfant, l'enfant mendiera alors

(4) Un manuscrit la fixe à trois marks (Schlyter, p. 126, note 66). Mais cette amende peut varier. V. *suprà*, Æb. c. 22 : pr.

(5) C'est-à-dire si l'enfant sera ou non, lors de sa majorité, considéré comme citoyen de la province. Cf. Nordström, II, p. 72.

(6) Un manuscrit porte « L'enfant prend l'amende du stuprum de la mère » (Schlyter, p. 126, note 86). Cette version nous paraît plus rationnelle que celle adoptée par Schlyter, car il est bizarre qu'une personne touche une amende après sa mort. Cf. Lagus, *Oäkta barns*, p. 106, note 89.

(7) L'enfant naturel ne paraît pas ainsi avoir eu droit à plus de trois marks dans la succession maternelle. Lagus, *loc. cit.*, p. 106.

(8) Le père et la mère, lorsqu'ils en ont les moyens, sont solidairement responsables de l'entretien de l'enfant. Wm. II, Æb. 18 : 4. V. toutefois, H. Æb. 14 : 2. Cette responsabilité ne s'étend pas seulement jusqu'à l'âge de sept ans, car cette limite n'est fixée par la loi que pour le cas d'indigence des père et mère, quand l'enfant va mendier. Cf. Lagus, *loc. cit.*, p. 68; Amira, p. 174 et 178.

sa nourriture et ils ont tous les deux la garde (9) de l'enfant jusqu'à ce qu'il ait sept ans pour tout accident. — § 3. Si l'enfant est confié à une nourrice et que l'enfant meure par suite de négligence, l'évêque décidera qui doit subir une pénitence ecclésiastique et la nourrice paiera l'amende pour homicide involontaire (10).

XXIV

Les biens de l'enfant naturel peuvent s'augmenter ; s'il meurt en laissant des biens, son père et sa mère, s'ils survivent, prendront chacun la moitié ; si l'un d'eux survit, il prendra toute la succession, sans en rien donner (1). Si ni le père, ni la mère ne survivent, la succession doit être dévolue comme toute autre succession (2). On peut succéder à l'enfant naturel comme à tout autre, et il ne peut hériter plus qu'il n'a été dit précédemment (3). — § 1. L'enfant qui naît d'un commerce adultérin ou incestueux soit entre parents, soit entre personnes unies par un lien spirituel, ne peut succéder (4). — § 2. L'une des

(9) *Varþnaþer* = custodia. Les parents sont responsables des délits commis par l'enfant naturel jusqu'à l'âge de sept ans. Wm. II, Æb. 18 : 4 ; MELl. Æb. 16 : pr. ; St. Æb. 18 : pr. Cf. Amira, p. 401 et 404.

(10) Il y a ici *vaþavœrk*. Cf. Amira, p. 388.

XXIV. — (1) La loi de Vestmanie paraît exclure le père de toute succession à l'enfant naturel. Nordström, II, p. 204 ; Lagus, *loc. cit.*, p. 104. La loi d'Ostrogothie (Æb. 4) n'appelle le père naturel à succéder qu'aux biens qu'il a pu donner à son enfant.

(2) La succession de l'enfant naturel est donc dévolue en ligne ascendante ou collatérale suivant les règles précédemment posées.

(3) Il n'y a point ainsi réciprocité entre le père ou la mère et l'enfant naturel, puisque le droit de succession de celui-ci est limité, tandis que celui du père ou de la mère ne l'est pas.

(4) Les lois provinciales semblent bien exclure absolument les enfants adultérins ou incestueux de tout droit de succession. Ög. Æb. 13 ; Sm. Æb. 3 : 3 ; Wm. II, Æb. 18 : 3 ; H. Kkb. 15 : pr. ; St. Æb. 15. Néanmoins, comme la matière du mariage était également gouvernée *quoad ad vinculum* par les principes du droit canonique, on doit admettre que le droit suédois devait reconnaître les mariages putatifs, c'est-à-dire non contractés avec les formalités légales et de bonne foi, dans l'ignorance de la cause de nullité (lien au degré prohibé). Les enfants nés d'une pareille union devaient donc hériter, conformément à la règle du Decr. Greg. IV, 17. La loi de Vestrogothie (I, Ab. 8 : pr. ; II, Ab. 11, 12) admet l'enfant adultérin à succéder à sa mère.

choses comprises dans la succession peut être revendiquée ; si elle est revendiquée contre un, elle est revendiquée contre tous (5), soit qu'ils doivent la retenir ou la restituer, et les héritiers la défendront avec le serment ou la restitueront.

XXV

Si quelqu'un meurt en laissant des dettes, les dettes sont payées sur ses biens indivis, et les héritiers partagent ce qui reste (1). S'il n'y a pas plus de biens que de dettes, on paie les dettes avec tous les biens. Si les biens ne suffisent pas à payer complètement les dettes, il est difficile de prendre de l'argent là où il n'y a rien, et les héritiers ne sont pas responsables, et personne n'a le droit de partager quelque chose de la succession avant qu'on n'ait payé les dettes qu'il y avait à payer. Si les biens ne suffisent pas à payer entièrement les dettes, on fera sur toutes les dettes une réduction proportionnelle (2). — § 1. Si l'on réclame le paiement

(5) Les cohéritiers se représentent réciproquement pour les biens compris dans une succession indivise. Wm. II, Æb. 19 : 1 ; MELl. Æb. 19 ; St. Æb. 16. — Cf. Amira, p. 186.

XXV. — (1) Les héritiers doivent payer les dettes du défunt ; c'est un principe qui est admis par toutes les anciennes lois suédoises (Cf. Amira, p. 422). Mais si les héritiers sont tenus, c'est moins comme continuateurs de la personne du défunt que comme détenteurs des biens héréditaires. L'ancien droit suédois ne semble pas connaître la *successio universalis* du droit romain, et la succession, en Suède, c'était simplement la réunion de tous les biens possédés par le défunt. Aussi les héritiers ne sont-ils tenus que *intra vires successionis*. Ce principe est formellement consacré par les lois du Svealand et par les lois nationales. Upl. Æb. 25 : pr.; Wm. II, Æb. 20 ; Sm. Æb. 5 ; MELl. Æb. 20 ; ChrLl. Æb. 22. La loi d'Helsingie (Æb. 14 : 3) l'admet également, bien que son texte soit moins clair. La loi de Gotland (29 : 14) n'est pas moins formelle. Quant à la loi de Vestrogothie, nous avons admis qu'elle répudie pareillement le principe de l'obligation *ultra vires*. V. Beauchet, p. 401, note 34. Cf. Nordling, *Om boskilnad*, p. 74 et s.; Winroth, *Om arfving ansv.*, p. 112. Mais si l'héritier n'est pas tenu sur ses biens, il est obligé de coopérer à la liquidation entre les créanciers. La loi de Sudermanie (Æb. 5) le dit expressément. Les anciennes lois sont muettes toutefois sur les règles à suivre pour opérer cette liquidation. Cf. Winroth, *loc. cit.*, p. 125.

(2) Le principe du paiement des dettes au marc le franc, en cas d'insuffisance de l'actif héréditaire, comporte une exception en ce qui concerne le

d'une autre dette, qui est d'un demi-mark ou de moins d'un demi-mark, on assignera à trois ting (différents) et au quatrième ting (3) le juge autorisera (le créancier) par jugement à prendre un gage pour la dette et à le retenir jusqu'à ce qu'il (le débiteur) le rachète (4). S'il nie une dette inférieure à un demi-mark, il fera la preuve négatoire avec deux cojureurs, et lui-même troisième. S'il dit que la dette a été payée, il le prouvera avec deux témoins. Toutes les dettes supérieures à un demi-mark sont poursuivies en justice comme toutes les autres causes. Si l'on réclame plus qu'un demi-mark et moins de six marks, le défendeur se justifiera avec dix cojureurs. S'il prétend avoir payé, il le prouvera avec deux hommes présents (au paiement de la dette) et lui-même troisième. Si l'on réclame six marks ou plus de six marks mais moins de quarante marks (le défendeur) fera la preuve négatoire avec dix-huit cojureurs. S'il prétend avoir payé, il le prouvera avec cinq hommes présents (au paiement de la dette) et lui-même sixième. Si l'on réclame quarante marks ou davantage, il prouvera le paiement de la dette avec dix-huit hommes, ou fera la preuve négatoire avec le serment de trois tylft. La même règle est applicable à toutes les causes où il y a seulement des

paiement des amendes. Avant de les payer, on distrait de la masse héréditaire tous les biens sur lesquels d'autres personnes pouvaient avoir des droits. V. *infrà*, þg. 8 : 3.

(3) Un autre manuscrit (E) porte : « Le juge désignera six hommes pour se rendre au domicile du débiteur et y réclamer la dette. S'il ne veut pas faire droit, sa dette s'augmente de moitié en plus, et alors les six du ting prendront l'amende ». Schlyter, p. 128, note 47.

(4) Le texte adopté par Schlyter, et qui nous paraît reproduire mieux que le manuscrit E (*suprà*, note 3) les anciens principes, ne permet donc point l'exécution directe pour les dettes ordinaires. Il renvoie le créancier à la prise de gage (*nam*) et concorde ainsi avec la règle suivie en Vestrogothie. V. Beauchet, p. 206, note 1 ; Amira, p. 234 et s. Il y a lieu d'observer que, tandis que le texte adopté par Schlyter ne parle point d'amende en cas de retard du débiteur, le manuscrit E en édicte une dont le montant est égal à celui de la dette Cf. Wg. I, Rb. 7 : pr. Beauchet, p. 207, note 6. Le créancier n'a toutefois aucune part dans cette amende, ce qui peut s'expliquer par cette considération que le débiteur est réputé n'avoir pas rempli une obligation de droit public. Mais, dans d'autres lois, où la procédure d'exécution a un caractère plus privé, le créancier touche tout ou partie de l'amende. Cf. Sjögren, *loc. cit.*, p. 81.

soupçons mais non des preuves contre le défendeur (5).

Maintenant le livre des successions est récité. Que Dieu nous laisse ainsi partager les successions, pour que nous gagnions le ciel : c'est notre intérêt. Amen, amen, amen.

LIVRE DU MANHÆLGHI (1)

I. De l'homicide qu'un animal domestique peut faire.

II. Si un mineur ou un insensé tuent un homme.

III. De l'homicide fortuit par *bakvaþi* (2).

IV. De l'homicide (3) par suite d'un accident non dirigé par la main.

V. Du *handværka drap* (4) involontaire (*mæþ vaþæ*).

VI. De l'*afalds drap* (5).

(5) Le texte nomme ces causes *vænsla mal*, de *vænu* = suspicari.

(1) La *manhælgh* (ou *manhælgþ* ou *manhælghi* (neutre), c'est, d'après Schlyter, (Gl. Ög.) = unius cujusque (liberi hominis) publica securitas. En conséquence le *manhælghis* (ou *manhælgþa*) *mal*, c'est = causa ubi agitatur de violatione publicæ securitatis, ex. c. de homicidio, vulneratione. Cf. Beauchet, p. 164, note 3.

(2) *Bakvaþi* = damnum fortuitum quod fit cum quis retrorsum ferit, non videns eum qui ictu læditur. Schlyter, Gl. Upl. L'absence d'intention malveillante se nomme *vaþi*. En conséquence, les dommages causés en l'absence de toute intention de ce genre se nomment dommages *mæþ vaþa* ou *af vaþa*. L'acte dommageable commis dans ces conditions est qualifié de *vaþaværk*, *vaþagærning*, et, dans les divers cas particuliers, *vaþa drap* (meurtre), *vaþasar* (blessure), *vaþahug* (coup) *vaþaelder* (incendie), etc. L'opposé du *vaþi*, c'est le *vili*. Aussi le serment prêté par l'auteur du fait dommageable, lorsqu'il prétend que l'intention malveillante en est exclue, consiste-t-il à jurer que le fait n'a pas été commis *mæþ vilia*, mais *mæþ vaþa*. Le fait dommageable volontaire est, en conséquence, qualifié de *viliaværk* par opposition au *vaþaværk*. Cf. Amira, p. 376 et s. L'amende encourue en cas de *vaþaværk* se nomme *vaþabot*. Le *Manhælghis balker* de la loi d'Upland s'occupe dans les sept premiers chapitres des *vaþaværk* ou faits qui leur sont assimilés.

(3) *Handlös vaþi. Handlös* = non manu directus. Schlyter, Gl. Ög. Les exemples donnés par la loi d'Upland (c. 4) expliquent cette expression.

(4) *Handværka drap* = cædes per opus manufactum homini illata. *Handaværk* = opus manufactum. Schlyter, Gl. Upl. On peut en rapprocher le *manufactile* de la loi ripuaire. Cf. Amira, p. 383.

(5) *Afalds drap* = cædes re quadam in hominem incidente facta. *Fald* = casus (quo res cadit).

(1) C'est-à-dire, suivant Schlyter (Gl. v° fylghia), « quels serments pour dommage involontaire doivent suivre pour que l'amende pour dommage involontaire doive être acceptée ».

(2) *Dulgha drap* = homicidium cujus auctor latet. Schlyter, Gl. Upl. Ce mot signifie aussi quelquefois l'amende encourue à raison de ce meurtre. Cf. Schlyter, *Jur. afh.* I, p. 34, note. Upl. Mb. 10 : 3.

(3) Sur le sens et l'étymologie de cette expression, Beauchet, p. 182, note 5; Hildebrand, *Sver. Medelt.*, II, p. 47.

(4) *Likran* = mortui hominis spoliatio. C'est le même crime que la loi d'Ostrogothie nomme *valruf*.

(5) *Innan siænga drap* = homicidium quo parens, liberi, frater, soror vel conjux occiduntur.

(6) Le texte le nomme *öia drap* (ö = insula).

(1) *Lotran* = Contumacia ejus qui alii non vult tradere rem sorte ei adsignatam. Schlyter, Gl. Upl. *Loter* = portio rata, *ran* = rapina.

(2) V. *suprà*, Æb. 25, note 5, sur le sens de ce mot.

(3) La *Leþsn* dont il s'agit ici, c'est la rei litigiosæ deductio ad auctorem, justæ adquisitionis probandæ gratia. Schlyter, Gl. Ög. v° *Leþsn*. — Le mot *leþsn* a d'ailleurs dans notre loi (Mb. 11 : 1) un autre sens, celui de rei furto sublatæ investigatio in aliena domo. Cf. Beauchet, p. 330, note 3.

(4) *Leþsna fall* = defectus in probanda justa adquisitione rei litigiosæ Schlyter, Gl. Upl.

(5) *Bodræt* est synonyme de la *bospænd* dont parle la loi d'Ostrogothie (Vaþ. 38 : pr.) et que Schlyter (Gl. Ög.) définit : « delictum ejus qui aliquem ex aliena familia ad furtum domesticum pellicit ».

(6) *Agnabaker*. Cf. Wg. II, þb. 58. V. *infrà*, c. 49, note 2.

(7) *Skafl þiuver*. *Skafl* = edules fructus arborum aliarumque plantarum (ex. c. raparum, pisorum, etc.). Schlyter, Gl. Upl.

I

Un animal domestique peut tuer un homme : quel que soit cet animal, (le maître) (1) doit alors mener l'animal au ting (2) pour en faire l'abandon noxal et offrir en outre l'*orunbot* (3), à savoir douze öre pesés (4) avec douze örtug de monnaie à trois ting du hundari et à deux ting du folkland. Si l'héritier ne veut pas accepter l'amende, celui qui offre pleine satisfaction sera dégagé de toute responsabilité. S'il ne veut pas recevoir l'amende, il (le propriétaire de l'animal) peut au troisième ting mettre le meurtrier en liberté (5) et déposer l'amende entre les mains d'un séquestre, et ensuite il sera dégagé de toute responsabilité. — § 1. Si l'on nourrit chez soi un animal sauvage ou un oiseau, cet animal peut causer des dommages. On en est alors responsable comme du dommage causé par tout autre animal domestique que l'on possède, dans

---

I. — (1) Le maître de l'animal encourt une double responsabilité, réelle et personnelle, réelle en ce sens, d'une part, qu'il doit faire l'abandon de l'animal (*bani*, le meurtrier, comme dit notre texte), et, d'autre part, qu'il encourt une amende. Celle-ci est plus élevée dans les autres lois du Svealand, 16 öre, 3 marks et même 10 marks. Sm. Mb. 17 : pr. §§ 1, 2 ; Wm. I, Bb. 46 : pr. §§ 1, 2 ; II, Mb. 1 : pr. §§ 1, 2 ; H. Mb. 1 : pr. §§ 1 et 2.

(2) *Framsældum fylghiæ. framsæld* = exhibitio et traditio. Schlyter, Gl. Upl.

(3) L'*orunbot*, suivant Schlyter (Gl. Upl. et Gl.), est la même amende que celle qui est nommée *oranbot* par la loi d'Ostrogothie (Dr. 2 : pr.) et qui, payée par les parents du meurtrier, avait pour but de mettre fin à l'état de guerre privée (*oran*) que le meurtre faisait naître entre les deux familles, de la victime et du meurtrier. Mais cette interprétation est contestée. Cf. Amira, p. 397, note 5. Wilda (*Das Strafrecht der Germanen*, p. 590), traduit *orunbot* par *Viehbusse*, comme si *orun* signifiait *fæ* = pecus. On peut d'ailleurs conclure du paiement de l'*orunbot* ou *oranbot* qu'à une époque plus reculée le propriétaire de l'animal encourait une responsabilité non pas simplement civile mais aussi pénale. Amira, p. 397.

(4) *Öræ karlgildir. Kargilder* = ita apellatur librata marca, ora vel ortuga, ut discernatur a marca, etc. vulgari v. numerata (*köpgild*). Schlyter, Gl. Upl. Suivant cet auteur, on peut conclure du c. 23 : pr. *infrà*, qu'un mark *karlgild* valait une fois et demie un mark *köpgild*, de telle sorte qu'un öre *karlgilder* vaudrait un öre ordinaire plus un demi. Cf. sur les anciennes monnaies suédoises : Beauchet, p. 133, note 3 ; Nordström, II, p. 379 ; Amira, p. 447 et s.

(5) Il y a là une *derelictio* publique par le propriétaire.

toutes les causes (6). — § 2. Si celui qui a perdu son parent dit : « tu n'as pas accompagné l'animal au ting pour en faire l'abandon », le défendeur devra prouver avec son juge et trois témoins du ting qu'il en a fait légalement l'abandon : s'il le prouve, il sera dégagé de toute responsabilité; s'il échoue dans sa preuve, il sera condamné à quarante marks. — § 3. Si (l'animal) meurtrier périt dans l'intervalle avant l'abandon, et si c'est un animal domestique, (le propriétaire) le mènera au ting aussi bien mort que vivant, à un seul ting, et l'y déposera, et il sera dégagé de toute responsabilité. S'il est actionné ensuite à raison de l'animal meurtrier, et qu'il prétende l'avoir tué antérieurement, il en fera la preuve avec le serment de deux hommes et lui-même troisième, ou paiera la valeur que l'animal mort avait de son vivant suivant l'appréciation des experts.

II

Si un mineur de quinze ans tue un homme, de quelque manière qu'il le tue, de quelque manière que cela arrive, il y a lieu à l'amende pour homicide involontaire (*vaþa bot*) (1). Si l'homicide est nié, on le prouvera avec six hommes. Si maintenant l'un prétend (que le coupable) est mineur, et qu'un autre le nie, douze hommes en décideront. Est mineur celui qui a moins de quinze ans. — § 1. Si quelqu'un devient insensé, on doit le publier devant les voisins et les paroissiens et devant un ting du hundari, et ses parents le tiendront enfermé (2). S'il .

(6) Le très ancien droit n'admettait probablement la responsabilité du propriétaire qu'à propos de certains animaux désignés par la loi elle-même. Cf. Got. I, 17 : pr. §§ 1-4, add. 3 ; Wg. I, Md. 15 : 4 ; II, Db. 39. — V. Amira, p. 397.

II. — (1) Le principe admis par les lois suédoises est que toutes les infractions commises par un mineur sont considérées comme *vaþaværk* (actio fortuita vel involuntaria) : Wg. I, Vs. 2 : 1 ; Ög. Vaþ. 15 : 3 ; Sm. Mb. 18 : pr.; Wm. I, Mb. 25 ; II Mb. 2 : pr.; H. Mb. 8. Nordström, II, p. 73 ; Wilda, *loc. cit.*, p. 642, 643 ; Amira, p. 375. L'amende payable par le mineur est donc en principe la *vaþa bot*. La loi admet une exception au principe en ce qui concerne le vol. V. *infrà*, Mb. 42.

(2) Pour l'insensé, la question de savoir si le délit qu'il a commis lui est imputable comme *viliaværk* (V. *suprà*, ind. III, note) ou comme *vaþaværk*, dépend de la publication qu'ont dû faire de sa folie les parents de l'auteur du délit, responsables des amendes encourues à raison de la tutelle qu'elles

vient à s'échapper, tue quelqu'un ou incendie le by, l'amende
pour le by sera celle de l'incendie involontaire, sept marks, et
l'amende ne sera pas plus forte même quand le by et le bonde
auraient brûlé tous les deux. Si l'insensé vient à tuer un homme
ou à le blesser, l'amende sera toujours celle des délits involontaires, trois öre pour la blessure et sept marks pour l'homicide.
Ainsi les héritiers de l'insensé doivent à la fois percevoir
l'amende (3) et la payer pour lui. S'il n'y a point de témoins
de la publication, ainsi qu'il a été dit précédemment, les actes
de l'insensé seront considérés comme actes volontaires, et il
en est ainsi soit des actes commis par lui, soit de ceux commis
contre lui.

III

Si on lance un coup à quelqu'un, si une autre personne est
frappée et en meurt, ou si l'on frappe deux personnes à la fois
d'un seul coup, l'une par derrière et l'autre par devant, on
considérera comme un délit involontaire (1) ce qui est fait par
derrière et comme délit volontaire ce qui est fait par devant
dans les blessures.

IV

Si l'on est tué par un coup lancé en arrière ou par un coup
de ricochet, il y a délit involontaire, si tous les deux disent
que la blessure est involontaire (1). Si l'on lance une pique ou

exercent sur l'insensé. Sm. Mb. 18 : 1 ; Wm. I, Mb. 21 ; II, Mb. 2 : 1 ; MELl.
Db. vþ. 17 ; St. Db. vd. 14 : pr., § 1. D'après les lois gothes, il ne peut y
avoir *vaþaværk* que si l'insensé a été lié et a rompu ses liens. Wg. I, Md. 7 ;
II, Drb. 18. Cf. Forsmann, *loc. cit.*, p. 33, 46 ; Wilda, *loc. cit.*, p. 646 ; Björling, p. 135 ; Amira, p. 375 et 401.

(3) Le *manhælghi* de l'insensé est donc moindre que celui d'un homme sain
d'esprit. Les délits commis sur sa personne ne donnent lieu qu'à une amende
semblable à celle qui est payée pour les délits commis par l'insensé. Nordström, II, p. 92.

III. — (1) Ög. Vaþ. 1 : pr.; Wm. II, Mb. 3 ; MELl. Db. vþ. 1, 2 : pr.; St.
Db. vd. 1, 2 : pr. Cf. sur ce *vaþaværk*, Amira, p. 384 ; Nordström, II, p. 282.

IV. — (1) C'est un principe admis dans l'ancien droit suédois que l'acte
dommageable ne peut pas être considéré comme *vaþaværk* contre la volonté
de la victime. Ög. Vaþ. 1 : 1 ; Upl. Mb. 19 : 2 ; Sm. Mb. 7 ; Wm I, Mb.
22, 23 ; II, Mb. 4, 19 ; H. Mb. 3 : pr.; MELl. Db. vþ. 2 : pr.; St. Db. vd.
2 : pr. Par exception, certaines lois du Svealand admettent, comme dans

si l'on jette une pierre au-dessus d'une maison (2) sans voir où elle tombe, ou si elle tombe avant d'avoir causé un dommage et rebondit sur une pierre, sur un poteau ou sur quelque autre chose, dans tout cela il y a délit involontaire. Dans ces deux cas de délit involontaire on peut prouver l'absence de volonté, même si cela ne plaît pas au demandeur.

<h1 style="text-align:center">V</h1>

Si l'on pose dans un bois une pique sur laquelle les animaux se blessent d'eux-mêmes, ou un trébuchet ou un collet, ou si l'on creuse une fosse, on doit le publier devant les voisins et les paroissiens (1). Si quelqu'un en souffre ensuite un dommage, l'amende est celle du dommage fortuit, sept marks (2). Si on ne le publie pas et s'il n'y en a pas deux témoins, on paiera la moitié de l'amende légale pour sa négligence (à n'avoir pas fait la publication). — § 1. Tous les serments pour dommage involontaire (*vaþa eþer*) doivent être prêtés au laghting (3). Aucun länsman (4) n'a le droit de contester ce serment ; il n'a pas de part dans l'amende, si le serment n'est pas prêté.

notre cas, que le *vaþaværk* peut être établi (à savoir par l'offre et la prestation par le défendeur du *vaþaeþer* = serment pour dommage involontaire) contre le gré du demandeur. Wm. II, Mb. 4 ; H. Mb. 3 : pr.; MELl. Sm. vþ. 7 : pr. ; St. Sm. vd. 6 : pr. Cf. Amira, p. 382, 383 ; Nordström, II, p. 757.

(2) Cf. Amira, p. 387 ; Wilda, p. 586.

V. — (1) Sur la prohibition d'établir des pièges dans les bois appartenant à des particuliers, V. *infrà*, Wb. 15 : pr. Quant aux bois communs faisant partie de l'almenning, le droit de jouissance des habitants du by, s'étendant à tous les produits naturels de l'almenning, peut s'exercer aussi sur le gibier et la chasse y est libre, mais sous la condition de prendre les précautions prévues au texte. Sm. Bb. 19 : 2 ; Mb. 19 : pr.; Wm. I, Bb. 44 : 1 ; II, Bb. 5 ; H. Mb. 3 : 1 ; MELl. Db. vþ. 6 ; Bb. 35 : 3.

(2) L'amende pour *vaþaværk* ordinaire est de sept marks. Mais quand il y a grave négligence de l'auteur du dommage, comme en cas d'absence de publication, l'amende est la moitié de l'amende du meurtre, soit vingt marks ainsi que le dit la suite du texte. Cf. *infrà*, Mb. VI.

(3) *Laghþing* = conventus judiciales in quibus rem quamdam peragi jubent leges. C'est également en ce lieu que d'autres lois du Svealand ordonnent la prestation du *vaþaeþer*. Sm. Bb. 18 : 4 ; Wm. II, Mb. 5 : 1 — Cf. MELl. Db. vþ. 2 : pr. D'autres lois ordonnent sa prestation avant le laghting, devant l'église. Wm. I, Mb. : 22 ; H. Mb. 3 : 2, 4 : 5.

(4) Il s'agit ici du länsman royal, administrateur du hundari.

VI

Si quelqu'un grimpe sur un mât, à la demande du capitaine, tombe et se tue, (le capitaine) paiera la moitié de l'amende, à savoir vingt marks (1). Si quelqu'un grimpe sur un mât pour s'amuser, tombe et en meurt, sa mort ne donne lieu à aucune amende. Si l'héritier dit que le défunt a grimpé sur la demande (du capitaine), et si celui-ci nie le lui avoir demandé, il fera la preuve négatoire avec le serment de dix-huit cojureurs. S'il échoue dans son serment, il paiera une amende de vingt marks, comme il est dit précédemment. Si quelqu'un tombe d'en haut sur une autre personne qui se trouve en dessous et que celle-ci en reçoive un dommage, il n'y a lieu à aucune amende. La chute d'un objet sur un homme donne lieu au paiement d'une amende, mais non la chute d'un homme sur un autre (2), à moins que ce ne soit du mât d'un navire. — § 1. Si une maison (3) tombe sur un homme et que celui-ci en meure, sa mort donne lieu à l'amende de l'homicide involontaire, sept marks (4). Si une pile de bois se trouve dans l'enclos, tombe sur un homme et occasionne sa mort, celle-ci donne lieu à l'amende pour homicide involontaire, sept marks. Si un puits se trouve dans l'enclos, on doit le couvrir ou l'entourer. Si quelqu'un y tombe et en meurt, sa mort donne lieu à l'amende pour homicide involontaire, sept marks. Si plusieurs possèdent un puits, celui-là paiera l'amende qui est négligent et non celui qui a construit (le puits) (5). — § 2. Si

VI. — (1) Wm. II, Mb. 6 : pr.; Sm. Mb. 20 : 1. Cf. Amira, p. 387, 388.

(2) C'est ce que le texte exprime d'une façon concise en disant « *afald* (chute d'une chose sur un homme) *þe æru böt ok affald* (chute d'un homme sur un autre) *æi* ». Cf. Forsmann, p. 81.

(3) D'après la loi municipale de Magnus Eriksson (St. Db. vd. 8 : pr.), si le propriétaire de la maison a été sommé de la réparer et que la chute survienne un jour après cette sommation, le dommage causé est considéré comme *viliaværk* (damnum voluntarium).

(4) Cette amende de sept marks pourrait, avec assez de vraisemblance, être considérée comme la moitié du tiers revenant à l'héritier de la victime sur l'amende de quarante marks, qui est celle du meurtre ordinaire. Cf. Lehmann, *Königsfriede*, p. 63.

(5) Cf. Wm. Mb. 24; II, Mb. 6 : 1; MELl. Db. vþ. 8 : pr., St. Db. vd. 5 : pr.;

l'on veut dresser une pierre ou un poteau, et qu'un de ces objets tombe sur une personne et la tue, cette mort donne lieu à l'amende pour homicide involontaire, sept marks. L'amende est payée par celui qui demande l'assistance (6). En cas de construction d'un navire sur le rivage ou de sa mise à l'eau, si quelqu'un se trouve pris sous les rouleaux ou sous le navire lui-même et en meurt, sa mort donne lieu au paiement de l'amende pour homicide involontaire, sept marks (7). — § 3. Pour ces délits involontaires, on doit payer l'amende et aucun serment ne suivra. — § 4. Si l'on emprunte l'esclave d'autrui et si l'on va au bois avec lui pour couper des arbres de concert, que l'esclave en meure, le bonde paiera l'esclave avec sept marks (8). Si tous les deux en meurent, leur mort à tous deux ne donne lieu au paiement d'aucune amende. Si deux hommes abattent un arbre, et que sa chute les tue tous deux, leur mort à tous deux ne donne lieu au paiement d'aucune amende. Si l'un d'eux en meurt, l'autre paiera pour la victime une amende de sept marks. — § 5. Pour tout ce qu'un esclave fait ou reçoit, il y a lieu au paiement de la même amende que pour tous les hommes libres (9), sauf pour ce que peuvent lui faire son maître ou sa femme ou ses enfants; que ce soit un meurtre ou une blessure, il n'y a jamais lieu pour eux au paiement d'une amende.

Got. I : 27. La responsabilité pèse sur celui qui a la jouissance du puits à raison de sa négligence. Amira, p. 386, 387.

(6) D'après la loi d'Ostrogothie (Vap. 1 : 5), l'amende est payée par les compagnons de travail de la victime, déduction faite de la part de celle-ci dans l'amende.

(7) Sm. Mb. 20 : 4; Wm. I, Mb. 26 : 1; II, Mb. 6 : 2; H. Mb. 4 : 2.

(8) En principe, lorsque la chose prêtée a été endommagée, l'emprunteur doit réparer intégralement le dommage causé au prêteur. Ici, par exception, les dommages-intérêts sont tarifés d'avance par la loi elle-même. Sm. Mb. 20 : 6. Cf. Amira, p. 656; Calonius, p. 43.

(9) A l'époque païenne, les délits commis envers les esclaves n'étaient considérés que comme des atteintes à la propriété d'autrui. C'est au christianisme que l'on doit à cet égard l'assimilation des esclaves aux hommes libres. Cette assimilation se fit d'abord partiellement, sous Birger Jarl, en ce qui concerne les *ministeriales*. Cf. Nordström, I, p. 97, 98; Calonius, p. 80, 86, 194, 234. L'assimilation des esclaves aux hommes libres en ce qui concerne les délits commis par eux n'existe point toutefois relativement à la violation de l'edsöre, V. *suprà*, Kkb. 8, note 4.

VII

Si l'on est en embuscade et que l'on veuille tirer sur un animal sauvage, mais que quelqu'un se trouve devant (et reçoive le coup, le meurtrier) sera passible de l'amende pour homicide involontaire, sept marks (1). — § 1. Dans ces causes dont il est maintenant question, le coupable doit offrir le serment pour délit involontaire (2) ainsi que l'amende pour ce même délit. Il doit promettre le serment de dix-huit cojureurs et l'amende de sept marks. Il doit fournir une caution (3) à la fois pour le serment et pour l'amende. Il remet l'amende entre les mains de la caution. Il doit offrir (le serment) (4) sur le bord de la fosse, à trois ting du hundari et à deux ting du folkland. Celui qui fait cette offre aura droit à la paix pour sa personne et pour ses biens. — § 2. Si le père ou la mère tue son enfant involontairement, si les deux époux sont vivants et que l'un d'eux poursuive l'auteur de l'homicide, (le défendeur) prêtera le serment de l'homicide involontaire et paiera l'amende de ce délit, et personne ne peut exiger plus que ce serment et cette amende (5). — § 3. Toutes les fois que l'on doit offrir et prêter serment pour dommage involontaire, si l'on ne prête pas ce

VII. — (1) Cf. Sm. Mb. 21 : pr.; Wm. I, Mb. 26 : 3; II, Mb. 7 : pr.; H. Mb. 4 : 4: MELI. Db. vþ. 3 : pr.

(2) Dans certains cas, pour que l'acte dommageable puisse être considéré comme *vaþaværk*, l'auteur de l'acte doit prêter le serment dit *vaþaeþer*, dont la formule est que le fait a été commis *mæþ vaþa* et non « *mæþ vilia* ». V. *suprà*, ind. III, note. Ce serment doit être certifié par des cojureurs dont le nombre varie suivant les lois provinciales. C'est en Upland qu'il est le plus élevé (V. aussi Wm. II, Mb. 7 : 1; Sm. Bb. 18 : 1). D'après certaines lois, il doit être prêté dans un lieu déterminé, V. *suprà*, c. 5 : 1, note 3. Ainsi que l'observe Amira (p. 380), le *vaþaeþer* n'est pas un serment processuel, car précisément il ne peut plus être offert ni prêté dès que le procès a été engagé pour dommage volontaire. Ce ne peut donc être qu'un moyen de prévenir l'action qui menace le coupable. — Le serment doit être offert immédiatement à la victime ou à ses héritiers (sur le bord de la fosse, dit notre texte, V. *infrà*, Upl. Mb. 23: 2, 24 : 2) et l'offre doit être réitérée comme le prescrit la loi.

(3) *Taki*. Cf. Amira, p. 694.

(4) Un texte porte *bot* = l'amende. Schlyter, p. 136, note 65.

(5) Le droit de correction des parents sur leurs enfants est ainsi très étendu. Sm. 21 : 1; Wm. II, Mb. 7: 2; H. Mb. 4: 6. — Cf. Amira, p. 384. — V. sur le meurtre volontaire des enfants, *infrà*, Mb. 13 : 4.

serment, le dommage involontaire est considéré comme dommage volontaire (6). — |§ 4. Si une femme vivant en concubinage meurt en couches, il y a lieu au paiement de l'amende de sept marks pour dommage involontaire (7), et aucune offre ni prestation de serment pour un semblable dommage n'est requise.

VIII

Si quelqu'un est tué sur le chemin ou sur un pâturage désert ou sur l'almenning entre l'église ou la ville, sa mort donne lieu à une amende de quarante marks. Cela se nomme un *dulgha drap*. Le hundari doit payer cette amende (1). Toutes les fois qu'un cadavre sur lequel apparaissent des blessures ou d'autres traces de violence gît en dehors des bornes marquant les limites des tompt du by, le hundari doit trouver le meurtrier dans l'an et nuit ou payer l'amende. Si le meurtrier est découvert et avoue au ting, l'héritier (2) doit alors poursuivre

(6) En ce qui concerne les conséquences qu'il entraîne et notamment l'amende. Cf. Upl. Mb. 19: 2, 23: 2, Wb. 24: 3; Sm. Bb. 18: pr.; Mb. 21: 1; Wm. II, Mb. 7: 3.

(7) Wm. II, Mb. 7: 4. — Cf. Wg. I, Gb. 6: 3; II, Gb. 11: 13; Üg. Æb. 15.

VIII. — (1) Le härad (*hundari*), à raison du territoire qu'il comprend ou possède, est tenu de certaines obligations qui pèsent sur lui en tant que collectivité. Parmi ces obligations se trouve celle dont il est question au texte et que consacrent certaines lois provinciales. Cf. Beauchet, *Propriété foncière en Suède* p. 210.

(2) Lorsque l'auteur du meurtre est inconnu, l'héritier de la victime n'en a pas moins droit à l'amende. En première ligne, il peut poursuivre la personne que sa qualité de propriétaire du terrain sur lequel le meurtre a été commis, peut faire soupçonner d'avoir perpétré le crime. Le propriétaire peut être un bonde, ou le by ou le härad, suivant que le meurtre a été commis dans la propriété d'un bonde, sur le terrain du by ou sur celui du härad. C'est ce principe qu'admettent la loi de Vestrogothie (Wg. I, Md. 13: pr., 14; II, Drb. 24, 28-31) et celle de Vestmanie (I, Mb. 4, 5: pr.; II, Mb. 8: pr.). Les autres lois provinciales, sauf celle de Gotland, font peser la responsabilité de l'amende sur le härad. Sm. Mb. 22; H. Mb. 5: pr.; Upl. Mb. 8: pr. Cf. Björling, p. 150; Nordström, II, p. 323; Wilda, p. 218; Estlander, *Klander d lösöre*, p. 24, note. — L'amende du *dulghadrap* est répartie par le häradshöfding entre tous les hommes libres du härad âgés de plus de quinze ans. Le paiement de cette amende est garanti par d'autres amendes. L'amende du *dulghadrap* revient pour un tiers au demandeur et pour les deux autres tiers au roi, celui-ci touchant le tiers ordinairement dévolu au härad dans le partage tripartite de l'amende. Cf. Nordström, II, p. 395.

l'amende contre le meurtrier et l'exiger de lui. Si un cadavre sur lequel apparaissent des blessures ou des traces de violence gît en dedans des bornes marquant les limites des tompt du by, le hundari doit trouver le meurtrier dans l'an et nuit ou payer l'amende. Partout où est trouvé un cadavre sur lequel apparaissent des blessures ou des traces de violence en dedans des bornes précitées (mais) en dehors d'une maison ou dans une maison non fermée, le hundari doit trouver le meurtrier ou payer l'amende. S'il est trouvé dans une maison fermée(3), il y a lieu à l'amende dite *morþgæld*(4) de cent quarante marks. Si l'on ne voit pas de traces de violence sur le cadavre, on ne peut exiger aucune amende pour meurtre, et toutes les fois que l'on connaît avec certitude le meurtrier, le hundari n'encourt aucune responsabilité. — § 1. Celui qui a été tué peut être né à l'étranger. Si son héritier vient(5) avec une lettre et des documents de légitimation(6), il peut recueillir la succession et réclamer l'amende. S'il ne vient pas dans l'an et nuit, le roi a alors le droit de prendre sa succession(7), si c'est un laïque, et l'évêque, si c'est un clerc. Si l'on

(3) L'amende, en pareil cas, est payée non par le härad, mais par le propriétaire de la maison, qui est réputé avoir voulu dissimuler le cadavre, et qui, d'ailleurs, ayant les clefs de la maison, est responsable de ce qui s'y trouve. La loi d'Helsingie (Mb. 5) le dit expressément, et la solution doit être la même dans la loi d'Upland, bien que celle-ci ne s'exprime pas très clairement. Nordström, II, p. 323; Schlyter, *Jurid. afhand.*, I, p. 35.

(4) *Morþ* = homicidium occultum. La loi d'Ostrogothie (Dr. 12) et les lois nationales (MELl. Dr. vl. 29; Chr.Ll. Dr. vl. 26 : 1) emploient l'expression *morþgæld* comme synonyme de *dulghadrap* (dans le sens d'amende du *dulghadrap*). Cf. Schlyter, *loc. cit.*

(5) Un manuscrit ajoute « dans l'an et nuit ». Schlyter, Upl. p. 137, note 6. Cf. Sm. Mb. 22 : 3; Wm. II, Mb. 8 : 1; H. Mb. 5 : 1. Lorsqu'il s'agit, au contraire, de l'héritier d'un sujet de la province, cet héritier a trois ans, comme le dit notre loi, pour réclamer la succession. Cf. Serlachius, p. 163.

(6) A titre de *dana arf*, comme le porte la rubrique de ce chapitre. La loi d'Upland, et les autres lois du Svealand auxquelles elle a servi de modèle, parlent du *dana arf* à l'occasion du *dulghadrap*, pour le cas où un étranger a été tué. Mais il faut admettre qu'il y avait lieu au *dana arf* en Upland toutes les fois qu'un étranger mourait dans la province sans laisser d'héritier. Si la loi parle à cette place du *dana arf*, c'est probablement parce que le premier cas de *dana arf* s'est présenté en Upland à l'occasion d'un *dulghadrap*. Cf. Schlyter, *Jur. afhand.*, I, p. 37; Juel, *Om dana arf*, p. 30.

(7) La succession en déshérence d'un national ne revient donc pas au roi, comme le *danu arf*.

refuse au représentant du roi de voir et d'examiner ces biens et si l'héritier ne peut pas venir ainsi qu'il a été dit, celui qui a la succession entre les mains paiera une amende de trois marks. S'il la détourne, il paiera une amende de six marks, et remettra ces biens dans les mains de personnes justes, avec le serment de dix hommes. Si un sujet du royaume meurt et si son héritier ne se présente pas dans le délai de trois ans, sa succession sera partagée pour le salut de son âme entre le couvent et l'église.

IX

Si un hôte est tué chez un bonde (1), si un hôte tue un (autre hôte) et si le meurtrier est découvert, c'est lui qui doit payer l'amende. Celui-là doit rechercher le meurtrier qui a perdu son (parent) et le bonde n'encourra aucune responsabilité. — § 1. Si deux hommes se rencontrent et se tuent réciproquement, les deux amendes se compensent pour les deux héritiers respectifs, mais chacun des héritiers paiera au roi une amende de treize marks et huit örtug et autant au hundari (2). — § 2. Si un homme en tue un autre, s'il vient au ting et avoue le meurtre (3), le demandeur a le droit soit de se venger, soit de recevoir l'amende. Si l'héritier veut recevoir l'amende, il a droit à quarante marks pour sa part (4), le roi à treize marks et huit örtug et le hundari à autant. C'est ainsi que ces

IX. — (1) Le bonde est responsable de la vie et de la sécurité de ceux qu'il reçoit comme hôtes dans sa maison. La loi de Vestmanie l'oblige à trouver le meurtrier, sinon il encourt l'amende du meurtre (Wm. II, Mb. 9 : pr.). Probablement en est-il de même d'après la loi d'Upland, bien que celle-ci ne le dise pas expressément. Nordström, II, p. 392; Björling, p. 150, note 3.

(2) La nécessité de la légitime défense, sauf quand on se trouve dans sa propre maison ou quand une femme veut se défendre contre une tentative de viol, ne paraît donc point constituer un cas d'excuse absolutoire Nordström, II, p. 419.

(3) Il n'y a point lieu, d'après notre loi, à toute la procédure préalable réglée par la loi de Vestrogothie (Wg. I, Md. 1 : 2, 3), et l'affaire vient directement au ting.

(4) On admet généralement que la totalité de l'amende est de 40 marks, sur lesquels l'héritier prend seulement le tiers, à savoir 13 marks 1/3, comme le roi et le härad. Nordström, II, p. 241; Schlyter, Gl. p. 588-589; Wilda, p. 401; Björling, p. 112. — *Contrà*, Calonius, p. 227-228; Lindblad, *Om dråp och mord*, p. 51.

amendes sont payées, s'il en est ainsi, et cette amende est qualifiée de *sporgæld*. — § 3. Si quelqu'un est tué et que le meurtre
soit nié, alors celui qui a perdu son parent peut désigner qui
il veut comme meurtrier. Si l'accusé nie, celui qui a perdu son
parent a le droit de le convaincre avec six hommes qui étaient
présents et qui ont vu (le meurtre). S'il n'y a pas de témoins,
(l'accusé) fera la preuve négatoire avec le serment de trois
tylpt. Si celui qui est accusé succombe, il réparera le meurtre
avec l'amende légale, soit que les témoins le condamnent (5),
soit qu'il échoue dans son serment (6). Si l'accusé est justifié du
meurtre, il sera dégagé de toute responsabilité, et l'héritier ne
peut accuser du meurtre plus d'une personne (7). Si le meurtrier n'est pas trouvé, le hundari (8) paiera l'amende, comme
il est dit précédemment (9). — § 4. Deux ou trois ou plus de trois
individus peuvent commettre un meurtre, et si l'un d'eux
avoue, celui-là doit payer l'amende qui avoue; s'il n'a pas
d'argent pour payer l'amende, il paiera vie pour vie, et celui
qui a perdu son parent a le droit de désigner comme *haldbani* (10) celui qu'il veut (11), et les six hommes qui ont été

(5) *Sporgæld* = simplex homicidii mulcta, ab homicida sponte, confitente,
pendenda. Schlyter, Gl. Upl.

(6) Les témoins, à proprement parler, ne condamnent pas, mais leur témoignage emporte un préjugé. Cf. Serlachius, App. p. X; Uppström, *Svenska
process. hist.*, p. 47.

(7) Si l'héritier de la victime a le choix entre l'exercice de la vengeance
et la composition (*suprà*, § 2), ce n'est qu'autant que le coupable avoue son
crime. Mais si l'accusé n'est condamné que sur la déposition des témoins ou
que par défaut de prêter le serment négatoire, le défendeur n'a plus l'option
précitée et doit se contenter de l'amende légale. C'est une restriction au droit
de vengeance qui apparaît dans la loi d'Ostrogothie et dans certaines lois du
Svealand. Ög. Eps. 29; Upl. Mb. 9 : 3; Sm. Mb. 23 : 1; Wm. II, Mb. 9 : 3.

(8) C'est là une restriction à l'exercice du droit de vengeance : on ne pouvait poursuivre d'autre personne que celle que l'on avait d'abord accusée.
Cf. Nordström, II, p. 408.

(9) En vertu de la responsabilité dont nous avons parlé, *suprà*, c. 8, note 1.

(10) C'est l'application de la loi du talion. Cf. Björling, p. 23 et 26.

(11) Parmi ceux qui se trouvaient sur le théâtre du crime. En cas de complicité de meurtre, le demandeur peut, d'après les anciennes lois provinciales, poursuivre celui qu'il désigne comme auteur principal (*sandbani*, dit
notre loi, verus interfector, Schlyter, Gl. Upl.) passible de l'amende du
meurtre proprement dite. Puis, parmi ceux qui sont complices, il peut en
poursuivre un ou plusieurs autres, passibles d'une amende plus élevée. Ainsi,

témoins de l'homicide doivent décider s'il est réellement coupable dans la cause ou non. S'ils le condamnent, il encourra une amende de dix marks : le demandeur légitime prendra ces dix marks (12), et il n'est pas payé une amende plus forte par le fait qu'un plus grand nombre d'individus se trouvaient dans la bande (homicide). Tous ceux que les six témoins attestent (avoir participé au crime) doivent être soumis à une pénitence ecclésiastique mais non payer une amende, sauf l'auteur principal du meurtre et le haldbani; ils doivent payer l'amende comme il est dit ci-dessus.

X

Si l'on accuse un homme d'avoir dépouillé un cadavre (1) et s'il a été pris sur le fait, il paiera une amende de six marks. S'il n'a pas été pris en flagrant délit, il fera la preuve négatoire avec dix-huit cojureurs. S'il échoue dans son serment, il paiera l'amende précitée. — § 1. Si quelqu'un consent à recevoir l'amende pour le meurtre d'un de ses parents et si le meurtrier veut bien la payer, mais si ses biens ne suffisent pas à payer entièrement les quarante marks, alors chacun de ceux qui doivent recevoir l'amende supportera le déficit proportionnellement à sa part dans l'amende (2). Lorsque quelqu'un tue un homme et prend la fuite, et que les héritiers veulent rece-

il peut poursuivre, d'après la loi de Vestrogothie, un *haldbani*, un *rapsbani* et cinq *atvistærmen* (v. Beauchet, p. 144, texte et notes 9 à 12), mais, d'après la loi d'Ostrogothie et celle d'Upland, seulement un *haldbani* (Ög. Db. 5 : 1. Cf. Söderk. p. 279), et, d'après les autres lois du Svealand ainsi que d'après les lois nationales, un *haldbani* et un *rapsbani*. Sm. Mb. 24 : pr.; Wm. I, Mb. 6; II, Mb. 9 : 3-5; H. Mb. 38; MELl. Dr. vl. 22; ChrLl. Dr. vl. 21. Cf. Amira, p. 711; Forsmann, p. 27; Nordström, II, p. 288; Björling, p. 133; Wilda, p. 609. — V. sur la complicité, *suprà*, Kkb. 17, § 1, note 4.

(12) C'est là une *ensak* pour le demandeur. Amira, p. 372. V. *suprà*, Kkb. 11 : pr. note 1.

X. — (1) Dans les temps primitifs, le vainqueur avait le droit de s'emparer des armes de son ennemi vaincu. Nordström, II, p. 317.

(2) Le déficit est ainsi supporté proportionnellement par le roi, le härad et le demandeur. Cf. Sm. Mb. 25 : 1; Wm. II, Mb. 9 : 6. Suivant Amira, (p. 501), il y aurait faillite entraînant extinction absolue de la dette. Mais cette théorie ne concorde pas avec les dispositions des lois provinciales qui, en cas d'insolvabilité du débiteur, convertissent sa dette en travail forcé. — V. *infrà*, þg. 7 : 3. Cf. Björling, p. 125, note 1.

voir l'amende, on poursuivra le recouvrement de l'amende sur
ses biens avec un jugement et les formalités légales (3). Celui
qui a commis le délit doit offrir l'amende encourue pour son
délit selon la nature de l'homicide; il doit l'offrir à trois ting
du hundari et à deux ting du folkland. Si le demandeur consent à recevoir l'amende, il (l'accusé) promettra (l'amende) et la
paiera ensuite. S'il préfère chercher l'occasion de se venger,
il (l'accusé) promettra l'amende au hundari (4) et au länsman
selon la gravité de son délit. S'il ne veut ni la promettre ni
faire droit, il sera poursuivi en prestation de serment ou en
paiement de l'amende légale. — § 2. Si deux hommes se battent, que l'un soit blessé et l'autre tué, le meurtre donne lieu
à une amende, mais non la blessure (5). — § 3. Toute amende
dite *sporgæld* ou due pour un homicide dont l'auteur est inconnu (6) est partagée en trois parts.

XI

Il est maintenant question des amendes doubles (1). Si quelqu'un dresse des embûches à un autre en se cachant derrière une
maison, un échalier, une porte, un bois, une île ou un promon-
toire, et si quelqu'un survient à pied, en voiture, à cheval ou en
bateau, et si celui-là succombe qui se trouvait le premier sur place,
sa mort donne lieu à l'amende dite *sporgæld* de quarante marks.
Si celui-là succombe qui survient, sa mort donne lieu à une
amende double de quatre-vingts marks. Si l'un prétend qu'il
a été dressé des embûches et que l'autre le nie, douze hommes
doivent décider si des embûches ont été dressées ou non (2):

(3) Quand le coupable prend la fuite, toute poursuite personnelle contre
lui cesse et l'amende est recouvrée sur son patrimoine.

(4) C'est-à-dire le ting du hundari. On doit admettre que c'est le ting qui
fixe l'amende et le länsman qui en poursuit le recouvrement.

(5) V. *infrà*, Mb. 29 : 2 pour le cas de blessures réciproques.

(6) C'est-à-dire le *dulghadrap*. Mais comme le härad supporte lui-même
cette amende (*suprà*, c. 8, note 2), il y a lieu d'admettre que le roi prend ici
le tiers qui autrement reviendrait au härad (V. *suprà*, *ibid.*). Cf. en ce sens,
Schlyter, *Jur. afhand*, t. I, p. 36. — *Contrà*, Björling, p. 70.

XI. — (1) *Tvæböte*. — Les crimes ainsi punis se rapprochent de ceux qui
emportent violation de l'edsöre. Ce redoublement de sévérité a dû précéder
l'introduction des lois sur l'edsöre.

(2) C'est de la compétence de la nämnd. Cf. Nordström, II, p. 829.

on ne peut dire qu'il y ait eu des embûches s'il n'y a pas eu d'homicide. — § 1. Si l'on accomplit la perquisition légale en cas de vol, et s'il survient une opposition violente, que celui-là succombe qui se trouvait le premier sur place (3), sa mort donne lieu à l'amende dite sporgæld, quarante marks. Si celui-là succombe qui survient (4), sa mort donne lieu à une amende double, quatre-vingts marks (5). L'amende n'est pas plus élevée. — § 2. Si l'un est si jeune et si l'autre est si âgé qu'il ne puisse porter les armes de guerre, qu'il soit exempt des impôts et redevances, et s'il est tué (6), sa mort donne lieu à une amende double, quatre-vingts marks. — § 3. Si le roi ordonne une expédition navale, que le navire se trouve dans le port, que la tente ait été dressée à la poupe et un bouclier à la proue, si quelqu'un est tué (7) à bord ou à l'extrémité du pont qui relie le navire à la terre, sa mort donne lieu à une amende double, quatre-vingts marks. — § 4. Dans les causes dont il vient d'être parlé, on doit convaincre aussi bien l'auteur principal (*sandbani*) que le *haldbani*, ainsi qu'il a été dit pour les autres meurtres. — § 5. L'amende double doit être ainsi partagée : le demandeur prend quarante marks et les autres quarante marks sont partagés en trois parts : le roi prend une

(3) C'est-à-dire le propriétaire de la maison.

(4) C'est-à-dire celui qui veut procéder à la perquisition légale (*ransakan*) en cas de soupçon de vol. V. sur cette perquisition *infrà*, Mb. c. 47. Notre disposition a pour but d'assurer l'efficacité de la *ransakan*. Il en [résulte que la vie du propriétaire de la maison est estimée deux fois moins que celle de l'agresseur (qui est ici le volé) ou de ses compagnons, ce qui est une dérogation au droit commun, puisque la violation de la paix domestique entraîne en principe de bien plus fortes amendes pour l'agresseur que pour le propriétaire. V. *suprà*, Kgb. 5. V. dans le même sens que la loi d'Upland : Sm. þb. 12 : 2; Wm. II, Mb. 30 : 2; MELl. þb. 12. Cf. Estlander, *Klander å lösöre*, p. 29.

(5) Un manuscrit renferme une addition que Schlyter traduit ainsi : « si quis, ubi adest verus actor et lata est legitima sententia cum conventu, mulctas (vel alias res solvendas) exigendi causa legitime convocato invisat domum alterius, hunc vero, armata manu advenientibus resistentem occidat, plectitor simplice homicidii mulcta (*sporgæld*) XL marcarum : adveniens contrà, si interficiatur, duplex esto mulcta, id est octoginta marcarum, neque gravior hæc mulcta esto. » (*Tentamina ad illustr. histor. jur. scandin.*, p. 11). Cf. Schlyter Upl., p. 141, note 90.

(6) L'un ou l'autre, le mineur ou le vieillard.

(7) Appartenant vraisemblablement à l'équipage. Nordström, II, p. 256.

part, le demandeur légitime une part et le hundari la troisième.
— § 6. Si une femme tue un homme, sa mort donne lieu à une
amende dite sporgæld. Si un homme tue une femme, sa mort
donne lieu à une amende double (8). L'amende est partagée
comme toute autre amende double. Si l'on prétend que la
femme tuée était enceinte, l'héritier le plus proche de l'enfant
a alors le droit de prouver avec six hommes et six femmes
qu'elle était enceinte lorsqu'elle a été tuée, et ce fait donne lieu
à une amende supplémentaire de dix-huit marks (9). Elle est
alors partagée en trois parts : le demandeur en prend une part,
le roi une seconde et le hundari la troisième — § 7. Si un
enfant non baptisé est tué, l'amende n'est pas plus élevée que
quarante marks.

XII

Il est question maintenant de l'amende de cent quarante
marks. Si un mineur âgé de moins de sept ans est tué par une
main irritée (1), sa mort donne lieu à une amende de cent
quarante marks (2). — § 1. Si quelqu'un est tué dans sa maison, sa mort donne lieu à une amende de cent quarante marks.
Si quelqu'un est tué en dehors des quatre bornes délimitant
l'emplacement des topt, que possèdent tous les habitants du
by, quelqu'un de ceux qui ont là leur maison et leur domicile,
ou dans l'intervalle de soixante toises à partir de ces bornes (3), sa mort donne lieu au paiement d'une amende de cent
quarante marks. Partout où l'on a sa maison et son domicile
on a droit à la paix à une distance de soixante toises à partir
de sa maison ; si quelqu'un est tué dans l'espace précité, sa
mort donne lieu au paiement d'une amende de cent quarante

(8) V. *infrà*, Mb. 29 : 3.

(9) Cf. Ög. Eþs. 33 : pr. Vaþ. 14 : pr.; Wm. II, Mb. 10 : 2; Got. I : 14 : 6,
18 : pr.; MELl. Dr. vþ. 16.

XII. — (1) *Mæþ harms hændi*. Les textes emploient quelquefois cette expression ou d'autres semblables pour caractériser l'homicide volontaire, *viliaværk*. Wm. II, Mb. 11 : pr.; H. Mb. 1 : 3. Cf. Amira, p. 374.

(2) Le meurtre d'un impubère est ainsi puni plus sévèrement que celui
d'une femme (*suprà*, Mb. 11 : 6). La loi de Vestrogothie (II, Om. 2 : 5 et 14),
au contraire, les frappe de la même peine. Beauchet, p. 300.

(3) Le texte suppose que la maison est située dans un by. V. sur les bornes des topt, *infrà*, Wb. 1 : pr.

marks (4). S'il est (tué) plus loin, sa mort donne lieu à l'amende simple du meurtre. Ont droit à cette paix le bonde, sa femme et ses enfants et tous ceux qui possèdent le by en commun, sauf les hôtes, les serviteurs à gages et les esclaves : la mort de l'un d'eux donne lieu à l'amende double. — § 2. Si quelqu'un est tué dans l'église ou dans le cimetière ou dans un espace de soixante toises à proximité du cimetière (5), sa mort donne lieu à une amende de cent quarante marks. — § 3. Si des hommes viennent au ting, se rencontrent amis et se séparent ennemis (6), au lieu où se tient légalement et anciennement le ting, si là quelqu'un est tué, sa mort donne lieu à une amende de cent quarante marks (7) ; s'il est tué en dehors du lieu du ting, sa mort donne lieu à l'amende simple du meurtre. — § 4. Si un fils se marie hors de la maison paternelle, et que le père vienne dans la maison du fils et y soit tué, sa mort donne lieu à l'amende simple du meurtre. Si le fils vient dans la maison du père, il est alors chez lui ; s'il y est tué, sa mort donne lieu à une amende de cent quarante marks. Si un bonde marie son fils à la ville, si le père part avec un sac et une bourse, s'ils se rendent tous deux au marché pour y acheter ou vendre, s'ils y sont tués et que l'endroit où ils ont été tués tous deux soit si proche de la maison qu'ils pussent atteindre celle-ci avec la pointe de leur pique ou le manche de

(4) La paix domestique est également assurée par les dispositions concernant l'edsöre (suprà, Kgb. 5). Mais il n'y a violation de l'edsöre qu'en cas de meurtre commis avec préméditation. V. suprà, Kgb. 5, note 3. Schlyter, Jurid. afhand. p. 80 ; Naumann, p. 26, 34 ; Nordström, II, p. 254 et s.

(5) La paix de l'église est également garantie par les dispositions sur l'edsöre (suprà, Kgb. 6). Mais, sauf pour le meurtre commis sur le chemin de l'église ou dans une procession (Kkb. 21 : pr.), l'edsöre ne peut être violé que par un crime commis dans l'église même ou dans le cimetière. L'amende de cent quarante marks est applicable, au contraire, à tout meurtre commis dans le rayon de 60 toises. Cf. Schlyter, Jurid. afhand. I, p. 82.

(6) Pour que la paix du ting puisse constituer une violation de l'edsöre (suprà, Kgb. 7), il faut que le meurtre ait été commis avec préméditation. Notre texte suppose, pour l'application de l'amende de cent quarante marks, l'absence de préméditation : « s'ils se rencontrent amis et se séparent ennemis ». Cf. Schlyter, loc. cit., p. 83.

(7) La loi de Vestrogothie (II, Om. 1 : 4), plus sévère, voit dans tous les cas de meurtre commis au ting une violation de l'edsöre.

leur hache, la mort de chacun d'eux donne lieu à une amende
de cent quarante marks. S'ils sont tombés plus loin, la mort
du père donne lieu à une amende de cent quarante marks et
celle du fils à l'amende simple du meurtre. — § 3. Si un for-
geron demeure à la campagne, s'il est tué entre sa maison et
sa forge, et que celle-ci soit assez proche de la maison pour
qu'il puisse jeter ses tenailles et son marteau de la maison
jusqu'à la forge (8), son meurtre donne lieu à une amende de
cent quarante marks (9) ; si la distance est plus grande, sa mort
donne lieu à l'amende simple du meurtre. — § 6. Si quelqu'un
chevauche sur un chemin et trouve un cadavre sur lequel
apparaissent des traces de blessures ou des traces de violences,
il doit retourner et publier (le fait) dans le by le plus proche (10). S'il y a là quelqu'un dont il craint la vengeance (11),
il doit le publier dans un autre by. S'il y a là encore quelqu'un
dont il craint la vengeance, il doit le publier dans un troisième
by. Il s'arrête dans ce by comme dans le premier et dit :
« J'ai rencontré un cadavre, il gît sur le lieu de la lutte avec des
traces de blessures et de violences et personne ne connaît le
meurtrier ». Ceux qui sont présents répondent : « Qui est le
meurtrier le plus probable, si ce n'est toi? ». « Non, dit-il, je ne
suis pas le meurtrier. » Si l'on voit des traces de sang sur le
manche de sa pique ou sur la courroie de sa hache, si ses habits sont déchirés ou si la pointe de sa pique correspond à la
blessure, il est le meurtrier probable. S'il nie le fait, douze
hommes doivent alors l'acquitter ou le condamner. S'ils l'acquittent, il est dégagé de toute responsabilité ; s'ils le condam-

---

(8) Dans les anciennes lois suédoises, le jet du marteau ou de la hache
sert souvent d'instrument de mesure pour les distances. Cf. Sm. Mhb. 37 :
pr. ; Ög. Bb. 28 : 3. Amira, p. 435 ; Schlyter, Gl. Upl., p. 339.

(9) La paix du domicile s'étend ainsi jusqu'à cette distance.

(10) Le texte ne vise pas l'hypothèse où une personne trouve un cadavre
sur son chemin. Mais il rappelle l'ancienne coutume suivant laquelle le meurtrier, pour pouvoir échapper à l'accusation de *morþ* (*homicidium occultum*),
crime qui ne pouvait en principe être expié que par le sang, devait, aussitôt
après avoir commis le meurtre, le publier devant le premier citoyen qu'il ren-
contrait, ou au by le plus proche, conformémemt aux prescriptions de notre
texte. Cette publication se nommait *wighlysning*, et on la retrouve dans les
anciennes lois norvégiennes. Cf. Calonius, p. 199, note 9, Naumann, p. 7.

(11) *Ær oran fore hanum.*

nent, il paiera une amende de cent quarante marks. — § 7. Si quelqu'un tombe malade sur un navire en expédition, on doit encore attendre le vent favorable et prendre soin de cet homme. Si l'un dit que l'homme est mort et l'autre qu'il est vivant, on doit encore attendre le vent favorable et prendre soin de cet homme jusqu'à ce que tous disent qu'il est mort et qu'aucun ne dise qu'il est vivant. On le conduira ensuite dans une île déserte; on le déposera entre une pierre et du gazon. Ils font voile ensuite et d'autres abordent dans l'île déserte, s'y reposent et attendent un temps favorable. Ils entendent un murmure en terre, vont voir, obtiennent des paroles de l'homme (ressuscité) : il peut désigner le navire et le capitaine et les rameurs. Ils doivent conduire cet homme à terre. Il peut réclamer une amende pour lui, à savoir une amende de cent quarante marks (12). — § 8. Le roi peut avoir des otages (13) ; si l'un d'eux est tué, sa mort donne lieu à une amende de cent quarante marks. — § 9. Si les percepteurs des impôts du roi circulent dans la province et sont tués, leur mort donne lieu à une amende de cent quarante marks. Si les serviteurs qui les accompagnent sont tués, leur mort donne lieu à l'amende simple du meurtre. — § 10. Si le laghman se trouve dans l'exercice légal de sa juridiction et est tué, sa mort donne lieu à une amende de cent quarante marks.

XIII

Si un mari tue sa femme, alors qu'il voulait la corriger (1) et non la tuer, douze hommes doivent alors décider s'il l'a fait avec l'intention de la tuer ou s'il voulait la corriger et non la tuer (2). S'ils jurent qu'il ne l'a pas tuée volontairement, il en-

(12) La loi de Sudermanie (Mb. 30), qui fixe l'amende à 300 marks, et la nomme *torvogæld* (*torva* = gazon), observe que si le cas est prévu par la loi, « l'amende n'a jamais été perçue ».

(13) Pendant le temps que dure leur mission, les otages sont ainsi à l'abri des vengeances de leurs ennemis. Cf. Dipl. 2951.

XIII. — (1) Sur le droit de correction du mari à l'égard de sa femme, V. Beauchet, p. 166, note 2; Schlyter, *Jurid. afh.* I, p. 169; Nordström, II, p. 60. — Cf. pour l'adultère de la femme, *suprà*, Æb. 6 : 2.

(2) Cf. Sm. Mb. 28 : pr.; Wm. II, Mb. 12 : pr.; H. Mb. 22. — V. aussi Ög. Eþs. 18; MELl. Eþs. 33 : pr.; St. Eds 19 : pr.

court alors l'amende. légale (3). S'ils le condamnent, le mari
subira le supplice de la roue pour son crime; mais cependant
on doit auparavant le mener au ting et prendre un jugement
avant que cela ne soit fait, et, s'il est tué, sa mort ne donnera
lieu à aucune amende de la part de personne. Si les parents
veulent lui faire grâce de la vie, il doit à l'étranger subir une
peine ecclésiastique (4), et dans la province payer une amende,
à savoir cent quarante marks. Le roi et le hundari prendront
tous les deux part à l'amende. — § 1. Si une femme tue son
mari, la loi est la même. Douze hommes décideront aussi si
cela a été fait intentionnellement ou non. Si elle est reconnue
avoir agi intentionnellement, elle sera condamnée à être lapidée.
— § 2. Si aucun d'eux ne tue l'autre et que cependant l'un
d'eux soit tué, et que le meurtrier soit saisi, qu'il avoue (5) son
crime, et que le mari ou la femme ait conseillé (le crime) (6),
ils perdront tous les deux la vie, le mari par le supplice de
la roue, la femme par celui de la lapidation. Si l'homme avoue
et que la femme nie, et que douze hommes la condamnent,
tous deux paieront de la vie leur crime. — § 3. Si un mari tue
sa femme ou une femme son mari, et s'ils sont légalement convaincus, ils subiront la mort, comme il vient d'être dit. —§ 4.
Un père ou une mère peut tuer son enfant (7), ou un enfant son
père ou sa mère, ou un frère son frère, ou une sœur sa sœur :
l'amende pour tous ces crimes est de cent quarante marks (8).

XIV

L'amende de cent quarante marks doit être ainsi partagée :
le demandeur prend soixante-cinq marks, le länsman du roi
quinze marks, trente marks pour la table du roi et trente

(3) C'est-à-dire l'amende pour meurtre involontaire.

(4) C'est-à-dire aller en pèlerinage à Rome. Cf. Wg. I, Gb. 8 : pr., 1; II,
Kb. 52 ; Ög. Krb. 30 : pr. V. Björling, p. 85.

(5) L'aveu dispense de la preuve proprement dite. Cf. Nordström, II,
p. 651.

(6) V. sur les peines de la complicité, *suprà*, p. 73, note 3.

(7) Sur le droit des parents d'exposer et de corriger leurs enfants, v. Beauchet, p. 196, note 3. — Cf. Järta, p. 223. Le c. 7 : 2, *suprà*, vise le cas de
meurtre involontaire d'un enfant par ses parents.

(8) Abstraction faite de l'indignité de succéder, V. *suprà*, Æb. 17 : 1.

marks pour le folkland : la moitié de ceux-ci revient à celui qui administre le folkland et l'autre moitié aux hommes du folkland, et un hundari prend autant que l'autre. C'en est fini maintenant avec l'amende de cent quarante marks, et aucune amende n'est plus élevée (1).

XV

Il est maintenant question de ces causes qui entraînent la peine de mort et la confiscation des biens. Celui qui porte les armes contre le roi tout puissant ou contre son royaume (1) où il est né lui-même, est passible de mort, s'il est pris, et ses biens immobiliers ou mobiliers sont confisqués au profit de la couronne, qu'il soit pris ou non. S'il n'est pas pris, et cependant est accusé d'un semblable crime, six hommes du Conseil du roi (2) doivent alors nommer une nämnd (3). Les douze nämdemän doivent l'acquitter ou le condamner. S'ils l'acquittent, il n'encourra aucune responsabilité. S'ils le condamnent, il perdra à la fois la vie et ses biens. — § 1. Ceci est un autre crime expié de même. Quiconque tue son maître légitime, que ce maître soit pauvre ou riche, s'il est pris sur le fait même, doit être mené au ting et condamné au supplice de la roue, et ses biens immobiliers ou mobiliers seront partagés en trois parts : le roi prend une part, le demandeur une seconde et le hundari la troisième (4). Le serviteur à gages d'un bonde ou son *bryti* (5), ou sa servante à gages, ou son esclave, ou sa

---

XIV. — (1) Cf. sur le partage de cette amende : Sm. Mb. 27, 28 ; H. Mb. 23. — V. Björling, p. 68, 69 et 112.

XV. — (1) Cf. Sm. Mb. 36 ; Wm. II, Mb. 15 ; H. Mb. 24.

(2) Cf. Schlyter, *Jurid. afh.* I, p. 8.

(3) C'est là un mode exceptionnel de nomination de la nämnd dont les membres sont, en principe, dans les causes criminelles, désignés moitié par chacune des parties. Cf. Schlyter, *loc. cit.*, I, p. 91.

(4) La loi de Vestrogothie (I, Om. 1) qualifie de *niþingsværk* le meurtre du maître. Notre loi assimile à la trahison contre le pays le fait de tuer celui à qui on a juré fidélité et qu'on a reconnu comme son maître. Cf. Sm. Mb. 36 ; Wm. II, Mb. 15 ; H. Mb. 24 : 1. V. Schlyter, *loc. cit.*, I, p. 76 ; Nordström, II, p. 318, 319.

(5) Sur la définition et les fonctions du *bryti*, v. Beauchet, p. 173, note 8; Amira, p. 640.

serve (6) peuvent tuer le bonde ou le bryti ou leurs épouses ou leurs enfants; ils encourent alors la même peine qui vient d'être dite (7). On peut accuser un homme ou une femme d'avoir tué son maître : si l'accusé nie, douze hommes doivent l'acquitter ou le condamner. S'ils l'acquittent, il est dégagé de toute responsabilité. S'ils le condamnent, il sera soumis au même jugement dont il vient d'être parlé.

XVI

Si un prêtre tue un bonde ou un autre clerc, l'évêque prendra alors la part de l'amende revenant au roi (1). Si un bonde tue un clerc ou un autre clerc, le roi prendra sur ce bonde la part qui lui revient dans l'amende. — § 1. Un bonde peut avoir été tué et son héritier n'est pas dans la province; quelqu'un poursuit la punition du crime et l'accusé est acquitté. L'héritier légitime peut revenir après que l'accusé a été acquitté. L'héritier poursuit ensuite : l'accusation est (alors) purgée vis-à-vis de lui et de tous autres comme vis-à-vis de celui qui le premier avait poursuivi. — § 2. Si un homme tue une autre personne et si celui qui a commis le meurtre meurt avant d'avoir été légalement convaincu, son héritier prêtera le serment de trois tylpt (2). S'il échoue dans ce serment, il sera passible de

----

(6) *Ambat* = serva. Schlyter, Gl. Upl. Cf. Amira, p. 126, sur l'étymologie de ce mot.

(7) C'est par exception que, dans l'ancien droit suédois les esclaves encourent de véritables peines publiques. Cf. Amira, p. 392.

XVI. — (1) Cette règle exceptionnelle sur le partage de l'amende est généralement reçue dans les anciennes lois suédoises. Cf. Sm. Mb. 31 : pr.; Wm. II, Mb. 14; H. Mb. 25; MEll.Dr. vl. 34; St. Dr. vl. 12; Chr.Ll. Dr. vl. 31. Le Code de Christophe a de plus attribué à l'église cathédrale la part du härad dans l'amende, et cela même pour le cas de meurtre commis par un laïque sur un prêtre, comme une sorte de compensation pour le dommage subi par l'Église. Chr.Ll. Dr. vl. 31, 32.

(2) L'héritier jouit ainsi de ce privilège que le demandeur ne peut point prouver le crime par témoins, et l'héritier peut, en conséquence, se soustraire à l'action en prêtant le serment négatoire. La loi d'Ostrogothie (Vaþ. 9) pose à ce sujet le principe que « l'on ne peut faire la preuve contre le mort, mais on doit assigner son héritier qui doit soit prêter le serment négatoire, soit payer l'amende ».

l'amende simple (3) du meurtre et non de l'amende la plus élevée (*morþgæld*), bien que cette amende la plus élevée ait été encourue. Si un homme a été convaincu de meurtre avant de mourir, ses héritiers succéderont aux dettes comme aux biens, et l'amende sera payée sur les biens que le meurtrier possédait et ensuite (l'héritier) sera dégagé de toute responsabilité (4). Tout ce que (l'héritier) doit payer pour les délits que son père a commis, ou pour les délits que sa mère a commis de son vivant, cela doit toujours être payé sur la part du coupable. S'il n'y a pas d'argent, il est difficile de recouvrer l'amende là où il n'y a rien (5). — § 3. Un proscrit peut tuer un homme pendant qu'il est proscrit, ou commettre un autre délit : il paiera l'amende suivant la loi de la province après qu'il aura recouvré la paix. S'il est tué, sa mort ne donne lieu au paiement d'aucune amende (6).

XVII

Si l'on veut prouver qu'il y a eu composition pour le meurtre et que l'amende a été payée, si le demandeur réclame l'amende, ou bien le roi, ou bien le hundari, quel que soit celui d'entre eux qui la réclame, tandis que le défendeur prétend avoir payé l'amende, douze hommes doivent décider si elle a été payée ou non (1). — § 1. Si quelqu'un vient au ting et

(3) De quarante marks (*sporgæld*), quelles que soient les circonstances aggravantes du crime.

(4) Ce principe de la responsabilité des héritiers limitée *intra vires successionis* est admis par la loi de Vestmanie (II, Mb. 15 : 1), par celle de Gotland (I : 5 : 1), ainsi que par les lois nationales (MELl. Dr. vl. 26 ; Chr.Ll. Dr. vl. 22), et par la loi municipale de Magnus Eriksson (St. Dr. vl. 5). La loi de Vestrogothie (II, Add. 11 : 4, 17) paraît, au contraire, admettre la responsabilité illimitée des héritiers, et cette solution semble plus conforme au caractère primitif de l'amende. Cf. Amira, p. 173, 426 ; Forsmann, p. 18-19 ; Winroth, *Om arfvingarnes ansvarighet*, p. 111 et s. ; Björling, p. 143 et s.

(5) Cette phrase montre que le principe de la responsabilité *intra vires successionis*, bien que posé spécialement au texte pour l'amende du meurtre, est d'une application générale. Forsmann, *Bidrag till läran om skadestånd i brottmål,* p. 20.

(6) Cf. Nordström, II, p. 449. — Wm. II, Mb. 15 : 2.

XVII. — (1) La question de preuve est réglée différemment dans d'autres lois. Ög. Dr. 20 ; H. Mb. 26. Cf. Nordström, II, p. 482.

avoue son crime (2), pour lequel il est passible de la peine de mort, douze hommes doivent décider s'il a avoué ou non son crime. Le länsman doit nommer ces douze hommes (3). Quel que soit le crime que l'on avoue et qui est passible de la peine de mort, douze hommes jureront qu'il a avoué son crime avant que le jugement ne soit porté sur lui.

XVIII

Si quelqu'un est tué dans une île située entre d'autres îles de la côte, le skiplagh auquel ressortit cette île doit trouver le meurtrier dans l'an et nuit ou payer l'amende (1). Qu'il y ait plus ou moins de cadavres, il n'y a jamais lieu qu'au paiement d'une seule amende (2). L'amende ne peut excéder quarante marks.

XIX

Si une femme prépare du poison à son mari et est prise sur le fait, on doit alors la saisir et la lier et la mener ainsi au ting en y portant le poison avec elle. Douze hommes doivent décider si elle a commis l'empoisonnement ou non, ou si elle a été prise sur le fait ou non (1). S'ils l'acquittent elle n'encourra aucune responsabilité; s'ils la condamnent, elle sera condamnée à une amende de quarante marks. L'amende est partagée en trois parts : le roi prend une part, le demandeur une autre, le hundari une troisième. Si quelqu'un en est mort

(2) L'aveu du coupable forme à lui seul un fondement suffisant à sa condamnation. Cf. Nordström, II, p. 651.

(3) C'est un des cas exceptionnels où la nämnd n'est pas nommée par les parties. Cf. MELl. Dr. vl. 37 ; Chr. Ll. vl. 34 : 1. Nordström, II, p. 796.

XVIII. — (1) Il y a là un cas de *dulghadrap* analogue à celui que nous avons vu *suprà*, c. 8, et engageant la responsabilité de l'association sur le territoire de laquelle le cadavre est trouvé. Cf. Björling, p. 150 et s.; Nordström, II, p. 394.

(2) La responsabilité à raison du *dulghadrap* étant exorbitante, on conçoit qu'elle soit ainsi limitée. Sm. Mb. 29; H. Mb. 27; MELl. Dr. vl. 30; Chr. Ll. Dr. vl. 27.

XIX. — (1) Il s'agit ici de la tentative d'empoisonnement. — Cf. Sm. Mb. 32; Wm. II, Mb. 16 : pr. La loi d'Ostrogothie (Vaþ. 31 : 1) admet ici le serment négatoire.

et que ce crime soit ensuite poursuivi, douze hommes décideront aussi. S'ils acquittent l'accusée, elle n'encourra aucune
responsabilité. Si elle est condamnée, elle sera brûlée sur le
bûcher (2) et ses héritiers prendront ses biens après elle. Si le
demandeur veut lui faire grâce de la vie, elle paiera une
amende de cent quarante marks. Cette amende sera partagée
comme toutes les autres amendes de cent quarante marks.
Alors même qu'elle sera acquittée de l'empoisonnement, le
mari n'encourra aucune responsabilité pour l'avoir liée. —
§ 1. Si quelqu'un tue une autre personne et qu'un tiers reçoive
le meurtrier dans sa maison, et qu'il le retienne en connaissance de cause pendant une nuit dans sa maison contre la
volonté des héritiers (de la victime), il paiera l'amende pleine
ou remettra le meurtrier entre les mains des héritiers légitimes (3). — § 2. Si quelqu'un fait tomber une autre personne
dans le feu, de la maison, d'un arbre ou involontairement dans
l'eau, et si cette personne en meurt ou en souffre un autre
dommage, tout cela donne lieu à l'amende pour délit involontaire. Il y a dommage fortuit si les deux parties sont d'accord
pour le dire. On doit ici offrir le serment pour dommage fortuit
et payer l'amende du dommage fortuit. Si l'on ne prête pas
régulièrement ce serment qui doit être ainsi offert, le dommage
involontaire sera réputé volontaire. Si quelqu'un fait tomber
volontairement une autre personne dans le feu, dans l'eau, ou
comme il est dit précédemment, et si cette personne en meurt
ou en souffre un dommage, on le prouvera par témoins, selon
la nature du crime, que ce soit une blessure ou un meurtre,
et (le coupable) paiera l'amende selon son crime. S'il n'y a pas
de témoins, il se justifiera pas le serment. S'il échoue dans son
serment, il paiera l'amende légale. — § 3. Toutes les fois que

(2) La peine de mort par le bûcher ou la lapidation est également prononcée par les autres lois provinciales. Ög. Vaþ. 31 : 1 ; Sm. Mb. 32 ; Wm.
II, Mb. 16 : pr. La loi de Vestrogothie (I, Bd. 9 ; II, Frb. 12) édicte ici la
proscription contre le coupable.

(3) Le demandeur ne peut ainsi ni se faire livrer le coupable, ni violer
la paix domestique de celui qui le reçoit. Mais la loi le protège en ce sens
que le propriétaire de la maison a le choix entre la remise du coupable ou
l'endossement de la responsabilité qui incombe à ce dernier. Cf. Upl. Mb. 39 :
pr. Nordström, II, p. 436. Le recel du coupable peut aussi être considéré
comme une sorte de complicité consécutive au crime. Björling, p. 135.

les hommes seront convaincus d'homicide secret (4), ils expieront leur crime par la mort, quelque nombreux qu'ils soient, lorsqu'ils auront été légalement convaincus et préalablement légalement condamnés.

XX

Il est parlé maintenant de la *þokka bot* (1). Si le représentant du roi est tué, il y a quarante marks de þokka bot. Si l'homme d'un jarl ou de l'évêque est tué, il y a douze marks de þokka bot. Si le préposé d'un conseiller du roi ou d'un autre chevalier est tué, il y a six marks de þokka bot. Ces amendes ne sont encourues qu'en cas de meurtre. Le maître de celui qui a été tué les prend (2). Il n'y a pas de þokka bot pour (les crimes passibles d')une amende de cent quarante marks (3).

XXI

Il est question maintenant des causes où il s'agit de blessures. Si un animal domestique (1) fait une blessure légère à une personne, quel que soit cet animal, l'amende est d'une örtug pesée. Si c'est une blessure pleine, l'amende est d'un öre pesé. Le maître (de l'animal) doit procurer un médecin (2) à

(4) V. sur les différences entre l'assassinat commis en secret (*morþ*) et le meurtre (*mandrapi*), Beauchet, p. 142, note 3.

XX. — (1) *þokka bot* (ou *þukka bot*) (de *þukke* = contumeliosa actio) = mulcta ob contemtum, quo læsus est rex, dux, etc., ministeriali occiso vel vulnerato. Schlyter, Gl. Ög. Dans la loi d'Upland, la *þokka bot* n'a lieu qu'au cas de meurtre. Cf. Ög. Drb. 14 : 6 à 9; Vaþ. 12; Sm. Mb. 35; Wm. II, Mb. 17; H. Mb. 7.

(2) Ici, par exception, il n'y a pas lieu au partage de l'amende, car l'injure commise envers le maître du serviteur tué n'est point de telle nature qu'elle exige une amende publique. Cf. Björling, p. 108, 109.

(3) Il y a ainsi confusion des peines. Cf. Björling, p. 103. — V. au surplus sur la *þokka bot* : Calonius, p. 50; Nordström, I, p. 148.

XXI. — (1) L'animal étant considéré, suivant l'expression de la loi de Gotland (17 : 4), comme un *oqveþins vitr* = brutum animal, ou, suivant celle de notre loi, comme un *oviti* = rationis expers (Cf. Sm. Mb. 1), les dommages qu'il peut causer sont toujours réputés involontaires et, sauf dans le Bjärköarätt (14 : 21), ils ne peuvent donner lieu qu'à une amende privée. Cf. Amira, p. 396 et s.

(2) Les blessures entraînent non seulement une amende, mais encore l'obligation de procurer les soins nécessaires à la guérison de la victime. Cf. Upl.

celui qui a reçu le dommage. S'il ne lui offre pas un médecin,
l'amende pour sa négligence est de six öre de monnaie courante : le demandeur les prend. S'il y a lésion et mutilation (3),
l'amende est d'un öre pesé pour l'animal privé de raison.

XXII

Si un mineur (1) frappe un homme jusqu'au sang, l'amende
sera de trois öre, et si c'est une blessure pleine de six öre, que
ce soit dans la tête ou dans une partie charnue, que ce soit dans
une paix spéciale ou dans l'intervalle, que ce soit involontairement ou volontairement. Il doit lui offrir un médecin ; s'il
néglige cette offre, il paiera une amende de six öre. Si le tuteur du mineur veut le défendre et nie soit la blessure légère,
soit la blessure grave, il doit avoir deux témoins et lui-même
troisième. Il se présentera avec les témoins. S'il n'y a pas
de témoins, il se justifiera avec le serment.

XXIII

Un homme d'âge raisonnable peut frapper une autre personne
jusqu'au sang et sans intention : l'amende de la blessure légère
involontaire faite dans une partie charnue est d'un öre pesé (1).
L'amende d'une blessure légère involontaire à la tête est de neuf
örtug, et l'amende de la blessure pleine (2) involontaire dans une
partie charnue est de neuf örtug, et l'amende de la blessure pleine
involontaire à la tête est de six öre. — § 1. Si quelqu'un coupe
un doigt à une personne ou une phalange d'un doigt, il est passible d'une amende d'un öre, et il en est de même pour une
seconde et pour une troisième. S'il coupe le pouce, l'amende est la
même que pour tout autre dommage involontaire. Si quelqu'un

Mb. 22, 23 : 4, 27 ; Sm. Mb. 1, 2, 11. Cf. Amira, p. 713. V. *infrà*, c. 27,
note 1.

(3) Sur l'amende en cas de mutilation, V. Amira, p. 715.

XXII. — (1) Sur la responsabilité pénale du mineur, V. *suprà*, Mb. 2, note 1.

XXIII. — (1) V. sur la valeur de l'öre pesé, *suprà*, Mb. 1, note 4. Cf. Schlyter, *Jur. afh.* I, p. 73, note.

(2) Sur la blessure pleine (*fullsæri*), par opposition à la blessure légère
(*blopsar*), Wg. I, Bd. 1. Nordström, II, p. 269.

coupe la main à un autre, l'amende de ce délit involontaire est de six öre. Si quelqu'un coupe le pied à un homme, l'amende de ce délit involontaire est de six öre. Si quelqu'un coupe le nez à un homme, l'amende de ce délit involontaire est de six öre. Si quelqu'un coupe l'oreille à un homme, l'amende de ce délit involontaire est de six öre. Si quelqu'un crève l'œil à un homme, l'amende de ce délit involontaire est de six öre. — § 2. Il y a dommage involontaire quand tous les deux disent qu'il est involontaire, sauf dans le cas où il s'agit de dommage causé par un trait mal dirigé : on peut prouver sans la volonté du demandeur qu'il y a dommage causé par un trait mal dirigé. Il doit, quand le sang coule et que la blessure est ouverte (3), offrir ce serment pour dommage involontaire, (à savoir le serment) de deux hommes et lui-même troisième, et, s'il s'agit d'une blessure pleine, le serment de dix hommes. Il doit prêter ce serment au ting et l'offrir auparavant devant ses voisins et les paroissiens. Celui qui fait cette preuve aura la paix pour lui et ses biens. Si l'on ne prête pas régulièrement ce serment qui doit être ainsi offert, le dommage involontaire sera réputé volontaire. Si celui qui a souffert le dommage réclame et dit que l'on n'a pas fait ce qui est requis pour la preuve du dommage involontaire, lorsqu'il y a eu dommage causé par un trait mal dirigé, il fera la preuve avec deux hommes et lui-même troisième, si c'est une affaire de trois öre. Si c'est une affaire de six öre ou davantage en cas de dommage involontaire, il fera la preuve avec son fidéjusseur et deux témoins du ting, lui-même étant troisième. — § 3. Celui qui est accusé peut nier le fait. Si c'est une blessure légère, il fera la preuve négatoire avec le serment de dix hommes. S'il échoue dans ce serment, le fait sera réputé volontaire (4). Si c'est une blessure pleine, alors celui qui a été blessé a le droit de faire la preuve contre lui avec six hommes qui étaient présents et ont vu (5) ; (le coupable) paiera

(3) Le *vaþaeþer* doit être offert incontinent. V. *suprà*, Mb. 7, note 2.

(4) L'auteur du fait dommageable, s'il le nie, et s'il succombe ensuite dans la procédure de preuve, est ainsi traité comme ayant commis un *viliaværk* (délit volontaire) et non plus non *vaþaværk*. V. *suprà*, *Index*. II, note. Cf. Amira, p. 383.

(5) La loi d'Upland exige souvent des témoins qu'ils aient *vu* l'événement au sujet duquel ils prêtent serment. Upl. Mb. 26 : pr. 29 ; Wb. 7 : 3, 12 : 2, 14 : 7, 16 : 1.

ensuite l'amende pour blessure pleine. — § 4. Quand on offre l'amende pour dommage involontaire, on offrira en même temps la toile de pansement et le salaire du médecin, et l'on remettra l'argent entre les mains d'un séquestre. Si l'on n'offre pas le médecin, on sera passible d'une amende de quatre marks et demi. Le roi prend douze öre, le hundari douze öre et le demandeur douze öre.

XXIV

Pour une blessure légère volontaire dans les parties charnues, l'amende est de trois öre. Pour une blessure légère volontaire à la tête, l'amende est de six öre. Pour une blessure pleine dans les parties charnues, l'amende est de trois marks dans l'intervalle d'une paix spéciale (à une autre), et elle est deux fois plus élevée pendant la paix (même). Pour une blessure pleine à la tête, l'amende est de six marks dans l'intervalle d'une paix spéciale (à une autre), et elle est deux fois plus élevée pendant la paix (même). Pour une blessure, qui, transperçant une partie du corps, a deux ouvertures, l'amende est de six marks dans l'intervalle d'une paix spéciale (à une autre), et elle est deux fois plus élevée pendant la paix (même). Pour une blessure entraînant la fracture d'un os, si les fragments de l'os se ressoudent, l'amende est de six marks dans l'intervalle d'une paix spéciale (à une autre), et elle est deux fois plus élevée pendant la paix (même). — § 1. Si l'on coupe un doigt (1) à un homme, l'amende est de trois marks dans l'intervalle d'une paix spéciale (à une autre), et elle est deux fois plus élevée pendant la paix (même). Si l'on coupe deux ou trois doigts, l'amende pour la mutilation est la même, et l'amende pour la blessure n'est pas plus élevée. Si l'on coupe entièrement les quatre doigts ou quelque phalange de chacun des doigts, l'amende est de trois marks dans l'intervalle d'une paix spéciale (à une autre), et elle est deux fois plus élevée pendant la paix (même), et (il y a une amende de) six marks pour la difformité. Si le pouce est coupé, il y a lieu à la même amende que pour la moitié de la main, soit pour la blessure,

---

XXIV. — (1) Un manuscrit ajoute « ou une phalange du doigt ». Schlyter, p. 154, note 93

soit pour la difformité. Si l'on coupe la main à un autre, l'amende est de six marks dans l'intervalle d'une paix spéciale (à une autre), et elle est deux fois plus élevée pendant la paix (même). Si l'on coupe le pied à un homme, l'amende est de six marks dans l'intervalle d'une paix spéciale (à une autre), et elle est deux fois plus élevée pendant la paix (même). Si l'on coupe le nez à un homme, l'amende est de six marks dans l'intervalle d'une paix spéciale (à une autre), et elle est deux fois plus élevée pendant la paix (même). Pour les yeux et les oreilles, l'amende est la même. Pour la perte de la main, du pied, du nez, de l'œil ou de l'oreille, l'amende pour la mutilation est de douze marks et l'amende pour la blessure est celle précédemment indiquée. Si l'on coupe le pied à un homme, de telle sorte qu'il ne soit plus capable de marcher avec, ou la main de telle sorte qu'il ne puisse plus travailler avec, ou (si l'on crève) l'œil de façon qu'il ne puisse plus voir avec, bien que l'œil reste, on paiera alors l'amende pleine pour mutilation. Si (la victime) peut se servir de sa main, voir avec son œil, marcher avec son pied, on paiera la moitié de l'amende pour mutilation, c'est-à-dire six marks. — § 2. Si l'on retire un os de la blessure, le médecin doit alors attester avec son seul serment sept os, et il y a un öre pesé d'amende pour chaque os. On paiera l'amende séparément pour l'extraction des os et pour la blessure. — § 3. Si l'on blesse une autre personne au visage et qu'il en résulte une difformité mais que la difformité s'évanouisse avant l'an et nuit, il n'y a pas d'amende pour la difformité ; si elle ne s'évanouit pas avant l'an et jour, il y aura lieu à une amende de douze öre, en monnaie courante.

XXV

Si quelqu'un fait une blessure à une autre personne, il doit être responsable de la blessure ouverte pendant un an et jour. Si quelqu'un prend l'amende pour blessure dans l'an et jour, il a perdu son amende pour le meurtre (1). Et toutes les

XXV. — (1) C'est-à-dire que si la victime, après avoir touché l'amende pour blessure, vient à mourir dans l'an et jour, ses héritiers ne peuvent plus réclamer l'amende du meurtre. Il y a ainsi, dans le fait de toucher l'amende pour blessure, une renonciation transactionnelle au droit de se prévaloir des

amendes exprimées en öre et toutes les amendes pour mutilation et toutes les augmentations provenant d'une paix spéciale,
appartiennent au demandeur seul (2). Si quelqu'un fait à une
autre personne une blessure pleine et nie ensuite le fait, celui
qui a souffert ce dommage a le droit ou de prouver par témoins ou de recevoir le serment (du défendeur).

XXVI

Si (le demandeur) prétend avoir des témoins et s'il veut le
convaincre, il doit le convaincre avec six hommes qui étaient
présents et ont vu (1) là où le fait a été commis. S'il fait cette
preuve au laghting, alors celui qui aura été convaincu du délit paiera l'amende selon son délit. S'il prétend avoir des témoins et produit ses témoins et échoue ensuite dans sa preuve,
celui qui est poursuivi sera dégagé de toute responsabilité. S'il
l'accuse d'un délit et s'il n'y a pas de témoins, (le défendeur)
se justifiera avec le serment légal, c'est-à-dire le serment de
dix-huit cojureurs.

XXVII

Si quelqu'un a fait une blessure à une autre personne, il doit
lui fournir le médecin légal (1). Il doit lui offrir trois médecins
légaux. Celui-là est médecin légal qui a soigné une blessure
faite par un coup (d'arme) de fer, une fracture d'os dans la

conséquences ultérieures de la blessure. *Sic :* Wm. I, Mb. 11; H. Mb. 10;
Wg. III : 84.

(2) Les amendes inférieures à trois marks appartiennent, en principe, au
seul demandeur. V. *suprà*, Kkb. 11, note 1. C'est ce principe qu'exprime
notre texte. Toutefois ce ne sont généralement que les amendes de trois ou
six öre qui reviennent ainsi au demandeur. Rarement celui-ci touche seul
les amendes de douze öre. Cf. Björling, p. 104. L'élévation même de l'amende
à trois marks, par suite de la violation d'une paix, n'a pas pour effet de
lui enlever le caractère privé qu'elle aurait eu indépendamment de cette circonstance.

XXVI. — (1) V. *suprà*, c. 23, note 5.

XXVII. — (1) Tantôt les lois fixent à l'avance, sous le nom de *lækisbot*
ou *lækisgæf*, la somme à payer par le coupable pour frais de cure (Ög. Vaþ.
18 : pr.; Wg. I, Vaþ. 5; Wm. I, Mb. 17 : pr.; II, Mb. 21 : 1 ; H. Mb. 12),
tantôt, comme notre texte, elles prescrivent l'offre d'un médecin (Sm. Mb.
11). Cf. Amira, p. 713. V. *suprà*, c. 21, note 2.

blessure, une blessure pénétrante dans la poitrine ou le ventre, une blessure qui a transpercé une partie du corps ou ayant deux orifices. Celui qui fournit le médecin n'a pas à payer d'amende au demandeur, ni au roi, ni au hundari. S'il ne le fait pas, il doit payer une amende de douze öre au demandeur, douze öre au roi et douze öre au hundari.

XXVIII

Si quelqu'un frappe une personne avec la main ou avec un bâton ou avec une pierre, et qu'il n'apparaisse pas de blessures, si cela a été fait devant l'église de la paroisse, devant des personnes réunies en un banquet sur le marché, au bain, au ting, douze hommes doivent en témoigner qui étaient présents et ont vu : s'ils absolvent l'accusé, il sera dégagé de toute responsabilité. S'il est condamné, il devra payer trois marks, à partager en trois parts (1). Il y a les mêmes témoins pour la blessure légère que pour le coup donné avec la main, et cependant chacun (des délits) est passible d'une amende selon la preuve fournie. — § 1. Si quelqu'un casse une dent à une autre personne, l'amende est de trois marks, pour une seconde, l'amende est de trois marks, pour une troisième, l'amende est de trois marks ; les neuf marks doivent être partagés en trois parts, et en outre le bonde doit avoir trois marks lui revenant exclusivement pour le dommage par lui souffert. L'amende n'excède pas neuf marks, et l'amende pour mutilation n'excède pas trois marks, alors même que toutes (les dents) auraient été cassées. Il est question maintenant de l'amende de quarante marks pour blessures.

XXVIII. — (1) Les simples coups qui, à la différence des blessures, n'entraînent pas effusion de sang (qualifiés par la loi d'Ostrogothie de *svartæ slagh* = niger ictus), sont punis sévèrement, moins à cause du dommage causé que de l'atteinte à la dignité de la victime. Certaines lois exigent toutefois, comme la nôtre, que les coups aient été portés dans un lieu public. Cf. Sm. Mb. 9 ; H. Mb. 13. MELl. Sm. vl. 12. D'autres écartent cette condition et se contentent de la « diminution de la *manhælghþ, sua at hans man manhælghþ skarþas* » Ög. Vaþ. 27 : 2 ; St. Sm. vl. 12. Andreas Sunesson dit à ce sujet, en justifiant l'amende de six marks prononcée par la loi de Scanie pour coup : « Major enim verberatum ex verbere quam vulneratum ex vulnere solet infamia comitari ». Cf. Nordström, II, p. 273.

XXIX

Si quelqu'un reçoit une blessure pleine dans sa paix domestique ou près de l'église ou dans la paix de l'église ou au ting (1), si les parties se rencontrent amies et se séparent ennemies (2), il y a une amende de quarante marks, et toujours l'amende pleine pour mutilation (3), selon la nature du délit. On doit en faire la preuve avec six hommes qui étaient présents et ont vu. Lorsque l'amende pour blessure (pleine) est de quarante marks, l'amende pour blessure légère est de six marks, et on doit faire la preuve avec six hommes. — § 1. Si l'on reçoit une, deux, trois ou plusieurs blessures toutes faites par une seule personne, et que celle-ci avoue, celle qui avoue ainsi doit être condamnée sans qu'aucune autre puisse être poursuivie de ce chef. Elle doit avouer au ting et promettre l'amende du délit, et il n'y a pas lieu à plus d'une amende pour blessure (4). Si deux hommes, ou trois ou davantage, quelque nombreux qu'ils soient, frappent une personne, et que six hommes convainquent de blessure plus d'un (des coupables) et qu'au témoignage du médecin il y ait une blessure pleine, chacun d'eux paiera l'amende de blessure pour trois blessures et l'amende ne devient pas plus élevée parce qu'il y aurait un plus grand nombre de blessures (5). — § 2. Si deux hommes se rencontrent, que chacun frappe l'autre, et que tous deux reçoivent une blessure pleine, la bles-

XXIX. — (1) C'est-à-dire s'il n'y a pas préméditation de commettre le délit. En cas de préméditation, il y a violation de l'edsöre. Sur la conciliation de ce texte avec Kkb. 22 : 1, v. la note 5 sur ce dernier texte.

(2) Il y a là une exception au principe que l'amende pour mutilation n'a pas lieu, lorsque l'amende pour blessure se monte à quarante marks, ce qui est le chiffre de l'amende pour homicide involontaire (*sporgæld*).

(3) La loi d'Helsingie (Mb. 14) y ajoute le cas de *snækkiu friþer* = pax inter eos qui navi bellica una vehuntur. Schlyter, Gl. H. Cf. Sm. Mb. 12.

(4) Le texte suppose que l'amende pour blessure se monte à 40 marks. Nordström, II, p. 275.

(5) Cf. Leg. Roth. 46, 61 : « Si amplius quam tres plagas fecerit, non numerantur. » Le principe est abandonné dans les lois nationales et municipales, où il est dit, au contraire, que l'on paiera pour chaque membre la même amende, soit en cas de mutilation, soit en cas de blessure. MELl. Sm. vl. 2 : 2; Chr.Ll. Sm. vl. 3 : 1; St. Sm. vl. 3 : 1.

sure de chacnn d'eux donnera lieu à une amende selon la
lésion qu'elle entraîne ; si la blessure est accompagnée d'une
mutilation, il y aura lieu au paiement d'une amende séparée
pour chacune d'elles. — § 3. Pour (l'attentat contre) une
femme (6) l'amende est deux fois plus élevée que pour un
homme, qu'il s'agisse de meurtre ou de blessure, à moins qu'il
ne s'agisse d'un délit involontaire (7) ou d'une blessure légère,
ou de l'amende de cent (quarante) marks, ou d'une amende
pour blessure s'élevant à quarante marks : ensuite l'homme et
la femme sont égaux en ce qui concerne l'amende (à laquelle
ils ont droit). — § 4. Toutes les fois que la blessure comporte
une amende de quarante marks, personne n'a le droit d'exiger l'amende pour plus d'une blessure. Si la victime a reçu
plus d'une blessure, il n'y a pas lieu au paiement d'une
amende (en plus).

XXX

Il est question maintenant des blessures donnant lieu à l'a-
mende la plus élevée (1). Quelqu'un met un homme à terre
et le châtre comme un animal quelconque ; il vient, lui ou

(6) Cf. Sm. Mb. 12. La loi d'Ostrogothie (Vaþ. 27) décide, au contraire, que
la violation de la *manhælghþ* envers un mineur ou une femme n'est pas punie
plus sévèrement que si la victime était un homme. Le même principe est
admis par les lois nationales, sauf pour le cas où les coups et blessures ont
eu pour résultat que la femme a donné le jour à un enfant mort-né. MELl.
Sm. vl. 14 : pr.; Chr. Ll. 15 : pr. Cf. Nordström, II, p. 278.

(7) En cas de meurtre ou blessure involontaire (*af vaþa*), on ne tient pas
compte des circonstances aggravantes qui augmentent l'amende en cas de
délit volontaire. L'*ættarbot* (amende payée par les parents du meurtrier),
n'était d'ailleurs pas encourue en cas de délit *af vaþa*. Wg. II, Ad. 11 : 19.
Cf. Beauchet, p. 168, note 32.

XXX. — (1) Il est question dans ce chapitre de mutilations semblables à
celles qui, d'après le c. 8 Kgb. emportent violation de l'edsöre. Il est assez
difficile d'expliquer autrement que par une négligence de rédaction la différence de pénalité dans les deux cas. Suivant Schlyter (*Jur. afh.* I, p. 86), notre
texte renfermerait la règle la plus ancienne et on aurait omis de la mettre en
harmonie avec les dispositions nouvelles sur l'edsöre. — Les blessures dont il
est question dans notre chapitre sont qualifiées *högsto sar*, les plus hautes.
L'énumération de ces blessures n'est pas identique dans toutes les lois. Sm.
Mb. 10 ; Wm. I, Mb. 7 ; II, Mb. 25 : 3 ; H. Mb. 15. Cf. Ög. vaþ. 5. — La loi
de Vestrogothie (I, Om. 2, 5, 6) range les blessures en question parmi les
niþingsværk. Beauchet, p. 168 et s. Cf. Nordström, II, p. 264.

son mandataire et poursuit le crime au ting, et l'accusé nie :
douze hommes doivent l'acquitter ou le condamner. S'ils
l'acquittent, il sera dégagé de toute responsabilité. S'ils le
condamnent, l'auteur principal perdra ses deux mains et celui
qui l'aura aidé (perdra) l'une de ses mains lorsque les douze
hommes le convaincront par leur serment, ou bien (2) l'auteur
principal et celui qui l'a aidé pourront se racheter en payant
autant que le demandeur veut prendre (3). — § 1. Quelqu'un
met un homme à terre et lui crève un œil ou les deux (yeux) :
douze hommes doivent le décider, comme il est dit précédemment. S'ils l'acquittent, il sera dégagé de toute responsabilité.
S'ils le condamnent, il paiera œil pour œil (4), et celui qui l'aura
aidé et que les douze hommes condamnent, perdra l'une de
ses mains. — § 2. Quelqu'un met un homme à terre, et lui
coupe la langue : douze hommes doivent le décider; s'ils l'acquittent, il sera dégagé de toute responsabilité et tous ceux
que les douze hommes acquittent seront acquittés et ceux
qu'ils condamnent seront condamnés : l'auteur principal perdra
sa langue et celui qui l'aura aidé l'une de ses mains. — § 3.
Celui-là peut être pris qui a commis un crime capital, blessure
ou meurtre : on doit alors le mener au ting, et au même ting
il sera acquitté ou condamné. S'il n'est pas pris, on doit
publier le crime à trois ting et au quatrième ting on doit
nommer la nämnd comme il a été dit précédemment, et elle
doit alors ou l'acquitter ou le condamner. Si elle ne veut faire
ni l'un ni l'autre, celui-là paiera une amende de trois marks qui
se soustrait (à son devoir) (5), et on prendra un autre (nämde-

---

(2) Il semble que dans le cas prévu par le § 1 le demandeur ait eu le choix
entre l'exercice de la vengeance ou le paiement de l'amende. Nordström, II,
p. 407.

(3) C'est une application du principe originairement admis et d'après lequel
le montant de la composition dépendait de la volonté du demandeur. Cf.
Nordström, II, p. 233 et s.; Björling, p. 23.

(4) Pour forcer immédiatement le coupable au paiement de l'amende qu'il a
encourue, les anciennes lois suédoises le menacent de certaines peines plus
graves comme la proscription, ou de peines corporelles telles que la mort,
la perte d'un membre. Le *jus talionis* dont parle notre chapitre n'est qu'une
application de ce principe. Cf. Nordström, II, p. 237; Björling, p. 115.

(5) C'est une charge civique que de remplir les fonctions de nämdeman à
moins d'excuse légale. Cf. H. Æb. 16.: 3.

man) au même endroit (6). — § 4. Deux hommes en saisissent un (autre), le mettent à terre, et lui cassent des dents, deux ou trois : douze hommes doivent l'attester. S'ils les acquittent, ils seront acquittés ; s'ils les condamnent l'auteur principal perdra dent pour dent et l'une de ses mains, et celui qui l'aura aidé perdra l'une de ses mains. — § 5. Quelqu'un est accusé d'avoir fait une blessure : personne n'a le droit de faire la preuve contre lui si ce n'est quand la blessure est ouverte (7). Si l'on ne fait pas cette preuve, alors celui qui veut se justifier a le droit de prêter serment au ting légal ; s'il échoue dans ce serment, il paiera alors l'amende suivant son crime, d'après la diversité des cas.

XXXI

Si quelqu'un se place dans un bois ou dans un navire ou ailleurs et se prépare à commettre un meurtre secret ou une rapine, s'il commet cet assassinat ou cette rapine et est saisi sur le fait même, on doit alors le mener au ting. Là on nommera douze hommes qui doivent l'acquitter ou le condamner : s'il est acquitté il sera dégagé de toute responsabilité, et celui-là paiera une amende de quarante marks qui a inquiété un innocent, qui l'a lié, l'a cloué à un poteau ou lui a mis des entraves (1). Si celui qui est accusé d'assassinat ou de rapine (2) est condamné, l'assassin subira le supplice de la roue et l'auteur de la rapine sera décapité (3). Si quelqu'un fait une blessure à un autre et le dépouille ensuite avec violence, ces deux cri-

(6) Le nämdeman qui a été condamné à l'amende n'est plus, en effet, réputé assez impartial. Nordström, II, p. 816.

(7) C'est une restriction au principe de l'admissibilité de la preuve testimoniale posé *infrà*, pg. 9 : 4. V. aussi *infrà*, Wb. 16 : 1.

XXXI. — (1) Les anciennes lois suédoises punissent sévèrement cet attentat à la liberté qui consiste dans une arrestation injuste. Wg. II, þb. 4 ; Ög. Vaþ. 29, 33 : 1; Sm. Mb. 13 ; þb. 6; Wm. II, Mb. 25 : pr., 26 : 6 ; H. Mb. 16. V. sur le droit d'arrestation, Beauchet, p. 235, c. III, note 2.

(2) *Ran* = rapine : c'est le vol avec violence sur la personne. L'auteur de ce crime, puni aussi sévèrement que l'assassinat, est nommé par notre texte *ransman*. Il est qualifié ailleurs de *bynkabrytari*, corsaire (qui se cache sous le *bunki* = constratum navis) (Wg. I, Om. 10, II, Om. 1 : 10), *löfvirkinger* (Wg. I, Md. — V. Beauchet, p. 156, note 1), *grimumaþer* (*grima* = persona, larva) (Wg. II, Db. 21), *qvætto karl* Chr. Ll. Eds. 42 : 1.

(3) Même peine : Sm. Mb. 13; Wm. II, Mb. 25 : pr.; H. Mb. 16.

mes doivent être attestés par les mêmes témoins, et chacun
d'eux est passible d'une amende selon sa gravité (4). Six hommes (5) doivent soit acquitter soit condamner l'accusé. — § 1.
Si quelqu'un tue une autre personne, ou lui coupe la main
ou un autre membre, et ne peut pas ou ne veut pas payer l'a-
mende, ou ne fournit pas une caution (6) pour le paiement intégral de l'amende, il paiera vie pour vie et membre pour
membre (7), après qu'il aura été légalement convaincu. Celui
qui peut payer l'amende et fournir caution pour son paiement intégral, ne paiera point vie pour vie ni membre pour
membre.

XXXII. (1)

Si quelqu'un enlève avec violence à une autre personne un
meurtrier, un voleur ou l'auteur d'une mutilation, celui qui a
été ainsi dépouillé prouvera la rapine contre le coupable avec
six hommes qui étaient présents et ont vu, et celui-ci paiera
une amende de quarante marks et répondra du délit qu'il a
commis (2), ou bien livrera l'homme au demandeur légitime.
S'il n'y a pas de témoins, il se justifiera avec le serment de
trois tylpt. S'il échoue dans ce serment, il paiera l'amende
comme il est dit précédemment, mais ne perdra ni la vie ni un
membre. — 1. Si quelqu'un fait à une autre personne une
blessure pleine à la tête ou dans une partie charnue, s'il en est
légalement convaincu avec de vrais témoins (3), et ne peut

(4) V. sur le cumul des amendes, *suprà*, Kkb. 15 : 3, note 15. Cf. Björling,
p. 102.

(5) La nämnd, qui normalement comprend douze *næmdarmæn*, n'en comprend exceptionnellement quelquefois que six, comme dans notre cas. Cf.
Nordström, II, p. 808.

(6) V. sur le cautionnement de l'amende, Björling, p. 154.

(7) Le *jus tulionis* apparaît encore ici comme un mode de contrainte au
paiement de l'amende. V. *suprà*, c. 30, note 4.

XXXII. — (1) V. *infrà*, Add. 9.

(2) C'est-à-dire du délit commis par celui qu'il a enlevé avec violence. Sm.
Mb. 14; H. Mb. 17. Cf. Wg. 1, þg. 5 : 1.

(3) La servitude de la dette n'est donc admise par la loi d'Upland que sous
deux conditions : 1° qu'il s'agisse d'une blessure grave ; 2° que le coupable
ait été convaincu par des témoins. Ces restrictions ne se comprennent
guère, et il semble que l'impuissance de payer l'amende encourue pour un
délit quelconque aurait dû entraîner la même conséquence. Cf. Amira,

B.   10

ni payer l'amende ni fournir caution pour le paiement intégral de l'amende, il devra ses services au bonde comme expiation de son crime, une année pour chaque mark (4). Il est question maintenant des objets enlevés par violence des mains d'une personne.

XXXIII

Si quelqu'un enlève avec violence à une autre personne des penning, deux ou trois, il fera la preuve négatoire avec son seul serment (1) ou paiera deux penning pour un. Si on l'accuse d'avoir enlevé avec violence plus que quatre penning et moins d'un demi-mark, six hommes doivent l'attester contre lui, qui étaient présents et ont vu. Ils doivent également décider quelle somme a été ravie. Ces témoins doivent prêter serment pour une rapine moindre comme pour une rapine plus importante, et l'amende doit être proportionnée au montant de la rapine. S'ils attestent que la rapine est inférieure à un demi-mark et supérieure à quatre penning, l'accusé doit restituer l'argent ravi et payer une amende de trois marks (2). S'ils attestent que la rapine est supérieure à un demi-mark, l'accusé doit rendre l'argent ravi et payer une amende de six marks. S'ils attestent que la rapine se monte à dix marks ou davantage, l'accusé devra restituer l'argent ravi et payer une amende de

p. 134. La loi de Sudermanie (Mb. 14 : 2) admet en conséquence la servitude de la dette à l'occasion de tout délit. Cf. Wm. II, Mb. 26 : 2; þg. 15; Got. I : 2 : 3, 6 : 5.

(4) La servitude de la dette est une compensation de l'insolvabilité du débiteur. Celui-ci ne devient point cependant esclave. La valeur de son travail est fixée à un mark par an par les lois du Svealand et par les lois nationales de Magnus Eriksson, et à trois marks par le Code de Christophe. Sm. Mb. 14 : 2; Wm. II, Mb. 26 : 2; MELl. Gb. 8 : 1; Chr.Ll. Bb. 36 : 3. Cf. sur la conversion de l'amende en servitude, Amira, p. 128 et s. ; Nordström, II, p. 468, 473; Winroth, *Straffrätt*, p. 34; Björling, p. 123. — V. aussi *infrà*, þg. 7 : 3.

XXXIII. — (1) Le serment négatoire prêté par le défendeur est généralement confirmé par celui de cojureurs dont le nombre dépend du chiffre de l'amende. Par exception, dans certaines causes peu importantes, le serment du défendeur seul (*eneþer*) suffit. Sm. Mb. 15; Wm. II, Mb. 27. Cf. Nordström, II, p. 734 et s.

(2) La rapine ne donne ainsi lieu à une amende publique que si elle est d'une certaine importance. — Cf. Nordström, II, p. 314 et s. Amira, p. 721.

quarante marks. — § 1. Lorsqu'on accuse quelqu'un de rapine et qu'il n'y a pas de témoins, l'accusé a alors le droit de faire la preuve négatoire. S'il est accusé d'une rapine inférieure à six marks, il y a lieu au serment de dix hommes; s'il est accusé (d'une rapine) de six marks ou davantage, et de moins de quarante marks, il y a lieu au serment de dix-huit hommes. Si (la rapine est de) quarante marks ou davantage, il y a lieu au serment de trois tylpt. Il est question maintenant du *lotran* (3).

<h1 style="text-align:center">XXXIV</h1>

Toutes les fois qu'il y a lieu de partager au sort et avec un bâton (1), comme lorsque des enfants partagent avec leur père ou avec leur mère, ou des enfants entre eux, ou des époux qui se séparent sans enfants, ou dans tous les autres cas où l'on doit partager avec le sort et un bâton, si une chose (à partager) est retenue et n'est point livrée, (l'auteur de ce détournement) restituera l'objet détourné et paiera une amende de six marks pour la rapine (2). L'amende ne peut être plus élevée. Il est question maintenant du vol.

<h1 style="text-align:center">XXXV</h1>

Si quelqu'un vole deux ou trois penning, il peut se justifier avec son seul serment, autrement il paiera comme amende penning pour penning (1).

(3) V. *suprà*, Mb. index, c. 34, note.

XXXIV. — (1) *Loter ok kafli skipta.* Il est difficile de savoir quel rôle jouait le bâton (*kafli*) dans le partage. Loccenius et Ihre croient que le partage s'opérait par le jet du bâton. On doit plutôt supposer, avec Schlyter (Gl. Upl. et Gl. v° *Loter*) que l'on coupait un bâton en autant de morceaux qu'il y avait de parts à faire, chaque morceau étant marqué d'un signe correspondant à un certain lot, puis les copartageants tiraient au sort ces différents morceaux. Un diplôme (2260, a. 1320) fait allusion à ce partage en disant : particioue ac divisione hereditaria dicta vulgariter lut et kawlæ.

(2) La rapine (*ran*), appliquée aux choses immobilières, ne suppose pas nécessairement l'emploi de la violence physique. Ainsi elle peut être commise non seulement par une appréhension violente d'une chose qu'on ne possède pas, mais aussi lorsque le possesseur refuse de remettre une chose à celui à qui légalement elle doit revenir. Cf. Sm. Mb. 16; H. Mb. 19.

XXXV. — (1) Les lois provinciales distinguent le larcin ou petit vol

XXXVI

Si quelqu'un vole plus de quatre penning et moins d'un demi-öre, qu'il soit saisi avec l'objet volé et qu'il y en ait deux témoins, on peut alors le lier et le conduire ainsi au ting. Là on doit faire la preuve contre lui avec deux témoins. Si les témoins fournissent cette preuve, il est alors convaincu du fait. (Le demandeur) a alors tout pouvoir sur sa peau (1), ou peut exiger le paiement de trois öre pour le délit qu'il a commis. Cette amende échoit au demandeur seul.

XXXVII

Si quelqu'un vole plus d'un demi-öre et moins d'un demi-mark, on peut le lier et le mener ainsi au ting (1). Là doivent se trouver le voleur et la chose volée qui a été reprise entre ses mains et en outre deux témoins. Les témoins doivent jurer contre l'accusé. Ensuite le demandeur a le droit, à son choix, ou de prendre trois marks, à partager en trois parts, ou de lui couper une oreille (2). Il ne peut cumuler la mutilation et l'amende. — § 1. Si le demandeur veut relâcher le voleur, il peut le relâcher au ting, après que les témoins ont témoigné contre lui, et le bonde sera dégagé de toute responsabilité. Et le länsman du roi peut garder le voleur, s'il le veut (3).

XXXVIII

Si quelqu'un saisit un voleur avec un vol plein (1), d'un demi-mark ou de plus d'un demi-mark, et s'il l'a saisi avec le

(*hvinzka, snattan*) du vol proprement dit ou vol plein, dont l'objet vaut au moins un demi-mark. Cf. Wg. II, þb. 3; Nordström, II, p. 297.

XXXVI. — (1) C'est-à-dire qu'il peut lui donner le fouet.

XXXVII. — (1) Le demandeur peut, s'il a surpris le voleur en flagrant délit, le garder chez lui emprisonné jusqu'au jour du ting ordinaire ou du ting convoqué extraordinairement pour juger le délit. Mais, une fois arrivé au ting, le demandeur doit remettre le prisonnier entre les mains du länsman royal. Cf. Nordström, II, p. 431.

(2) L'exécution de la peine appartient au demandeur. Cf. Björling, p. 23.

(3) Cf. Sm. þb. 2. Originairement la garde du voleur par le länsman avait pour but de faire expier au coupable son amende comme esclave. Nordström, II, p. 431.

XXXVIII. — (1) C'est-à-dire nanti de l'objet volé ayant une valeur d'un demi-mark au moins.

témoignage de deux témoins, il le liera et le mènera au ting.
Il doit alors jurer lui-même que les choses reprises sur le voleur et produites au ting sont sa légitime propriété (2). Les
deux (témoins) doivent jurer qu'il est le véritable voleur et
qu'ils étaient présents quand (le demandeur) l'a saisi avec la
chose volée (3). On peut (4) ensuite mener l'accusé à la potence
ou à une branche d'arbre et l'y pendre (5). Si le demandeur
consent à recevoir de lui l'amende (6), l'amende sera partagée
en trois parts, et le voleur se rachètera (ainsi) vis-à-vis du
bonde et de chaque part de (l'amende) le mieux qu'il peut (7).

XXXIX

Si un voleur s'échappe après qu'il a été légalement convaincu de vol, le bonde paiera une amende de trois marks et

(2) Lorsque le voleur est saisi ayant la chose volée entre les mains, soit
sur le lieu même du délit, soit dans sa fuite, mais avant d'être rentré dans
sa maison, le volé a le vitsorþ. Wg. II, þb. 9; Ög. Vaþ. 32 : pr.; Wm. II,
Mb. 26.

(3) La différence entre les témoins et les cojureurs, c'est que les premiers,
en principe, doivent fonder leur serment sur l'observation personnelle qu'ils
ont pu faire des faits litigieux. Toutefois, cette différence, qui est nettement
admise par notre loi, comme le montre le texte, n'est pas toujours aussi
ferme dans les anciennes lois, et celles-ci parlent souvent de témoins qui peuvent appuyer leur serment sur une observation personnelle. Cf. Afzelius,
Om parts ed, p. 57, 58.

(4) L'exécution de la peine incombe au demandeur. Cf. Calonius, p. 101.

(5) La peine de mort n'est applicable au voleur qu'en cas de *furtum manifestum*. V. sur l'extension de la notion du flagrant délit, Beauchet, p. 330,
note 3.

(6) Originairement peut-être la composition n'était-elle pas admise pour un
pareil vol. C'est que l'on peut induire de la loi de Vestrogothie, dont deux
dispositions (II, þb. 5 et III : 145) prohibent le rachat du coupable, et décident qu'il doit être pendu, tandis qu'une autre disposition (IV : 18 : 5),
d'une rédaction postérieure, accorde au demandeur le choix entre la composition et la pendaison. Les lois nationales (MELl. þb. 11; Chr.Ll. þb. 12)
enlèvent ce choix au demandeur, et décident que le voleur convaincu d'un
vol plein et manifeste sera pendu et que le demandeur, s'il compose avec le
coupable, sera puni d'une amende de quarante marks envers le roi.

(7) Le texte ne fixe pas le montant de l'amende, mais on peut induire ce
montant d'un autre texte (Mb. 49), qui, en cas de vol de grains, fixe l'amende
à quarante marks. C'est également ce chiffre qu'indique la loi de Vestmanie
(Wm. II, Mb. 26 : 3), copiée sur celle d'Upland.

on pourra saisir son voleur partout où on pourra le trouver, sauf dans la paix de l'église. Le voleur n'a pas droit à la paix du domicile quand préalablement il a été légalement convaincu de son crime (1). — § 1. On ne peut faire payer au voleur l'amende plus d'une fois, que la chose volée ait plus ou moins de valeur. — § 2. Si quelqu'un appréhende son voleur avec de vrais témoins, que la chose volée ait plus ou moins de valeur, on doit alors le mener au ting (2), le premier qui se tient après qu'il l'a appréhendé, au lieu et au jour fixés légalement pour la tenue du ting. Là un jugement doit intervenir contre l'accusé, suivant la nature de son délit, et ensuite le bonde sera dégagé de toute responsabilité pour son voleur, et trois hommes du ting attesteront la qualité de la chose qui a été volée. —§ 3. Si on a appréhendé un voleur avec les témoins requis, et s'il s'échappe avant d'avoir été légalement convaincu au ting du hundari, si maintenant le voleur veut poursuivre le bonde pendant qu'il a le droit de prouver, il n'a jamais le droit d'intenter son action contre le bonde avant de s'être lui-même justifié.

XL

Si le voleur a été admis à prêter serment (1) et s'il le prête, il sera dégagé de toute responsabilité pour l'accusation (de vol). S'il échoue dans le serment, il paiera l'amende proportionnellement à ce qui a été volé. Si le vol est d'un demi-mark ou de plus d'un demi-mark, il y a lieu pour lui au serment de dix-huit hommes. S'il échoue dans ce serment, il paiera une amende de huit marks et ne perdra ni la vie ni un membre dans cette cause où la poursuite est fondée non sur des preuves mais sur de simples soupçons. S'il s'agit de moins d'un demi-mark et de plus d'un demi-öre, il y a lieu au serment de dix hommes, ou à une amende de trois marks à partager en trois parts. S'il

---

XXXIX. — (1) C'est là une exception au principe de l'inviolabilité du domicile. Cf. Sm. þb. 4 : pr.

(2) Lorsque le demandeur (volé) a le *vilsorþ*, la poursuite du délit n'est point précédée d'une assignation, car le voleur est conduit lié au ting, et s'il est convaincu par les témoins, il ne peut plus rien alléguer pour sa défense.

XL. — (1) Il en est ainsi pour les vols peu importants et pour les vols pleins, lorsque le *furtum* n'est pas *manifestum*.

s'agit de moins d'un demi-öre et de plus de quatre penning,
(l'accusé) fera la preuve négatoire avec trois hommes ou paiera
une amende de trois öre. S'il s'agit de quatre penning ou de
moins, (l'accusé) fera la preuve avec son seul serment. Alors
celui qui est accusé de vol est dégagé de toute responsabilité.

XLI

Si quelqu'un accuse un bonde et prétend qu'il l'a lié, le
bonde a le droit de se justifier avec le serment de trois tylpt.
S'il échoue dans ce serment, il paiera une amende de quarante
marks. Si quelqu'un arrive lié au ting et accuse une personne
de l'avoir lié et que celle-ci nie, douze hommes doivent le décider (1). S'ils acquittent le défendeur, il sera acquitté; s'ils le
condamnent, il paiera une amende de quarante marks (2) pour
avoir lié un innocent et l'avoir emmené avec violence (3). —
§ 1. Si quelqu'un vient au ting avec son voleur (4), il jurera
au premier ting, que ce soit un jour de jeûne ou non, que ce
soit un jour ouvrable ou un jour férié (5), sauf à partir du cinquième dimanche de carême jusqu'à la septième nuit après
Pâques, à moins qu'il n'ait volé pendant ce temps de paix; il
pourra alors être convaincu de son crime aussi bien pendant le
temps de paix qu'en dehors, et il sera alors soumis aux peines
du vol. Le juge n'a pas le pouvoir de différer son jugement au
delà du premier ting; quand il doit juger le voleur, que les

XLI. — (1) Cf. Sm. þb. 6; Wm. II, Mb. 26 : 6; H. Mb. 28.

(2) Les lois nationales et la loi municipale de Magnus Eriksson ont aggravé
la pénalité et décidé que le crime d'arrestation illégale constituerait une violation de l'edsöre royal. MELl. Eds. 37 ; Chr. Ll. Eds. 20 ; St. Eds. 21. Cf.
Schlyter, *Jur. afhand.*, I, p. 104.

(3) Un manuscrit ajoute : « S'il ne vient personne qui poursuive, il n'encourra aucune responsabilité ». Schlyter, p. 166, note 53.

(4) Pour la poursuite de certains crimes graves, les lois provinciales autorisent généralement la convocation du ting en dehors des époques normales
de réunion. Ög. Bb. 22; Wm. I. þg. 1 : 1; II þg. 5; Sm. þg. 3. Cf. Nordström, II, p. 520.

(5) C'est là une exception à la règle posée *infrà* (þg. 5 : 1) sur l'interdiction
des serments un jour de jeûne ou un jour férié.

objets recouvrés sur celui-ci et que les témoins de ce recouvrement (6) sont présents (7).

XLII

Si un mineur commet un vol plein ou moindre, il y aura lieu au paiement d'une amende du quart de celle que paierait un majeur, que le vol soit plus ou moins considérable. Un mineur ne peut perdre la vie à raison d'un vol ou d'un meurtre (1).

XLIII

Si quelqu'un revendique le sien, en quelque lieu que ce soit, qu'il s'agisse d'une chose inanimée ou animée, celui-là a le *vitsorþ* qui a (la chose) entre les mains (1). Il a le droit de prouver que la chose est née chez lui (2), si c'est une chose vivante, ou qu'elle a été fabriquée chez lui, si c'est une chose inanimée, qu'elle a été donnée à titre de commodat, de bail, qu'il l'a trouvée et publiée (3), ou qu'il l'a reçue en gage, ou

---

(6) Le texte les nomme *aterfangs vitni*. *Aterfang* = res furtiva a domino ex manibus furis recepta. Schlyter, Gl. Upl.

(7) Il ne semble pas que la procédure prescrite *infrà* (þb. 9 : pr.) pour la production des témoins soit applicable dans notre cas. Nordström, II, p. 723.

XLII. — (1) Même règle : Sm. þb. 6 : 2; Wm. II, Mb. 26 : 10; H. Mb. 28 : 3. — V. *suprà*, Mb. 2, note 1.

XLIII. — (1) Le possesseur étant, avec raison, présumé propriétaire, il en résulte que c'est à lui qu'appartient le *vitsorþ*, l'avantage de la preuve, et quand il a établi son droit de la manière prescrite par la loi, le revendiquant ne peut faire une preuve contraire. Cf. Landtmanson, *Om commodum possessionis*, p. 33. Björling, *Exstinktiva laga fång till lösören*, p. 88 et 93.

(2) La contradiction directe à la demande en revendication consiste pour le défendeur à invoquer un mode d'acquisition originaire, de sorte qu'il a le droit de conserver la chose indépendamment du droit qu'une autre personne a pu conférer sur elle. La justification d'un pareil mode d'acquisition fait tomber définitivement la revendication. Les deux modes originaires prévus par les lois sont nommés l'un *hemföda*, naissance à la maison, quand il s'agit d'une chose animée, esclave ou animal (la loi de Westrogothie I, þb. 9 emploie aussi l'expression *fylsvat*. Cf. Beauchet, p. 243, note 5), l'autre *hemgærþ* (fabrication à la maison), quand il s'agit d'une chose inanimée, comme des armes, des vêtements, etc. Cf. Wg. I, þb. 9 et 10; II, þb. 41; Og. Vins. 6 : 3.

(3) Le défendeur allègue ici que son droit repose sur une occupation légale, c'est-à-dire que sa trouvaille d'une *res derelicta* a été l'objet d'une publication, *lysning*.

qu'il l'a acquise par voie d'achat ou d'échange. S'il prétend qu'elle est née ou fabriquée chez lui, où qu'elle soit revendiquée, si elle a une valeur inférieure à un demi-mark, que ce soit une chose inanimée ou animée, il se justifiera avec deux hommes et lui-même troisième. Si elle a une valeur inférieure à quatre penning ou si elle vaut quatre penning, il fera la preuve avec son seul serment. Si on revendique une chose d'une valeur d'un demi-mark ou de plus d'un demi-mark, il (le possesseur) a le droit de la défendre, que ce soit une chose inanimée ou animée, avec (le serment de) cinq hommes et lui-même sixième. — § 1. S'il invoque la *lysning*, ou un engagement, un commodat ou une donation, la même *leþsn* (4) aura lieu pour la donation que pour les autres titres d'acquisition (5). La même loi est applicable au commodat. Si la chose a une valeur inférieure à un demi-mark, (le possesseur) fera alors la preuve avec deux hommes et lui-même troisième ; si elle a une valeur supérieure ou égale à un demi-mark, il fera alors la preuve avec cinq hommes et lui-même sixième. S'il prétend qu'il l'a reçue à titre de gage, de commodat ou de bail, et si elle a une valeur inférieure à un demi-mark, il le prouvera avec deux hommes et lui-même troisième. Si elle a une valeur d'un demi-mark ou plus, il le prouvera avec cinq hommes et lui-même sixième, qu'il s'agisse de gage, de commodat ou de louage. En tant qu'il ne reconnaît pas que la chose a été ainsi livrée, on fera la preuve comme il vient d'être dit ; si celui qui a livré la chose l'avoue, il la reprendra alors sans serment (6).

(4) V. sur le sens de ce mot, *suprà*, Index, C. XLIV, note 8.

(5) C'est-à-dire que, pour prouver que le défendeur tient la chose d'un auteur, la procédure est la même, quel que soit le titre d'acquisition invoqué par le défendeur

(6) Le § 1 de notre chapitre est assez obscur. Aussi a-t-il été l'objet d'interprétations assez divergentes. Celle qui nous paraît la plus rationnelle est la suivante. Notre chapitre suppose l'exercice d'une revendication mobilière contre un possesseur accusé de détention illégale. La loi indique les différents *vitsorþ* que le défendeur peut invoquer. Elle dit d'abord comment il doit établir l'*hemföda* et l'*hemgærþ*, au moyen d'un serment confirmé par un certain nombre de témoins, d'après la valeur de la chose. Elle signale ensuite en passant la *lysning*, puis arrive aux titres d'acquisition dérivés, à l'occasion desquels il y a lieu à la *leþsn*. Elle indique alors comment le possesseur doit faire la preuve qu'il tient la chose de son auteur : c'est-à-dire

XLIV

Si quelqu'un revendique sa chose ou l'appréhende (1), quelle que soit cette chose (2), animée ou inanimée (3), s'il (4) invoque la *leþsn* et prétend qu'il tient la chose par achat ou échange (5), elle doit être mise entre les mains d'un séquestre (6) sans serment (7). Ensuite il doit accomplir la *leþsn*. S'il peut accomplir la *leþsn*, il sera dégagé de toute responsabilité (8). S'il ne peut pas l'accomplir, alors le premier *skuli* (9) sera con-

au moyen d'un serment réglé d'après la valeur de la chose, preuve qui n'est nécessaire que dans le cas où l'auteur n'avoue pas avoir remis la chose au défendeur. Mais si celui qui « a livré la chose » se reconnaît volontairement l'auteur du défendeur, aucune preuve n'est plus nécessaire ; il « reprend la chose », c'est-à-dire en ce qui concerne sa représentation dans le procès en revendication, « sans serment » par le défendeur. Cf. Estlander, p. 127, 128, — V. toutefois, Serlachius, p. 30 ; Uppström, p. 50.

XLIV. — (1) *Handsama = manu prehendere*. Peut-être, à l'origine, certaines formalités étaient-elles requises pour l'introduction de la revendication, le demandeur mettant la main sur la chose en même temps qu'il affirmait ses droits sur elle. En tout cas, ces formalités, qui rappelleraient l'*anefang* de l'ancien droit allemand (Brunner, *Deutsche Rechtsgeschichte*, II, p. 498), ne sont plus obligatoires à l'époque de la rédaction des lois provinciales, ainsi que cela résulte de la disjonctive *ou* employée au texte. Cf. Serlachius, p. 32, note ; Estlander, p. 55.

(2) Les lois n'exigent pas que la chose revendiquée porte une marque qui puisse servir à l'identifier, *bolsmærki*, par exemple. V. *infrà*, Wb. 27 : 1. Cf. Estlander, p. 57.

(3) La loi n'exige aucune assignation préalable, outre celle qui avait lieu à l'occasion, quand la chose était trouvée en la possession du défendeur. Estlander, p. 68.

(4) Le possesseur, défendeur à la revendication.

(5) La procédure serait la même pour tout autre mode d'acquisition dérivé, Estlander, p. 128.

(6) Cf. Wg. I, þb. 8 : pr. Nordström, II, p. 694.

(7) Le demandeur, lorsqu'il réclame la mise de la chose sous séquestre, n'a ainsi aucun serment à prêter, *juramentum de calumnia*. Estlander, p. 63.

(8) Si le possesseur peut accomplir la *leþsn*, il est purgé du soupçon de vol qui pesait sur lui, sinon il est considéré comme voleur et paie l'amende du vol, proportionnée à la valeur de la chose volée.

(9) *Skuli = proprie protector, defensor* (de *skyla = protegere*). Schlyter, Gl. Upl. Dans le glossaire de la loi d'Upland, Schlyter entend par le premier *skuli = proximus auctor, a quo possessor rem litigiosam accepit, cuique lis primum denuntiata*. Mais, dans son glossaire général (p. 569) ainsi que dans ses *Addenda* au glossaire de la loi de Gotland (p. 380), Schlyter reconnaît que

damné à une amende de quarante marks, si la chose qui a été
saisie sur lui vaut un demi-mark ou davantage; si elle vaut
moins d'un demi-mark, il paiera l'amende comme il est dit
précédemment. Maintenant chacun d'eux mène (la chose litigieuse) chez un autre, jusqu'au sixième homme : là s'arrête
la *leþsn* (10). Il a alors le droit de justifier que la chose est
née ou a été fabriquée chez lui, ou qu'il l'a trouvée et publiée
ou qu'il en a eu la longue possession (11). Il ne peut la mener
ni en arrière ni en avant (12). S'il échoue dans la preuve qui

dans notre texte le « premier *skuli* » doit s'entendre de « celui chez qui la
chose litigieuse a été trouvée », défendeur à la revendication. Ce sens résulte,
en effet, forcément de ce qui suit et où, en parlant du premier *skuli*, on dit
que « la chose a été saisie sur lui ». Schlyter (Gl. p. 369) explique la manière
de parler de notre loi en disant que, la chose devant être menée « au
sixième homme », le possesseur devait être compris dans le nombre. On
peut toutefois préférer l'explication d'Ihre (Gl. v° *Skuld*), qui fait dériver
skuli de *skula* = *debere*, le mot *skuli* correspondant alors au mot *accusatus*, expression qui peut s'appliquer au défendeur originaire aussi bien qu'à son auteur. Cf. Estlander, p. 131; Amira, p. 558.

(10) La *leþsn*, ou *deductio* de la chose en remontant d'un auteur à l'autre,
est limitée par notre loi « au sixième homme, *til siættæ manz* », tandis que la
loi de Sudermanie (þb. 8) la limite « au cinquième homme, *til fæmtæ manz* ».
Peut-être, malgré la différence des textes, y a-t-il au fond identité entre les
deux dispositions, si l'on admet que la loi d'Upland compte parmi les six
hommes le défendeur, le premier *skuli* (V. la note précédente). Cf. Estlander,
p. 131. Les lois de Vestmanie et d'Helsingie ne paraissent admettre aucune
limitation à la *leþsn*. Les lois gothes limitent ces recours successifs au troisième vendeur, *til triþia sala*. V. Beauchet, p. 241, note 5.

(11) Le droit de poursuivre la *leþsn* de degré en degré est un avantage
pour le possesseur. Aussi quand certaines lois, comme la nôtre, viennent fixer
une limite à la *leþsn*, c'est évidemment au détriment du possesseur. L'avantage qu'il perd par cette limitation, ce n'est point évidemment celui de pouvoir se soustraire à la responsabilité criminelle du vol, car cet avantage il
l'obtient par cela seul qu'il a pu remonter à son premier auteur. Ce qu'il
perd, c'est la faculté de pouvoir, en remontant plus haut, établir que les
acquisitions successives découlent d'un véritable propriétaire, ce qui lui per-
mettrait de conserver la chose contre le revendiquant. En posant une limite
à la *leþsn*, on a voulu empêcher les procès en revendication de s'éterniser.
Cette limite peut s'expliquer aussi par ce motif que, dans les sociétés où les
relations commerciales sont peu développées, les choses changent rarement de
propriétaire, et le fait de transmissions multiples peut faire supposer que le
possesseur a acquis la chose d'une façon suspecte. Aussi paraît-il suffisant
de s'arrêter soit au troisième auteur, comme dans les lois gothes, soit au
cinquième, comme dans certaines lois du Svealand. Cf. Estlander, p. 184.

(12) Chaque *auctor* (*skuli*) mis en cause, dans la limite de la *leþsn*, peut, à

vient d'être dite, il paiera l'amende selon la valeur de la
chose saisie. Si elle vaut un demi-mark ou plus, il paiera
alors une amende de huit marks. Le skuli qui peut se justifier
ainsi sera dégagé de toute responsabilité (13). — § 1. S'il offre
le serment négatoire (14), alors celui qui revendique prêtera serment avec deux hommes que la chose est sienne
et la reprendra (15), et l'autre (16) fera la preuve avec des témoins selon la valeur de la chose volée et retrouvée, et, la
preuve négatoire ne lui étant pas permise (17), il sera condamné

l'exception du dernier, remonter lui-même à son auteur. Il a donc le droit
d'invoquer les mêmes titres d'acquisition que le défendeur primitif. S'il justifie de l'existence à son profit de l'un de ces titres, il est dégagé de toute
responsabilité, *wari saklös*, comme le décide la disposition finale du pr.
Quant au dernier *skuli* (le sixième homme), la loi limite les titres qu'il peut
invoquer : ce sont : l'*hemföda*, l'*hemgær þ* (*suprà*, c. 43, note 2), la *lysning*,
(*suprà*, c. 43, note 3) et enfin la longue possession (*alderhæfd*). Les titres dont
la preuve est permise au dernier *skuli*, ne peuvent avoir pour résultat de
mêler un autre tiers au procès, afin d'arrêter définitivement la procédure.
Par cette « longue possession » la loi entend probablement que la chose
s'est trouvée en la possession du défendeur ou de sa famille si longtemps
qu'il est devenu impossible de prouver la légitimité de son acquisition primitive. Cf. Björling, *Exstinct. lagaf. till lösören*, p. 30 ; Estlander, p. 161.

(13) La loi confirme ainsi la limitation précédemment édictée de la *leþsn* au
sixième homme.

(14) Si le *skuli* mis en cause ne peut se justifier en établissant l'existence
à son profit, soit d'un titre originaire d'acquisition, soit (pourvu qu'il ne soit
pas le dernier dans la *leþsn*), d'un titre dérivé, il encourt l'amende du vol.
V. *infrà*, c. 45 : pr. Cette amende est, pour lui, égale à celle qu'encourt un
individu accusé de vol qui, ayant le droit de se défendre avec son serment,
échoue dans sa preuve. Devant cette défaillance de son *skuli*, le défendeur
doit restituer la chose au demandeur, V. *infrà*, § 1.

(15) C'est-à-dire si le *skuli* mis en cause nie avoir transmis la chose au *skuli*
précédent ou au défendeur originaire.

(16) Le possesseur défendeur. — Comme, à la différence de ce qui a lieu
dans les lois gothes, les ventes mobilières, dans le Svealand, se passent sans
intervention de *vin* (v. Beauchet, p. 247, note 2), le possesseur, actionné
en revendication, doit établir son titre d'acquisition au moyen des témoins
qui ont assisté au contrat conclu entre lui et son auteur, qu'il met en cause.
Le nombre des témoins exigés pour cette *leþsn* (Cf. *suprà*, c. 43 : 1) est
déterminé d'après la valeur de la chose litigieuse, et il correspond à celui
qu'exige notre loi (Kp. 5 : 3) pour la validité des ventes mobilières. V. *suprà*,
c. 43, note 5.

(17) A l'auteur mis en cause, du moment que la preuve testimoniale de la
transmission a été fournie.

et celui qui est convaincu par les témoins paiera l'amende. S'il
ne peut pas convaincre par des témoins, il paiera lui-même
l'amende (18). Avec ces témoins on doit procéder à la *leþsn* :
toutes les fois que la chose litigieuse vaut moins d'un demi-
mark et plus d'un demi-öre, on doit faire la preuve avec deux
hommes : l'amende est alors de trois marks. Si elle vaut moins
d'un demi-öre et plus de quatre penning, il doit alors faire la
preuve avec deux hommes et lui-même troisième : l'amende
est (alors) de trois öre. Si elle vaut un demi-mark ou plus d'un
demi-mark, il doit faire la preuve avec cinq hommes et lui-même
sixième, et l'amende est de huit marks si la preuve par la *leþsn*
échoue. Celui de ces six qui, sauf le premier (19), échoue dans
sa preuve, paiera une amende de huit marks pour le vol, si c'est
un vol plein. Si une chose est conduite chez un esclave (20), son
maître le défendra, ou paiera l'amende pour lui comme pour
un homme libre, ou bien abandonnera l'esclave au demandeur
pour le délit commis par lui. — § 2. Si l'on invoque un titre
d'acquisition et si l'on nomme pour son auteur quelqu'un qui
ne demeure pas dans la province et la laghsagha, la chose litigieuse sera remise à un séquestre, et celui qui est actionné en
revendication cherchera après son garant ; il le produira dans
le délai de trois semaines, s'il n'a pas d'excuses légales, sinon
le bonde reprendra sa chose, et celui-là qui avait la chose entre les mains paiera une amend e de trois marks pour avoir
échoué dans la *leþsn* (21).

(18) Il s'agit ici du possesseur qui échoue dans la preuve testimoniale dont
il vient d'être parlé.

(19) Le premier *skuli*, à savoir le même dont nous avons parlé *suprà*,
note 7.

(20) La loi accorde ainsi au demandeur le droit de reprendre sa chose aussitôt après la dénégation du *skuli* et avant que le défendeur n'ait pu faire contre
celui-ci la preuve par témoins de la transmission. Cette reprise de la chose
par le demandeur ne peut donc être qu'une mesure de précaution, car il ne
peut la conserver définitivement qu'après la vérification des allégations du
défendeur.

(21) C'est-à-dire si c'est un esclave que le possesseur indique comme son
auteur, son *skuli*. Cf. Sm. þb. 8 : 5. Amira, p. 394.

XLV

Si l'on invoque un garant (1) dans le hundari, on devra le produire dans le délai (2) de six nuits s'il habite dans le hundari, de neuf nuits s'il habite dans un autre hundari, de quatorze nuits s'il habite dans un autre folkland, de trois semaines s'il habite dans une autre province. Le garant doit alors se présenter et défendre en justice pour y défendre l'aliénation. S'il se présente en justice et défend l'aliénation, il paiera l'amende s'il ne peut fournir la preuve légale (3). — § 1. Le garant peut avoir des excuses (4) : la première a lieu s'il est malade ou blessé, la seconde s'il est au service du royaume ou occupé aux affaires de son maître, la troisième s'il est à la recherche de ses bestiaux égarés, la quatrième si l'une des personnes dont il a le soin est morte dans sa maison, ou s'il a un incendie dans sa maison, la cinquième s'il navigue à l'étranger. L'instance doit alors être suspendue (5) jusqu'à ce qu'il soit libéré de son empêchement, et il fera avec deux témoins la preuve de son excuse.

XLVI

Si des héritiers accusent quelqu'un d'homicide et de meurtre, si le défendeur est présent et avoue le meurtre, mais dit qu'il a tué un voleur qui se sauvait (1), qu'il n'a pas pu appréhender son voleur sans le tuer, tandis que ceux qui poursuivent l'homicide le nient et disent qu'un innocent a été tué, douze hommes doivent alors soit acquitter, soit condamner le défendeur. S'ils l'acquittent, il sera dégagé de toute responsa-

---

XLV. — (1) *Hemulzman*, de *hemula* = appropriare, defendere.

(2) Le délai pour mettre le garant en cause varie dans les différentes lois provinciales. Wg. II, þb. 39; Ög. Vins. 6 ; Wm. I, Bb. 35 : 1 ; II, Mb. 28; Sm. þb. 8, 9; H. Mb. 29.

(3) V. *suprà*, c. 44, notes 10 et 12.

(4) Les autres lois provinciales admettent également des excuses au profit du défendeur ou de son garant, s'ils ne peuvent accomplir la *leþsn* dans le délai fixé par la loi. Cf. les textes cités *suprà*, note 2.

(5) Estlander (p. 125) admet que c'est la chose litigieuse qui est mise sous séquestre.

XLVI. — (1) Le texte emploie l'expression *runþiuver* (de *rinna* = currere). Loccenius traduit à tort ce mot par « caballi fur ».

bilité; s'ils le condamnent, il sera condamné à l'amende simple du meurtre.(2) (*sporgæld*)(3).

XLVII

Si quelqu'un veut perquisitionner (1) sa chose qui lui a été volée, il doit alors aller dans la maison avec six hommes dignes de foi et domiciliés, lui-même sera le septième, et le huitième sera le länsman ou le juge (2). Ils doivent requérir la perquisition. Ils peuvent perquisitionner sans donner de gage(3), si les deux parties sont d'accord. Si la chose (volée) est trouvée dans sa maison close, il indiquera son titre d'acquisition (4); si elle est trouvée dans sa maison non close, il pourra prêter serment (5), comme dans tout autre *vænsla mal* (6). — § 1. S'il ne veut pas laisser perquisitionner sans que des gages soient donnés, chacun donnera un gage de trois marks, et on prendra un séquestre dépositaire des gages. Il doit alors ouvrir et l'autre doit désigner ce qu'il a perdu et en indiquer les signes. Ensuite trois hommes doivent entrer : ils doivent pénétrer la ceinture dénouée, tête nue et un capuchon sur les épaules, et ils sont d'abord fouillés pour qu'une

(2) Le voleur, par son délit, s'est mis hors la paix publique, ce qui explique qu'il peut être impunément tué *flagrante delicto.* Cf. Sm. þb. 11 ; Wm. II, Mb. 26 : 17 ; H. Mb. 30.

(3) V. *suprà*, c. 9 : 2.

XLVII. — (1) *Ranzakæ.* C'est une procédure semblable à celle de la loi de Vestrogothie (Beauchet, p. 237 et s.). Mais il y a des différences de détail entre les lois du Götaland et celles du Svealand.

(2) La loi de Vestrogothie (I, þb. 5; II, þb. 30) n'exige ni l'autorisation, ni le concours d'une autorité, mais seulement l'assistance des voisins. Il en est de même en Sudermanie et en Helsingie. Sm. þb. 12; H. Mb. 31. La loi de Vestmanie (II, Mb. 30) prescrit l'assistance du länsman ou du juge.

(3) Les lois du Svealand autorisent toutes le propriétaire perquisitionné à exiger cette constitution de gage ou pari préalable, *væþ.* Sm. þb. 12 : 1; H. Mb. 31; Wm. I, þb. 7 ; II, Mb. 30 : 1. V. sur le *væþ, suprà*, Kkb. 19, note 8.

(4) La chose étant trouvée dans la maison close, le perquisitionné ne peut se justifier par son seul serment, comme dans l'hypothèse suivante ; il doit, pour se purger du soupçon de vol, préciser son titre d'acquisition.

(5) Le serment du perquisitionné doit être confirmé par des cojureurs dont le nombre varie suivant la valeur de la chose litigieuse. V. *suprà*, Mb. 40.

(6) V. sur le sens de cette expression, *suprà*, Æb. 25, note 5. Cf. Mb. 30.

abyrþ (7) ne soit pas portée chez le bonde. Si la chose volée est trouvée dans une maison non close, (le propriétaire de cette maison) a le droit de se défendre avec le serment. Si elle est trouvée dans une maison close, où il y ait dans la muraille une fenêtre ouverte en haut ou en bas, de telle sorte qu'une chose semblable à celle qu'on recherche a pu pénétrer par là, le bonde a le droit de se défendre avec son serment. Si elle est trouvée dans sa maison close et s'il n'y a pas d'ouverture comme il a été dit, le bonde n'a pas le droit de se défendre avec son serment ; il paiera alors l'amende et sera qualifié de voleur. Et alors on peut le lier et le conduire au ting, et prouver que la chose volée a été trouvée chez lui avec six hommes comme sur un voleur, et il sera ensuite soumis aux peines du vol. Si la chose n'est trouvée ni dans une maison close ni dans une maison non close, le bonde prendra alors l'objet qu'il a donné en gage et déposé et il sera dégagé de toute responsabilité (8). — § 2. S'il ne veut ni provoquer de dation de gage ni ouvrir, alors ceux qui sont venus ouvriront la porte de force. Si la chose volée est trouvée alors dans sa maison close, il n'aura pas le droit de se défendre par le serment, mais il paiera l'amende et sera qualifié de voleur. Si elle n'est pas trouvée dans sa maison close ou non close, ils paieront une amende de trois marks pour avoir violé son domicile (9). S'il résiste avec violence, celui-là qui se trouve sur place le premier sera dans l'amende simple, et celui qui survient sera dans l'amende double, soit en cas de meurtre, soit en cas de blessure (10). —

(7) *Abyrþ* = rei furnvæ in alienum domum clandestina translatio. Schlyter, Gl. Upl. Cf. Beauchet, p. 238, note 4.

(8) Lorsque la ransakan ne donne aucun résultat, les deniers engagés, s'il y a eu *væþ*, échoient au propriétaire de la maison indûment inquiété. Sm. þb. 12 : 1 ; Wm. II, Mb. 30 : 1. Cf. Amira, p. 230.

(9) Les lois nationales de 1347 et de 1442 affranchissent de toute responsabilité les voisins et les témoins qui ont prêté leur concours à la ransakan. MELl. þb. 12 : 1 ; Chr. Ll. þb. 13 : 1.

(10) C'est-à-dire que la vie ou les membres du propriétaire soumis à la ransakan sont protégés par une amende moitié moindre que la vie ou les membres de celui qui veut procéder à la ransakan ou de ses compagnons, à l'encontre de ce qui aurait lieu en dehors de toute ransakan, car la violation de la paix du domicile donne lieu à des amendes plus élevées contre l'agresseur. V. *suprà*, Mb. 11 : 1, 12 ; 1, 5 ; Kgb. 5. — V. dans le même sens : Sm. þb. 12 : 2 ; Wm. ll, Mb. 30 : 2.

§ 3. Si quelqu'un veut perquisitionner dans la maison d'une autre sa chose volée, et si le bonde n'est pas chez lui, mais que son épouse y soit (11), il aura le droit de perquisitionner comme si le bonde était chez lui. Le bonde peut ne pas être marié, et avoir à sa place un bryti ou une gouvernante, un frère ou un fils : la règle sera la même. — § 4. Si l'on revendique une chose qui a été achetée de la femme d'un bonde (12), celui qui a acheté se justifiera de l'accusation de vol avec les témoins de la vente (13), et il a perdu ses penning pour tout ce qu'il achète d'elle en plus de quatre penning (14), et, en outre, il paiera une amende de trois marks (15). — § 5. Si quelqu'un commet un vol et est arrêté dans une autre province et avoue lui-même son crime, si le demandeur peut le convaincre légalement là où il l'appréhende, il y subira la peine du vol; si (le demandeur) ne le peut pas, il le mènera là où le crime a été commis, et là l'accusé convaincu du crime subira la peine qu'il comporte. — § 6. Si des *hussætis mæn* (16) ou des gens qui ont loué la maison se trouvent dans celle-ci, alors seront responsables de la maison et de tous ceux qui y viennent ceux qui ont les clefs de la maison. Quand on a une maison, celui-là qui porte les clefs sera responsable de la maison où une chose volée a été trouvée. Pour tout ce qui vient sous la serrure du bonde ou dans sa maison, le bonde et sa femme devront tous deux payer l'amende du vol. Si (la chose volée) est trouvée en dehors de la maison, celui-là paiera l'amende qui

(11) *Sic*, Wg. II, þb. 34; H. Mb. 31 : 1. — Cf. Ög. Vaþ. 32 : 4. — Il est probable qu'en cas d'absence du propriétaire de la maison, sa femme ou, à défaut de celle-ci, les personnes dont parle notre texte, considérées comme ses représentants, étaient autorisés à *væþia* (instituer un *væþ*) contre celui qui voulait perquisitionner. Amira, p. 355.

(12) C'est un des cas où le garant invoqué par le défendeur à la revendication (ou à l'accusation de vol) est sans qualité pour fournir la garantie (*hemult*). La règle de notre texte se rattache à une autre règle posée *infrà*, kpb. 4, sur l'incapacité de la femme mariée. Cf. Sm. þb. 12 : 4.

(13) Cf. Björling, *Extinct. laga fäng*, p. 89 et s.

(14) C'est-à-dire que la vente est nulle si elle a un objet valant plus de quatre penning, mais le défendeur est soustrait à la responsabilité criminelle en prouvant le fait de la vente.

(15) L'amende de trois marks est celle prononcée pour la vente illégale par le c. 4, Kpb., *infrà*.

(16) Sur l'*hussætis man*, V. *suprà*, Kkb. 7 : 7, notes 21 à 23.

B. 11

l'a volée, et ceux qui demeurent avec lui n'encourront aucune responsabilité (17).

XLVIII

Si quelqu'un est accusé d'avoir eu en garde une chose volée par un autre, et si elle est trouvée dans sa maison, sans qu'il cherche à nier, et s'il avoue qu'elle se trouve chez lui, le bonde pourra prouver avec le serment de dix hommes qu'il ignorait que la chose fût volée : s'il se justifie par le serment, il sera acquitté; s'il est condamné, il paiera une amende de trois marks. S'il nie, il paiera alors l'amende et sera qualifié de voleur (1), si la chose est recouvrée par la perquisition; il y aura toujours lieu à dation réciproque de gages pour toutes les perquisitions. — § 1. Si l'on accuse quelqu'un d'avoir engagé le serviteur d'un autre à commettre un vol domestique (2), (l'accusé) se justifiera avec le serment de dix-huit hommes ou paiera une amende de six marks.

XLIX

Si quelqu'un soustrait des épis dans un champ et est pris sur le fait, il paiera une amende de trois öre. Si le voleur est surpris avec un récipient où il a rassemblé les épis, il paiera une amende de trois marks. Si l'on prend deux ou trois gerbes, on paiera une amende de trois marks. Si on prend toute la meule on paiera une amende de huit marks. On convaincra ce voleur de la même manière que tous les autres. Si l'on vole du grain

(17) *A contrario*, tous ceux qui se trouvent en communauté de biens avec le voleur sont responsables solidairement avec lui de l'amende quand la chose volée a été trouvée dans la maison. Cf. Wm. II, Mb. 30 : 6. Amira, p. 184.

XLVIII. — (1) Tandis que les complices du meurtre par assistance ou instigation n'encourent point la même responsabilité que l'auteur principal, les complices du vol par les mêmes procédés et par recel sont punis comme le voleur lui-même. C'est ce que décide déjà formellement la loi de Vestrogothie, I, þb. 4, II, þb. 29 (Beauchet, p. 236). Cf. Ög. Vaþ. 32 : 5, Sm. þb. 10; Wm. II, Mb. 31; H. Mb. 31 : 2.

(2) Le vol domestique n'est pas puni plus sévèrement qu'un autre vol, mais il peut donner lieu à la poursuite exceptionnelle dont parle notre texte. Ög. Vaþ. 38; Sm. þb. 10; Wm. II, Mb. 26 : 14; H. Mb. 31.

dans un champ plus qu'une meule, et s'il est prouvé que le vol est d'un demi-mark ou davantage (le coupable) paiera une amende de quarante marks ou perdra la vie, selon la valeur de la chose volée (1), et il sera qualifié de voleur de récoltes (*agnæ bakær*) (2). — § 1. Si quelqu'un vole des raves, des pois, des fèves, des noix, des glands et est pris sur le fait, il sera convaincu de ce délit de la même manière que d'un autre vol, et il paiera l'amende suivant la valeur de la chose volée, et selon que la preuve sera faite. On convaincra son voleur (du vol) comme tout autre voleur (3). — § 2. Toutes les fois qu'une femme commet un vol, on agira contre elle pour la preuve du vol comme vis-à-vis de tout autre, et la femme subira la même peine que l'homme, à moins que le crime ne comporte la mort. Si elle est condamnée à mort, on doit l'enterrer vivante : on ne peut faire subir à une femme le supplice de la roue ni la pendre (4).

L

Si quelqu'un vole dans une église ou dans le cimetière des choses appartenant à d'autres ou à l'église elle-même, ou fracture l'église, et s'il est pris sur le fait, il ne jouira pas plus de

XLIX. — (1) Le délit dont il est question au texte ne doit pas être confondu avec l'*aværkan* commise par empiètement sur le terrain du voisin au moment de la récolte. Le vol de récoltes est réprimé très sévèrement par toutes les lois provinciales et il est assimilé au vol commis dans une maison, car, comme le dit la loi de Vetsmanie, « les échaliers servent de murs aux champs et le ciel leur sert de toit ». Wm. I, þj. 2 : þr.; II, Mb. 26 : 11. La loi d'Ostrogothie dit également du voleur de récoltes que « il viole la serrure de Dieu, *brytær guzs las* ». Ög. Eþ. 32. Cf. Wg. II, þb. 58.

(2) Les anciens auteurs ont donné des explications différentes de cette expression. Loccenius estime « istos fures inde esse ita dictos, quod segetem asportarent domum et per trituram ita detererent, ut solæ ferme paleæ superessent (paleæ = *agnar*), quibus a tergo furum alligatis (*a bak bundin*) ita in rei furtivæ signum in judicium ducebantur ». Verelius dérive cette expression des mots *agn* et *banka* = tundere. Ihre se rallie à l'interprétation de Loccenius, mais par un motif différent. Il dit « furem fruges dorso imponentem vestigia furti paleas relinquisse ». L'opinion de Loccenius nous paraît la plus plausible. Cf. Herrig, *De rebus agrariis suecicis*, p. 44.

(3) Cf. Wm. I, þb. 2; II, Mb. 26 : 11; MÆLI. þb. 26; Chr. Ll. 27.

(4) Cf. Wm. II, Mb. 32; H. Mb. 32. Dans les lois provinciales le *gifloman* de la femme a cessé d'être responsable des délits de celle-ci.

la paix en ce lieu que partout ailleurs (1). S'il a été appréhendé avec l'objet du vol, et est convaincu de son crime, il subira la peine du vol qu'il a encourue, dans chaque cause, selon la gravité du crime.

LI

Si quelqu'un appréhende le voleur d'un autre, s'il saisit à la fois et ensemble le voleur et l'objet volé, que celui qui a été volé survienne et réclame en même temps le voleur et l'objet volé, alors celui qui a appréhendé le voleur a droit au quart de tout ce qu'il a saisi sur le voleur, que ce soit plus ou moins (1), et le bonde recouvrera son voleur et tout ce qui est en plus que le montant du rachat légal (2). Le quart de l'objet volé, c'est le rachat légal (3). — § 1. Si quelqu'un prétend qu'il a pris quelque chose à un voleur, et que le voleur s'est échappé, et que survienne celui qui est propriétaire, celui-ci prendra son bien sans rachat et jurera d'abord avec deux hommes que (l'objet) lui appartient, et il (4) reprendra ainsi son bien, et l'autre, qui avait l'objet entre les mains, se justifiera de la suspicion de vol avec les témoins venant attester qu'il a publié sa trouvaille. — § 2. Si quelqu'un vient au ting sans être lié, avoue un vol plein, on le liera avec douze qui ont entendu (son aveu), et il encourra ensuite les peines du vol d'après son délit (5).

L. — (1) C'est une exception au droit d'asile admis en faveur des églises. V. *supra*, Kkb. 22, note 6. — Cf. Sm. þb. 11; H. Mb. 33.

LI. — (1) Le désir d'assurer une répression énergique du vol a amené le législateur à donner un salaire pour ce qui n'est que l'accomplissement d'un devoir civique, à savoir l'arrestation du voleur. Cf. Wg. I, þb. 3 : 1; II, þb. 25, 27; Ög. Vaþ. 38 : 1; Sm. þj. 13 : pr. ; Wm. I, þj. 10; II, Mb. 26 : 8; H. Mb. 34 : pr.

(2) La *lagha lösn,* suivant l'expression du texte.

(3) Les lois gothes admettent une somme fixe comme salaire de celui qui a arrêté le coupable. Wg. et Ög., *loc. cit.*

(4) C'est un cas exceptionnel où l'auteur de l'arrestation, bien qu'ayant rendu un service au volé, n'a pas droit à un salaire. Cf. Amira, p. 748.

(5) L'aveu du coupable produit le même effet que si celui-ci était pris en flagrant délit, et cela non seulement quant à l'application de la peine, mais aussi quant à l'arrestation du délinquant. Cf. Norsdtröm, II, p. 426.

LII

Les trouvailles doivent être rapprochées du vol, car les voleurs trouvent volontiers, de même que le sacristain trouve le calice. Celui qui trouve une chose sur le chemin, quelle que soit la chose trouvée, doit la publier sur le chemin devant les voyageurs qui le suivent ou qu'il rencontre (1). S'il n'y en a pas, il la publiera dans le by le plus proche. S'il y a dans ce by quelqu'un dont il craigne la vengeance, il la publiera dans un second (by) ou dans un troisième ; il la publiera devant un ting du hundari ou devant son église paroissiale. Il pourra aller aussi loin avec la trouvaille qu'il a ainsi publiée. Il doit aussi publier devant le ting du folkland la trouvaille qu'il a faite. — § 1. Si celui qui a perdu sa chose survient avant qu'elle n'ait été publiée, indique les signes et les indices (de sa chose), il jurera alors avec deux hommes et lui-même troisième qu'elle lui appartient, et il la reprendra sans payer de rachat. — § 2. Celui qui a fait la trouvaille peut avoir des témoins de sa publication : alors celui qui a perdu la chose jurera qu'elle lui appartient avec deux hommes et lui-même troisième, et il reprendra sa chose (2), et (l'inventeur) aura un penning par chaque örtug sur la chose trouvée, suivant l'estimation des experts, quelle que soit la trouvaille, de peu ou de beaucoup de valeur (3). Si l'on invoque des témoins de la publication et qu'on échoue dans cette preuve, on paiera l'amende et on sera qualifié de voleur (4), l'amende étant proportionnée au délit.

LII. — (1) Une des conditions requises pour avoir droit au salaire de l'inventeur, c'est la publication (*lysning*) de la trouvaille, par laquelle l'inventeur peut se purger du soupçon de vol. En principe, les lois provinciales exigent une triple publication. Wg. I, þb. 14, 18; II, þb. 48, 49, 53; Ög. Bb. 34 : 1, 37 : pr., § 2; Sm. þb. 13 : 1; Wm. I, Bb. 36, 37, pr.; II, Mb. 33, 35; Got. I, 40, 42; Bj. 19 : 2; H. Mb. 35; MELl. þb. 31-36; St. Th. 11-15. Cf. Amira, p. 747.

(2) L'inventeur a un droit de rétention sur la chose trouvée, tant qu'il n'a pas été payé du salaire auquel il a droit, s'il a observé les prescriptions de la loi. Amira, p. 249, 250.

(3) Le salaire de l'inventeur, que la loi de Vestrogothie (I, þb. 14, 18) nomme *unninghia lagh*, et qui consiste dans une quote-part de la valeur de l'objet trouvé, varie suivant les circonstances dans lesquelles s'est faite la trouvaille. V. *infrà*, c. 53, 54. Cf. Amira, p. 746.

(4) La peine de l'amende peut, dans les anciennes lois suédoises, être cu-

LIII

Si quelqu'un trouve le bétail d'un autre, quel que soit l'animal, si survient celui qui a perdu, s'il indique les marques et les vrais indices, et jure qu'il est à lui avec deux hommes et lui-même troisième, celui qui a trouvé (le bétail) prendra chaque huitième penning (1) (de sa valeur) (2). — § 1. Si quelq'un trouve un cheval dompté ou une jument domptée appartenant à autrui, ou un bœuf dompté, ou une vache, un mouton ou une chèvre, ou un autre animal propre à rendre des services, (le propriétaire) jurera qu'il lui appartient avec deux hommes et lui-même troisième, et il reprendra ensuite son bien sans payer de rachat (3), et l'autre se justifiera de l'accusation de vol avec les témoins de la publication de sa trouvaille. Celui qui travaille avec un cheval appartenant à un (autre) bonde, bien qu'il l'ait trouvé, paiera une amende de trois marks, soit qu'il le selle, soit qu'il l'attelle, s'il ne l'a point auparavant légalement publié (4). — § 2. Si quelqu'un trouve l'esclave d'autrui, il aura le tiers de sa trouvaille (5). Il est question maintenant des choses trouvées dans l'eau.

mulée avec une peine infamante dont l'effet est perpétuel. Il en est ainsi de la qualification de voleur infligée au coupable. Cf. Wm. II, Mb. 31 : pr.; Chr. Ll. Bb. 29 : 2. De même, la loi de Vestrogothie inflige à certains délinquants des qualifications infamantes, comme celle de *græsspæri* (I, Jb. 19. — C. Beauchet, p. 231, note 4), ou celle de *ormylliæ* (I, Jb. 19 : 1. — Cf. Beauchet, p. 232, note 4).

LIII. — (1) Le salaire de l'inventeur, d'après d'autres lois, consiste dans une somme fixe. Ög. Bb. 34 : 1; Sm. þb. 13 : 1; Got. I : 41-43, 45 : pr. § 1.

(2) L'inventeur jouit ici d'un droit de rétention. V. *suprà*, c. 52, note 2.

(3) Il nous semble que, pour concilier le § 1, qui refuse tout salaire à l'inventeur, avec le pr. qui lui en accorde un, il faut supposer, comme dans le c. 51, § 1, que l'inventeur prétend avoir repris la chose à un voleur qui s'est échappé. V. *suprà*, c. 51, note 4.

(4) Il y a là un furtum usus, ou *fornæmi*. Beauchet, p. 259, note. Cf. Wm. II, Mb. 34 : pr.; H. Mb. 36. La loi de Sudermanie (þb. 13 : 1) permet l'usage de l'animal trouvé, pourvu qu'il y ait publication et jugement préalables. Le Code de 1347 (þb. 34 : 1) exige en outre une estimation préalable de l'animal.

(5) Ainsi qu'on le voit par la rubrique de ce chapitre, l'esclave est assimilé à un animal, au point de vue de ses rapports juridiques avec son maître. Cf. *suprà*, Æb. 3 : pr. qui assimile les esclaves à l'or. De même, la loi d'Os-

LIV

Si quelqu'un fait une trouvaille dans un chenal fréquenté, quelle que soit cette trouvaille, il a droit alors à chaque huitième penning (de la chose trouvée). S'il fait une trouvaille au delà de l'archipel côtier, en dehors d'un chenal fréquenté, celui qui a fait la trouvaille en aura le tiers. Toutes les fois que quelqu'un plonge après la trouvaille, il en aura la moitié (1). — § 1. Toutes les fois que quelqu'un trouve une chose inanimée ou vivante et qu'il a préalablement publié la trouvaille, il la remettra au propriétaire en aussi bon état qu'elle était lorsqu'il l'a trouvée, ou fera la preuve négatoire avec son serment dans chaque cause selon la valeur de la chose perdue qu'il (ne l'a pas perdue par sa faute) (2). S'il échoue dans ce serment, il la lui restituera en aussi bon état qu'il la réclame. — § 2. Toutes les fois que quelqu'un fait une trouvaille, il doit se justifier de l'accusation de vol d'abord avec les témoins de la publication, et ensuite celui qui a perdu la chose prouvera qu'elle est à lui avec deux témoins et lui-même troisième, et il reprendra ainsi la chose. —§3. Tous ceux qui sauvent une chose du feu, ou du naufrage ou de l'armée ennemie en deviennent d'autant meilleurs, et ils reçoivent de cette chose ce que le propriétaire veut bien leur en donner (3). Maintenant les causes de manhælghi sont ré-

---

trogothie (Vins. 1) dispose que l'on doit vendre l'esclave avec un *vin* « comme un cheval. » Cf. Landtmanson, *Träld. i Sverige*, p. 16.

LIV. — (1) Cf. H. Mb. 37 : pr., Bj. 19 : pr.; Got. I, 49; Wisb. III : 3 : 13; Ög. Bb. 37 : pr. § 2; Sm. þb. 14 : 15; MELl. þb. 32, 35, 36; St. Th. 12, 14, 15.

(2) D'après l'ancien droit municipal et le droit de Visby, celui qui prête son assistance pour le sauvetage d'un navire, a droit à un salaire déterminé à dire d'experts, ou, si les parties n'ont pas confiance dans les experts, par le tribunal. Bj. 19 : 1: Wisb. III : 3 : 4. La loi d'Upland, et les lois auxquelles elle a servi de modèle, ainsi que la loi municipale de Magnus Eriksson, n'accordent aucun salaire légal au sauveteur en cas de naufrage, comme en cas d'incendie ou d'invasion ennemie. Il n'a droit qu'à la reconnaissance du propriétaire de l'objet sauvé, mais, suivant les expressions de notre loi, il peut se consoler de l'ingratitude de ce propriétaire par la conscience que « il est devenu meilleur». Cf. Wm. II, Mb. 35 : 3; Sm. þb. 16 : 2; MELl. þb. 37 : 1; St. Th. 17 : 1:

(3) L'inventeur, créancier d'un salaire pour sa découverte, investi du droit de rétention pour le paiement de ce salaire, mais débiteur de la chose, répond donc de la perte de la chose survenue par sa faute, mais non des cas fortuits ou de force majeure. Cf. Amira, p. 254.

citées. Que Dieu nous garde, et notre corps et notre âme.
Amen.

LIVRE DE LA TERRE

(1) Amira traduit : « *Landkauf im Bett* ». Le texte de ce chapitre donne
l'explication de cette expression.

(2) *Iorþa lösn* (redemtio fundi). Suivant Schlyter (Gl. Upl. p. 353) « dici
quidem posset h. v. respicere compensationem pretii fundi a venditore, facta
evictione, emtori debitam ». Mais cet auteur estime qu'il faut plutôt lire *iorþa
leþsn* et que la rubrique vise ainsi la procédure de la *leþsn* suivie en cas
d'éviction et de garantie.

I

Si quelqu'un veut vendre son ancienne terre de famille(1), il doit offrir cette terre aux *byrþamæn*(2) devant les voisins et les paroissiens réunis devant l'église (3). Si les byrþamæn ne veulent pas acheter la terre, il doit l'offrir aux byrþamæn à un ting du hundari. Si les byrþamæn veulent l'acquérir, la terre sera adjugée à la famille qui veut la racheter. Si les byrþamæn ne veulent pas l'acquérir, il doit l'offrir aux byrþamæn à un autre ting du hundari. Si les byrþamæn ne veulent pas consentir à acheter la terre, il doit l'offrir aux byrþamæn à un troisième ting du hundari (4). Si les byrþamæn ne veulent pas l'acquérir, alors celui-là pourra l'acheter(5) qui a la bourse la mieux garnie et veut en donner la valeur et le prix en argent. Elle lui sera alors adjugée d'une façon aussi ferme et aussi pleine que si elle était (entre ses mains) une terre patrimoniale et allodiale. Si quelqu'un vient et offre la valeur de la terre que son parent veut vendre dans l'intervalle des trois jours d'audience du ting, alors celui qui veut vendre peut lui répondre : « Veux-tu donner ce qu'un autre offre, en mêmes

---

I. — (1) Le texte appelle la terre patrimoniale *gamul byrþ*, en raison de son caractère de bien de famille, le mot *byrþ* désignant à proprement parler *cognatio* ou *cognati*.

(2) *Cognati.* V. la note précédente.

(3) A l'époque de la rédaction des lois provinciales les plus récentes, ce sont les terres patrimoniales seules qui sont soumises au droit lignager, et, au contraire, l'aliénation des acquêts ne comporte aucune restriction dans l'intérêt de la famille. Mais probablement, dans le droit primitif, toute terre, qu'elle eût le caractère d'un propre ou d'un acquêt, était soumise au droit lignager, du moment qu'elle était entrée dans la famille. Cf. Beauchet, *Prop. fonc.*, p. 131.

(4) Les lois de Sudermanie et d'Helsingie exigent également trois offres successives : l'une à domicile, devant les voisins, la seconde à l'église, devant les paroissiens, et la troisième au ting devant les *thingsmæn*. Sm. Jb. 4 : 1 ; H. Jb. 1. Cf. Beauchet, *Prop. fonc.*, p. 146 et s.

(5) Le retrait est toujours, vis-à-vis de l'aliénateur, considéré comme une préemption et désigné par les expressions *Köpa, Köpa til sin, Köp.* V. outre notre texte : Upl. Jb. 2 : pr.; Sm. Jb. 2 : pr.; Wm. II, Jb. 2 : 1; H. Jb. 1, 2. Aussi le vendeur est-il garant vis-à-vis du retrayant de la transmission de propriété qui doit résulter de l'exercice du retrait. Cf. Amira, p. 580; Beauchet, *Prop. fonc.*, p. 159.

valeurs, dont j'ai besoin ? alors je te laisserai retraire la terre ».
« Non, dit l'autre, je veux donner le prix et l'argent ». La terre
sera alors adjugée au parent qui veut la racheter et l'argent
sera remis dans les mains d'un séquestre, si celui qui veut vendre la terre ne veut pas recevoir l'argent. Il doit alors donner (6) un mark d'argent pur pour chaque örtugland d'où pro-
viennent comme redevance des graines et des penning, mais non
davantage, ou autant de penning que l'on peut en fondre avec
un mark d'argent et un tiers en moins pour chaque örtugland
qui ne produit que de l'argent (7), et ensuite chaque terre (sera
rachetée) suivant sa valeur. S'il ne veut pas acheter pour lui
la terre au quatrième ting, (lui) ou quelque (autre) parent,

(6) La loi de Vestrogothie suit, pour la fixation de la taxe de rachat, un
système différent : II. Add. 11 : 5 et 6. Cf. Beauchet, *Prop. fonc.*, p. 152.

(7) Schlyter (Gl. Upl. et Gl. v° *Markland*) explique d'une manière très judi-
cieuse cette disposition de la loi relative à la taxe de rachat. Originairement,
dit-il, tout örtugland valait un mark. Mais, comme certaines parties de l'Upland ont été défrichées à une époque où la monnaie courante avait été dépréciée, et que l'ancienne taxe pour l'estimation de la terre y était appliquée
suivant la valeur de la monnaie dépréciée, il en résulte que le prix d'un tel
markland nouveau fut en Upland bien inférieur à celui de l'ancien markland, et dès lors, tandis qu'un örtugland des anciennes terres défrichées valait un mark d'argent (*karlgild*), un örtugland des terres défrichées les dernières ne valait plus que 16 örtug d'argent, ou un mark *köpgild*. Comme la
redevance suivant la taxe ancienne non modifiée était payée en monnaie dépréciée, même pour les anciennes propriétés, on ajouta un complément en
grains équivalant à la différence, pour les markland anciens et meilleurs,
et alors pour ces derniers la redevance était payée « en grains et en penning », tandis que pour les markland nouveaux et moins bons on ne payait
qu'une redevance en argent (*snöpir pænningar*) d'après l'ancienne taxe. Par
suite, le parent qui voulait retraire un örtugland de la première espèce, devait payer un mark d'argent, tandis que s'il voulait retraire un örtugland de
la seconde espèce, il payait un tiers en moins, ou 16 örtug d'argent. Mais,
même avec cette proportion, les défrichements s'étendant toujours davantage,
les taxes ainsi fixées pour le fermage et le retrait devenaient encore injustes
dans un grand nombre de cas, et avec la dépréciation toujours croissante de
la monnaie. Aussi, bien que les expressions précitées eussent été conservées
pour exprimer l'étendue de l'immeuble, la loi d'Upland (Jb. 10) et d'autres
lois ont-elles permis, lors de la conclusion du contrat de bail, de fixer
les arrhes et le fermage « suivant l'accord du propriétaire et du fermier » et,
en ce qui concerne le retrait lignager, notre texte décide que le retrayant doit
payer la terre non seulement suivant la taxe généralement reçue, mais encore
en tenant compte du supplément réel de valeur. Cf. Nordström, t. 2, p. 149,
note 96; *Fröman, Om bordsrätten*, p. 71, note 98.

alors celui-là pourra l'acheter qui veut en donner la valeur, et cependant chaque örtugland (sera estimé) comme il vient d'être dit. — § 1. Si celui qui a acheté la terre prétend (8) qu'elle a été légalement offerte aux byrþamæn, et que l'autre le nie, douze hommes (9) doivent décider si la terre a été ou non légalement offerte. S'ils témoignent que la terre a été légalement offerte, la chose qu'il a achetée lui sera adjugée d'une façon ferme et pleine. S'ils jurent que la terre n'a pas été légalement offerte ou qu'ils n'ont pas entendu que le prix eût été offert au ting légal aux byrþamæn pour la terre patrimoniale qu'il voulait vendre et que l'argent a été mis entre les mains d'un séquestre, la terre est alors adjugée aux parents qui veulent la retraire.

<h2 style="text-align:center">II</h2>

Si des hommes sont en contestation relativement à une terre que son propriétaire veut vendre, l'un disant : « Ceci est une terre que j'ai le droit de retraire, et non toi », si l'un d'eux est plus proche (parent) du vendeur et si l'autre est (un parent) plus éloigné, le droit d'acheter la terre sera adjugé à celui qui est le plus proche (parent) du vendeur (1). Mais si des hommes sont en contestation relativement à une terre que son propriétaire

(8) En cas de contestation sur la parenté du retrayant ou sur le caractère patrimonial de la terre retrayée, le retrayant a la *vita* (V. sur le sens de ce mot, Beauchet, *Vestrog.*, p. 219 et 259 notes), et il peut prouver soit sa parenté, soit la nature propre de l'immeuble suivant les règles fixées par les lois (Ög. Es. 3 : 2; Æb. 10 : 1; Sm. Jb. 1 : 3 ; H. Kkb. 14; Jb. 14 : 1). Si toutefois le retrayé conteste le caractère patrimonial de l'immeuble d'une manière précise et positive, en alléguant l'existence d'un titre d'acquisition qui lui enlève ce caractère, c'est à lui qu'appartient la vita. Serlachius, p. 24.

(9) V. sur la compétence de la nämnd dans les procès immobiliers, Nordström, II, p. 31.

II. — (1) Le droit lignager, de même que le droit de succession, n'appartient point concurremment à tous les membres de la famille, et il y a lieu, pour l'exercice de l'un et de l'autre de ces droits, de suivre entre les parents un certain ordre généralement fixé d'après le degré de parenté. Sm. Jb. 2; Wm. II, Jb., 2 : 1; H. Jb. 2; Wg. II, Add. 11 : 5; MELl. Eb., 6. Si les plus proches parents ne veulent pas user pour leur compte de leur droit de retrait, ce droit passe alors aux parents qui les suivent dans l'ordre héréditaire et ainsi de suite. Schrewelius, p. 370.

veut vendre, s'ils sont tous les deux byrþamæn, alors celui-là qui est le plus proche héritier appelé à la succession (2) sera préféré pour racheter (la terre) s'il offre (le prix) au ting légal. S'il ne l'offre pas au ting légal et que douze hommes en témoignent ainsi, celui-là aura la terre qui veut l'acheter. Si des hommes sont en contestation relativement à une terre que son propriétaire veut vendre, s'ils sont tous les deux parents à égal degré (de l'aliénateur), ils doivent tous les deux acheter la terre et tous deux chercheront à avoir leur prix (3). — § 1. Si quelqu'un prétend être byrþaman et veut en conséquence acheter la terre, il devra établir son droit de retrait en prouvant sa parenté avec le vendeur au moyen de ses parents et du serment de dix-huit hommes, et il sera en droit de retraire la terre dans la mesure où il pourra établir sa parenté. — § 2. Si quelqu'un a une terre à vendre, s'il la vend légalement, et si cette terre est ensuite l'objet d'un procès, que comme il a été dit précédemment, douze hommes la défendent en attestant qu'elle a été légalement offerte et achetée de même, elle est alors défendue non seulement contre celui qui la revendique, mais contre tous ceux qui pourraient ensuite la revendiquer. — § 3. Si l'on vend sa terre patrimoniale ou si on l'échange dans un lieu et qu'on achète (une terre) dans un autre lieu, la terre ainsi achetée constitue un bien patrimonial et non un acquêt (4). — § 4. On n'a pas à offrir aux byrþamæn les terres acquêts (5). La terre que l'on a acquise, on peut en faire

(2) Malgré cette disposition, qui paraît ne tenir compte que de la proximité du degré (Cf. Sm. Jb. 2 ; Wm. II, Jb. 2 : 1 ; H. Jb. 2), il faut admettre, conformément à la règle formellement posée par la loi d'Ostrogothie (Es. 3 : pr.), que les immeubles propres du côté paternel ne peuvent être retrayés que par les parents paternels, et, à l'inverse que les immeubles propres du côté maternel ne peuvent être retrayés que par les parents maternels. Beauchet, *Propr. fonc.*, p. 144.

(3) C'est-à-dire que celui des deux parents à égal degré qui, comme acheteur, se trouve en possession de l'immeuble, doit en abandonner la moitié à l'autre, mais peut alors demander au vendeur le remboursement de la moitié de son prix. Cf. Beauchet, *Propr. fonc.*, p. 158. V. toutefois, Schlyter, Gl. p. 388.

(4) V. sur l'origine et l'intérêt de la distinction des immeubles en acquêts et propres, Beauchet, *Prop. fonc.*, p. 112 et s.

(5) Cf. Sm. Jb. 2 : 3 ; Wm. II, Jb. 2 : 3 ; MELl. Es. 11 ; Chr. Ll. Jb. 9 : 1.

ce qu'on veut, la donner ou la vendre (6) à qui l'on veut, et le plus cher que l'on peut, sauf la terre qui est échue par succession (7), ou que l'on a retrayée de ses byrþamæn : cette terre doit être offerte aux byrþamæn légitimes.

III

Si un fils se marie hors de la maison paternelle, ses biens peuvent augmenter et ceux du père diminuer. Il a alors le droit, par préférence à ses autres frères et sœurs, d'acheter de son père jusqu'à concurrence de trois marks, et non davantage, sans le consentement de tous ses frères et sœurs. Il doit y avoir comme fastar (de cette vente) les cousins germains du côté maternel et les cousins germains du côté paternel (1) : alors la vente est jugée ferme et pleine (2). — § 1. Un frère peut acheter de son frère et une sœur de sa sœur, étant tous du même lit. Chacun d'eux peut acheter à l'autre jusqu'à concurrence de trois marks. Il doit y avoir comme fastar (de la vente) les cousins germains du côté maternel et les cousins germains du côté paternel.

IV

Si l'on achète (1) une terre à une personne, si c'est un achat d'un mark ou de moins d'un mark, il doit y avoir douze fastar (2). Si l'on achète plus d'un mark et moins de deux,

(6) Les lois du Svealand, de même que les lois gothes, posent le principe de la libre disposition des acquêts par voie de donation aussi bien que par voie de vente. Sm. Jb. 2 : 3 ; Wm. II, Jb. 2 : 3. Mais elles admettent, comme les lois gothes, que la donation d'une terre patrimoniale ne peut avoir lieu sans le consentement des héritiers. Upl. Kkb. 14 : pr.; Sm. Kkb. 12; H. Kkb. 14. Cf. Beauchet, *Propr. fonc.*, p. 137.

(7) On peut conclure de ce texte qu'une seule dévolution par voie de succession suffit pour conférer à une terre le caractère patrimonial. Cf. Beauchet, *Prop. fonc.*, p. 117 et s.

III. — (1) Probablement les cousins de l'acheteur.

(2) La loi d'Helsingie (Jb. 3), quand le vendeur est le père, donne à tous les frères et sœurs de l'acheteur le droit de coemption.

IV. — (1) La vente doit, comme cela résulte de la disposition finale du pr., être conclue dans un des lieux publics énumérés au texte.

(2) La présence des fastar constitue une formalité essentielle de la validité de la vente. C'est ainsi que le c. 7 : pr. Jb., prévoyant une contestation sur

il doit y avoir seize fastar. Si l'on achète une terre de trois marks ou davantage, il doit y avoir vingt-quatre fastar (3). Pour toute terre que l'on achète d'un autre, des fastar doivent être donnés (4) au ting du hundari, ou au ting du folkland, ou à l'église devant les paroissiens, ou à l'*affkænnu' þing* (5). — § 1. Si quelqu'un achète une terre d'un autre dans quelque by que ce soit, il doit l'acheter d'après le nombre des pennings, des örtug et des öre (6), et (l'acheteur) aura dans les champs et les prés autant qu'il a dans la tompt, et il n'y aura aucune *afnæmpning* (7) du by, soit en terres soit en eaux, si le vendeur ne la délimite avec des poteaux et des bornes. — § 2. Si l'on achète une terre d'un autre, celui-là défendra (8) la terre qui l'a vendue (9), et l'autre garantira le prix qui a acheté (10). S'il y a quelque contestation relativement à cette

le rachat d'une terre, décide que la nämnd appelée à trancher le débat doit jurer non pas que le rachat a eu lieu, mais que « des fastar du rachat ont été donnés ». Cf. *ibid.*, 15, pr. V. Ask, *Om formalit.*, p. 56.

(3) Les autres lois du Svealand exigent également la présence de fastar ou témoins. Sm. Jb. 12; Wm. I, Bb. 3; II, Jb. 2 : pr.; H. Jb. 4.

(4) Les diplômes emploient les expressions nominare, adducere, adhibere, assignare testes firmarios. V. Amira, p. 279, note 9.

(5) L'*afkænnu þing* est un ting qui ne se tient ni au lieu, ni à l'époque accoutumée, mais vraisemblablement au domicile de celui ¡qui ne se rendait pas à la réunion judiciaire légale ou sur qui il y avait lieu de recouvrer une amende. Schlyter, Gl. Upl.; Nordström, II, p. 522, note 15; Amira, p. 116. Schlyter donne de cette expression l'étymologie suivante : *af*, particule négative et *kænna* cognoscere, quasi conventus minus cognitus vel celeber. V. toutefois Stiernhöök, *De jure Sv. G. vet.*, p. 33.

(6) Ce texte suppose que la superficie du domaine vendu est évaluée en *pænningaland, örtoghaland, öresland*. Les diplômes de vente désignent souvent l'immeuble vendu d'après sa superficie. Dipl. 638, 666, etc. Cf. Amira, p. 552, note 4.

(7) Lorsque le vendeur veut exclure de la vente une parcelle ou un accessoire de l'immeuble, la partie ainsi réservée se nomme *afnæ mpning* ou *afnam* et, dans les diplômes, *exceptio, diminutio*, Dipl. 1370, 1371. Le vendeur, s'il prétend qu'une pareille réserve a été faite, doit en administrer la preuve, et la loi de Sudermanie exige même qu'il le prouve par le témoignage de douze fastar. Sm. Jb. 12; pr. Cf. Wm., I, Bb. 1, II, Jb. 1.

(8) L'éviction de l'acheteur se nomme *brigþ*. Mais cette expression désigne aussi la chose même dont l'acheteur a été évincé (Upl. Kp. 5 : 5). Ordinairement cette chose est désignée par le mot *ohemul*, et l'on dit du vendeur qui ne fournit pas la garantie légale *sælia ohemult*.

(9) V. sur la garantie et la *leþsn, infrà*, Jb. 20.

(10) L'obligation de l'acheteur de payer son prix n'est point, à la diffé-

vente, l'auteur (*auctor*) doit alors se présenter. Si celui qui a vendu peut fournir pleine défense, l'achat de celui qui a acheté sera maintenu. Si l'auteur ne se présente pas, ou s'il se présente mais ne peut défendre la chose, alors chacun recouvrera (11) son bien, et celui qui a vendu sans fournir la défense paiera une amende de trois marks. — § 3 (12). Si quelqu'un achète une terre d'une autre personne, que ce soit un laïque ou un clerc, les fastar convaincront (13) le légitime propriétaire (14) (de l'avoir vendue), et celui qui est le légitime propriétaire ne peut point faire la preuve négatoire pour cela. Pour tout ce que l'on prouve avec des fastar contre un autre que le véritable propriétaire (15), si la vente est inférieure à un demi-öre et trois marks, (le défendeur) se présentera avec le serment de dix hommes pour dire qu'il n'a

rence de l'obligation de livrer, qui pèse sur le vendeur, sanctionnée par une amonde. Si toutefois l'acheteur paie son prix autrement qu'en argent, il est tenu à la garantie (*hemula værþ*, comme dit notre texte), avec toutes les conséquences qui en résultent, notamment l'amende en cas d'éviction. Cf. Dipl. 1554. Amira, p. 481 et 566.

(11) Littéralement au texte : « ira sur le sien, *gangi til sins* ». Cf. Amira, p. 44.

(12) Schlyter (*Tentamina*, p. 18 et s.), donne de ce texte l'explication suivante : « Hypothesis universalis est haec litem oriri de proprietate fundi quem praesens possessor dicit se emisse ab alio, cui tunc lis est denuntianda. Si : 1° possessor nullum auctorem laudet vel contra laudatum auctorem non possit *binda fastar*, hic liber est, mulctam vero usurpationis pendit possessor (Cf. Jb. 20 : 1); — si vero possessor : 2° adversus auctorem *binder fastar*, distinguendum est utrum venditor : A sit sui juris; tunc convictus hic censetur, ideoque si venditionem defendere nequeat, pretium restituit, mulctam irritæ venditionis et usurpationis, etc. pendit; — an B alieni sit juris, tunc tutor ejus vel maritus ad infitiandum admittitur, quod : (*a* si possit, liber est laudatus actor ; *b* si vero non possit, convictus censetur ut de A est dictum ».

(13) Littéralement au texte « mordront (*bitæ*) le véritable propriétaire », expression qui témoigne de l'énergie de l'obligation née de la *fæst* ou emploi des fastar. Cf. Amira, p. 280 ; Nordström, II, p. 669.

(14) *Rætter æghandi*, le légitime propriétaire, c'est-à-dire le vendeur, celui qui devait être propriétaire, puisqu'il vendait.

(15) C'est-à-dire, suivant Schlyter (Gl. p. 768), dans le cas où l'on fait la preuve par les fastar non seulement contre le précédent propriétaire, mais aussi contre ses plus proches parents ou contre le mari, s'il a vendu une terre de son épouse. Le même auteur (*Tentamina*, p. 18) traduit ainsi ce passage : « Ubi vero (ad avertendam vel præstandam evictionem), constringendus est alius quam ipse (prior) dominus (cujus nomine facta est venditio), ibi (reo) licito juramento negatorio se defendere... ».

jamais échangé ni vendu ; si la vente est d'un demi-öre et de trois marks, il se présentera avec le serment de dix-huit hommes. S'il peut prêter le serment négatoire, il sera dégagé de toute responsabilité, à la fois pour le prix et pour l'amende. S'il échoue dans le serment négatoire, alors celui qui a acheté fera la preuve contre lui avec des fastar pour recouvrer son prix d'achat, et celui qui a vendu la terre au défendeur paiera l'amende. S'il y a eu usurpation illicite par l'acheteur de l'immeuble vendu, celui qui a vendu paiera l'amende due pour cette usurpation (16). S'il n'y a pas eu de semblable usurpation, il paiera alors une amende de trois marks pour sa *gærsala* (17). — § 4 (18). Aucun *syssluman* (19) ne peut vendre la terre de son maître, sans avoir une lettre (20) patente (21) du

(16) *Aværkan.* V. *infrà*, Jb. 20 : pr.

(17) Expression qui vient probablement de *gær* = facta, *sala* = venditio. L'amende, pour *gærsala* est généralement fixée à trois marks dans les lois provinciales. Ög. Es. 3 : 1 ; Sm. Jb. 4 : 1 ; Wm. I Bb. 5 : 1 ; II Jb. 4 ; H. Jb. 6 ; St. Jb. 7, 8 ; MELl. Eb. 14, 16. Cette amende peut être considérée comme ayant un double caractère et comme constituant une peine soit pour la violation du contrat de vente, soit pour la vente indue du bien d'autrui.

(18) Originairement, ainsi du moins qu'on peut l'induire de la loi de Vestrogothie (I Jb. 3 : 3 ; II Jb. 7. Cf. Ög. Es. 1 : 1) les parties devaient procéder elles-mêmes dans les divers actes où la loi exige certaines formes solennelles (comme la présence des fastar) pour la manifestation de la volonté. Mais cette règle avait cessé d'être suivie à l'époque de la rédaction de notre loi.

(19) *Syssluman* = procurator. Schlyter. Gl. Upl. La qualité de *syssluman* indique vraisemblablement entre ce dernier et le maître certaines relations de fait et de droit plus permanentes que celles qui existent entre un mandant et un mandataire ordinaire. Le *syssluman* paraît être une sorte de gérant, d'administrateur d'un immeuble ou d'un domaine. Mais certainement ce n'est point dans sa situation particulière que le *syssluman* puise le droit de consentir à la vente, mais dans le mandat spécial qu'il a pu recevoir du maître ; celui-ci aurait pu choisir pour procéder à la vente, un mandataire ordinaire. Trygger, p. 65.

(20) Sur les écrits et les lettres (*bref*), v. Nordström, II, p. 650 ; Amira, p. 298 et s.

(21) *Upil bref.* = Apertæ literæ, literæ patentes, suivant les expressions des diplômes. La lettre est ainsi nommée parce qu'elle est destinée à être portée à la connaissance de tous ; son destinataire n'est point un individu déterminé, mais, d'une manière générale, quiconque verra la lettre. Cf. Amira, p. 304. De notre texte il résulte qu'un mandat verbal, même entouré de la plus grande publicité, donné au ting, par exemple, ne conférerait point pouvoir au mandataire pour l'aliénation de l'immeuble. V. Trygger, p. 68.

maître pour celui qui achète la terre, lettre portant que la terre lui est aliénée (22). — § 5. Si l'on achète la terre d'une personne atteinte de démence ou de fureur, ou celle d'un mineur âgé de moins de quinze ans (23), personne ne peut vendre cette terre sans le consentement des plus proches. Si une personne atteinte de démence ou un mineur a besoin d'aliments, ses plus proches parents doivent alors vendre sa terre ou d'autres biens mobiliers. Celui qui achète la terre doit alors prendre les fastar du véritable propriétaire (24) et de ses plus proches parents. S'il y a ensuite une contestation, il fera alors la preuve avec les fastar contre le véritable propriétaire et ses plus proches parents. Les parents d'un insensé ou d'un mineur doivent à la fois défendre et poursuivre (pour lui). — § 6. Un mari peut abandonner sa femme ou une femme son mari, ou le mari peut partir en pèlerinage : si alors les enfants ont besoin d'aliments ainsi que celui qui reste à la maison, il a alors le droit de vendre ce qu'il veut, soit en meubles, soit en terres. Ce que la femme fait ainsi dans ce cas a la même force que ce que fait le mari (25), et deux parts seront ajoutées ou déduites sur le lot du mari et un tiers sur le lot de la femme. Tant

(22) Ou plus exactement « portant promesse de garantie ». La lettre peut renfermer à la fois un mandat et une déclaration de transfert. Des diplômes montrent que l'aliénateur rédigeait parfois un acte écrit de transfert où il autorisait spécialement le mandataire à aliéner pour son compte. Dipl. 1237, 1238, 1256, 1258. — Cf. Trygger, p. 66 ; Ask, *Om formaliteter*, p. 113.

(23) Les lois provinciales n'autorisent la vente des immeubles du mineur que pour subvenir à l'entretien de celui-ci et dans le cas où il n'y a pas d'autres biens. De plus, les plus proches parents doivent donner leur consentement à la vente, les parents paternels pour les propres paternels et les parents maternels pour les propres maternels, et, même, d'après certaines lois, il faut que le ting ait, par jugement, approuvé les motifs de la vente. Ög. Es. 21 ; Sm. Jb. 9 : 4 ; H. Jb. 8 : 1 ; Wm. I, Bb. 7 : 1 ; II Jb. 7.

(24) Jusqu'à l'époque des lois provinciales, aucun représentant légal ne peut donner des fastar aux lieu et place du représenté. Celui-ci, qu'il soit dément ou mineur, doit être présent à l'acte quand son tuteur donne les fastar, de sorte que l'autre partie peut dire qu'elle a reçu les fastar du véritable propriétaire, *aff ræltum eghandæ*. Cf. Upl. Jb. 8 : 3 ; Wm. II, Jb. 9 et 12 ; Sm. Jb. 9 : 4 ; H. Æb. 7 : 2.

(25) En cas d'empêchement du mari, l'administration des biens matrimoniaux passe à la femme, et elle a pouvoir pour aliéner même les immeubles, sous les mêmes conditions que le mari quand il administre. Ög. Gb. 14 : 1 ; Wm. II, Jb. 13 : pr. ; MELl. Eb. 19 : pr. ; 32 pr. ; St. Jb. 16 : pr.

B.   12

que dure le mariage, ce qui est acheté est commun entre les époux, et cet acquêt, s'il est ensuite vendu, est vendu comme leur propriété commune. — § 7. Si quelqu'un veut prouver avec des fastar qu'il a acheté une terre (26), soit que le bonde (27) demeure sur cette terre, soit qu'il l'ait louée à un landbo (28), il a le droit d'en assigner une (à l'acheteur) dans le by qu'il veut. S'il n'y a pas d'assignation (29), alors le vendeur sera contraint, par la preuve de la vente au moyen des fastar, de livrer le domaine où il habite. S'il a plusieurs champs dans le by, il a le pouvoir et le droit d'assigner le champ où il ne demeure pas. S'il n'y a pas d'assignation, alors le vendeur et véritable propriétaire sera contraint par la preuve de la vente au moyen des fastar, de livrer le domaine où il habite. Celui qui est le véritable propriétaire ne peut point pour cela faire la preuve négatoire. Celui qui invoque une assignation lui livrera la terre (à l'acheteur) en proportion du prix estimé en argent, d'après ce qu'il a reçu comme prix.

V

Si quelqu'un acquiert par voie d'achat ou d'échange un fonds loué au détriment du fermier, si le propriétaire veut lui-même exploiter le fonds, il lui donnera une indemnité de labour (1). Si la moitié est cultivée, il donnera la moitié de l'indemnité. Il donnera alors örtug pour örtug. Il est mal de lutter avec le

(26) Le texte porte littéralement : « Si quelqu'un veut lier les fastar d'une terre... ».

(27) C'est-à-dire le vendeur.

(28) Le vendeur.

(29) *Avisning* = adsignatio, delegatio. Schlyter, Gl. Upl. Schlyter traduit ainsi ce membre de phrase : « Si venditor non habeat alium fundum quam eum, in quo habitat, ad quem possit delegare emptorem ». Un immeuble, lorsqu'il n'a pas été spécialement déterminé, peut être considéré comme une chose fongible. C'est pour cela que le vendeur a la faculté d'*avisning*, c'est-à-dire que, s'il possède plusieurs immeubles de même nature, il peut désigner à l'acheteur celui qu'il entend lui céder. Cf. Wm. II, Jb. 13 : 2.

V. — (1) Il semble que le fermier sortant ait dû ensemencer les champs pour son successeur moyennant une indemnité que le texte nomme *træþis lön* (de *træþa* = arare, *lön* = merces). Cf. Linde, p. 96; Wahlberg, p. 40.

propriétaire (2). Si les arrhes (3) ne sont point acquises, celui-là rendra les arrhes qui les a reçues. S'il y a contestation, il restituera les arrhes, ou prouvera qu'elles ont été payées comme le dit la loi. — § 1. Tous les fastar qui doivent être donnés pour une terre, qui sont des fastar de la vente, doivent être donnés ou reçus au ting ou à l'église.

VI (1)

Si deux hommes prouvent avoir acquis d'une même personne, que ce soit par vente ou par échange (2) le vitsorþ est donné aux fastar de celui qui a acheté le premier (3). Celui-là

(2) Les anciennes lois suédoises reconnaissent au bailleur le droit de résilier le bail par sa seule volonté, avant l'expiration du temps fixé pour sa durée, moyennant la restitution des arrhes par lui reçues et le paiement de certaines indemnités. Toutefois les diverses lois provinciales interprètent d'une façon plus ou moins rigoureuse pour le fermier le principe posé par notre texte que « il est mal de lutter avec le propriétaire, *illt ær wiþ eghandum delæ* ». Ainsi, les unes admettent le droit de résiliation du propriétaire d'une manière absolue (Ög. Bb. 9 : 1 ; Jb. 11 : pr.). D'autres, plus favorables au fermier, n'accordent au propriétaire le droit d'expulsion que si la nécessité le force à en user (Sm. Jb. 10 : pr. ; Wm. II, Jb., 15 : 3). Certaines dispositions de notre loi paraissent admettre le premier système (Jb. 11 : 1 ; 12 : 1). Mais d'autres (Jb. 5 : pr. ; 13 : 3) laissent supposer que le propriétaire ne pouvait expulser le fermier que dans le cas où il voulait exploiter lui-même la ferme.

Notre texte reconnaît à l'acquéreur le droit qui appartenait au vendeur de rompre le bail, si l'acquéreur veut exploiter lui-même (Cf. Wm. II, Jb. 14). Mais la vente ne rompt point le bail par elle seule. Cf. Amira, p. 626 ; Wahlberg, p. 60 ; Beauchet, *Propriété foncière*, p. 649 et s.

(3) *Gift*. La plupart des lois provinciales parlent, à propos du louage d'immeubles, des arrhes données par le preneur au bailleur et qui, *a priori*, paraissent destinées à confirmer le contrat. V. Beauchet, *Propriété foncière*, p. 612 et s.

VI. — (1) Cf. Upl. add. 11. Les dispositions de la loi de Sudermanie (Jb. 6) reproduisent presque textuellement celles de la loi d'Upland.

(2) La convention d'échange n'a d'existence légale que si elle est accompagnée de formalités semblables à celles qui constituent la *fæst* de la vente. V. Beauchet, *Propriété foncière*, p. 308. L'échange, ainsi que cela résulte de notre texte, entraîne obligation de garantie. Beauchet, *ibid.*, p. 310.

(3) Ce principe, qui est également posé par les lois de Vestmanie (I, Bb. 5 ; II, Jb. 4) et d'Helsingie (Jb. 6) a dû, à l'origine, prévaloir également en Upland et en Sudermanie. Mais les lois de ces deux dernières provinces, après avoir posé la règle que la préférence appartient à l'acheteur premier

redemandera son prix qui a acheté le dernier, et l'autre paiera
une amende de trois marks pour sa gærsala. — § 1. Si deux
hommes prouvent avoir acquis d'une même personne, si aucun d'eux n'habite (4) sur sa terre et si aucun d'eux n'a la possession de la terre, celui-là aura la terre avec qui se trouve le
vendeur, et l'autre pourra, en faisant la preuve par les fastar,
se faire restituer son prix, et (le vendeur) qui a vendu la même
chose à deux personnes paiera une amende de trois marks
pour sa gærsala. — § 2. Si deux hommes prouvent avoir acquis
d'une même personne, et si aucun d'eux n'a la possession de
la terre et que l'auteur nie les deux ventes, ils prouveront
alors par des fastar contre le véritable propriétaire (l'existence
des deux ventes), et chacun disposera de la moitié de la terre
et (pourra réclamer) la moitié de son prix ainsi que la moitié
de l'amende (encourue pour gærsala). S'il y a plus de deux
(acheteurs) faisant cette preuve au moyen de fastar, la règle
sera la même. — § 3. Si deux hommes prouvent avoir acquis
d'une même personne, l'un disant avoir des fastar d'une
vente et l'autre des fastar d'un échange, aucun d'eux n'ayant
la possession de la terre, alors la préférence et le vitsorþ sont
donnés aux fastar de l'échange. Alors (l'autre acquéreur) fera
la preuve au moyen des fastar de la vente pour recouvrer son
prix et le vendeur paiera une amende de trois marks.

VII

Si quelqu'un prétend avoir des fastar du rachat, douze
hommes doivent décider si des fastar du rachat ont été
donnés ou non au ting (1). S'ils attestent que les fastar du
rachat ont été donnés au ting, alors les fastar du rachat feront

en date, édictent, dans l'application qu'elles en font à différentes hypothèses
spéciales, des dispositions qui paraissent en opposition avec le principe même,
et qui sont visiblement inspirées du système admis dans les provinces gothes sur la nécessité d'une tradition pour le transfert de la propriété. V. pour
la conciliation des différents paragraphes de notre chapitre, Beauchet, *Propriété foncière*, p. 251 et s.

(4) La possession se manifeste ordinairement par ce fait que le possesseur
demeure « sur la terre » ; mais l'habitation n'est pas le critérium nécessaire
de la possession. Cf. Serlachius, p. 66.

VII. — (1) V. *suprà*, c. 4, note 2.

la preuve, et celui-là aura la terre qui l'a rachetée (2). Si les douze jurent que les fastar du rachat n'ont jamais été donnés au ting ou à l'église, alors il paiera une amende de trois marks pour avoir tenté de s'approprier la terre. Tout juge qui ordonne aux fastar de prêter serment sans que les douze hommes aient préalablement juré, paiera une amende de trois marks et le serment sera nul. Quand un serment est prêté sans jugement préalable et d'une manière irrégulière, il est nul et le juge n'encourt aucune responsabilité. — § 1. Quand un mari échange ou vend la terre de sa femme, on doit faire la preuve avec des fastar à la fois contre le mari et contre la femme (2). — § 2. Si l'on achète une terre à un autre et que le vendeur vienne ensuite à mourir, les fastar prouveront contre l'héritier de celui qui a vendu, car le fils est à la place du père et le frère à la place du frère, et celui qui hérite d'un autre succède aux charges comme aux avantages dans ces causes (3).

VIII

Il est question maintenant des échanges de terres. Si des hommes sains et bien portants échangent des terres avec un laïque ou un clerc, de telle sorte que les terres échangées soient de même valeur, l'acte sera ferme et pleinement valable. Toutes les fois que l'on échange une terre, la terre reçue

(2) Il ne s'agit point dans ce texte du rachat d'un immeuble engagé, hypothèse qui est réglée par le c. 9 § 1, mais du rachat par suite de l'exercice du droit de préemption ou de retrait conventionnel. Les lois de Vestmanie n'accordent point ici le vitsorþ à celui qui prétend qu'une terre vendue a été rachetée par lui (I, Bb. 9 : 1; II, Jb. 11 : pr.). Le *Codex recentior* de cette loi porte à ce sujet : « Si l'on vend une terre et si l'on veut prouver le rachat, le vitsorþ est donné aux fastar de la vente et non aux fastar du rachat ». Les lois d'Helsingie (Jb. 7), de Sudermanie (Jb. 7 : 1) et notre loi permettent bien la preuve du rachat, mais le droit de preuve du demandeur est subordonné à la condition préalable de l'affirmation par la nämnd que des fastar du rachat ont été donnés. Cf. Serlachius, p. 87.

(3) La loi d'Ostrogothie (Es. 10) et l'ancienne loi de Vestmanie (I, Gb. 15), n'accordent aucune action à l'acheteur contre l'héritier du vendeur, si cet acheteur n'a point pris possession de l'immeuble du vivant du vendeur. Mais ce principe paraît être tombé en désuétude et avoir été remplacé par celui, plus rationnel, admis par notre loi, qui fait succéder l'héritier aux obligations de son auteur.

en échange aura le caractère patrimonial (1) de la terre donnée
en échange (si celle-ci avait ce même caractère). Si l'on fait
à la fois une vente et un échange (2), et si la vente est moindre (3), on donne alors la préférence et le vitsorþ aux fastar
de l'échange (4) ; si la vente est plus forte et l'échange moindre, la terre sera adjugée aux parents qui veulent la retraire
et la préférence et le vitsorþ seront donnés aux fastar de la
vente (5). — § 1. Si l'on fait un échange avec un dément ou
un mineur, on ne peut faire cet échange sans le consentement
des plus proches parents ou de la mère ou du père. Si le père
échange les biens maternels du mineur, ou la mère les biens
paternels du mineur, ou si d'autres parents échangent les biens
de l'enfant mineur, ils doivent les échanger à son avantage et
non à son désavantage. Si l'échange n'est point ainsi fait (le
mineur) peut rentrer en possession de son bien quand il est
devenu majeur. — § 2. Si l'on échange un fonds à la ville et
si l'on reçoit un fonds dans une ville pour une terre à la campagne, ou si l'on reçoit une tompt dans une ville, si l'on reçoit
pleine compensation dans la ville selon la valeur de sa terre
alors l'échange sera ferme et valable (6). Si l'on fait à la fois
une vente et un échange, la vente et l'échange se feront comme
tout autre (acte semblable). — § 3. Partout les fastar feront
preuve contre le véritable propriétaire sauf ici : quand les fas-

VIII. — (1) Le droit lignager ne s'exerce pas en cas d'échange, puisqu'à
l'immeuble aliéné s'en substitue un autre qui revêt la qualité de propre.
Cf. Beauchet, *Propriété foncière*, p. 140 et s.

(2) La loi vise l'hypothèse d'un échange avec soulte. Il y a là un acte
mixte qui participe à la fois juridiquement de la vente et de l'échange, *köp
ok skipti*, comme le dit notre texte, *permutatio et emptio*, comme le disent les
diplômes (Dipl. 1462, 1818, 1921). V. sur le caractère de l'échange avec
soulte, Beauchet, *Propriété foncière*, p. 312 et s. — Au point de vue du retrait lignager on recherche quel est le caractère prédominant de l'acte, si
c'est celui de la vente ou celui de l'échange. Cf. Beauchet, *ibid.*, p. 141.

(3) C'est-à-dire si la soulte reçue par l'aliénateur de la terre patrimoniale
est inférieure à la valeur de l'immeuble reçu en contre-échange.

(4) C'est-à-dire que l'acte est considéré comme un échange.

(5) C'est-à-dire, à l'inverse, que l'acte est considéré comme une vente.

(6) La loi est muette sur le point de savoir si l'immeuble urbain est su-
brogé dans la qualité de propre qui appartenait à l'immeuble rural. La solution négative paraît plus conforme à l'esprit des anciennes lois provinciales.
Cf. Beauchet, *Propriété foncière*, p. 120 et 142.

tar sont produits contre un mineur ou contre un dément, à
moins qu'ils ne fassent preuve à la fois contre eux et leurs parents. On ne peut faire preuve au moyen de fastar contre un
captif ni contre un proscrit depuis qu'il a été condamné à la
proscription.

X

Si l'on engage une terre à un autre pour des grains ou de
l'argent(1) ou d'autres valeurs, soit qu'il reçoive pour l'ensemencer ou pour sa nourriture ou pour un autre but, il doit avoir
un *stæmpnudagh* jusqu'à la messe de Saint-Martin pour toute
la terre qui est engagée. S'il peut la racheter(2), lui ou ses
parents(3), avant le jour de la Saint-Martin(4), celui-là aura la
terre qui la rachète : s'il ne la rachète pas (5) avant ce
jour(6), alors celui-là aura la terre à qui elle était engagée. —
§ 1. Toutes les terres qui sont engagées doivent être engagées
au ting ou devant l'église et les paroissiens (7) et y être ra-
chetées avec des fastar, comme elles ont été engagées. Si l'un
prétend qu'il a racheté (la terre) avec des fastar, douze hommes

IX. — (1) Le gage peut être constitué pour garantir une dette d'argent ou
d'autres choses. Ög. Es. 16 : pr. ; Wm. II. Jb. 10 : pr. ; H. Jb. 9 ; MELl.
Jb. 7.

(2) Dans le système de notre loi, c'est au débiteur qu'il incombe d'offrir
le rachat avant l'expiration du délai fixé (V. la note suivante). Cf. Beauchet,
ibid., p. 428.

(3) Les lois provinciales se préoccupent d'empêcher la terre patrimoniale
de sortir de la famille par voie d'engagement, la constitution de gage impliquant une aliénation. Elles adoptent à cet égard divers moyens. V. Beauchet,
Propriété foncière, p. 133.

(4) Les lois provinciales admettent toutes que l'immeuble engagé doit être
racheté par le débiteur dans un certain délai, sous peine d'être acquis au
créancier. V. Beauchet, *ibid.*, 427.

(5) Lui ou ses parents.

(6) Suivant Landtmanson (*Cours manuscrit*) cette disposition signifie que le
rachat doit avoir lieu au plus tard le jour de la Saint-Martin qui tombait
aussitôt après le jour de l'échéance fixé dans le contrat.

(7) La constitution de gage comporte au profit du créancier la translation
de la possession de l'immeuble engagé, translation qui s'opère, à notre avis
du moins, sous la forme d'une vente avec faculté pour le débiteur de racheter l'immeuble engagé en remboursant le montant de sa dette. La constitution de gage est donc soumise aux mêmes formes et à la même publicité
que la vente. Cf. Beauchet, *Propriété foncière*, p. 424 et s.

doivent décider si elle a été ou non rachetée avec des fastar.
S'ils jurent qu'elle a été rachetée avec des fastar, alors les fastar du rachat (8) seront valables. S'ils jurent qu'elle n'a pas
été rachetée, alors celui-là aura la terre à qui elle a été engagée, et celui-là paiera une amende de trois marks qui a invoqué
les fastar du rachat. — § 2. Si l'un invoque des fastar d'une
vente pure et simple et que l'autre prétende avoir donné des
fastar pour un engagement, douze hommes doivent alors décider si c'étaient des fastar pour un engagement ou des fastar
pour une vente pure et simple, et jamais on ne fera prêter serment aux fastar d'une vente pure et simple avant que douze
hommes n'aient prêté serment et juré préalablement de ce qui
est vrai. — § 3. Si quelqu'un achète une terre à un autre ou
la reçoit à titre d'échange ou de gage avant le jour du paiement
du fermage, celui-là aura le fermage qui a reçu la terre (9). —
§ 4. Toute terre que l'on a possédée pendant trois ans sans contestation ni revendication (10), que ce soit à titre d'achat ou
d'échange (11), et lorsque douze hommes en témoignent
ainsi (12), personne n'a le droit de revendiquer cette terre qui
est demeurée aussi longtemps incontestée, à moins que l'on
ne soit à l'étranger, ou captif ou mineur. — § 5. Toutes les
fois que deux personnes sont en litige relativement à une terre,
celui-là aura droit à la semence qui détient la terre, si elle a
été ensemencée. Il est maintenant question de la manière
dont le fermier doit louer la terre.

(8) *Alærkiöps fastar* = fastar de la revente. L'expression montre bien que
c'est l'idée de vente à réméré qui préside à la constitution de gage. Cf.
Beauchet, p. 433 et s.

(9) Le créancier gagiste, devenu propriétaire sous condition résolutoire de
l'immeuble engagé, a le droit d'en jouir, et notamment d'en percevoir les
fermages. Cf. Beauchet, *ibid.*, p. 426.

(10) La revendication entraîne interruption civile de la prescription. Cf.
Beauchet, *Propriété foncière*, p. 343 et sur la prescription, en général, *ibid.*,
p. 336 et s.

(11) La question de savoir s'il pouvait y avoir d'autres justes titres que la
vente et l'échange est douteuse, du moins pour notre loi. V. Beauchet, *ibid.*,
p. 349 et s.

(12) Sur la preuve de l'exception contre la revendication tirée de la *lagha hæfþ*, V. Beauchet, *ibid.*, p. 358.

X

Le temps de la location (1) est de huit années, et la neuvième on doit donner les arrhes. Les arrhes doivent être données conformément à l'accord des deux parties, le propriétaire et le fermier; il en est de même du fermage (2). Le jour légal de paiement du fermage est le dimanche gras (3); s'il paie le fermage auparavant, il sera dégagé de toute responsabilité. S'il ne donne pas le fermage au jour légal fixé pour le paiement, il paiera alors à titre d'amende pour son retard une örtug par örtug (de loyer) jusqu'à concurrence d'un öre plein (4). S'il est en retard pour un öre entier ou davantage, il paiera une amende de trois öre pour chaque année, et cette amende appartiendra au bonde seul. Le propriétaire aura ensuite le droit de poursuivre le fermier, à la fois pour le fermage et pour l'amende, et ensuite le propriétaire disposera de sa terre et le fermier aura perdu tous ses travaux à l'exception d'une maison (5).

XI

Si quelqu'un veut prouver que le fermage a été payé, il prouvera le paiement avec le serment de deux hommes domiciliés et lui-même troisième (1), que la somme soit plus ou moins forte, et soit qu'il habite sur la terre ou qu'il l'ait quittée,

X. — (1) Sur la durée du bail, V. Beauchet, *ibid.*, p. 639 et s.

(2) Cf. Wm. II, Jb. 15 : pr. V. Beauchet, *ibid.*, p. 622.

(3) L'époque à laquelle le fermage doit être payé peut être fixée par le contrat à une date quelconque. Mais, dans l'usage, il est payé à une époque déterminée par la loi elle-même, l'*afrapsdagher*. Cf. Beauchet, *ibid.*, p. 624.

(4) La demeure du fermier le rend passible d'une amende dont le montant est fixé différemment par les lois provinciales. V. Beauchet, *ibid.*, p. 625 et 645, texte et note 2.

(5) Outre l'amende, le défaut de paiement du fermage peut aussi entraîner la résiliation du bail. La loi d'Upland seule le décide ainsi. Cf. Beauchet, *ibid.*, p. 626.

XI. — (1) Le principe admis par les anciennes lois suédoises est que la preuve du paiement du fermage peut se faire par témoins. Mais ces lois se montrent plus ou moins exigeantes à cet égard. Cf. Beauchet, *Propriété foncière*, p. 626.

et le nombre des cojureurs n'est point plus élevé pour cela.
— § 1. S'il y a contestation au sujet des arrhes, on les restituera ou on prouvera avec deux personnes domiciliées qu'elles
ont été payées. Le fermier n'a pas le droit de retenir la terre
plus longtemps que ne le veut le propriétaire, s'il a été fait au
fermier dénonciation légale d'avoir à quitter la terre (2).

XII

Si le fermier veut résilier (1) (le bail de) la terre, il doit le
dénoncer au propriétaire pour le jour légal du paiement du
fermage devant les voisins et au ting le plus proche de sa
terre, et il perd alors (en résiliant ainsi le bail) ses arrhes et indemnités pour les labours et semailles qu'il a faites à l'automne,
et il paiera le fermage de l'année où il a fait les semailles. S'il
résilie plus tard que le jour légal du paiement du fermage, le
fermier donnera au propriétaire l'entier fermage de l'année et tout
ce qui doit être payé de la terre, jusqu'à la messe de Saint-Olaf.
Le fermier paiera aussi l'amende encourue pour négligence dans
l'entretien de l'échalier (2), si cette amende est encourue dans
l'intervalle. Si le fermier veut dénoncer (le bail de) sa terre
au propriétaire en été, quand les labours d'automne n'ont pas
été faits, il le dénoncera alors avant la messe de Saint-Olaf et
au ting. Le propriétaire se procurera alors un autre fermier.
S'il ne le dénonce pas au propriétaire avant la messe de Saint-
Olaf, le fermier donnera au bonde une indemnité pour les labours (3) et il donnera au propriétaire un fermage entier de ce
qu'il a semé. S'il y a contestation entre eux, l'un disant qu'il a
légalement dénoncé la terre, et l'autre le niant, le fermier
fera alors la preuve avec deux hommes domiciliés qui étaient
présents au ting et lui-même troisième. — § 1. En cas
de désaccord entre le bonde et le fermier, il doit alors dénon-

(2) Sur la résiliation du bail par l'effet de sa dénonciation par le bailleur,
V. Beauchet, *ibid.*, p. 641 et s.

XII. — (1) Sur la résiliation du bail par l'effet de sa dénonciation par le
fermier, V. Beauchet, *ibid.*, p. 645 et s.

(2) Le fermier doit construire et entretenir les échaliers nécessaires pour
la clôture. Cf. Beauchet, *ibid.*, p. 632.

(3) A moins cependant qu'il ne les ait effectués lui-même. Wahlberg, p. 57.

_cer le bail (au fermier) devant les voisins plus ou moins proches et avant le jour fixé pour le paiement du fermage. S'il ne veut point alors évacuer la terre du propriétaire, celui-ci lui interdira sa terre au ting. Si l'autre vient ensuite, qui veut être fermier et à qui le propriétaire a interdit (sa terre) auparavant et s'il (le propriétaire) se présente au ting avec ses témoins de l'interdiction et qu'il y en ait des témoins au ting, on fera alors prêter serment aux témoins de l'interdiction et il ne sera pas permis aux témoins du bail de prêter serment. Les arrhes ne peuvent être payées qu'une fois pendant la même *giptastæmpna* (4), tant que la terre appartient au même propriétaire (5).

XIII

Si l'on prend une terre à bail, et si celui qui l'a prise à bail vient à mourir pendant la *giptastæmpna*, ses arrhes seront valables pour son héritier, jusqu'à ce que la *giptastæmpna* soit expirée (1). — § 1. Toutes les fois que le propriétaire prend la terre du fermier malgré lui, le fermier donnera au propriétaire deux örtug par chaque örtug mais pas de grains (2). — § 2. Celui qui prend une terre à bail avant qu'elle ait été dénoncée légalement à l'autre (fermier), paiera une amende de trois marks pour avoir donné l'*undir gift* (3). — § 3. Si quelqu'un veut habiter soi-même sur sa terre, si l'on y conduit des poteaux (de construction), il doit lui donner (au fermier) une indemnité pour les labours (4), s'il n'y a qu'un labour (à l'au-

(4) *Giptastæmpna* = tempus in quod conducitur fundus. Schlyter, Cl. Ulp.

(5) On peut induire de cette disposition que le changement de propriétaire donne lieu à une nouvelle dation d'arrhes. Wahlberg, *loc. cit.*, p. 58.

XIII. — (1) Le principe admis par les lois provinciales est que la mort du fermier n'entraîne pas la rupture du bail. Le droit acquis par le paiement des arrhes passe aux héritiers du fermier, qui peuvent continuer le bail pendant tout le temps convenu. Cf. Beauchet, *Propriété foncière*, p. 648.

(2) Il résulte de ce texte que la loi autorise le fermier, quand il est contraint par le propriétaire de quitter la ferme, à payer, au lieu de la redevance fixée à la fois en grains et en argent, des deniers seulement, mais pour une somme double, deux örtug au lieu d'une. Schlyter, Jb. Upl., v° *Markland*.

(3) Cf. Beauchet, *ibid.*, p. 635.

(4) Cette indemnité est nommée *træpis lön* (*suprà*, ch. 5, note 1). V. sur son montant dans les différentes lois provinciales, Beauchet, *ibid.*, p. 644.

tomne), il donnera la moitié de l'indemnité ; s'il y a eu deux labours, il donnera örtug pour örtug. Il est mal d'être en contestation avec le propriétaire. Si les arrhes ne sont pas acquises, celui qui les a reçues les restituera ou prouvera qu'elles ont été payées. Aucun propriétaire n'a le droit de reprendre une terre au fermier avant d'avoir restitué les arrhes, dans la mesure où elles ne sont pas acquises (5), et, si la terre est labourée, celui qui en jouit donnera l'indemnité de labour. — § 4. Si le propriétaire veut lui-même habiter sur sa terre et si le fermier y a une maison, qu'elle soit une maison paternelle ou qu'il l'ait reçue à titre d'achat ou d'échange, il enlèvera la maison avant l'an et jour, à moins qu'il n'ait l'autorisation gracieuse ou moyennant un prix (de la conserver), sinon il est déchu de tout droit sur la maison qui est restée, mais il n'y a pas d'amende (6). — § 5. Les témoins du bail doivent attester combien il a été loué, et personne n'a le droit de faire la preuve du bail (7) contre un autre plus d'un an après la conclusion du contrat de bail.

XIV

Si l'on possède moins d'un öresland dans le by, le fermier doit faire des charrois dans la forêt (pour y chercher du bois) avec un seul attelage ; si l'on possède moins d'un demi öresland, on n'a droit dans la forêt qu'à un petit traîneau ; si l'on n'a rien dans le by, on n'a rien dans le bois (1). — § 1. Si l'on possède dans le by un öresland ou davantage, le propriétaire ou le fermier peuvent tous deux faire des charrois dans la forêt

(5) Le remboursement des arrhes est une condition préalable de l'expulsion du fermier. Cf. Beauchet, *ibid.*, p. 644.

(6) Sur le droit du fermier relativement aux maisons construites sur le domaine affermé, V. Beauchet, *ibid.*, p. 619 et s.

(7) Les témoins du bail (*bygninga vitni*) apparaissent seulement *ad probationem* et leur personne, lors de la conclusion du contrat, n'est point un *essentiale negocii*. Beauchet, *ibid.*, p. 611.

XIV. — 1) Le fermier succède, en principe, à tous les droits de son bailleur qui étaient attachés à la possession du domaine. Il a notamment le droit d'user, comme aurait pu le faire son bailleur, de l'almenning du by. Toutefois, certaines lois suédoises, comme la nôtre, restreignent à cet égard le droit du fermier quand celui-ci n'exploite sur le territoire du by qu'un bien d'une superficie inférieure à un öresland. Cf. Beauchet, *ibid.*, p. 636.

avec autant d'attelages qu'ils le veulent. Si les autres voisins
estiment qu'ils font des coupes exagérées, ceux-là ont le vitsorþ qui veulent partager la forêt (2).

XV

Si le propriétaire réclame le fermage de sa terre, que le fermier réponde alors en disant qu'il a acquis la terre du propriétaire avec des fastar et les formalités légales (1), il doit se rendre au ting avec ses fastar. Si la vente est d'un mark ou
moins, il viendra au ting avec six fastar. Si la vente est de
plus d'un mark et de moins de deux, il viendra au ting avec
dix fastar. Si la vente est de trois marks ou davantage, il
viendra au ting avec dix-huit hommes. Quand les fastar sont
ainsi venus au ting, comme il est dit maintenant, le propriétaire et le fermier nommeront chacun un homme, les deux
(hommes) jureront qu'ils veulent nommer six personnes consciencieuses pour rechercher si la terre a été vendue ou non. Si
ces six personnes prêtent serment avec les fastar produits par
le fermier, le fermier aura la terre. S'ils prêtent serment contre lui, celui-là aura la terre qui la possédait antérieurement
et l'autre paiera une amende de trois marks pour avoir voulu
s'approprier une chose qui ne lui appartenait pas, et en outre
le fermage, s'il n'a pas été payé ; s'il a été payé, il paiera
une amende de trois marks. — § 1. Si l'on réclame son fermage, et que le fermier invoque la prescription fondée sur une
possession immémoriale (2), disant que son père avant lui ou
d'autres parents ont aussi possédé (la terre) (3), et que le
propriétaire prétende que la terre qu'il réclame est pour lui
ancienne et patrimoniale, ils doivent tous deux promettre
la *fyrning* (4) et chacun d'eux venir au ting avec douze

---

(2) V. sur la jouissance de l'almenning et les abus auxquels elle peut donner lieu, Beauchet, *ibid.*, p. 82.

XV. — (1) Cf. Beauchet, *Propriété foncière*, p. 627 ; Serlachius, p. 23, 88
et *Bihang*, VIII.

(2) Le texte nomme cette prescription *fyrning*, expression que Schlyter
traduit *antiqua possessio fundi qui longo tempore cognatorum præsentis domini
fuit.* Cf. sur la possession immémoriale, Beauchet, *Propriété foncière*, p. 360
et s.; Amira, p. 497 ; Serlachius, p. 105.

(3) Cf. Serlachius, p. 144.

(4) Le mot *fyrning* a ici un sens différent de celui indiqué *suprà*, note 2 et

hommes (5); là chacun d'eux doit nommer un homme. Ces hommes doivent jurer qu'ils veulent nommer six personnes consciencieuses. Si à ces douze veulent se joindre les (six), ce qu'ils font sera ferme et irrévocable, et celui-là paiera l'amende pleine (6) pour usurpation illicite du bien d'autrui qui échoue dans le serment pour prouver la *fyrning*, proportionnellement à l'usurpation. — § 2. S'il y a des contestations dans le by où habite le fermier, il doit les dénoncer au propriétaire (7). Le propriétaire doit à la fois agir et défendre en justice (8). Si la terre est revendiquée contre le fermier, le propriétaire doit ou bien défendre la terre ou la restituer (9). — § 3. Quand on invoque son auteur, le garant doit se présenter au ting légal ou faire preuve d'un empêchement légitime et ensuite la cause sera suspendue jusqu'à ce que le défendeur vienne (10). — § 4. Le fermier peut se rendre coupable d'une usurpation illicite de terrain ou d'une négligence dans l'entretien de l'échalier, ou commettre quelque autre délit contre ses concitoyens, il répondra lui-même de son délit. — § 5. Si l'on possède un fonds dans un autre by, et si on ne veut ni l'exploiter soi-même ni le louer à un autre, les *byamæn* doivent alors se rendre au ting, et faire au ting une dénonciation au propriétaire, qu'il y soit ou non. S'il ne veut ni le clore lui-même ni le louer à un autre, ils prendront un jugement en même temps et faucheront le pré et feront l'échalier. En cas de négligence dans son entretien, celui-là en répondra qui fauche

signifie : *juramentum quo probatur fundum hereditate esse acceptum.* Schlyter, Gl. Ulp.

(5) Cf. Serlachius, p. 110.

(6) Dix-huit marks.

(7) Afin de permettre au bailleur de faire valoir ses droits, car c'est le propriétaire seul qui a qualité pour exercer activement et passivement les actions relatives à sa terre. Cf. 'Sm. Jb. 14 : 1 ; Wm. II, Jb. 15 : 9. V. Beauchet, *Propriété foncière*, p. 633.

(8) Le bailleur doit défendre son fermier contre les attaques des tiers. Cf. sur cette obligation, Beauchet, *ibid.*, p. 575, 636 et s.

(9) *Wœria æller utgiva.* Cf. sur l'obligation alternative du défendeur à la revendication, Beauchet, *Propriété foncière*, p. 573 et s. ; Serlachius, p. 33, 43.

(10) Un autre texte notre de loi porte : « Jusqu'à ce que le propriétaire (*eghande*) puisse venir » (Jb. 20 : 1). Le garant apparaît ainsi dans l'instance comme le défendeur, comme le propriétaire présumé de la chose. Cf. Serlachius, p. 132; Beauchet, *ibid.*, p. 582.

le pré, et celui-là paiera l'impôt qui est propriétaire de la terre.
— § 6. Quel que soit le nombre des témoins du bail qui se pré-
sentent contre le véritable propriétaire, rien n'ira contre et
néanmoins celui-là aura la terre avec qui le propriétaire se
trouve d'accord (11). Et tous ceux qui peuvent faire la preuve
du bail reprendront leurs arrhes parce que contre les témoins
du bail ou contre les témoins d'une permission donnée (12) ou
les témoins d'un commodat, il n'y a pas de serment possible.
Il est dit maintenant comment des hommes doivent former une
société de biens (13).

XVI

Si des hommes forment ensemble une société de biens
(*bolagh*) (1), ils doivent former leur société avec douze fastar
de société, qui doivent témoigner de la manière dont la
société s'est formée et pour combien de temps. Si (le fonds
social) s'augmente, il s'augmente pour les deux (parties) et
s'il se détériore, il se détériore aussi pour les deux. — § 1.
Si le temps pour lequel la société a été formée est expiré et
s'ils veulent partager leurs biens, l'un voulant s'en attribuer

(11) Ainsi, en cas de conflit entre deux locataires du même immeuble, la
préférence appartient à celui à qui le propriétaire consent à le livrer. Peu
importe que l'autre locataire puisse produire de nombreux témoins (*bygningæ
vitni*) attestant la priorité de son contrat. La seule obligation imposée par
la loi au propriétaire est de restituer les arrhes par lui reçues. Probablement
aussi le fermier préféré par le propriétaire devait-il payer l'amende pour
undirgift. *Suprà*, Jb. 13 : 2. Cf. Beauchet, *ibid.*, p. 635 ; Wahlberg, p. 39 ;
Serlachius, p. 45 ; Sjögren, p. 66 ; Amira, p. 617.

(12) *Lofsvitni*. Cf. sur la permission (*lof*) d'user d'un immeuble, Beauchet,
Propriété foncière, p. 679 ; Amira, p. 658, n. 1.

(13) *Bolagh*. Bien qu'au fond la société d'exploitation, *bolagh*, tienne beaucoup plus du contrat de société que du contrat de bail, les lois du Svealand
semblent néanmoins la considérer comme une forme particulière du bail immobilier, car elles en traitent à la suite de ce dernier contrat. Cf. Beauchet,
Propriété foncière, p. 665 et s.

XVI. — (1) Outre le bail proprement dit, l'ancien droit suédois a connu
un second mode d'exploitation de la terre d'autrui, impliquant une sorte de
société entre le propriétaire de la terre et celui qui l'exploite : c'est le *bolagh*
des lois provinciales, dans le sens étroit de cette expression, qui d'ailleurs
par elle-même caractérise l'association de deux personnes (des mots *bo læggia
(mæþ andrum*), mettre un bien en commun). V. sur ce contrat, Beauchet,
Propriété foncière, p. 662 et s.

davantage et en reconnaître moins à l'autre, les fastar de la société doivent attester comment elle s'est formée et ce partage se fera conformément à leur témoignage. Si alors l'un retient quelque chose à l'autre et ne veut pas le livrer, les fastar de la société prêteront serment et celui-là paiera une amende de trois marks qui a commis cette rétention illégale (2), et ensuite on partagera selon le serment des fastar de la société. — § 2. S'il y a contestation au sujet des fastar de la société, l'un disant que ceux-là ne sont point des fastar de la société que l'autre dit (l'être), chacun d'eux viendra alors au ting avec six hommes ; là chacun d'eux doit nommer un homme ; ces deux (hommes) nommeront six hommes. Les six (hommes) jureront avec celle des parties qu'ils voudront, et ils prêteront serment avec les douze hommes, et ce que les douze feront sera valable et irrévocable, et on partagera suivant ce que les douze auront décidé. — § 3. Si l'on veut rompre la société avant l'expiration du temps fixé pour sa durée, alors celui qui veut rompre la société paiera une amende de trois marks sur ses biens personnels, et alors chacun aura sa part selon le témoignage des fastar.

XVII

Des biens déposés (1). — Si quelqu'un dépose chez un autre de l'argent ou une autre chose, et si cette chose est d'une valeur moindre que six marks, on la déposera alors en présence de deux témoins. Si elle est d'une valeur supérieure à six marks, il le fera en présence de six témoins. Il en sera ainsi soit du dépôt, soit du retrait du dépôt. En cas de dénégation (2), il niera avec son serment suivant la cause intentée contre lui. Si la chose déposée est volée, ou brûlée, ou prise de force en même temps que celle du dépositaire, le fait n'engage point la responsabilité (de celui-ci) ; s'il n'en est pas ainsi, il restituera (au déposant) (la valeur de) son bien.

(2) Cf. MELl. Eb. 36 : 1. — V. sur la *mora*, Amira, p. 411.

XVII. — (1) V. sur le dépôt, Amira, p. 662 et s.

(2) Il faut sous-entendre qu'il n'y a pas eu de témoins. Cf. Estlander, *Klander à lösöre*, p. 233.

XVIII

Si deux personnes sont en contestation relativement à une terre, disant toutes deux qu'elles l'ont acquise, elles doivent produire leurs auteurs (1) et ceux-ci doivent défendre en justice leur aliénation, et celui-là aura la terre dont l'auteur aura pu défendre l'aliénation et la possession de l'acheteur, et celui à qui avait été remise la terre dont il a été évincé se fera restituer son prix, et celui qui a vendu la terre dont l'acheteur a été évincé paiera une amende de trois marks. — § 1. Si deux personnes sont en contestation relativement à une terre, l'une disant qu'elle l'a acquise, et l'autre qu'elle l'a reçue en héritage, alors l'auteur (de celui qui prétend l'avoir acquise), doit se présenter (en justice), et s'il peut y défendre la terre, celui-là aura la terre qui l'a acquise ; s'il ne le peut pas, alors l'autre partie justifiera avec le serment de dix-huit hommos qu'il l'a reçue en héritage (2).

XIX

Si deux hommes sont en contestation relativement à une terre, disant tous deux qu'elle est patrimoniale ou qu'ils l'ont reçue en héritage de leurs parents (1), ils doivent tous deux promettre le serment qu'ils ont reçu la terre en héritage, et chacun d'eux doit venir au ting avec douze hommes. Là chacun d'eux, le demandeur et le défendeur, doit nommer un homme. Ces deux (hommes) doivent jurer qu'ils veulent nommer six personnes consciencieuses (2). Ces six doivent rechercher la vérité dans la cause. Aux douze les six doivent se joindre et les dix-huit doivent jurer que celui qui possédait auparavant la terre, l'avait sans contestation ni revendication

XVIII. — (1) Cf. Serlachius, p. 109.

(2) Cf. H. Jb. 14 : pr. V. sur l'interprétation de ce texte, Serlachius, p. 112 et s.

XIX. — (1) V. sur le cas où, dans un procès en revendication, les deux parties invoquent un titre héréditaire comme fondement de leur possession Beauchet, *Propriété foncière*, p. 581 et s. ; Serlachius, p. 110.

(2) V. par analogie sur ce mode de constitution de la nämnd, Upl. Æb. 23 : 1. — Cf. Nordström, II, p. 733.

et que celui qui la revendique maintenant l'a justement acquise (3). Toutes les fois qu'il y a lieu de prêter le serment
qu'on a reçu une terre en héritage, les deux parties doivent
se rendre au ting du hundari de la situation de la terre,
chacun d'eux avec douze hommes. Là six hommes doivent être
nommés qui doivent accomplir la *fyrning* (4), et celui qui échoue
dans la fyrning paiera une amende pour usurpation illicite de
la terre d'autrui, selon la valeur de la terre.

XX

Si deux hommes sont en contestation relativement à une
terre, l'un disant qu'il l'a reçue en héritage, et l'autre qu'il l'a
acquise, les auteurs peuvent alors être nombreux qui l'ont
reçue l'un de l'autre. Si la terre est revendiquée, chacun la
conduira à l'autre (1) et recouvrera son prix, et celui-ci paiera
une amende de trois marks qui échoue dans la défense de
l'aliénation. Si l'auteur est dans la province et la laghsagha,
il doit se présenter dans trois ting légaux. S'il est dans le
royaume et hors de la province et de la laghsagha, il doit se
présenter dans le délai de neuf semaines. Il peut être hors du
royaume au service d'un maître, ou parti en pèlerinage, ou
sur un navire avec ses marchandises de trafic ; alors l'instance
doit être suspendue et les revenus de la terre être mis entre
les mains d'un séquestre (2) jusqu'à ce que le propriétaire (3)
revienne, et dans les neuf semaines après son retour, il doit
se présenter en justice pour défendre l'aliénation. Si le garant
échoue dans la défense de celui qui a reçu (la terre), alors
celui-là paiera l'amende pour usurpation illicite qui a exploité
la terre, et il réclamera le prix à celui qui a livré la chose

(3) La possession susceptible de conférer le *vitsorþ* (*jus probandi*) à celui
qui l'exerce, doit être légitime, c'est-à-dire que le défendeur doit s'être légalement mis en possession. Cf. Beauchet, *Propriété foncière*, p. 198 et s.

(4) Le mot *fyrning* a ici le sens indiqué *suprà*, ch. 15, note 4.

XX. — (1) V. *suprà*, p. 155, notes 10 et 19.

(2) Ce texte prouve qu'en cas de revendication la possession de la chose
est transférée au garant. V. Beauchet, *Propriété foncière*, p. 583 ; Serlachius,
p. 132.

(3) C'est-à-dire le garant. V. *suprà*, Jb. 15 : 3, note.

dont il a été évincé (4). — § 1. L'auteur peut être dans le royaume : voici alors les empêchements qu'il peut invoquer (5) : s'il est malade ou blessé, ou s'il est au service de son maître, ou à la recherche de ses troupeaux égarés, ou s'il a un mort à veiller devant la porte, ou s'il a un incendie chez lui, ou si une armée (ennemie) est dans la province ou s'il a été convoqué à une expédition maritime : en présence de ces empêchements précités, l'instance doit être suspendue jusqu'à ce que le garant revienne, et il doit dans trois ting légaux se présenter en justice pour défendre l'aliénation, et cependant deux hommes doivent se présenter au ting légal pour témoigner de l'empêchement et jurer qu'il n'a pas pu venir pour l'un de ces empêchements. De semblables empêchements sont admis pour toutes les autres causes (6). — § 2. Celui qui vend une terre qu'il ne peut pas défendre en justice, paiera une amende de trois marks pour gærsala (7) et en outre l'amende pour usurpation illicite, si la terre a été usurpée de telle sorte qu'il y ait lieu de payer une amende pour cela.

XXI (1)

Un homme ou une femme peut devenir vieux ou malade (2), ses enfants doivent alors le nourrir et l'entretenir jusqu'au jour de sa mort, qu'ils possèdent plus ou moins. Si quelqu'un possède une terre insuffisante pour s'entretenir soi-même et se nourrir, s'il veut vendre cette terre à celui qui le

(4) Outre l'amende pour gærsala (amende pour éviction), le vendeur d'un immeuble doit rembourser à l'acheteur évincé l'amende de trois marks que celui-ci est tenu, à raison de son usurpation illicite de l'immeuble vendu, (aværkan) de payer au tiers qui l'évince. Cf. Beauchet, *loc. cit.*, p. 288.

(5) V. *suprà*, Kgb. 12 : 2.

(6) Cf. Upl. Mb. 45 : 1 ; Wm. II, Mb. 29 ; Sm. þb. 17.

(7) Il en résulte qu'il n'y a pas gærsala seulement dans l'hypothèse de deux ventes successives du même immeuble, mais dans tous les cas où le vendeur ne peut pas fournir la *hemuld*. Cf. Schlyter, Gl. Upl. vᵒ *Gærsala* ; Beauchet, *loc. cit.*, p. 287.

XXI. — (1) V. sur le contrat d'aliments, Beauchet, *Propriété foncière*, p. 682 et s.

(2) La supposition de vieillesse ou de maladie que fait ainsi la loi, n'est pas exclusive du droit pour une personne jeune et bien portante de disposer de ses biens par un contrat d'aliments. Beauchet, *loc. cit.*, p. 684.

nourrira jusqu'au jour de sa mort, et s'il a des enfants, un, deux ou davantage, il doit alors offrir sa terre à ses enfants au ting (3). Si les enfants consentent à le recevoir, ils doivent alors le nourrir, un an et demi pour chaque örtoghland, là où l'örtoghland vaut un mark d'argent pur; là où l'örtoghland vaut un tiers en moins (4), il a droit à l'entretien et à la nourriture pendant un an. L'aîné des enfants doit nourrir et entretenir (ses parents), et ensuite chacun (des autres), selon son âge (5). Chaque enfant doit entretenir son père et sa mère jusqu'à ce qu'il ait été consommé autant que (l'enfant) devait recevoir en succession après la mort de ses parents, la sœur, une part de sœur et le frère, une part de frère (6). Si un enfant ne veut pas se charger de nourrir (son père), et qu'il y en ait des témoins au ting (7), et qu'un autre des frères et sœurs l'entretienne ensuite, il prendra tout d'abord pour son entretien, bien qu'il ne reste rien. S'il reste quelque chose, alors chacun prendra sa part pleine après la mort du père. La même règle est applicable aux parents, s'il n'y a pas d'enfants, comme il vient d'être dit. Celui-là doit être le premier à le nourrir qui serait son héritier le plus proche après sa mort. Si l'un dit : « J'ai offert ainsi une nourriture comme toi la tienne », douze témoins pris parmi les hommes du ting en décideront, et chacune des parties nommera la moitié de la nämnd. Les héritiers sont tenus de nourrir leur père ou leur mère, s'ils deviennent pauvres ou âgés, soit qu'ils aient de l'argent ou qu'ils n'en aient pas, s'ils peuvent (les nourrir). Le fils ou la fille qui chasse son père ou sa mère paiera une amende de trois marks pour chaque année : le demandeur légitime touche cette amende (8). Il peut mourir avant que

(3) Cf. Sm. Jb. 17. Il est probable que l'offre doit être en outre précédée, comme pour une vente ordinaire d'immeubles, d'une offre « devant les voisins et la paroisse ». Cf. Beauchet, *loc. cit.*, p. 147, 148, 689.

(4) Cf. Sm. Jb. 17.

(5) L'ordre dans lequel les différents héritiers au même degré doivent entretenir le cédant, est ainsi réglé d'après leur âge en allant du plus âgé au plus jeune. Cf. Wm. II, Jb. 17 ; Sm. Jb. 17 ; MELl. Eb. 3 ; Chr. Ll. Jb., 31.

(6) Cf. sur ce cas de responsabilité, Amira, p. 174.

(7) Il y a lieu de croire que ces témoins interviennent seulement *ad probationem* et non *ad solemnitatem*. Charpentier, *Om sytning*, p. 16.

(8) Il y a là un cas *d'ensak*. V. *suprà*, p. 24, note 1.

l'on n'ait consommé ce qu'il a promis pour lui. Alors celui qui l'a entretenu prendra autant qu'il a dépensé, et le reste de ce que le défunt possédait sera partagé.

XXII

Si deux by sont en contestation relativement à une terre, et si l'un des voisins qui est propriétaire dans le by renonce au procès, il doit le faire au ting, avant que l'on ait donné des gages. Si le by perd le procès, alors celui qui y a renoncé est dégagé de toute responsabilité. Si le by gagne son procès, alors celui qui a renoncé sera exclu à la fois de la terre et de l'amende (1). S'il donne d'abord des gages et renonce ensuite au procès avant qu'il ne soit fini, il paiera une amende de trois marks et sera exclu du procès, qu'il soit gagné ou perdu.

XXIII

Si quelqu'un promet le serment des fastar et veut prêter le serment de la fyrning (1), ou s'il promet le serment de la fyrning et veut prêter celui des fastar, ou s'il promet le serment des fastar ou de la fyrning pour un örtoghland et veut le prêter pour deux, douze hommes doivent en connaître avant que le serment ne soit prêté. Maintenant le livre de la terre est récité. Personne ne manquera de terre. Tous auront de la terre qui sont venus de la terre. Que Dieu nous laisse ainsi désirer la terre (2) pour que nous puissions gagner le ciel. Amen.

DES CAUSES CONCERNANT LA VENTE

I. Des ventes vicieuses d'or ou d'argent.

II. Des ventes vicieuses par un marchand et des ventes sur le marché.

XXII. — (1) Cette règle, qui est destinée à réprimer tout manquement à la solidarité qui doit exister entre les habitants du by, est également posée par d'autres lois. Cf. Sm. Jb. 18 : pr.; Wm. II, Jb. : 18; H. Jb. 16; MELl. Es. 35; Chr. Ll. Jb. 32. Cf. Serlachius, p. 105.

XXIII. — (1) V. *suprà*, ch. 15, note 4.

(2) C'est-à-dire le tombeau.

I

Si quelqu'un achète de l'or ou de l'argent, travaillé ou non travaillé, de celui qui n'est point fondeur d'or ou d'argent, il doit alors avoir pour cela le témoignage de deux hommes domiciliés (2), si la chose a une valeur moindre d'un demi-mark. Si celui qui achète vient et dit : « Tu m'as vendu une chose vicieuse » (3), (et) si celui qui a vendu le reconnaît, il rendra alors le prix à celui qui a acheté, et il fera avec le serment de dix hommes la preuve négatoire qu'il ignorait l'existence du vice dans la chose vendue (4). S'il échoue dans ce serment, il paiera une amende de trois marks (5) pour avoir vendu une chose vicieuse. S'il nie avoir jamais vendu la chose, et si celle-ci vaut moins de six marks, il fera la preuve négatoire avec le serment de dix hommes. S'il échoue dans ce serment, il paiera une amende de trois marks pour le vice et restituera le prix. Si la chose vaut plus de six marks et si (le vendeur) nie, il fera alors la preuve négatoire avec le serment de dix-huit hommes. S'il échoue dans ce serment, il restituera le prix et (paiera une amende de) trois marks pour

---

I. — (1) Equorum vectariorum præstatio. Schlyter, Gl. Wg., vº *Skiuta gærþ.*

(2) Les témoins (*vitni*) doivent toujours, au minimum, être au nombre de deux. Mais ce chiffre est souvent plus élevé, suivant la valeur de la chose légitime, V. *infrà.* Kp. 5 : 3. Cf. Amira, p. 283, 290.

(3) Le texte nomme cette chose *flærþ* (*flar* = fraudulentus, en islandais).

(4) En cas de bonne foi du vendeur (lorsqu'il n'est point un fondeur d'or ou d'argent), il y a donc lieu simplement à la nullité de la vente.

(5) La loi municipale de Magnus Eriksson (Kp. 2 : pr.), plus sévère, édicte une amende de 40 marks.

le vice, que la chose vendue vaille plus ou moins (6). — § 1.
Si un fondeur d'or ou d'argent vend à un bonde une chose
fausse, soit en or, soit en argent, soit un autre objet travaillé
quelconque, on doit mesurer la chose à la maison où se trouve
l'enclume, et si la chose est (reconnue) pure, alors celui-là aura
l'or et l'argent qui a acheté, et l'autre qui a vendu aura le prix
et sera dégagé de toute responsabilité. Si elle n'est pas (reconnue) pure, alors le vendeur restituera le prix et en outre six
marks, et il aura sa chose vicieuse. S'il nie et ne veut pas reprendre (la chose), alors l'acheteur fera preuve contre lui avec deux
hommes et lui-même troisième, si la chose vendue vaut moins
d'un demi-mark et l'autre partie ne pourra faire aucune preuve
négatoire pour cela. — § 2. Si quelqu'un veut faire travailler
de l'or et de l'argent (7), il doit le livrer au fondeur en présence
des deux témoins ; il doit le livrer pur et le reprendre pur. Si
l'un d'eux dit que l'objet travaillé est pur et l'autre qu'il n'est
pas pur, chacun d'eux nommera alors deux hommes qui doi-
dent voir et examiner l'objet s'il est pur ou non. S'ils attestent
qu'il est pur, le fondeur sera dégagé de toute responsabilité et
percevra son salaire. S'ils le condamnent, il paiera l'amende
du vol selon la valeur de la chose volée et sera qualifié de voleur (8).

II

Si l'on achète de la cire ou du sel falsifiés par une addition
de sable ou d'autres substances ou de l'encens, si l'on achète

(6) Le texte ne vise que la vente de l'or et de l'argent. D'après le Dipl.
4142 (a. 1347) la vente de cuivre falsifié entraîne une amende de 40 marks
et la confiscation de la marchandise. Les *Addita* à la loi de Vestrogothie
(III: 81) punissent d'une amende de trois fois seize örtug le fondeur de fer
qui vend du mauvais fer.

(7) Il s'agit ici du contrat de louage d'ouvrage par lequel une personne
confie à un artisan (*gærningisman*), une chose à travailler moyennant salaire
(*legha, lön*). Les lois provinciales du continent ne s'occupent de ce contrat
qu'à propos du travail de l'or et de l'argent et seulement dans l'hypothèse
mentionnée au texte. Les deux témoins dont parle notre texte ont simplement
pour mission d'attester la livraison de la chose. Cf. Wm. II, Kp. 1: 2. La
loi de Sudermanie, ainsi que les lois nationale et municipale de Magnus
Eriksson, les chargent aussi de vérifier la pureté du métal. Cf. Sm. Kp. 1: 3;
MELl. Kp. 2: 2; St. Kp. 2: 2.

(8) La notion du vol s'étend ainsi à la tromperie. — Cf. Björling, *Den
Svenska rättens exstinktiva laga fång till lösören på grund of god tro*, p. 95.

du beurre à une autre personne, s'il y a du beurre extérieure-
ment et une falsification à l'intérieur, si l'on achète de la graisse
ou du suif ou toute autre chose pour laquelle on dise qu'il y
a un vice dans la vente ou l'achat, chacune des deux parties
nommera deux hommes, qui doivent attester s'il y a ou non
une falsification. S'ils déclarent innocent celui qui est accusé
de falsification, il sera dégagé de toute responsabilité; s'ils le
condamnent, il paiera une amende de trois marks pour la falsification. Il en est ainsi toutes les fois qu'il se rencontre une
falsification dans une chose vendue (1), et le vendeur reprendra la chose falsifiée et l'acheteur reprendra son prix (2). —
§ 1. Si quelqu'un achète de l'étoffe à une personne, que l'étoffe
soit mesurée et le prix payé, et que l'acheteur s'aperçoive,
avant de quitter le by (3), que l'étoffe est de qualité inférieure
à celle qu'il a voulu acheter, il rendra l'étoffe au vendeur et se
fera restituer son prix, et l'autre fera avec le serment de dix
hommes la preuve qu'il ignorait avoir vendu une chose vicieuse;
s'il échoue dans ce serment il paiera une amende de trois marks.
— § 2. Si quelqu'un fait un achat sur le marché (4), qu'il achète
une chose inanimée ou animée, si la chose vendue est revendiquée, et si celui qui est actionné ne connaît pas son auteur,
l'autre jurera alors avec deux témoins que la chose est sienne
et l'acheteur prouvera avec les témoins de la vente domiciliés
qu'il a acheté la chose sur le marché et il se purgera ainsi du
soupçon de vol et ensuite celui qui a revendiqué reprendra sa
chose et l'acheteur cherchera son prix (5) (6).

II. — (1) Cette phrase peut laisser supposer qu'il n'est pas nécessaire, pour
que le délit existe et que l'amende soit encourue, qu'il y ait une intention frau-
duleuse chez le vendeur. Cf. Sjögren, *Kontraktsbrotten*, p. 61, 62.

(2) Cf. Wm. II, Kp. 2 : pr.; Sm. Kp. 2 : pr.; MELl. Kp. 3 : pr.

(3) Où le contrat a été conclu.

(4) Les lois provinciales ou nationales prévoient le cas particulier où le
possesseur actionné en revendication d'un meuble, allègue qu'il l'a acheté
« sur le marché, *a torghe* », ou « dans la rue, *a straete* ». Le défendeur peut
alors se soustraire au soupçon du vol soit à l'aide des témoins qui assistaient à
la vente et le serment des cojureurs, soit à l'aide des témoins seuls. Certaines
lois exigent que les témoins soient domiciliés et font dépendre le nombre des
témoins de la valeur de la chose litigieuse. Wg. I, þb. 19 : 3; Ög. Vins. 8;
Wm. I, Bb. 35 : 3; II Kp. 2 : 1; MELl. Kp. 4; Chr Ll. Kp. 5; St. Kp. 4,
Cf. Estlander, *Klander å lösöre*, p. 83 et s.

(5) C'est-à-dire réclamera à son vendeur la restitution du prix. Cf. Björling,
Exst. laga fång., p. 92. Il faut en outre combiner ce texte avec le chap. 4, *infrà*.

(6) La garantie (*hemuld*) entraîne pour le vendeur l'obligation d'accorder

III

Aucun chrétien n'a le droit de vendre un chrétien, car lorsque le Christ a été vendu, le Christ a racheté tous les chrétiens. Si quelqu'un vend une personne libre et si la liberté de cette personne est démontrée, celui qui a vendu la personne libre paiera une amende de quarante marks (1). Si un chrétien vend un chrétien, qui cependant est son esclave, celui qui a été ainsi vendu devient libre et l'acheteur reprend son prix et il n'y a pas lieu au paiement d'une amende, et (la personne vendue) ne sera jamais esclave ensuite (2). — § 1. On peut contester (3) l'état de celui qui était antérieurement esclave et qui a été affranchi de la maison de son maître. Celui qui veut prouver sa liberté a le droit d'en faire la preuve. Il en prouvera la huitième partie avec deux hommes, la quatrième avec quatre, la moitié avec huit et l'intégralité avec seize (4). C'est ce que doivent

à l'acheteur la jouissance exclusive de l'objet vendu. Suivant la théorie d'Amira (p. 562), si l'acheteur est évincé, le vendeur, d'après le droit le plus rigoureux et probablement le plus ancien, doit, si l'acheteur ne se contente pas de la restitution du prix, lui livrer une chose semblable à celle dont il a été évincé. C'est ce droit qu'applique encore notre loi relativement à la vente de bestiaux (*infrà*, Kp. 5 : 5. — Cf. Wm. II, Kp., § 7 : 2). Mais d'après un droit moins rigoureux, dont notre loi fait application pour les ventes autres que celle de bétail (Cf. Wm. II, Kp. 2 : 1), et que les autres lois appliquent à toutes les ventes en général, le vendeur est seulement tenu à la restitution du prix. Cf. Amira, p. 562. *Contrà*, Sjögren, p. 53. Mais cette théorie est fort contestable. Cf. Sjögren, p. 53 ; Beauchet, *Propriété foncière*, p. 290.

III. — (1) Il s'agit ici du crime de *plagium*, puni sévèrement par les lois provinciales. Ög. Vaþ. 30 : 1 ; Wm. II, Kp. 4 ; Sm. Kp. 3 : pr. L'amende fixée par notre loi est celle du meurtre ordinaire. Cf. Calonius, p. 22 ; Landtmanson, *Träldom*, p. 14.

(2) En vertu du droit de propriété qu'il possède, le maître peut aliéner son esclave, le vendre, l'échanger, le donner. Telle est du moins la conception primitive, qui est encore consacrée dans certaines lois provinciales, comme la loi d'Ostrogothie. Cf. Landtmanson, p. 17 ; Calonius, p. 201. Mais sous l'influence du christianisme, les lois nouvelles, comme la loi d'Upland, apportèrent des entraves à ce droit de disposition. Cf. Sm. Kp. 3 : pr.

(3) Il s'agit ici d'une revendication. Pour désigner le défendeur, la loi emploie l'expression *Klandæþær*, de *Klanda* = vindicare. Cf. Estlander, *Klander*, p. 245.

(4) Schlyter, Gl. Upl., vº *göþa*, observe, à ce sujet : « Ex hoc loco apparet manumissionem servi in conventu judiciali factam esse, præsentibus sedecim viris, qui eum a domino reciperent, sine dubio initiatione quadam priscæ ac-

faire ceux qui ont reçu (l'affranchi) au ting (5) en aussi grand
nombre qu'il vient d'être dit. Ils doivent jurer que le propriétaire légitime l'a remis et qu'ils l'ont reçu au ting (6). —
§ 2. Si un esclave ou une esclave est partie de chez son maître,
c'est à lui qu'accroissent les penning, et si le maître veut ensuite le rappeler, il a le droit de prouver sa liberté, comme il
vient d'être dit. — § 3. Personne n'a le droit de se donner
comme esclave déditice, et personne ne peut recevoir un autre
comme esclave déditice (7).

IV

Si l'on achète quelque chose de l'épouse d'un bonde, elle peut
vendre jusqu'à concurrence de quatre penning, mais non davan-

ceptionis in familiam. Quod vero hi, mota lite, bini jurarunt, singulas quasi
partes libertatis firmantes, id, ni fallor, originem ducit ex solemnitate quadam
ipsius manumissionis nostro tempore incognita ».

(5) L'affranchissement, quand il a lieu entre-vifs, constitue une donation,
et la déclaration du *manumissor* devait se faire publiquement. La loi de Sudermanie (Kp. 3 : 1) est formelle à cet égard. Il est vraisemblable que la publicité est également requise par notre loi, non seulement pour l'*ætleþing* (v. la
note suivante) mais aussi pour la déclaration d'affranchissement. Amira, p. 265.

(6) La déclaration d'affranchissement, soit entre-vifs, soit par acte de dernière volonté, ne suffit point à elle seule pour conférer à l'affranchi la situation juridique d'un homme libre. Il fallait pour cela que l'affranchi fût, en
outre, *ætleder*, c'est-à-dire reçu dans la famille (*æt*) d'un ingénu. Jusque-là
il ne faisait point partie de la communauté des hommes libres et notamment
son affranchissement pouvait être révoqué, même s'il avait eu lieu publiquement. Aussi, quand une personne revendiquée comme esclave, doit faire la
preuve de sa liberté, il ne lui suffit pas de prouver l'affranchissement, il faut
de plus qu'elle prouve sa réception dans une famille ingénue, l'*ætleþing*, Ög.
Æb. 25 : pr.; Upl. Kp. 3 : 1; Wm. II, Kp. 3. Cette réception peut se faire
soit par le *manumissor* lui-même, soit par un tiers avec l'assentiment de ce
dernier. Elle consiste, d'après la loi d'Ostrogothie (Æb. 20 ; pr.), dans une déclaration solennelle au ting. Les lois du Svealand, qui n'emploient pas l'expression *ætleþa*, avaient organisé une procédure analogue à l'*ætleþing* et à laquelle fait allusion notre texte. Cf. Amira, p. 541; Landtmanson, *loc. cit.*,
p. 36; Schlyter, *loc. cit. suprà*, note 4.

(7) Le texte nomme cet esclave *gæf þræl*. Cet esclavage volontaire pouvait
avoir diverses causes, comme celle de se procurer l'assistance d'une personne
puissante, de se faire nourrir et entretenir jusqu'à sa mort moyennant l'abandon de ses biens. Cette source de l'esclavage fut interdite par Birger Jarl.
Ög. Æb. 11 ; Sm. Kp. 3 : 3. Cf. Ericksen, *Om trældom hos Skandinaverne*,
p. 84; Landtmanson, p. 47; Calonius, p. 15 et s.

tage(1), et ni les serviteurs ni les enfants du bonde ne peuvent faire aucune vente. Celui qui achète avec eux ou échange davantage, paiera une amende de trois marks, à moins que l'achat n'ait été fait sur le marché. L'achat fait sur le marché doit toujours être valable (2).

V

Si l'on échange un cheval dans le hundari, le délai d'essai (1) est pour cela de trois nuits. Si l'on trouve un vice (au cheval) avant le délai d'essai, chacun (des coéchangistes) reprend (le cheval) dont il était propriétaire. Si l'on ne trouve pas de vice avant l'expiration du délai d'essai (chacun des contractants) aura (le cheval) qu'il a reçu dans le hundari. Entre deux hundari (le délai d'essai est de) cinq nuits, entre deux folkland de quatorze nuits (2). — § 1. Si l'on achète à une personne

IV. — (1) La femme, bien qu'étant sous la puissance du mari, seul administrateur des biens de la communauté et des biens propres de son épouse, est autorisée à consentir seule certaines aliénations. V. *suprà*, Kbb. 9 : pr. et § 1. L'ordonnance de Telge de 1345, c. 15 (Hadorph, p. 21) l'autorise à donner ses vêtements à l'église. Peut-être aussi peut-elle, d'après la loi d'Ostrogothie (Gb. 12 : pr. § 1), doter ses filles sur sa propre dot. L'aliénation consentie par la femme non autorisée peut être révoquée par le mari. En cas d'empêchement du mari, le pouvoir d'administration passe à la femme. V. *suprà*, Jb. 4 : 6 et note 24.

(2) Il doit en être ainsi, même si la vente est faite sur le marché par un esclave, en principe incapable de passer aucun acte au nom de son maître. Cf. Landtmanson, *loc. cit.*, p. 26; Calonius, p. 151. Il ne faut point d'ailleurs prendre à la lettre ce que dit le texte, que l'achat fait sur le marché est toujours valable. Cette phrase ne vise que le cas où le maître a fait vendre la chose sur le marché par un préposé qui pourrait avoir excédé ses pouvoirs. La situation extérieure de ce mandataire est telle d'après la loi que les tiers doivent avoir cru à l'existence d'un pouvoir suffisant et que la vente est maintenue dans tous les cas. Mais la vente faite sur le marché en d'autres circonstances n'est pas opposable au véritable propriétaire. V. *suprà*, c. 2 : 2 Cf. Trygger, *Om fullmakt.* p. 82 s.; Björling, *Exst. laga fång*, p. 99; Hellner, *Hustrus förmåga af rättshandlingar*, p. 18; Amira, p. 571.

V. — (1) *Fræstmark* = tempus probationis (de *fresta* = tentare).

(2) *Sic*, Wm. II, Kp. 6. La loi d'Helsingie admet, sous les mêmes conditions, le droit de résiliation, en cas d'échange, pour toutes sortes d'animaux : H. Kp. 3. La loi de Sudermanie va encore plus loin et assimile à l'échange des chevaux celui de « toutes autres choses » (Sm. Kp. 5 : pr., § 13).

un cheval, une jument ou un bœuf, il y a pour cela le délai d'essai qui vient d'être dit. Si (3) l'on trouve un vice avant l'expiration du délai d'essai, chacun reprendra le sien. Si l'on ne trouve pas de vice avant l'expiration du délai d'essai, la vente sera valable. — § 2. Si quelqu'un achète à un autre une vache ou un cheval indompté, ou une jument, ou un bœuf indompté, ou quelque autre animal vivant que ce soit, alors cela sera établi et incontesté, et leur vente sera ferme et valable. — § 3. Quelles que soient les marchandises que l'on achète à une personne, il doit y avoir des témoins de la vente, deux hommes domiciliés si la chose vendue vaut moins d'un demi-mark ; si elle vaut plus d'un demi-mark, cinq hommes seront présents et leur vente sera ferme et valable (4). — § 4. Si l'on acquiert un cheval d'un serviteur (5) ou d'un voyageur, par voie d'achat ou d'échange, et avec des témoins de la vente, il n'y a pas de délai d'essai, si après le contrat, les pieds de derrière du cheval se trouvent encore là où étaient encore ses pieds de devant (6). Pour les ventes faites sur le marché, il n'y a pas de délai d'essai. — § 5. Celui qui vend, échange, donne ou paie une chose dont l'acquéreur est évincé, doit livrer une chose à l'abri de toute éviction (à la place de celle dont l'acquéreur est évincé) (7). Celui qui remet à un autre une chose sujette à éviction, paiera une amende de trois marks (8). On appelle *brighþ* la chose dont on ne peut présenter la défense en justice.

VI

Celui qui loue à une personne un cheval ou une jument, un bœuf ou quelque autre chose, doit la restituer non détériorée. Si

(3) Le texte suppose l'animal dompté. V. *infrà*, § 2.

(4) Les témoins sont ainsi exigés pour la validité même de la vente et non pas seulement *ad probationem*. Cf. Amira, p. 283.

(5) *Hirþmann* = satelles, aulicus, faisant partie de la Cour (*hof*, *hirþ*) du roi. Cf. Nordström, I, p. 142.

. (6) C'est-à-dire que si, après la vente ou l'échange, le cheval n'a pas été éloigné du lieu du contrat, de telle sorte que ses pieds de derrière se trouvent encore à l'endroit où étaient ses pieds de devant, la vente est aussitôt parfaite. Schlyter, Gl. Upl., v° *Foter*. Loccenius entend ce passage autrement : « Si equus a fronte et tergo bene perspici potest ».

(7) V. *suprà*, Kp. 2 : 2, note 5.

(8) Cf. Wg. III, 150 ; Wm. II, Kp. 7 : 2.

elle est détériorée (le locataire) a le droit de prouver avec le serment de dix hommes qu'elle ne s'est jamais détériorée par son fait et il lui remettra le loyer entre les mains(1). S'il échoue dans ce serment, il remboursera au bonde (2) sa chose aussi bonne que lorsqu'il l'a reçue(3). Si celui qui avait loué invoque un commodat(4) le vitsorþ est donné aux témoins(5) du commodat(6). La chose empruntée doit être rapportée chez le prêteur(7).

<h1 style="text-align:center">VII</h1>

Si quelqu'un donne un gage(1) à une personne, que le meuble ait plus ou moins de valeur, il le fera en présence de deux

VI. — (1) Le locataire doit ainsi le loyer même quand il n'est pas tenu de restituer la valeur de la chose. Cf. Sm. Kp. 7; Wm. I, Bb. 3 : 1; II, Kp. 9; MELI. Kp. 5 : pr. Mais s'il s'agit d'un *foþerfæ* (animal loué moyennant son entretien), le locataire n'a pas à payer de loyer, car le fourrage tient lieu de loyer, « *þu ær fôþan leghan* ». Wg. I, Fb. 6 : pr., II; Wb. 13; Ög. Bb. 26 : pr.

(2) C'est-à-dire au propriétaire de la chose.

(3) Cette disposition peut d'abord être entendue en ce sens que le locataire devra rendre une chose d'égale valeur à la place de la chose perdue. Mais il est préférable de l'entendre en ce sens qu'il doit restituer la valeur de la chose d'après estimation. Cette seconde interprétation résulte de la comparaison de notre texte avec celui de la loi de Vestmanie. Wm. I, Bb. 34 : 1; II, Kp. 9. Cf. Amira, p. 631.

(4) Le commodat (*lan*) se distingue du prêt (*legha*) par son caractère gratuit. Cf. Amira, p. 655. Le texte suppose que le défendeur, poursuivi comme locataire en paiement du loyer, prétend avoir emprunté. Il est admis alors à la preuve testimoniale.

(5) *Lansvilni*. La présenee de ces témoins paraît requise plutôt *ad probationem* que pour la validité du contrat. Amira, p. 657.

(6) La loi de Vestmanie accorde, au contraire, le vitsorþ à celui qui, actionné comme emprunteur en restitution, prétend avoir loué afin de ne pas être obligé de rembourser la valeur de la chose, du moment qu'elle n'a pas été perdue par son fait. D'autres lois posent en principe que celui qui affirme avoir prêté est recevable à faire la preuve testimoniale. Sm. Kp. 6 : 2; MELI. Kp. 5 : 1; St. Bb. 20 : 2.

(7) L'emprunteur répond d'une manière absolue de la restitution intégrale de la chose entre les mains du prêteur. Comme le dit l'ancienne loi de Vestmanie, *hand skal hændi sælia* = manus (commodatarii) manui (commodantis) tradito vel reddito (rem commodatam). Wm. I, Bb. 34 : pr. Cf. Wg. I, Rb. 10; Ög. Bb. 26 : pr.; Wm. II, Kp. 9. Sm. Kp. 6 : 2. Cf. Amira, p. 656.

VII. — (1) Le gage (*væþ*) mobilier dans les lois provinciales, sauf dans la loi de Visby, suppose la mise en possession du créancier gagiste. Celui-ci

témoins domiciliés (2). Ce gage peut brûler avant que le jour
fixé ne soit arrivé ; si le bien des deux parties brûle, les deux
parties supportent le dommage. Le gage peut être volé ou enlevé
avec violence. Alors (le créancier) gagiste doit se rendre à l'église
et y publier (3) la perte du gage. Si le bien des deux parties
n'a pas été volé, il restituera sa chose au bonde ; si le bien des
deux parties a été volé il n'y a aucune indemnité à payer. Si
le jour de l'échéance est arrivé pour le gage et s'il n'est pas
racheté (4), il doit offrir le gage à un ting, à un second et à un
troisième. Si (le débiteur) (5) veut alors le racheter il en a le
droit. S'il ne le veut pas, deux hommes doivent alors estimer
le gage. Si sa valeur est supérieure au montant de la dette, on
donnera au propriétaire (du gage) l'excédent de sa valeur. Si
sa valeur est inférieure au montant de la dette, le débiteur
comblera le déficit.

VIII

Si quelqu'un cautionne une dette d'argent pour un autre, il
paiera la même chose qu'il a cautionnée (1) ou fera la preuve né-

n'a pas la jouissance de la chose engagée et ne peut s'en servir. Le créancier répond d'ailleurs de la conservation de la chose engagée et, ainsi que
cela résulte de notre loi, il doit y apporter le même soin qu'à la conservation de sa propre chose. La preuve de ce défaut de vigilance résulte notamment de ce que la chose du créancier n'est point perdue en même temps
que la chose engagée. Cf. Sm. Kp. 8 ; Wm. II, Kp. 10 ; MELl. Kp. 7 : 8 ; St.
Kp. 6 : pr., § 1, 7. Amira, p. 216 et s.

(2) Sauf dans la loi municipale de Visby (III : 3 : 14 : pr.), la présence
des témoins n'est requise que *ad probationem* (Upl. Kp. 7 ; Wm. II, Kp. 10 ;
Sm. Kp. 8 ; H. Kp. 5 ; MELl. Kp. 7) ou quand la valeur du gage atteint un
certain chiffre (Bj. 37 : 2).

(3) La publication a un double but, d'abord d'assurer au créancier la
preuve du cas fortuit, le vol, qui lui a fait perdre la chose, ensuite de faire
découvrir le voleur. Le texte laisse supposer que le créancier gagiste était
demandeur dans la poursuite du délit. Estlander, *Klander*, p. 239.

(4) Le rachat consiste dans le paiement de la dette pour laquelle le gage
a été donné. Pour le gage mobilier, dont les règles diffèrent à cet égard de
celles du gage immobilier (V. *suprà*, Jb. 9 : pr.), le créancier gagiste doit offrir au débiteur de racheter le gage. Wg. I, Jb. 6 : 1 ; II, Jb. 14 ; Upl. Kp.
7 ; Sm. Kp. 8 ; Wm. II, Kp. 10. Cf. Amira, p. 221.

(5) Le créancier.

VIII. — (1) D'après la loi d'Ostrogothie (Bb. 39 : 9), qui est très nette à
cet égard, le fidéjusseur est tenu directement et non pas subsidiairement

gatoire par le serment selon l'importance de la dette qu'il a cautionnée. Si l'échoue dans ce serment, il paiera ce qu'il a cautionné, que ce soit plus ou moins. Il peut y avoir désaccord entre eux, l'un disant que le cautionnement a été donné pour une somme plus élevée, et l'autre pour une somme moindre (le fidéjusseur) paiera alors en prêtant serment qu'il n'a pas cautionné plus que ce qu'il propose. — § 1. Si l'un dit : « Tu as cautionné de l'argent », et l'autre « (tu as cautionné) un homme » (2), alors celui qui a cautionné devra produire l'homme et il sera dégagé de toute responsabilité. S'il ne se présente pas avec l'homme, alors celui qui a cautionné, paiera la dette ou aussi l'amende encourue par cet homme (3), ou se justifiera avec le serment de dix hommes. Si le cautionnement a été donné au ting, douze hommes témoignent s'il a été ou non donné un cautionnement. Si le cautionnement n'a pas été donné au ting, il aura le vitsorþ.

IX

Le roi Magnus nous a donné cette loi (1), en présence de la plupart des meilleurs membres de son conseil et d'autres personnes honorables. Aucun voyageur ne prendra avec violence quelque chose ou ne s'imposera comme hôte à personne. Personne n'est tenu de fournir des aliments à un voyageur si

envers le créancier, qui peut s'adresser immédiatement à la caution, sans être tenu de discuter préalablement le débiteur principal. D'autres lois, comme la nôtre, ne résolvent pas la question. Cf. Wm. I, Bb. 18; II, Kp. 11 : pr.; MELl. Kp. 9 : pr.; St. Kp. 8 : pr. Cependant, à les interpréter strictement, on doit plutôt en conclure qu'elles admettent la responsabilité directe de la caution. Les lois de Sudermanie (Kp. 9 : pr.) et d'Helsingie (Kp. 6) disent bien que la caution ne doit payer que lorsque le débiteur ne veut pas payer, mais elles ne disent pas que la caution doit attendre que le créancier ait vainement sommé le débiteur de payer. Cf. Amira, p. 698 et s.

(2) Il s'agit ici du cautionnement donné pour garantir la comparution d'une personne en justice. Cf. Sm. Kp. 9 : 1; Wm. 1, Bb. 18; II, Kp. 11 : 1; MELl. Kp. 9 : 1; St. Kp. 8 : 1. Amica, p. 700.

(3) La caution ne peut, en principe, si celui qu'elle a cautionné ne comparaît pas, encourir de peine plus grave que l'amende. Cf. Björling, *Bötesstraf*, p. 155.

IX. — (1) Cette loi, qui est l'ordonnance d'Alsnö de 1285 (Hadorph, p. 3), est rapportée d'une façon bien plus détaillée dans la loi de Vestrogothie, II, add. 6 et IV : 19 : 1.

ce n'est moyennant paiement intégral en argent (2), à moins qu'il n'y consente. Les voyageurs doivent aller trouver le *ræt-tari* (3). Le rættari doit leur désigner (la maison) où ils doivent recevoir des aliments moyennant paiement intégral en argent, et les accompagner lui-même. Si celui à qui (le voyageur) a été adressé ne veut ni donner ni vendre (des aliments), il paiera une amende de trois marks, et le voyageur suivra le rættari qui devra lui fournir des aliments moyennant paiement intégral en argent. Si le rættari ne veut pas non plus lui en vendre, ni lui assigner un hôte, il paiera une amende de six marks, dont le roi prend un tiers, le demandeur un second tiers, et le hundari le troisième tiers (4). — § 1. Il peut y avoir un désaccord entre le bonde et l'hôte qui lui a été adressé ou entre le rættari et l'hôte : alors l'affaire est décidée par la nämnd du fjerding (5) du hundari où il a publié qu'il n'a pas trouvé assistance ; (elle décidera) ce qu'il y a de vrai dans la cause, et celui que la nämnd désigne comme le coupable paiera l'amende précédemment indiquée. — § 2. Si l'hôte vient chez le rættari, (celui-ci) doit assigner deux hommes et deux chevaux à chaque *bonde* et il doit le diriger sur sa route en avant et non en arrière. Il ne doit pas y avoir une longue distance entre les rættari. Le bonde doit vendre à l'hôte du grain et du foin et les aliments dont il a besoin selon le prix courant dans le lieu de marché (6) le plus proche. Si quelqu'un veut s'établir sur la route pour (recevoir) les voyageurs et leur vendre ce dont ils ont besoin, il leur vendra au prix qu'il pourra. — § 3. Le bon roi Magnus a également établi cette règle dans notre droit, que quiconque ira commettre un acte de violence

(2) C'est un des cas où la vente est forcée. Cf. Wg. II, add. 6 : pr. §§ 2-4; IV : 19 : 1 ; Sm. Kp. 10 : 1-5 ; Wm. II, Kp. 9.

(3) V. sur le rættari, Beauchet, *Loi de Vestrog.*, p. 375, note 2. — Les lois du xive siècle ont assimilé au rættari les aubergistes établis sur les routes ou dans les villes. Ord. d'Upsala de 1344, c. 6 (Hadorph, p. 16); MELl. Kgb. 23; St. Kgb. 13.

(4) Cf. sur l'hospitalité à donner aux voyageurs, Beauchet, *Propriété foncière*, p. 400.

(5) Quatrième partie du hundari. V. *suprà*, Kgb. c. 10, note 26. Les lois gothes parlent du ting du fjerding (*fjærþunger*) ainsi que du juge de cette circonscription, *fiarþungshöfþingi*. Les lois du Svealand ne mentionnent que la nämnd du fjerding. Cf. Beauchet, *Propriété foncière*, p. 208.

(6) *Köpstaþer* ville, littéralement lieu de vente.

contre des bonde ou leur prendre leurs biens avec violence,
les bonde peuvent l'appréhender, sans le frapper ni le blesser,
et le mener ainsi devant le roi, sous cette condition toutefois
qu'il fasse droit et paie l'amende de son crime, à savoir quarante marks dans les six semaines suivantes. S'il ne le fait pas,
on doit le dénoncer au représentant du roi. Celui-ci doit le
mener devant le roi avec les bonde. Celui-là encourt une
amende de trois marks qui, ayant reçu un message, n'a point
voulu venir là où l'on devait appréhender l'homme qui avait
fait violence à un bonde. Si cet homme n'a pas été pris en flagrant délit, mais a été néanmoins appréhendé, et si la nämnd
du hundari l'acquitte, il n'encourra aucune responsabilité,
et celui-là paiera une amende de douze marks qui a arrêté
un innocent, amende qui sera partagée en trois parts.
Si (le coupable) s'échappe, on doit lui fixer un délai de
six semaines. S'il se présente dans les six semaines et fait
droit pour son crime, il sera dégagé de toute responsabilité.
S'il ne se présente pas dans les six semaines, la nämnd doit le
condamner et il doit ensuite quitter la province (7). Si c'est le
serviteur de quelque maître qui a commis le crime, et si son
maître le retient plus de quinze jours après avoir reçu la lettre
du roi, le maître sera passible d'une amende de quarante
marks (8). Si le maître nie et dit qu'il ne l'a point reçu dans
sa maison depuis qu'il a commis le crime, il fera la preuve négatoire avec son seul serment. Quiconque retient une autre
personne, après (qu'elle a commis) un semblable crime, au
delà de quinze jours, comme il vient d'être dit, que la lettre

(7) C'est-à-dire qu'il est proscrit, *utlægher*, comme le dit la loi de Vestrogothie, IV : 19 : 1.

(8) Quel est le principe relativement à la responsabilité du maître pour
les délits commis par ses serviteurs libres? Dans une opinion, on admet que
la règle c'est la responsabilité et l'irresponsabilité l'exception, Amira, p. 404.
Dans une autre opinion, qui nous paraît plus exacte, le maître ne répond
point, en principe, des délits commis par un serviteur libre lorsqu'il n'a
point participé à l'infraction. C'est ce qui résulte, à notre avis, des textes
suivants : Wg. II, þb. 36; Fb. 23; III : 41; Üg. Bb. 13 : pr.; Wm. I, Bb.
45 : pr. La règle posée au texte (Cf. Wg. IV : 19 : 1; Sm. Kp. 11 : 1;
Wm. II, Kp. 12 : 3) ne prouve rien en sens contraire. En effet, le maître
qui refuse de livrer son serviteur peut être considéré comme coupable de complicité subséquente. V. en ce sens Björling, *Bötesstr.*, p. 132, 135.

du roi soit arrivée ou non, paiera une amende de quarante
marks, ou se justifiera avec le serment de trois tylpt. —
§ 4. Si le bonde ne veut ni donner ni vendre (des aliments)
au voyageur, l'hôte peut, en présence de deux témoins, déposer
l'argent entre les mains d'un séquestre, la somme correspondante à la valeur des aliments qu'il prend pour lui, et il prendra
ensuite ce qui lui est nécessaire. — § 5. On ne peut assigner
(un voyageur) ni dans le domaine du roi, ni dans celui de
l'évêque (9), ni dans celui d'un chevalier ou dans celui d'un
des hommes qui servent à cheval. — § 6. Si quelqu'un est accusé de violence, bien qu'il ne fût pas là (sur le lieu de la lutte),
il doit alors prêter serment avec douze hommes (10) sachant où
il était alors, et il se dégagera ainsi de toute responsabilité, ou
paiera l'amende précédemment indiquée.

X

Aucun ministre du roi ne peut dans son fief (1) ordonner de
gengærþ (2), ni aucun lænsman, ni chez un bonde, ni chez
un fermier (3). Si le ministre du roi ou le lænsman veut régler
une affaire avec un bonde, il pourvoira lui-même à sa nourriture. — § 1. Aucun laghman ne doit chevaucher aux frais des
bonde, lorsqu'il doit tenir le ting, à moins que quelque
bonde ne veuille lui offrir l'hospitalité. — § 2. Aucun ministre
du roi ni aucun lænsman ne doit laisser courir ses chevaux dans
le hundari, de sorte que les bonde doivent les nourrir, sinon

(9) Le domaine de l'évêque était aussi probablement affranchi de l'obligation de payer la dîme, ainsi que cela paraît résulter d'une addition de la loi
de Sudermanie (Add. § 12). Cf. Thurgren, *Recension* de Rabenius, *Om tionden*,
p. 10.

(10) S'agit-il de témoins proprement dits, ou de la nämnd ? La question
est douteuse. Cf. Nordström, II, p. 720, note 9.

X. — (1) Il s'agit ici du folkland, par opposition au hundari, fief du lænsman.

(2) V. *suprà*, Kkb. 4 : pr. note 2 et Kgb. 10 : 3, note 25. Des abus avaient
dû se produire en ce qui concerne la *gengærþ* du roi et les ministres de celui-
ci s'étaient arrogé le droit d'imposer une *gengærþ*. Déjà l'ordonnance d'Alsnö
de 1285, c. 14 (Hadorph, p. 5) interdit la levée de toute *gengærþ* par les
fonctionnaires royaux. Cf. Sm. Kp. 13 : pr.; Wm. II, Kp. 13 : pr.; ordonn.
de 1403, § 2, de 1442, § 2, de Calmar de 1474, § 1.

(3) Dans le hundari auquel il est préposé.

il perd·ses chevaux qui sont acquis au roi (4). — § 3. Personne
ne peut prendre une jument sans le consentement de son propriétaire, à moins qu'il n'ait une lettre ouverte du roi ou qu'elle
ne lui ait été prêtée ou louée. S'il n'a pas l'autorisation gratuite ou payée du propriétaire, celui-ci peut l'appréhender et
lui appliquer la peine du vol, et le convaincre avec les mêmes
témoins que tout autre voleur.

XI

Une personne faible de corps ou indigente peut circuler entre
deux by ou entre des bonde : chaque bonde est alors tenu de
l'entretenir pendant une nuit (1). A quelque heure du jour

(4) Un impôt analogue à la *gengærþ* royale consiste dans l'obligation pour
les bonde de recevoir, pour les nourrir, les chevaux du roi. Quand celui-ci eut
concédé de nombreux fiefs, de telle sorte que les domaines dont il gardait
la possession étaient devenus insuffisants pour nourrir ses propres chevaux,
on décida que les chevaux du roi circuleraient dans les différentes provinces
pour y être successivement entretenus pendant une année; c'est ce que l'on
nommait *kongsfodring* ou *kongshästar*. Précis de Calmar, de 1474, § 6. Des
abus analogues à ceux qui s'étaient produits pour la *gengærþ* avaient dû être
commis par les fonctionnaires royaux : tel est le motif de notre disposition.
Cf. Sm. Kp. 13 : 1 ; Wm. II, Kp. 13 : 2.

XI.—(1) Une part de la dîme était, comme nous l'avons vu, réservée aux
pauvres (*suprà*, Kkb. 7, note 3). Par quel procédé le bonde, qui conserve cette
part, la fait-il parvenir aux indigents? On admet généralement, en se fondant
sur notre loi et sur les dispositions analogues d'autres lois (Sm. Kp. 14;
Wm. II, Kp. 14; H. Kp. 7), que les indigents étaient autorisés à parcourir le
pays en allant de by en by, d'un bonde chez un autre, chacun de ceux-ci
étant obligé de le loger et de le nourrir pendant un jour. V. en ce sens,
Winroth, *Om tjenstehjonsförh.*, p. 46 et s.; Broomé, *Om svenska allm fatt.*,
p. 52 et s.; Bergfalk, *Om försvar.*, p. 13; Nordström, t. 2, p. 119; Beauchet,
Loi de l'estrogothie, p. 277, note 2. Mais, après un examen plus approfondi
de la question, nous estimons que cette conception de l'organisation de l'assistance publique est fort contestable. Elle supposerait d'abord un ordre à
suivre entre les districts et les bonde, point sur lequel les lois sont muettes.
D'autre part, les dispositions des lois précitées se concilient mal avec cette
théorie. Ainsi nous voyons dans notre texte que le bonde doit recevoir le·
pauvre en question pour une nuit, à quelque heure qu'il se présente. Or, si
l'on s'était proposé d'organiser l'assistance publique par voie d'ambulance,
on aurait dû imposer à chaque bonde l'obligation de nourrir l'indigent pendant une journée pleine. Notre texte s'occupe plutôt, à notre avis, de l'assistance que tout bonde doit à un voyageur pauvre, en lui fournissant, grâce

qu'elle arrive on ne peut pas l'expulser la même nuit. Si cette personne est expulsée et en meurt ou en souffre un autre dommage, douze hommes du même fjerding doivent se prononcer sur ce point. Chacune des deux parties, le demandeur et le défendeur, nommera la moitié de la nämnd. Si celle-ci acquitte celui qui est poursuivi, il sera dégagé de toute responsabilité. Si elle le condamne, il paiera l'amende pour dommage involontaire. Quel que soit le dommage survenu, il n'y a pas lieu d'offrir ni de prêter le serment pour dommage accidentel. Dieu n'oubliera pas ceux qui donnent volontiers l'hospitalité à ses pauvres. Le Christ était l'hôte des hommes sur la terre; il nous donnera le royaume du ciel pour notre hospitalité. Amen.

LIVRE SUR LES RAPPORTS ENTRE COHABITANTS DU BY (1)

 I. Comment le by doit être divisé en parties égales.

 II. Comment le by doit être établi d'après les topt et les maisons construites.

 III. Comment on doit ensemencer et diviser les champs.

 IV. Des fossés entre les champs.

 V. Des dommages que l'on subit par un fossé.

 VI. De l'échalier et de la négligence dans son entretien.

à son hospitalité d'une nuit, le moyen de continuer son voyage. Cette idée de voyage explique la place qu'occupent dans les lois les dispositions en question, à savoir dans le *kiöpmalæ balker*, ou livre du commerce. Il y aurait ainsi une étroite corrélation entre cette obligation des bonde de fournir une assistance gratuite aux voyageurs pauvres et les règles que posent les lois provinciales dans le même livre (V. *suprà*, c. 9) sur le logement et la nourriture qui sont fournis aux voyageurs susceptibles d'en payer les frais et par les soins du rættari. Quant à la part de la dîme réservée aux pauvres, on doit admettre que sa répartition était abandonnée à l'appréciation du bonde. V. en ce sens, Dahlberg, *Bidrag till den svenska fattiglagstiftningens historia*, p. 12 et s.; Beauchet, *Propriété foncière*, p. 400.

(1) Wîþerbo balkaer, *viþerbo* = cohabitator, *bo* = habitare, *viþer* = juxta. Les questions traitées dans ce livre le sont, dans d'autres lois provinciales et dans les lois nationales, dans un livre intitulé *bygninga balk* ou *bygda balk* (de *byggia* qui signifie non seulement construire, mais aussi établir, disposer, ordonner, défricher). Cf. Beauchet, *Propriété foncière*, p. 17, note 1.

VII. De l'*invrak* (2).

VIII. Du partage du bois.

IX. De la récolte d'un pré et d'un champ et de l'exploitation de la tourbe.

X. De l'enlèvement de l'échalier.

XI. De la rupture du contrat de louage.

XII. De l'usurpation de terrain par un voisin sur un voisin.

XIII. Des usurpations de terrain entre deux *bolstaþer*.

XIV. Des usurpations de forêts.

XV. De la chasse et des pièges.

XVI. Des usurpations de pêche dans les eaux d'autrui.

XVII. Des limites entre les by et de l'usage des fonds du by.

XVIII. Des bornes (*ra ok rör*) et du déplacement des bornes.

XIX. Des pâturages et des bois entre les by.

XX. De l'amenning.

XXI. Des nouveaux défrichements.

XXII. Des moulins et des barrages d'eau.

XXIII. Des ponts et du dommage aux ponts.

XXIV. Du feu fortuit.

XXV. Des incendiaires.

XXVI. De l'usage illicite du bétail d'autrui.

XXVII. De la marque du bétail et d'une autre marque.

XXVIII. Du dommage qu'un animal cause et du *lagghæld*.

XXIX. Du dommage qu'un homme cause à un animal.

Les provinces doivent être établies à l'aide des lois et non à l'aide de la violence, car les provinces sont dans un bon état quand elles observent les lois.

I

Si les bonde veulent construire le by à nouveau (1) ou si le by se trouve sous le régime de l'ancien partage, dit *hamarskipt* (2), chacun doit ensemencer son champ (labouré à

(2) *Invrak* = pecus alienum, quod aliquis in agro suo capit domumque agit. Schlyter, Gl. Upl.

I. — (1) C'est-à-dire procéder à la nouvelle répartition des terres. Cf. Beauchet, *Propriété foncière*, p. 36.

(2) V. sur les différents modes de partage légal successivement usités dans

l'automne) (3), et ensuite un nouveau partage aura lieu. Si quelqu'un exploite une terre suivant l'ancien partage depuis qu'il en est survenu un nouveau, il paiera l'amende pour usurpation illicite, proportionnellement à son délit. Alors chaque *fiærþunger* vient au partage avec un *fiærþunger* et chaque moitié du by avec l'autre moitié (4). Le by est alors ramené à l'égalité. On pose autour quatre bornes aux quatre coins de l'emplacement des tompt (5) et quatre bornes pour les rues (6). Le by est alors pourvu des voies légales (7). La voie doit avoir une largeur de dix aunes. Une voie publique est établie pour aller à chaque by et une autre pour en venir, à moins que la majorité des *byamæn* ne le veuille (autrement) (8). Le by aura ainsi une voie carrossable, que sa superficie soit plus ou moins grande : tous ne peuvent point presser un seul (9). Si les bonde veulent établir une voie à travers le by, ils peuvent le faire impunément, s'ils sont d'accord à ce sujet. Celui qui obstrue la voie publique ou qui la rend impraticable en ne refaisant pas un pont (à moins qu'il n'en ait une autre aussi bonne et qu'une expertise n'en témoigne), paiera une amende de trois marks. Ceux qui possèdent le by ont le droit d'établir la voie où ils le veulent, dans la terre close ou en dehors des clôtures, aussi bonne que celle qui existait auparavant, même si elle est un peu plus longue. —

l'ancien droit suédois, l'*hamarskipt* et la *solskipt*, Beauchet, *loc. cit.*, p. 16 et s. Il résulte du texte que deux circonstances peuvent légitimer le nouveau partage.

(3) *Tompta ra.*

(4) Il résulte de ce texte qu'un bonde n'est pas forcé de céder à un autre la terre cultivée par lui avant d'en avoir perçu la récolte.

(5) C'est-à-dire que ceux qui possèdent des terres de même superficie, en les échangeant entre eux, reçoivent une part équivalente dans la nouvelle division du by. Schlyter, Gl. Upl., v° *Skipti*.

(6) *Farvæghs ra.* Cf. Beauchet, *loc. cit.*, p. 36, 37.

(7) *Tæbundin* de *tæ* ou *ta* = via. Cf. Beauchet, *Propriété foncière*, p. 54, note 3.

(8) Les *byamæn* peuvent, par exemple, juger la seconde voie inutile si le by se trouve à la lisière d'une forêt et n'a pas besoin d'une communication de ce côté-là.

(9) Suivant Schlyter (Gl. Upl., v° *þrængia*), cela signifie que même les petits by doivent avoir leur chemin : « ne omnes confluant in vias majorum pagorum ». M. Sjögren nous traduisait ainsi ce passage : « Nicht dürfen alle Dörfer (die Mehrzahl) das eine Dorf drängen, d. h. vom Wege ausschliessen».

§ 1. On commence par diviser les tompt (10) d'après le *byamal* (11) selon le penningsland, et l'örtoghland et l'öresland et le markland (12). Là chacun doit prendre sa part proportionnellement à ce qu'il possède dans le by, et chacun aura tout pouvoir sur son lot, qu'il possède plus ou moins. Personne ne peut entraver un autre dans sa jouissance sans se rendre passible d'une amende légale. — § 2. Personne ne peut demander le partage légal du by, s'il a moins d'un *fiærþunger* dans le by. Celui qui possède la plus grande partie du territoire du by a le droit de *lighri raþa* (13). Personne n'a le droit de renverser le by qui a été légalement soumis au partage solaire, sauf du consentement de tous les propriétaires fonciers (14).

II

Si un bonde veut construire une maison sur sa topt, et s'il la bâtit si près d'une autre qu'il n'y ait point l'espace d'un poteau, sur sa propre topt (1), il l'enlèvera et la déménagera, et paiera pour cela une amende de six marks à partager en trois parts. S'il a des témoins pour attester qu'il a obtenu

(10) *Topt, tompt, toft* = area. L'enceinte de la topt, entourée de clôtures, forme en quelque sorte un domaine sacré dans l'intérieur duquel le bonde est souverain et dont l'inviolabilité est garantie par les règles spéciales de l'*hemfriþer* ou paix domestique. V. *suprà*, Kgb. 5.

(11) *Byamal* = norma secundum quam agri et cætera quæ ad pagum quemdam pertinent inter vicinos dividuntur. Schlyter, Gl. Upl. Cf. Beauchet, *loc. cit.*, p. 38, note 4.

(12) La répartition de l'emplacement du by entre les différentes topt se fait ainsi dans notre loi d'après l'étendue des terrains possédés par chaque bonde, ou, en d'autres termes, d'après le montant des contributions foncières. Cf. Beauchet, *Propriété foncière*, p. 38 et s.

(13) Schlyter, Gl. Upl., explique ainsi l'expression *lighri* : « Divisio agrorum pagi inter fundorum dominos, vel proprie situs singularum portionum ». *Raþa* signifie d'autre part : jus rei decidendæ habere. Le sens de l'expression *lighri raþa* est très controversé. Nous croyons qu'elle concerne la détermination du nombre de soles et parcelles entre lesquelles doit être réparti le territoire soumis au partage légal. Cf. Beauchet, *Propriété foncière*, p. 40 et s.

(14) Sur l'irrévocabilité du partage légal, V. Beauchet, *loc. cit.*, p. 54.

II. — (1) Cette règle a pour but de prévenir la propagation des incendies ou d'assurer l'écoulement des eaux. Cf. Beauchet, *Propriété foncière*, p. 43, 510 et s.

moyennant un prix ou gracieusement l'autorisation (de construire à la distance prohibée), sa maison pourra subsister ; s'il ne peut (produire de témoins) d'aucune sorte, il enlèvera et déménagera (la maison), comme il est dit précédemment. — § 1. Un terrain montueux peut se trouver dans la topt ; si on peut l'utiliser par la pioche ou par le feu, y construire une maison ou s'en servir autrement, on comptera (ce terrain) pour moitié dans la mesure et pour moitié hors de la mesure (2). Si on ne peut l'utiliser par la pioche ou le feu, ni y construire une maison ou s'en servir autrement, on le comptera tout entier hors de la mesure. S'il y a un ruisseau dans la topt, et si on peut le couvrir, on le comptera pour moitié dans la mesure et pour moitié hors de la mesure ; si on ne le peut pas, ou le comptera tout entier hors de la mesure. Si le by doit fournir une compensation lorsqu'il a été soumis au partage légal et au partage solaire régulier, on doit partager la compensation suivant les inconvénients que l'on a dans sa topt. On doit attribuer la compensation à la topt de celui qui souffre d'un inconvénient dans sa topt (3). — § 2. Si l'on construit à la fois sur la topt et sur la voie publique, de telle sorte que la voie publique souffre un préjudice de la construction, on doit ordonner une expertise au ting. Chacune des parties, le demandeur et le défendeur nommera la moitié des experts (4). Si les experts acquittent celui qui est poursuivi, il sera acquitté ; s'ils le condamnent, il enlèvera et déménagera (la construction) et paiera une amende de six marks. Si l'on construit à la fois sur la topt et sur le pâturage des porcs et que les experts l'attestent, on évacuera et on paiera une amende

---

(2) L'irrévocabilité du partage légal n'est point un obstacle à la réparation des erreurs ou des inégalités qui ont pu être commises lors de la nouvelle répartition des terres. Le législateur s'est préoccupé de remédier à la situation. Mais partant de cette idée que le rapport des topt avec le *byamal* (V. *suprà*, c. 1, § 1) devait être immuable, il décide que si, après le partage, l'un des attributaires souffre un préjudice à raison de la situation ou de la nature de sa topt, il a droit à une compensation qui lui est due non par les autres topt, mais par le by lui-même. Cf. Beauchet, *loc. cit.*, p. 55.

(3) Cf. Nordström, II, p. 839.

(4) On tient compte, dans la fixation de la superficie de la topt, de la nature du terrain et des accidents qui peuvent la rendre impropre en partie à l'usage auquel il est destiné. Cf. Beauchet, p. 40.

de six marks. Là aussi chacune des parties nommera la moitié
des experts. Si les experts acquittent (le défendeur), il n'encourra aucune responsabilité. — § 3. La topt peut s'étendre
jusqu'à la rue, mais sans causer de préjudice à la rue. Si une
rue passe à travers le by, un bonde peut posséder sa topt
des deux côtés de la rue. S'il ne peut construire sur sa topt
sans en réunir les deux parties, il peut alors occuper la rue et
la topt, donnera un autre emplacement de même qualité
pour la voie publique, et ensuite il construira à côté de cette
voie comme il le voudra. — § 4. Celui qui construit sur le
pâturage à porcs (5), construira autant qu'il lui appartient dans
le *byabrut* (6). S'il a construit davantage, il l'enlèvera et le
déménagera et paiera une amende de trois marks ; l'amende
ne sera pas plus élevée (7). — § 5. Si le by a été ramené à
l'égalité et soumis au partage solaire légal, il doit alors demeurer pendant trois ans et trois jours pour tous ceux qui
possèdent une maison sur la topt qu'un autre a reçue dans
le partage. Si l'on peut enlever la maison dans les trois ans et
les trois jours, on sera dégagé de toute responsabilité (8). Si
on ne l'enlève pas, on devra alors avoir pour soi une autorisation gracieuse ou moyennant indemnité, autrement on perd
tout droit sur la maison, mais il n'y a aucune amende. —
§ 6. Quand le by a été ramené à l'égalité et soumis au partage
solaire légal, la topt est alors la mère du champ (9) et le

(5) Le pâturage à porcs était toujours commun. La loi ne dit pas comment on vérifie si la construction a dépassé la mesure permise. Mais on doit
admettre que, conformément à l'esprit des lois provinciales, cette vérification
est faite par une *syn* et un certain nombre de cojureurs.

(6) *Byabrut* a le même sens que *byamal.* V. *suprà*, c. 1, § 1, note 11.

(7) Il est dit quelquefois dans les lois provinciales que le taux de l'amende
édictée à titre de dommages-intérêts est indépendant de l'étendue du préjudice; mais le contraire est aussi possible. V. Björling, *Bötesstraffet*, p. 100.

(8) Cette règle a pour but de prévenir la perturbation trop grande qu'en-
traînerait la démolition immédiate de tous les édifices par suite de la nécessité où se trouve chaque bonde de déménager ses constructions pour les
réédifier sur sa nouvelle topt. Cf. Beauchet, *loc. cit.*, p. 53.

(9) *Tompt ær akers* (ou *teghs*) *moþir.* Cette règle posée par les anciennes
lois suédoises que la topt est la mère du champ ou de la parcelle, signifie
que l'emplacement des topt sert de base à la répartition des terres. Les différents terrains sont assignés aux habitants du by dans le même ordre que
leurs topt sont placées dans le by. En d'autres termes, l'orientation de la

champ doit être disposé d'après la topt. On donnera une compensation aux propriétaires dont les parts touchent à la clôture, un pied à partir du *fugla ren* (10), deux à partir du *gangu ren* (11), et trois à partir de la voie publique, située entre l'église et la ville. Le pré doit être disposé d'après le champ, la parcelle de bois d'après la parcelle de pré, la parcelle de roseaux d'après la parcelle de bois, la part dans l'eau d'après la part dans les roseaux (12). Le droit de jeter le filet appartient à celui qui possède l'eau (13). Là où on ne peut poser des pierres susceptibles d'être vues, des perches ou des troncs d'arbres sépareront les parcelles de roseaux.

III

Il est dit maintenant comment les bonde doivent ensemencer leur by. Ils doivent diviser les champs d'après les topt et poser des bornes entre les parcelles (1). La voie publique peut passer à travers un champ clos, un champ être situé le long de la voie publique : la voie doit alors être large de dix aunes et de chaque côté de la voie publique trois pieds restent en dehors du partage légal (2). Les champs sont ensuite divisés

topt dans le by détermine celle des terres afférant à cette topt. C'est là la principale raison de la dénomination donnée à ce mode de partage, *solskipt, solaris distributio*. Cf. Beauchet, *loc. cit.*, p. 43.

(10) *Fugla ren* = margo agri tenuis, ubi consident aves, non vero semita est, aut via. Schlyter, Gl. Upl.

(11) *Gangu ren* = margo agri secundum quem semita ducit. Le *fugla ren* se réfère probablement à un passage entre deux champs voisins. Cf. Beauchet, *loc. cit.*, p. 49.

(12) La solskipt ne comprenait en fait que les terres mises en culture et elle n'avait guère, en effet, de raison d'être qu'en ce qui concerne cette partie du territoire commun. Malgré la règle posée par la loi d'Upland sur les parcelles de bois ou de roseaux et la part dans l'eau, les eaux et les bois communs sont généralement restés dans l'indivision, ainsi que cela résulte de nombreux documents postérieurs de beaucoup aux lois provinciales ou nationales. Cf. Beauchet, *loc. cit.*, p. 56.

(13) Cf. sur le droit de pêche, Beauchet, *loc. cit.*, p. 529 et s.

III. — (1) V. sur la délimitation des champs ou des prés, Beauchet, *loc. cit.*, p. 467.

(2) L'importance relative des diverses catégories de routes se traduit par des différences dans leur largeur, qui varie, du reste, suivant les anciennes lois provinciales. Cf. Beauchet, *loc. cit.*, p. 411.

d'après les topt. S'il y a un *gangu ren*, deux pieds doivent
alors rester en dehors du partage ; s'il y a un *fugla ren*, un
pied doit alors rester en dehors du partage. Si un champ est
limitrophe de l'échalier ou d'un fossé, on doit alors donner
deux pieds comme compensation.

IV

Si un fossé est situé entre un échalier et un champ, et si le
champ est limitrophe du fossé, le fossé sera en dehors du partage légal (1), et le fossé aura sept pieds de large et une
compensation de deux pieds sera donnée pour le fossé. —
§ 1. Si des hommes ont besoin d'un fossé entre leurs champs,
la moitié du fossé sera prise sur le champ de chacun d'eux et
il n'y a pas lieu de donner une compensation. Une parcelle ou
deux peuvent se toucher et aboutir à un fossé : chacun doit
alors creuser devant son champ (2). Si un des voisins laisse
s'obstruer un *balker* (3) du fossé, il paiera une amende de trois

IV. — (1) La question d'écoulement des eaux peut se poser dans les rapports des différents bonde compris dans une même société de clôture (*værnalagh*). Lorsqu'il existe un fossé autour du territoire compris dans le même
værnalagh, le fossé est en dehors du partage légal, car c'est un terrain sans
valeur. De plus, le propriétaire du fossé reçoit dans le partage, en raison des
entraves qui en résultent pour la culture de son lot, la compensation réglée
par le texte. Cf. Beauchet, *loc. cit.*, p. 49 et 303.

(2) Cf. Wm. II, Bb. 4 : 1 ; Sm. Bb. 12 ; MELl. Bb. 6 ; Chr. Ll. Bb. 1 : 1.
Le sens de cette disposition n'apparaît pas très clairement. Suivant Seth
(*Studier om lagen om dikning*, p. 32), la phrase : « une ou deux parcelles peuvent se toucher... », doit, du moment qu'il s'agit d'écoulement des eaux, signifier que les champs ont relativement une situation supérieure et inférieure,
et l'autre phrase : « aboutissent au même fossé », doit se traduire par « ont
leur pente du même côté ». Par suite, d'après cet auteur, la règle en question signifie que si les champs sont situés l'un au-dessus de l'autre, chacun
doit établir le fossé devant son champ, et cela que le fossé doive être tracé
à travers l'un ou l'autre champ ou sur le bord de l'un d'eux. Ainsi que nous
l'avons dit ailleurs (*Propriété foncière*, p. 504), la règle posée au texte signifie que, dans le cas où plusieurs champs se trouvent situés sur un terrain
en pente, le canal d'écoulement nécessaire pour faire évacuer les eaux des
champs supérieurs doit être construit par chacun des propriétaires des fonds
inférieurs à travers ou sur le bord de son champ pour aboutir au canal de
dérivation qui se trouve dans la vallée. Le texte consacre ainsi l'obligation
des fonds inférieurs de recevoir l'eau des fonds supérieurs.

(3) *Balker* = pars incilis neglecta fossione obstructa, ut prohibeatur decur-

öre. S'il en laisse un second, il paiera une amende de trois öre et de même pour un troisième. S'il laisse le fossé s'obstruer tout autour du terrain clos, il paiera une amende de trois marks (4). L'amende fixée en öre est partagée entre les voisins, et l'amende de trois marks est soumise à la règle du partage tripartite (5).

V

Si un homme ou un animal tombe dans un fossé et en meurt, la mort de l'homme donne lieu à l'amende de l'homicide involontaire et il n'y a pas lieu d'offrir ni de prêter le serment pour dommage fortuit, et la mort de l'animal donne lieu à l'amende légale (1). Celui-là paiera l'amende dont la partie de fossé était obstruée (2). Si un homme ou un animal souffrent un dommage du fossé, mais sans en mourir, le fait est impuni (3). — § 1. Si l'on établit un fossé à travers un champ clos, auquel touchent les champs, ou les prés, ou le pâturage d'un autre by, ou le sol d'un autre by, et si ceux qui possèdent le by ne veulent pas faire évacuer les eaux, ils répareront le dommage à celui qui le souffre, selon l'estimation des experts, que ce soient des champs ou des prés et paieront une amende de trois marks à partager en trois parts. Si un homme ou un animal en meurt, la mort de l'homme donne lieu à l'amende de l'homicide involontaire et la mort de l'animal à l'amende légale. — § 2. Si un homme ou un animal tombent dans un fossé bien entretenu, et en meurent ou en souffrent un dommage, le fait est impuni.

sus aquæ. Schlyter, Gl. Upl. D'où d'après cet auteur, l'expression employée par notre loi *ater læggia balk, annan, þriþia*, signifie unam, duam, vel tres tales partes incilis obstructas habere, quamque, ut videtur, latitudini portionis agri *deld* dictæ, æqualem. Cf. Beauchet, *loc. cit.*, p. 505.

(4) V. sur l'augmentation de l'amende, Björling, *Bötesstr.*, p. 100, 104.

(5) V. *suprà*, Kkb. XI, note 1.

V. — (1) *Laghgæld*. Cf. Amira, p. 385, 386, 387, 726.

(2) Il est probable qu'en outre les propriétaires négligents étaient tenus de réparer le dommage causé aux terrains voisins par leur faute. Cf. Beauchet, *Propriété foncière*, p. 506; Forsman, *Bidrag till läran om skadestånd i brottmål*, p. 33; Seth, p. 34.

(3) Les lois provinciales admettent que celui qui a creusé sur son terrain un fossé d'écoulement peut exiger de son voisin la continuation de ce fossé,

VI

Il est question maintenant des négligences dans l'entretien de l'échalier (1). Si un bonde possède tout le by (2), ou s'il possède une *ryþsl* (3) ou un *urfiælder* (4), que ce soit un champ ou un pré, il entretiendra lui-même son échalier (5). Si un animal y pénètre, le fait est impuni, à moins que ce ne soit un animal indompté. Si un animal indompté y pénètre, le dommage sera réparé, et il n'y a pas de négligence (6) dans l'entretien de l'échalier. — § 1. Quand un bonde vient dans son champ avec son sac de semence, tous les voisins doivent avoir enfermé leurs porcs avant que les semailles ne soient commencées. Si quelques-uns négligent de le faire et ne veulent point enfermer leurs porcs, on doit convoquer les membres de la société de clôture (7) et ils examineront la chose. S'il y a dans le bas de l'échalier un *liþ*, l'amende est de trois marks, et ainsi pour un second et ainsi pour un troisième : les membres de la société de clôture paieront eux-mêmes l'amende (8).

si elle est nécessaire, et cela sous peine d'amende et de dommages-intérêts. Amira, p. 760.

VI. — (1) V. sur cette matière de la clôture, Beauchet, *loc. cit.*, p. 478 et s.

(2) Le by ne suppose point ainsi nécessairement plusieurs familles. Mais c'est le cas habituel. Cf. Wg. II, Jb. 36.

(3) *Ryþsl* (ou *rupa*) = solum, arboribus, lapidibus, etc., remotis, culturæ præparatum. Schlyter, Gl. Upl. Les terres ainsi qualifiées ne sont guère autre chose qu'un *urfjælder*. V. la note suivante.

(4) *Urfjælder* = solum separatim ad aliquem pertinens, et extra communionem vicinorum in pago quodam positum. Schlyter, Gl. Upl. V. sur l'origine et la situation juridique des terrains compris sous cette dénomination, Beauchet, *loc. cit.*, p. 49 et s., 88 et s., 216.

(5) L'obligation ainsi imposée au propriétaire de clore son *urfjælder* se comprend très bien, étant donnée la nature de ces terrains. Beauchet, *loc. cit.*, p. 492.

(6) Punissable d'amende. Les diverses négligences dans l'entretien de l'échalier peuvent être comprises sous l'expression générique de *garþafall*. Beauchet, *loc. cit.*, p. 498.

(7) *Værnalaþh* = societas omnium eorum qui fundos eadem sæpe circumclusos habent. Schlyter, Gl. Upl. V. sur cette société et les obligations de ses membres, Beauchet, *Propriété foncière*, p. 495 et s.

(8) Les divers membres du værnalagh profitent ainsi collectivement de l'amende qui peut être prononcée contre l'un d'eux à raison de sa négligence. Cf. Wm. II, Bb. 5 : pr.; Sm. Bb. 1 : pr.

Lorsqu'on a hersé en dedans de la clôture, les échaliers doivent être en bon état. Un échalier peut être renversé : les voisins le dénonceront au länsman (9). Le länsman doit ordonner une expertise pour l'échalier (10). Cette expertise doit être ordonnée au ting, et le demandeur peut nommer les experts sans donner de gages. Si les experts viennent, regardent l'échalier et estiment qu'il y a un *bar liþ* (11) et qu'il n'a pas été bouché, les experts doivent jurer qu'il y a une négligence dans l'entretien de l'échalier, et les voisins eux-mêmes détermineront les parts de chacun (dans l'entretien de l'échalier), et celui qui s'est rendu coupable de négligence dans cet entretien paiera une amende de trois marks pour un *liþ* (12), et trois marks pour un second et ainsi pour un troisième. L'amende n'excède pas neuf marks (13), alors même que l'échalier serait renversé à la fois autour d'un champ et d'un pré. Une *svinasmugha* (14) peut se trouver dans l'échalier. Si les experts en témoignent, on paiera une amende de trois öre pour une (*svinasmugha*), et de même pour une seconde et une troisième. Si c'est une *grisasmugha* (15), on paiera une amende de quatre penning et les membres de la société de clôture la percevront eux-mêmes. Si les experts témoignent que l'échalier a été rompu soit par des hommes, soit par des animaux, on rétablira l'échalier et on ne paiera pas d'amende. Si les experts veulent déclarer que l'échalier est en mauvais état, et qu'alors le propriétaire de l'échalier dise : « Quand j'ai quitté mon échalier, il était en bon état », il le prouvera avec deux hommes domiciliés et lui-même troisième (16). Si

(9) Cf. Lancken, *Om länsförfattningen i Sverige under Medeltiden*, p. 29, 30.

(10) Le texte nomme cette expertise *garþa syn*. Cf. Beauchet, *loc. cit.*, p. 500.

(11) et (12) V. sur le sens de cette expression, *suprà*, Kkb. 18 : pr.

(13) Cf. sur ce mode de calcul de l'amende, Björling, *Hötesstraffet*, p. 100.

(14) et (15) V. sur le sens de cette expression, *suprà*, Kkb. 18, note 4.

(16) En principe, celui qui est tenu de l'entretien de l'échalier est responsable du dommage causé par le bétail par suite du mauvais entretien de l'échalier. Mais, par exception, dans le droit du Svealand, si le propriétaire de l'échalier fait la preuve dont il est parlé au texte, le dommage est supporté par moitié par lui et par le propriétaire de l'animal. Cf. Sm. Bb. 2 : 1, 5 : 4, 8 : pr.; Wm. I, Bb. 39 : 1; II, Bb. 5 : 1; H. Wb. 5 : pr. : Amira, p. 399.

un animal pénètre dans un champ clos à travers l'échalier
dont il vient d'être parlé, et cause un dommage au foin ou
au grain, on doit alors payer du grain pour le grain et du foin
pour le foin suivant l'estimation d'experts, et la moitié du
dommage sera réparée par le propriétaire de l'échalier et
l'autre moitié par le propriétaire de l'animal. Si l'on ne peut
pas mesurer ou estimer le dommage, on paiera à titre d'indemnité légale (17) quatre penning pour un bœuf ou une
vache, et de même pour un second et un troisième, et quatre
penning pour un porc, et de même pour un second et de même
pour un troisième, et de même pour un mouton et une chèvre,
et deux penning pour une oie, et de même pour une seconde
et une troisième. Ces amendes dont il vient d'être parlé ne
peuvent être plus élevées alors même qu'il y aurait un plus
grand nombre d'animaux, à moins que le dommage ne puisse
être mesuré et estimé. Si le dommage peut être mesuré, on le
réparera comme il a été dit précédemment, et ensuite le bonde
sera dégagé de toute responsabilité. — § 2. Si quelqu'un in-
cline un échalier à terre, s'il est pris sur le fait et s'il y en a
deux témoins, l'amende est de trois öre. Si quelqu'un brise
un échalier, s'il est pris sur le fait et s'il y en a deux témoins,
l'amende est de trois marks pour un échalier, et de même
pour un second et un troisième : l'amende ne peut être plus
élevée (18). Si quelqu'un brûle par accident l'échalier d'autrui,
l'amende est de six öre et il établira un autre échalier aussi
bon que le premier (19), qu'il y ait peu ou beaucoup d'échaliers, et il fera avec le serment de dix hommes la preuve néga-

(17) *Laghskillinger* = compensatio jure definitiva. Schlyter, Gl. Upl.
Cette indemnité a le caractère de dommages-intérêts et non d'amende.
Elle est due généralement à l'occasion de dommages causés par un animal
domestique ou un esclave. Si elle est fixée à l'avance par la loi, c'est pro-
bablement pour éviter toute difficulté sur l'étendue du dommage. — Cf.
Björling, *Bötesstraffet*, p. 35; Amira, p. 464 et s.; Forsman, p. 65 et s.

(18) Le respect des clôtures, si importantes dans l'ancienne Suède, est
assuré par des amendes soit privées, soit pénales, suivant la gravité du
fait. — Cf. Beauchet, *Propriété foncière*, p. 589.

(19) Les anciennes lois suédoises diffèrent sur la manière dont doit être
réparé le dommage causé par un incendie involontaire, *brandvapi*. Cf. Beauchet, *loc. cit.*, p. 600. V. également sur la réparation du dommage, en général, Björling, *loc. cit.*, p. 33, 39.

toire que c'était par accident (20) et non volontairement (qu'il a
brûlé l'échalier). S'il échoue dans ce serment, il paiera une
amende de trois marks pour un échalier, et de même pour un
second et un troisième (21). Si on brûle (un échalier) volontairement, on paiera une amende de trois marks pour un échalier et de même pour un second et un troisième. Si quelqu'un
coupe l'échalier d'autrui et le transporte dans sa maison, et
s'il est pris sur ce fait, on lui prendra sa hache ou son vêtement
en présence de deux témoins (22), et (le coupable) paiera une
amende de trois marks pour un échalier et de même pour un
second et un troisième : l'amende ne peut être plus élevée.
S'il y a contestation entre eux, celui qui a perdu son (échalier)
disant qu'il lui a été volé ou enlevé avec violence, le vitsorþ
est alors donné à celui qui a fait l'*aftækt* (23). Il le prouvera
avec deux témoins, et l'autre qui a coupé l'échalier, paiera
l'amende pour son délit, ainsi qu'il a été dit précédemment. Si
quelqu'un prend une partie de l'échalier d'autrui, et s'il y en
a deux témoins, l'amende est d'un öre pour une perche et de
même pour une seconde et pour une troisième : l'amende ne
peut être plus élevée. — § 3. L'échalier autour des prés doit
être (établi) un mois après Pâques, autrement on paiera
l'amende pour négligence dans l'entretien de l'échalier, comme
il a été dit précédemment. La même loi est applicable aux prés
et aux champs, si des négligences dans l'entretien de l'échalier y sont commises (24). — § 4. Si quelqu'un met des entraves
à un animal ou le parque sur la propriété d'autrui, et si l'on
prend sur le fait et celui qui l'a mis aux entraves et l'animal
entravé, et qu'il y en ait deux témoins, l'amende est de trois
marks (25). On peut ne pas appréhender celui qui a parqué (l'animal) et néanmoins saisir son cheval avec son entrave dans son

(20) Ou, en d'autres termes, suivant la terminologie des anciennes lois
suédoises, qu'il y avait là un *vaþuværk* et non un *viliaværk*. V. *suprà*, sur
cette distinction, Kkb. 6 : 1 et notes, et sur le *vaþaeþer*, Amira, p. 379.

(21) Cf. Amira, p. 722.

(22) V. sur la prise de gage, *suprà*, Kkb. 1, note 10 et Amira, p. 241
et s.

(23) *Aftækt* = ademtio vestium vel instrumentorum. Schlyter, Gl. Upl.

(24) V. sur l'époque pendant laquelle existe l'obligation de clore, Beauchet, *Propr. foncière*, p. 497.

(25) Cf. sur la prise de gage dans cette hypothèse, Amira, p. 242.

pré ou dans son champ (26), alors le propriétaire du cheval ou de tout autre animal, pourra prouver avec le serment de dix hommes qu'il ne l'a pas entravé ni parqué sur la propriété de son adversaire. S'il échoue dans ce serment, il paiera une amende de trois marks. S'il peut prêter le serment, il rachètera (l'animal) en payant l'indemnité légale.

VII

Un animal peut être appréhendé (sur un champ ou sur un pré). Pour l'en expulser on peut, si c'est un cheval ou une jument, le monter pour le ramener chez soi, mais non l'endommager ou lui briser un membre (1). Si c'est un bœuf, on doit le mener chez soi, mais non le maltraiter ni le tuer. De même, du bois divisé (2) entre les habitants du by on doit (simplement) chasser chez soi l'animal mais non le maltraiter, quelque animal que ce soit. On peut frapper l'animal plus méchamment qu'on ne le voudrait, si l'animal en meurt, on pourra faire la preuve avec le serment de dix hommes qu'on voulait le chasser chez soi et non le tuer, et l'on indemnisera de l'animal en payant l'indemnité fixée par la loi (3), et celui-là aura l'animal qui en était propriétaire auparavant. Si l'on échoue dans ce serment, on remplacera l'animal mort par un animal vivant, de même qualité que l'autre, suivant le serment de deux experts. — § 1. Si l'on a rentré chez soi un animal, et si le propriétaire (de cet animal) vient le réclamer et offre de faire droit pour son animal, et que l'autre, qui l'a entre les mains, ne veuille pas le rendre, alors celui qui le réclame prendra avec soi deux hommes domiciliés et remettra au bonde en présence des témoins le gage légal (4) pour son ani-

---

(26) V. sur ce délit contre la propriété d'autrui, Amira, p. 731 ; Forsman, p. 66.

VII. — (1) La prise de gage (*aftækt* ou *intækt*) n'emporte, en principe, aucun droit de propriété ni même de jouissance ou d'usage sur la chose ou l'animal appréhendé. Cf. Amira, p. 244.

(2) Le texte nomme ce bois *skipaþer skogher*. V. le partage du bois en ce qui concerne la glandée, *infrà*, c. 8.

(3) Cf. Björling, *Bôtesstraffet*, p. 34.

(4) *Skiælæ væþ*, dit le texte. Schlyter (Gl. Upl.) traduit *skæla væþ* par *justum vel legitimum pignus*. Amira (p. 248) estime que *skæla væþ* est peut-

mal. Si (le bonde) ne veut pas le recevoir, il déposera (le gage) entre les mains d'une autre personne, en présence des deux mêmes témoins qu'il a avec lui. Si (le bonde) ne veut point ensuite rendre l'animal et s'il le retient chez lui une nuit, le propriétaire de l'animal fera la preuve de la rétention illégale (5), et l'autre paiera une amende de trois marks. Et si l'un de ces animaux vient à périr, (celui qui le retient illégalement) donnera à la place de l'animal mort un animal vivant d'aussi bonne qualité que l'autre, au témoignage d'experts, et en outre trois marks. — § 2. Si un animal a été appréhendé, et si le propriétaire de cet animal ne vient pas le réclamer, alors celui qui l'a appréhendé doit le publier (6) devant les voisins et les habitants de la même région. Si même alors (le propriétaire de l'animal) ne vient pas (le réclamer), celui qui l'a appréhendé se déchargera de ses risques et périls sur lui (7). Si l'animal vient ensuite à périr, il le traînera devant sa porte et n'encourra aucune responsabilité. S'il y a contestation entre eux, et si l'autre dit : « Tu as appréhendé mon animal et l'as dissimulé », alors celui qui a appréhendé (l'animal) prouvera avec deux hommes domiciliés qu'il l'a saisi dans un champ ou dans un pré ou dans un bois divisé entre les habitants du by, et qu'il l'a légalement publié devant les voisins. S'il ne l'a point ainsi publié, il restituera la valeur de l'animal (8), si celui-ci a souffert quelque dommage, et paiera trois marks pour l'avoir illégalement appréhendé. — § 3. Si l'un dit que l'animal a été appréhendé dans le pâturage, et l'autre dit qu'il l'a été dans un champ ou dans un pré

être synonyme de *væþ til skiælæ* (Sm. Bb. 5 : 4) « *zum Beweis* » et ferait allusion à l'effet de l'*intækt* relativement à la preuve, en ce sens que la présentation du gage par celui qui l'a pris impose au propriétaire de l'animal le serment négatoire.

(5) Cette rétention illégale est nommée *off hald*. Cf. sur la situation du preneur de gage, Amira, p. 246, 247.

(6) Cf. sur la nécessité de cette publication (*lysing*) et ses conséquences, Amira, p. 246.

(7) Le preneur de gage met, dit le texte, le *varþnaþer* (custodia cum præstatione periculi conjuncti) *a hans*, ce que Schlyter (Gl. v° *varþnaþer*) traduit : « remettre l'animal appréhendé à la garde et à la responsabilité de son propriétaire, le preneur de gage déclarant qu'il ne veut plus le garder et en répondre si le propriétaire ne le rachète pas ». Cf. Amira, p. 29.

(8) Un manuscrit ajoute « aussi bon qu'il était ». Schlyter, p. 224, note 35.

ou dans un bois divisé entre les habitants du by, (ce dernier) prouvera avec deux hommes qui étaient présents et ont vu, qu'il l'a appréhendé en dedans de la clôture. S'il ne peut (fournir) ces témoins, il répondra de l'animal en le restituant aussi bon qu'il était, en payant en outre trois marks. — § 4. Si quelqu'un possède un animal indompté qui brise un échalier ou saute par dessus, et si par le fait de cet animal on souffre un dommage dans son champ ou dans son pré, le propriétaire de l'animal réparera le dommage. — § 5. Si un animal pend mort sur un échalier, et si l'on trouve celui qui voulait le chasser (du champ clos) et non le tuer, il pourra alors prouver avec le serment de dix hommes qu'il voulait le chasser hors (du champ) et non le tuer, et il paiera ensuite l'indemnité légale pour l'animal (9). Si l'on ne trouve pas celui qui l'a ainsi chassé, la mort de l'animal ne donnera lieu à aucune amende. — § 5. On peut chasser son troupeau sur le champ ou le pré d'autrui. Si le propriétaire du champ ou du pré appréhende à la fois le troupeau et le berger en présence de deux témoins, on paiera une amende de trois marks (10). C'est un troupeau lorsqu'il y a dix têtes (de bétail). — § 7. Celui qui enlève avec violence ou vole à une personne (11) et avant qu'il n'ait été légalement racheté l'animal qu'elle a appréhendé et ramené chez elle, paiera une amende de trois marks s'il y en a deux témoins.

VIII

Si l'on veut répartir des porcs dans son bois, on doit les répartir suivant les öresland et les örtoghland (1), dont chacun est propriétaire (2). Si des porcs errent entre la forêt, on les ra-

(9) Cf. Amira, p. 725.

(10) Le propriétaire de l'animal est ainsi responsable, même si le troupeau est confié à la garde d'un berger. Cf. Björling, *Bötesstraffet*, p. 132.

(11) Le propriétaire de l'animal n'est ainsi puni que s'il le recouvre par fraude ou violence. S'il en est rentré en possession d'une autre manière, il n'encourt pas l'amende s'il peut prêter le serment avec douze cojureurs « qu'il n'a ni volé ni ravi l'animal ». Ög. Bb. 17 : 1; Sm. Bb. 6 pr. Cf. Amira, p. 254. Notre texte prévoit un cas de *furtum possessionis*.

VIII. — (1) C'est-à-dire proportionnellement à l'importance des domaines respectifs des usagers.

(2) Cf. sur la glandée, Beauchet, *Propriété foncière*, p. 79, 547.

chètera en payant l'indemnité légale, trois fois ; s'ils errent plus souvent (3), les propriétaires de la forêt glandifère (4) se réuniront (5) et ensuite ils prendront le meilleur porc (6) et le partageront entre eux et en jouiront bien. Le verrat doit être excepté et il peut errer impunément dans la forêt.

IX (1)

Si un bonde veut rentrer sa récolte, ses serviteurs peuvent être malades ou s'être sauvés ; alors chaque membre de la société de clôture doit lui fournir un jour de travail, et alors il y a eu assistance légale (2). Il aura droit à cette journée de travail avant qu'aucun des membres de la société de clôture n'entre dans son champ avec son char (pour y faire sa récolte). — § 1. Quelqu'un peut avoir besoin de rentrer son grain. Il doit alors (préalablement) couper la récolte sur le champ du voisin, et la mettre en gerbes, et enlever les épis, et ensuite il peut passer impunément avec son char. De même, il doit dans les prés (du voisin) à la fois faucher (le foin) et le râteler au loin, et ensuite il peut passer impunément avec son char (3). S'il ne fait point ainsi, il paiera l'amende comme il a été dit précédemment. Le propriétaire dont la terre touche à la clôture (4) doit veiller à ce que la porte en soit fermée (5), soit

(3) D'autres lois provinciales sont moins rigoureuses. Sm. Bb. 15 : 1. Wm. II, Bb. 7 : pr. Cf. MELl. Bb. 11 : pr.

(4) Le texte les nomme *aldin karler* (*aldin* = fructus arborum). Il s'agit des forêts où poussent des chênes. Cf. Beauchet, *loc. cit.*, p. 491.

(5) Le texte nomme cette réunion *aldin stœmpna*.

(6) Généralement la prise de gage d'un animal suppose qu'elle s'opère sur un terrain clos. Il y a une exception pour le porc. Cf. Sm. Bb. 15 : 1 ; Wm. II, Bb. 7 : pr. Amira, p. 242.

IX. — (1) Cf. Wm. II, Bb. 8 : pr.

(2) Cf. sur l'esprit de cette disposition, Beauchet, *Propriété foncière*, p. 91, note 2, et p. 422. Ce texte est une manifestation de l'esprit de solidarité étroite qui régnait chez les anciens Scandinaves.

(3) Il y a là une servitude temporaire de passage. Cf. Beauchet, *loc. cit.*, p. 509.

(4) Le texte nomme ce propriétaire *ændakarl* (*ænda* = finire).

(5) La porte d'entrée (*farliþ*) est construite à frais communs et son entretien incombe également à tous les membres du vœrnalagh, car tous, en effet, en profitent dans une égale mesure. Wm. I, Bb. 40 : 3 ; Sm. Bb. 8 : 1.

dans les prés ou dans les champs clos et non ailleurs. — § 2.
Il est question maintenant de l'exploitation de la tourbe. Personne ne peut enlever de la tourbe dans la parcelle d'autrui,
dans tout ce qui a été compris dans le partage légal, si on n'en
a obtenu l'autorisation soit gracieuse, soit moyennant un prix,
Si le terrain n'a pas été compris dans le partage, on pourra
prendre (de la tourbe) impunément là où on veut (6). Les *ren*
et les fossés, chacun les possède proportionnellement à la part
des propriétés qu'il a eue dans le partage du by, — § 3. Si
quelqu'un possède une terre non cultivée (7) dans le by, et si sur
cette terre non cultivée il vient du grain provenant de la semence d'autrui, il (8) ne récoltera pas plus que proportionnellement à ce qu'il possède par l'effet du partage légal, et il n'entretiendra pas sa clôture autour de ce qui vient sur le terrain
d'autrui de la semence du semeur. S'il coupe et s'il enlève (la
récolte), il paiera alors l'amende légale.

X

Tous doivent entretenir la clôture autour des prés jusqu'à
la Nativité de la Vierge et autour des champs jusqu'à ce que
la porte d'entrée gèle *i waghrakkæ* (1). A moins que l'on
n'ensemence un demi-öresland, ou moins, on rentrera sa récolte quand les autres membres de la société de clôture rentrent la leur. S'il ne peut ainsi la rentrer, on lui maintiendra
la clôture légale pendant trois jours, et ensuite les voisins
peuvent impunément ouvrir la clôture (2). — § 1. Si un *urfiæl-*

MELl. Bb. 12 : 1; Chr. Ll. Bb. 13. Il ne s'agit au texte que de l'obligation
de tenir la porte fermée. Cf. Beauchet, *loc. cit.*, p. 496.

(6) Le texte vise le délit que la loi de Sudermanie nomme *gözlæ ran* (vol
d'engrais) et auquel pouvait donner lieu le mode de fumure pratiqué en Scandinavie au moyen d'un dépôt d'une couche de tourbe dans les champs. Cf.
Beauchet, *Propriété foncière*, p. 598.

(7) Le texte nomme cette terre *ater læghu iorþ*, que Schlyter (Gl. Upl.) traduit par ager quiescens, incultus, et que l'on pourrait traduire plus exactement par terra semel cultivata, nunc incultivata.

(8) Le semeur.

X. — (1) *Vagh rakki* = annulus vimineus vel cannobinus quo, loco cardinis, fulcro suo annexa erat porta clathrata. Schlyter, Gl. Upl. L'obligation
de clore dure jusqu'à ce que les récoltes soient rentrées.

(2) V. sur la durée de l'obligation de clore, Beauchet, *loc. cit.*, p. 497.

der est situé sur le territoire du by, qu'il consiste en un champ,
en un pré ou en un bois divisé entre les habitants du by, s'il
n'a pas été ramené à un certain nombre d'öre ou d'örtug, il
n'a pas à entretenir la clôture légale. S'il a été ramené à un
certain nombre d'öre ou d'örtug et s'il est imposé à plus d'un
demi-öresland, il doit entretenir la clôture légale, mais non s'il
est imposé à moins (3). — § 2. Quiconque enlève l'échalier
autrement qu'il vient d'être dit, payera une amende de trois
marks. Lorsque les membres de la société de clôture s'offrent à
récolter le foin ou le grain d'un autre, et à mettre le grain en
meule et le foin en tas, et à mettre autour un échalier, le propriétaire n'a pas le droit de le laisser dehors plus longtemps au
préjudice de ceux qui ont fait la récolte (4).

XI

Il est question maintenant de la rupture du contrat de louage
Si un bonde prend en location un homme ou une femme, et
que ces personnes reçoivent leurs aliments et leur salaire chez
le bonde (1), ou qu'elles reçoivent du bonde des arrhes, s'il
se sépare ensuite du bonde avant le jour fixé, il restituera
au bonde les arrhes et un salaire égal à celui que le bonde lui
avait promis. Il en est de même pour la femme qui s'est louée.
Si le bonde chasse son serviteur, homme ou femme avant le
jour fixé et sans qu'il soit en faute (2), il donnera à son serviteur le salaire qu'il lui a promis, et le serviteur pourra impunément se louer là où il le pourra et où cela lui plaira. Les

(3) L'*urfjælder* (V. *suprà*, c. 6, pr., note 4) imposé à plus d'un demi-öresland est, en ce qui concerne l'obligation de clore, soumis au droit commun,
et, par suite, cette obligation n'incombe pas uniquement à son propriétaire.
Cf. MELl. Bb. 13 : 5. V. Liljenstrand, *Bygn.*, p. 79.

(4) Cf. Wm. II, Bb. 9 : 1 ; MELl. Bb. 13 : 4.

XI. — (1) Suivant Ask, *Om formaliteter vid Kontrakt*, p. 17, le contrat de
louage passé sans formes est dénué de force légale, mais il acquiert cette force
par l'exécution lorsque le serviteur « reçoit ses aliments et un salaire du
maître ». Cette entrée en service équivaudrait à un renouvellement du contrat dans la forme légale. Cf. sur le contrat de louage de services, Amira,
p. 326 s., 636 s.

(2) Le maître peut donc congédier son serviteur en faute sans encourir
aucune responsabilité. Cf. Amira, p. 644.

voisins doivent décider quel désaccord a eu lieu entre eux (3);
— § 1. Le serviteur peut devenir malade ou négliger son travail
quotidien (4); il perdra alors sur son salaire ce qu'il ne fournit
pas en travail. — § 2. Il y a chaque année deux périodes
pour la location des serviteurs (5) : (l'une) va du jour de la Pentecôte à la Saint-Martin (et l'autre) de la Saint-Martin au jour de
la Pentecôte (6). — § 3. Si l'on offre à un homme ou à une femme
de se louer, et s'ils ne veulent pas accepter, ils peuvent rester
libres pendant sept nuits et ensuite (ils doivent) accepter le
louage (7). Alors celui qui les reçoit dans sa maison paiera
une amende de trois marks, s'il y a des témoins qu'ils ne
veulent pas accepter le louage et que le louage leur a été
offert.

XII

Il est question maintenant de l'usurpation du terrain d'autrui (1), lorsqu'un voisin empiète sur son voisin. Si l'on
coupe (une moisson) sur un autre dans une parcelle ou si l'on
fauche un pré dans une parcelle, on restituera du grain pour
le grain et du foin pour le foin, et il n'y pas lieu au serment. Si l'on empiète sur une seconde parcelle, on restituera
(ce qu'on a pris) et l'on prêtera le serment de dix hommes
que l'on était dans l'erreur (2) sur la portion que l'on croyait
posséder. Si l'on empiète sur une troisième parcelle on restituera (ce qu'on a pris), et l'on paiera une amende de trois
marks si la récolte a été enlevée et engrangée (3). Si elle
n'a pas été enlevée, on a alors perdu son travail, mais il n'y a
pas d'amende. Si on laboure en ligne courbe et si l'on récolte

(3) C'est-à-dire s'il y a ou non une cause légitime de la rupture du contrat.
(4) *Dagsværki.* Cf. Amira, p. 641; Sjögren, *Kontraktsbrotten*, p. 14.
(5) *Leghustæmna* = tempus in quod conducuntur servi mercenarii. Schlyter,
Gl. Upl. V. sur ces périodes Amira, p. 644.
(6) V. sur la durée normale du temps de service (*leghustæmna*) Amira,
p. 644.
(7) Cf. sur le service forcé Beauchet, *Propriété foncière*, p. 175 et s.
XII. — (1) *Aværkan.* V. *suprà*, KKb. 20, note 8 sur la définition de ce délit.
Cf. sur la portée et la répression de ce délit, Beauchet, *loc. cit.*, p. 590
et s.
(2) Sur le juramentum erroris ou *vildseper*, v. Amira, p. 381, 385.
(3) Cf. Liljenstrand, *Bygn*, p. 304 et s.

en ligne droite, ou si de toute autre façon on empiète sur la terre d'autrui, et si l'on n'enlève rien (de ce qui a été coupé), on n'encourt aucune amende et l'on restituera grain pour grain et foin pour foin. Si on enlève (ce qui a été coupé), on paiera l'amende, comme il est dit précédemment. — § 1. Si une roue passe sur le champ d'autrui non récolté ou sur des épis non recueillis, ou sur un pré non fauché ou non récolté (4), et si l'on est pris sur le fait, il y a lieu à une amende de trois öre pour une roue, et il en est de même pour une seconde roue (5). Pour le char tout entier, l'amende est de trois marks si l'on n'a point une permission gracieuse ou moyennant une indemnité. — § 2. Si le coupable a été pris sur le fait en présence de deux témoins, on lui enlèvera sa corde ou ses instruments. S'il nie, on le convaincra avec les mêmes témoins, les deux hommes qui étaient présents et ont vu, et (le demandeur) lui-même troisième, et (le défendeur) paiera l'amende comme il est dit précédemment (6).

XIII

Il est question maintenant des usurpations de terrain entré deux *bolstaþer* (1). Si un voisin usurpe la terre d'un autre bolstaþer, ou deux (voisins) ou davantage, ou tous les voisins qui sont dans le by, que ce soit un champ, ou un pré, ou un terrain défriché pour y semer des raves, on paiera une amende de trois marks pour une année (ou bien on fera la preuve négatoire avec le serment de dix hommes) (2). Si on accuse le défendeur d'usurpation pour une autre année, il fera la preuve négatoire avec le serment de dix hommes, ou paiera une amende de trois marks. Si on l'accuse d'usurpation pour deux ans, il fera la preuve négatoire avec dix-huit hommes. S'il échoue dans ce serment, il paiera une amende de six marks. S'il peut prêter le serment, il paiera l'amende des usurpations pour lesquelles il a été pris sur le fait, et il sera im-

---

(4) V. sur la répression de ce délit, Beauchet, *loc. cit.*, p. 596.

(5) Un manuscrit ajoute « et pour une troisième ». Schlyter, p. 230, note 80.

(6) Cf. Amira, p. 248.

XIII. — (1) *Bolstaþer* : Pagus, præsertim agri, prata, etc. ad pagum quemdam pertinentia. Schlyter, Gl. Upl. *Bolstaþer* est donc synonyme de by.

(2) Cf. Schlyter, p. 230, note 92.

puni à raison de celles pour lesquelles il a prêté serment (3). —
§ 1. Si deux by sont situés dans la même clôture ou dans plusieurs, si un bolstaþer (4) empiète sur le terrain des habitants dans l'autre bolstaþer, que ce soit un champ ou un pré, et coupe une moisson ou fauche un pré au delà des limites du by, mais sans engranger la récolte, il a alors perdu son travail et fera avec le serment de dix hommes la preuve négatoire qu'il ignorait avoir mal procédé. S'il engrange la récolte, il paiera grain pour grain, et foin pour foin, de sorte qu'il y ait pleine compensation, suivant le serment de quatre experts, tant qu'il possédait quelque chose en dedans de la même clôture (5), et le serment de dix hommes pour prouver son erreur. S'il échoue dans ce serment, alors celui qui a commis l'usurpation paiera l'amende pour usurpation. S'il a tout engrangé, il paiera l'amende pour chaque usurpation selon l'importance de celle-ci. L'amende n'excède point trois marks pour une année, bien qu'il y ait empiètement à la fois sur un champ et sur un pré, à moins qu'il n'ait usurpé une terre appartenant à autrui et dont le prix peut être fixé en öre et en örtugh. — § 2. Il est question maintenant de l'usurpation d'une terre dont le prix peut être fixé en öre et en örtugh. Si l'on usurpe sur autrui, dans son champ, moins que la valeur d'un mark, l'amende est de six öre, qu'on l'ait possédé plus ou moins longtemps. L'amende n'est pas plus élevée parce que l'on aurait usurpé à la fois un champ et un pré, et l'amende échoit au demandeur lui-même. Si l'on usurpe jusqu'à la valeur d'un mark sur le champ d'autrui, ou à la fois sur un champ et sur un pré, l'amende est de trois marks. Quel que soit le temps qu'on l'ait possédé, l'amende n'est pas plus élevée. Si l'on usurpe sur autrui plus que la valeur d'un mark et moins de trois, on paiera une amende de trois marks pour une année, et trois marks pour une seconde, et trois marks pour une troisième. S'il veut se justifier pour une année, il se justifiera avec dix hommes ; s'il veut se justifier pour deux années, il se justifiera avec le serment de dix-

____

(3) Cf. Beauchet, *Propriété foncière*, p. 200; Serlachius, p. 101.

(4) C'est-à-dire les habitants du by. Schlyter, Gl. Upl., vᵒ *Bolstaþer*.

(5) C'est-à-dire aussi longtemps que le by usurpateur possède quelque chose (du grain ou du foin) dans la clôture commune.

huit hommes et paiera l'amende de l'usurpation pour laquelle il a été pris sur le fait. Si l'on usurpe sur autrui jusqu'à la valeur de trois marks et si l'on est pris sur le fait, on paiera une amende de six marks. Si l'on est accusé d'usurpation pour deux années, on se justifiera avec le serment de dix-huit hommes. Si l'on échoue dans ce serment, on paiera une amende de douze marks. Celui qui est accusé d'usurpation pour trois années fera la preuve négatoire avec le serment de dix-huit hommes. S'il échoue dans ce serment, il paiera l'amende pleine de l'usurpation illicite, dix-huit marks.

XIV

Il est question maintenant des usurpations de forêts (1). Si l'on abat une charretée de bois de chauffage dans la forêt d'autrui (2) et si l'on est pris sur le fait, on paiera une amende de neuf örtugh, et de même pour une seconde (charretée) et de même pour une troisième. Si l'on abat une quatrième charretée, on paiera une amende de trois marks si l'on est pris sur le fait (3). — § 1. Si l'on abat du bois de charpente dans la forêt d'autrui, si l'on en abat une charretée, on paiera une amende de trois öre, et de même pour une seconde et une troisième (charretée): si l'on en abat une quatrième, on paiera une amende de trois marks. — § 2. Si l'on décortique (4) un

XIV. — (1) *Skoghæ aværkan.* Les lois provinciales, pour la fixation de l'amende privée ou publique due en cas d'*aværkan* commise dans les bois, tiennent compte de la nature et du nombre des arbres abattus, ainsi que du flagrant délit. Elles renferment à cet égard des dispositions très détaillées qui ont, du reste, passé pour la plupart de la loi d'Upland dans les lois nationales de 1347 et de 1442. V. Ög. Bb. 31; Sm. Bb. 15, 16, 17; Wm. I, Bb. 23, II, Bb. 14; H. Wb. 13 : pr.; MELl. Bb. 17; Chr. Ll. Bb. 18. Cf. Beauchet, *Propriété foncière*, p. 594.

(2) Suivant Liljenstrand (*Bygn.*, p. 308), la loi ne fait pas de différence entre la forêt privée et la forêt commune, mais elle vise plutôt l'*aværkan* commise dans la forêt commune par une personne n'appartenant pas à la communauté, ainsi que cela résulte du § final du chapitre qui accorde le *vitsorþ* à ceux qui veulent partager le bois.

(3) La notion du vol ne paraît pas applicable, en principe, dans les anciennes lois suédoises, à l'appréhension illicite des produits des bois. Beauchet, *loc. cit.,* p. 595; Antell, *Om tillgreppsbrotten*, p. 30.

(4) V. sur la répression du décorticage illicite dans les forêts, Beauchet, *loc. cit.,* p. 594.

bouleau dans la forêt d'autrui, et si l'on en prend la charge
d'un homme, on paiera une amende de trois öre, et de même
pour une seconde et une troisième; si l'on en prend une quatrième, on paiera une amende de trois marks. Si l'on vient
avec un char ou un cheval ou un bateau, et si l'on emporte la
charge, on paiera une amende de trois marks. — § 3. Si l'on
coupe un tas de feuilles ou si l'on fauche une meule de foin
ou si l'on décortique un tas d'écorce, et si on laisse ces objets
demeurer dans le bois, on a perdu son travail, mais on n'encourt aucune amende. Si on les enlève et si on est pris sur le
fait, on paiera une amende de trois marks. Si l'on arrive sur
la voie publique d'une marche lente (5), on pourra faire la
preuve (négatoire) avec le serment de dix hommes. Si l'on
échoue dans ce serment, on paiera une amende de trois
marks (6). — § 4. Si l'on abat dans la forêt d'autrui la charge
d'un homme de coudrier vert, on paiera une amende d'un öre,
et de même pour une seconde et une troisième. Si l'on en abat
une charretée ou la charge d'un bateau, l'amende est de six
öre, et de même pour une seconde et une troisième. Toutes les
amendes fixées en öre sont perçues par le seul demandeur (7).
Si l'on abat une quatrième charretée de coudrier vert, l'amende
est de trois marks. — § 5. Si l'on abat dans la forêt d'autrui
un chêne assez épais pour qu'on puisse en faire un essieu,
l'amende est d'un öre, et de même pour un second et un troisième; l'amende ne devient pas plus forte. — § 6. Si l'on abat
dans la forêt d'autrui un pommier qui ne porte pas encore de
fruits, on paiera une amende de trois öre, et de même pour un
second et un troisième. Si l'on en abat un quatrième, on
paiera une amende de trois marks pleins. Si l'on abat un pommier qui porte des fruits, l'amende est de six öre, et de même
pour un second et un troisième. Si on en abat un quatrième,

(5) Comme celle d'un lourd chariot. Cf. Schlyter, Gl. vº *Skriþanda.*

(6) Il résulte de ce texte qu'une condition essentielle pour qu'un procès en
revendication eût lieu, c'est que la chose réclamée par le demandeur pût au
moins préliminairement et avec quelque ressemblance être indiquée comme
ayant été antérieurement possédée par le revendiquant. Cf. Estlander, *Klander,* p. 77-78.

(7) Le principe est que les amendes exprimées en öre, c'est-à-dire inférieures à un mark, appartiennent au demandeur seul, sont des *ensakir.* V. *suprà,*
Kkb. c. 11, note 1.

ou paiera une amende de trois marks (8). — § 7. Si quelqu'un appréhende un autre homme dans sa forêt, il peut lui prendre sa hache ou ses vêtements en présence de deux témoins (9), et celui qui a été pris sur le fait ne peut point faire la preuve négatoire, à moins qu'il n'ait pour soi une permission gracieuse ou payée. S'il prouve qu'il a pour soi une permission gracieuse ou payée, il reprendra son vêtement et ils n'encourront tous deux aucune responsabilité. S'ils sont tous deux en contestation, si l'un dit qu'il a été dépouillé ou pris dans son propre bois, ou ailleurs que ce soit, celui-là a le vitsorþ qui a fait l'*aftækt*, s'il a pour témoins deux hommes qui étaient présents et ont vu. Si l'autre veut prouver contre lui avec des témoins qu'il avait la permission, il fera la preuve avec deux hommes domiciliés (10). — § 8. Si quelqu'un décortique un chêne glandifère, s'il est pris sur le fait et qu'il y en ait deux témoins, il paiera une amende de trois marks pour un chêne, et de même pour un second et un troisième. On peut le lier et le fouetter, s'il ne peut payer l'amende (11), pourvu qu'il ait été légalement convaincu au ting. S'il s'échappe avec l'écorce et si elle est revendiquée ensuite sur la voie publique, dans un domaine, dans une maison, quelque part que ce soit, et si elle est battue (12), il aura le vitsorþ. Si elle n'est pas battue, celui qui revendique l'écorce prendra avec soi six hommes domiciliés et on mènera (l'écorce) au tronc. Si ces six hommes jurent que l'écorce provient de ce même arbre, on paiera alors une amende de trois marks pour un chêne, et de même pour

(8) V. sur la protection des arbres fruitiers dans les lois nationales et municipales, Beauchet, *Propriété foncière*, p. 595-596.

(9) Quand on veut opérer l'*aftækt* sur le coupable, il faut préalablement avoir appréhendé celui-ci. Cf. Amira, p. 242. V. *suprà*, p. 224, note 23.

(10) En principe, dans l'ancienne procédure suédoise, la preuve n'est administrée que par l'une des parties. La possibilité d'un serment contre un autre serment constituait l'exception. Si toutefois, comme dans le cas prévu au texte, le défendeur proposait une exception, il pouvait la prouver. Mais alors cette preuve n'avait point le même thème que la preuve principale. Cf. Afzelius, *Om parts ed*, p. 59.

(11) Sur la conversion des amendes en peines corporelles, perte de la vie, mutilation, fouet, etc., cf. Björling, *Bötesstraffet*, p. 126.

(12) « Si cortex, ad præparandum corium contusus sit; non enim sermo est de fure deprehenso v. quesi pedica capto, ut hic locus a Loccenio perperam explicatur ». Schlyter, Gl. Upl., v° *Stampa*.

un second et un troisième. Les six hommes doivent décider combien d'arbres ont été décortiqués. L'amende n'excède point neuf marks (13). — § 9. Si quelqu'un abat un chêne glandifère (14) dans le bois d'autrui et est pris sur le fait, il paiera une amende de trois marks; de même pour un second et un troisième. Si le chêne est revendiqué sur la voie publique ou dans le domaine d'un tiers, alors celui qui revendique, donnant un gage de trois marks, conduira le chêne à la souche et celui qui revendique aura avec lui six hommes domiciliés. Si le tronc coupé et la souche concordent, et si les six hommes jurent que le tronc est de la souche même, on paiera une amende de trois marks pour un chêne, et de même pour un second et un troisième. L'amende n'est pas plus élevée parce qu'il y en aurait davantage. Si (le défendeur) dit qu'il a coupé le chêne dans le bois d'un tiers ou dans son propre bois ou dans l'almenning, tous deux doivent donner des gages (15) dans le domaine même où se trouve le tronc et de là on nommera une expertise (16) de douze hommes. Chacune des parties nommera la moitié des experts. Si celui qui est poursuivi ne veut pas donner de gage, alors celui qui revendique prendra six hommes domiciliés et conduira le tronc à la souche. Si le tronc coupé et la souche concordent, (le défendeur) paiera alors l'amende précédemment indiquée. Les six hommes doivent aussi décider si le gagé a été légalement offert et lequel des deux a négligé de l'offrir. S'il n'y a pas dation de gages, on paiera l'amende pour abatage illicite dans la forêt d'autrui et on sera exempt de payer l'amende du gage (17). Si le défendeur a une permission gratuite ou payée pour soi, il a le droit de la prouver avec le

(13) V. sur le passage correspondant de la loi de Sudermanie (Bb. 10) et sur la revendication en pareille hypothèse, Estlander, *Klander*, p. 163.

(14) Les lois provinciales marquent l'intérêt que l'on attachait à la conservation de certaines essences d'arbres considérées comme plus précieuses à raison soit du bois, soit des fruits qu'elles produisaient et qui, comme les glands ou les faînes, pouvaient servir à la nourriture des bestiaux. Cf. Beauchet, *Propriété foncière*, p. 548 et s.

(15) *Væþia*. V. sur le gage en cas d'appel, *suprà*, KKb. 19, note 8.

(16) *Syn*. Cf. sur les cas d'expertise, Uppström, p. 61; Nordström, t. II, p. 840.

(17) C'est-à-dire qu'il n'aura pas à payer les trois marks qu'il aurait dû payer s'il y avait eu véritablement dation de gage. Schlyter, Gl. v° *Væþning*.

serment de deux hommes (18). — § 10. Si quelqu'un abat le quart du bois du by, il paiera une amende de dix marks; s'il en abat la moitié, il paiera une amende de vingt marks; s'il l'abat tout entier, il paiera une amende de quarante marks. Pour le décorticage ou pour l'incendie de la forêt, on ne peut obtenir aucune permission ni gratuite, ni payée. Pour couper le quart, ou la moitié, ou la totalité de la forêt, on ne peut avoir de permission ni gratuite, ni payée (19). — § 11. On doit considérer comme arbre fructifère celui qui porte des fruits. L'amende est la même pour un chêne, qu'il soit abattu, ou décortiqué, ou brûlé. — § 12. Aucun propriétaire ne peut abattre un ou plusieurs chênes sans l'autorisation de tous ceux qui possèdent des terres dans le by, sinon il paiera l'amende légale, comme il est dit précédemment. Si un chêne se trouve dans un champ assigné à un habitant du by, ou dans une parcelle de pré, ou dans une parcelle de bois divisé entre les habitants du by, on peut impunément abattre tout chêne ou tout autre arbre que l'on veut (20). — § 13. Si quelques hommes veulent partager le bois et que quelques propriétaires veulent l'avoir indivis, le vitsorþ est donné à ceux qui veulent procéder au partage.

XV

Personne ne peut aller dans le bois d'autrui avec un piège si ce n'est après des ours, des renards et des loups, que chacun peut tuer impunément (1). Si l'on tend un piège (pour d'autres animaux), et si l'on est pris sur le fait, et qu'il y en ait deux témoins, on paiera une amende de trois öre. S'il n'y en a pas de témoins, on pourra faire la preuve négatoire avec le serment de dix hommes. Si l'on échoue dans ce serment, on paiera l'amende précédemment indiquée. — § 1. Personne ne peut aller dans le bois d'autrui ou dans son propre bois pour

(18) Cf. Estlander, *Klander*, p. 166.

(19) V. sur les restrictions à l'usage des bois communs, Beauchet, *Propriété foncière*, p. 78.

(20) V. sur l'administration de la preuve en cas d'abatage illicite, Estlander, *Klander*, p. 166 et s.

XV. — (1) V. sur l'exercice du droit de chasse dans les anciennes lois suédoises, Beauchet, *Propr. fonc.*, p. 449 et s.

chasser les écureuils avant la messe de la Toussaint. Si l'on y
va avant et si l'on est pris sur le fait par les voisins plus
ou moins éloignés, et qu'il y en ait deux témoins, qu'on prenne
à la fois l'homme et le piège (2), on paiera une amende de
trois marks. Si l'on n'est pas pris sur le fait, on pourra faire la
preuve négatoire avec le serment de dix hommes.

XVI

Il est question maintenant des usurpations illicites de pêche
dans les eaux d'autrui (1). Si l'on construit un barrage à poisson dans l'eau d'autrui, on a perdu son travail et l'on paiera
une amende de trois marks. Si l'on pose une nasse dans le
barrage à poisson d'un autre, ou si on la plonge dans l'eau
d'autrui, si l'on pose un filet ou si l'on circule avec du feu et
un trident (2) en dehors du temps du frai ou si l'on emploie
tout autre mode de pêche, et qu'il y en ait deux témoins, on
paiera une amende de trois öre. Si l'on circule avec des instruments de pêche dans les eaux poissonneuses d'autrui au moment du frai, on paiera une amende de trois marks, quel que
soit le mode de pêche. — § 1. Si l'on traîne une senne dans
l'eau poissonneuse d'autrui, que ce soit pendant le temps du
frai ou en dehors, alors le propriétaire de cette eau prendra (3)
la senne en présence de deux témoins (4), et celui-ci qui a
pêché sans permission dans l'eau d'autrui paiera une amende
de trois marks. S'il peut prouver qu'il a une permission gracieuse ou payée, ils seront tous deux irresponsables. S'il ne le
peut pas, il paiera l'amende comme il est dit précédemment.
S'il nie qu'il ait été appréhendé sur l'eau du demandeur, alors
celui qui a pris l'*aftækt* pourra prouver contre le défendeur,
avec deux témoins qui étaient présents et ont vu, qu'il l'a
appréhendé sur son eau et ensuite il (le défendeur) paiera une

(2) Cf. Wm. II, Bb. 15 : 3. Amira, p. 243.

XVI. — (1) V. sur l'exercice du droit de pêche dans l'ancien droit suédois, Beauchet, *Propr. fonc.*, p. 529 et s.

(2) *Lystra* = tridens ferreus, quo pisces noctu, accensis facibus adlecti,
percutiuntur et capiuntur. Schlyter, Gl. Upl.

(3) Sur les conditions d'exercice de l'*aftækt*, V. Amira, p. 242-243, et
suprà, c. 14, note 9.

(4) Cf. Estlander, *Klander*, p. 168.

amende de trois marks. S'ils sont en contestation et si celui à qui ses engins de pêche ont été pris dit que cette *aftækt* lui a été enlevée par violence ou volée, celui-là a le vitsorþ qui a fait l'*aftækt* ; on prouvera avec deux hommes si la chose a été ou non légalement appréhendée. S'il ne peut fournir ces témoins, celui à qui l'*aftækt* a été faite sera dégagé de toute responsabilité, et l'autre qui a appréhendé la chose illégalement paiera l'amende de la rapine, et cette amende de la rapine n'excède pas trois marks. Pour tous les délits où le coupable n'a pas été pris sur le fait et où il n'y a pas de témoins, je (5) leur accorde à tous le droit de prêter le serment négatoire (6) selon la gravité du délit. — § 2. Si deux personnes sont en contestation relativement à une eau poissonneuse, l'une disant avoir une plus grande part dans l'eau et (avoir cependant) moins de poissons, (ajoutant) : « je veux connaître mon lot de roseaux et de barrage à poissons », le vitsorþ est donné à celui qui veut partager (7). Il doit demander le partage devant ses voisins et son lot devant les paroissiens. S'il lui refuse le partage légal et va ensuite sur sa part indivise (pour pêcher), il paiera alors une amende de trois marks. S'il y va après que le partage a été opéré et cela sans autorisation, chacun paiera une amende suivant son usurpation. — § 3. Si un détroit ou un fleuve est situé dans le territoire du by, tous ceux-là peuvent y établir des ouvrages à poissons qui sont propriétaires fonciers, s'ils le veulent ; toutefois chacun les établira proportionnellement à ce qu'il possède dans le territoire du by et dans les tompt (8). — § 4. Celui qui détériore la senne d'autrui et la brise de telle façon qu'elle ne puisse plus servir, réparera le dommage et paiera en outre trois marks. Si l'on détériore le filet ou la nasse ou tout autre engin de pêche, on réparera le dommage et on paiera en outre trois öre.

(5) C'est le lagman qui parle. Il y a ici un souvenir de l'ancienne récitation ou publication de la loi par le lagman. Cf. Schlyter, *Afhand.* II, p. 115.

(6) Sauf dans les cas où « il y a des témoins », le principe est que le défendeur peut se défendre avec le serment négatoire. Cf. Nordström, II, p. 756, 757.

(7) C'est un cas où le partage peut être exigé. Amira, p. 601. V. sur le partage des eaux communes, Beauchet, *loc. cit.*, p. 528.

(8) Sur le droit des riverains à la jouissance des eaux communes, V. Beauchet, *loc. cit.*, p. 524 et s.

XVII

Il est question maintenant des limites entre les by (1) et de l'usage des fonds du by (2). Tous les by doivent être entourés de limites dites *ra ok rör* (3). S'il y a des *ra ok rör* entre les by, ce qui a été sera (4). S'il n'y a pas de *ra ok rör* et s'il existe des échaliers vieux et antiques (5), le vitsorþ leur est donné. S'il y a entre les by une rivière assez forte pour porter un bateau à deux rames (6), s'il n'y a pas de *ra ok rör*, le vitsorþ lui est donné, mais non à tout ruisseau. Si deux by sont situés le long des deux rives d'un détroit ou d'un lac, chacun aura la moitié du lac (7). S'il existe une île flottante dans le détroit, celui-là aura l'île flottante qui peut la réunir à sa terre. Si une île attachée au fonds existe dans un lac, et si elle est située plus près d'une terre que de l'autre, celui-là aura plus de l'eau qui a moins de l'île. Si le territoire d'un by se termine à un lac, il ne possède dans le lac que jusqu'à l'endroit que l'on peut atteindre avec une pierre en se tenant sur le rivage (8). — § 1. Si des hommes sont en contestation relativement aux limites, l'un disant qu'il a un *krok ra*, l'autre s'en référant à un *ræt ra* (9), on doit instituer une expertise, chacune des deux parties, le demandeur et le défendeur, nommera la moitié des

---

XVII. — (1) Les lois nationales reproduisent presque textuellement les dispositions de la loi d'Upland, avec cette modification toutefois relativement au by touchant à un lac que ce by a dans l'eau une part correspondante à sa part dans le rivage. MELl, Bb. 21 : pr. Chr. Ll. Bb. 26 : 1.

(2) *Bolstaþæ a nit.* V. *infrà,* C. 18, note 1.

(3) V. *infrà,* c. 18, note 2.

(4) Les bornes nommées *ra ok rör* ne pouvant être posées sans le consentement de tous les voisins confirmé par un jugement du ting, ont, en principe, pleine force probante. V. à ce sujet, Beauchet, *Propr. fonc.,* p. 470 et s.

(5) L'échalier ne peut ainsi faire preuve que si l'on établit en même temps qu'il correspond à une longue possession. Cf. Beauchet, *loc. cit.,* p. 473, 361.

(6) Sur les limites naturelles des by, V. Beauchet, *loc. cit.,* p. 462.

(7) La ligne de partage passe ainsi au milieu de l'eau et non au milieu du courant, comme dans d'autres lois. Beauchet, *loc. cit.,* p. 526.

(8) V. sur ce mode original de délimitation, Beauchet, *loc. cit.,* p. 524.

(9) Le *krok ra* est une pierre indiquant un changement de direction dans la ligne de démarcation, tandis que le *ræt ra* est une pierre allant en ligne droite. Cf. Beauchet, *loc. cit.,* p. 471.

experts. Le vitsorþ pourra être donné au *krok ra* suivant le témoignage des experts. — § 2. Si deux by habités sont en contestation relativement à des *ra ok rör*, aucun n'a le droit de s'introduire sous l'autre (10), ni d'entrer dans les bornes des ţompt, ni dans les bornes des rues ; on cherchera d'autres limites. En cas de contestation entre un by habité (11) et un by désert, si le by désert a des *ra ok rör*, (il peut revendiquer tout ce qui se trouve en dedans de ces limites) ; en l'absence de *ra ok rör*, (le by désert) appartient au by à qui il appartenait antérieurement. Si (le by désert) a des *ra ok rör*, alors on peut, en se fondant sur le serment de dix-huit cojureurs pris parmi ses parents, revendiquer une part du by désert en prouvant sa parenté avec les personnes qui étaient antérieurement propriétaires dans ce by, cela proportionnellement à l'étendue de ses terres, et celui-là aura le plus dans le by (désert) qui peut le plus user de son droit de retrait. Si plusieurs personnes usent de ce droit de revendication, le by devient ainsi d'autant plus grand en ce qui concerne le nombre des parcelles qualifiées de markland qu'il y a plus de personnes ayant usé de ce droit. — § 3. Si un *urfiælder* (12) est situé dans le territoire du by, s'il est *raum rudder* (13), si l'on a creusé un fossé, établi une *ren* (14) ou si l'on a construit un échalier de tous côtés, cet urfiælder a le vitsorþ (15), où qu'il soit situé, dans un champ ou un pré, dans un bois ou dans un marais, dans le pâturage ou dans l'almenning (16). Si

(10) Schlyter (Gl. Ulp., vº *Undir*) traduit ainsi : « Uni pago non licet se quasi sub ædificia alterius intrudere, suos fines usque ad limites arearum alterius extendendo ». Ragvaldus traduit : « alteri se submittere ». Loccenius : « Dolose sibi vendicare alienum ».

(11) *Bygdær by* par opposition au by désert, *öþis by*. V. sur le règlement de la contestation entre ces deux espèces de by, Beauchet, *loc. cit.*, p. 216 et s.

(12) V. sur l'*urfjælder*, *suprà*, c. 6, note 4.

(13) *Raum rudder* = via limitatus, arboribus excisis, facta, et positis terminis designatus. Schlyter, Gl. Upl.

(14) *Ren* = margo agri.

(15) Le droit du colon sur le terrain défriché est subordonné à la condition essentielle de la clôture et de la délimitation de ce terrain. Beauchet, *loc. cit.*, p. 89.

(16) Suivant Schütz (p. 25) le propriétaire de cet *urfjælder* a le droit (p. 89) de le posséder en dehors du byamal, en quelque terrain qu'il consiste.

l'urfiælder n'a point de semblables limites, comme il vient d'être dit, cet urfiælder sera soumis au partage légal du by. Si quelqu'un revendique un bois dans le territoire d'un autre by, et s'il y a des *ra ok rör*, celui qui revendique le bois aura le vitsorþ, comme pour tout autre urfiælder. S'il n'y a pas de *ra ok rör*, (le terrain) sera soumis au partage légal du by. — § 4. Si deux by sont en contestation relativement à des *ra ok rör*, ils doivent venir tous deux au ting du hundari, le demandeur et le défendeur, et ils feront un pari de trois marks (17) pour l'expertise du hundari sur les *ra ok rör*, et ils fourniront aussi un séquestre (18). Ensuite les deux parties nommeront l'expertise au ting, chacune d'elles désignant six hommes et ensuite ces douze hommes rechercheront de quel côté se trouve la vérité. Après avoir procédé à leur inspection, ils devront témoigner au ting de ce qui est vrai dans la cause, et après avoir (19) prononcé leur sentence, offrir un pari (pour recourir) à l'expertise du folkland (20). Si ceux qui sont en contestation avec eux veulent parier, ils en ont le droit. Le pari doit être de dix marks dans le Tiundaland, de huit marks dans l'Attunderland, de cinq marks dans le Fiæþrundaland (21). L'expertise du folkland doit alors avoir lieu. Si l'expertise du folkland a eu lieu et si elle témoigne d'accord avec la syn du hundari, alors ceux qui sont en contestation avec elle pourront en appeler au roi en faisant un pari de quarante marks. Si elle témoigne contre, la syn du hundari pourra en appeler au roi (22). Ce que décide la syn du roi est valable.

(17) Cf. Nordström, t. 2, p. 602.

(18) Cf. Amira, p. 229.

(19) *Contrà:* Uppström, p. 72.

(20) V. sur le recours contre la décision de la nämnd, Nordström, II, p. 844; Uppström, p. 72; Amira, p. 226.

(21) La cause de cette différence dans le montant du pari tient à ce fait que le Tiundaland était le folkland le plus peuplé comprenant dix härad, tandis que l'Attunderland n'en comprenait que huit et le Fiæþrundaland cinq (du moins dans la première moitié du 14ᵉ siècle). — Cf. Schlyter, *Afhandl.*, II, p. 71 et 72.

(22) Sur l'appel au roi, V. Karlsson, *Den svenske konungens domsrätt*, p. 33 et *infrà,* pg. 7 : 1.

Si on ne veut pas en appeler contre la syn du hundari et qu'il y en ait des témoins au ting, alors la syn du hundari doit prêter serment, et ce qu'elle aura fait sera valable et irrévocable. Si par suite de l'appel l'affaire arrive à la syn du folkland, et qu'on n'ose point ensuite en appeler contre la syn du folkland, alors la syn du folkland prêtera serment et ce qu'elle aura fait sera valable et irrévocable. Quand une syn a prêté serment, et qu'un jugement a été légalement rendu pour instituer cette syn et que le serment a été légalement prêté, on ne peut rendre de jugement autorisant le recours à une syn supérieure. Si la syn du hundari a procédé à l'inspection des limites et si, après avoir prononcé sa sentence, elle en appelle à la syn du folkland, la syn du folkland doit avoir la syn du hundari devant soi. Si la syn du hundari atteste que les *ra ok rör* ont été renversés depuis qu'elle les a examinés, la syn du hundari doit alors prêter son serment d'après ce qu'elle a vu, et il ne peut pas y avoir plusieurs syn dans l'affaire, et on replacera les -*ra ok rör* là où ils étaient auparavant. Si des hommes sont en contestation relativement à des *ra ok rör*, et que l'on procède à une inspection (des limites), si les bornes de l'un d'eux sont déclarées non valables ou s'il n'y a pas de bornes, celui-là paiera une amende de six marks qui s'attribuait les bornes là où il ne les avait pas. L'amende n'est pas plus élevée, par ce fait qu'un plus grand nombre de bornes auraient été déclarées non valables, qu'il y en ait peu ou beaucoup. Toutes les fois que des hommes sont en contestation relativement à des limites (*ra ok rör*), on doit en appeler du ting à la syn pour savoir la vérité, et l'on doit nommer la syn et chacun de ceux qui sont en contestation nommera la moitié de la syn. — § 5. Si l'on veut séparer les territoires de deux by par un échalier, là où se touchent deux fonds clos, ensemencés ou non ensemencés, ou dont l'un est ensemencé tandis que l'autre n'est pas ensemencé, là chaque by doit entretenir la moitié de l'échalier (23).

(23) Lorsque l'entretien de l'échalier incombe à une collectivité, comme dans le cas où il s'agit d'un échalier servant de limite entre les territoires de deux by voisins, les habitants de chaque by sont solidairement responsables des négligences apportées à cet entretien. C'est ce qui résulte du texte. Cf. Wm. II, Bb. 17 : 5. V. en ce sens Amira, p. 188 ; Beauchet, *loc. cit.*, p. 493.

Si les champs et les prés (d'un homme et) d'un autre by se touchent, là chaque by doit entretenir la moitié de l'échalier. Si les prés de deux by se touchent, chaque by entretiendra la moitié de l'échalier. Si un pâturage touche un champ ou un pré d'un autre by, celui-là entretiendra l'échalier qui est propriétaire du champ ou du pré, et celui qui est propriétaire du pâturage sera dégagé de toute responsabilité. Si un bois touche au champ ou au pré d'un autre by, la règle est la même. Si deux pâturages se touchent, chacun appartenant à un by différent, bien que l'un des pâturages soit moins grand que l'autre, les troupeaux des deux by y paîtront en commun, et aucun ne peut appréhender les animaux de l'autre, à moins que l'un des deux by ne veuille se clore. Si deux by se touchent et que l'un ait un pâturage et l'autre n'en ait pas, alors celui qui n'a pas de pâturage le louera pour son troupeau autant qu'il le pourra et suivant accord (avec l'autre by). Partout où il y a des échaliers entre des by, ils doivent aller tout droit entre les bornes (ra ok rör). S'il n'y a pas de bornes, le vitsorþ est donné à l'échalier. Si un by construit un échalier sur un autre (by), ou si un homme construit un échalier sur un autre (homme), et que la syn que les deux parties ont nommée en témoigne, on enlèvera l'échalier et on paiera trois marks. Un urfiælder peut être situé le long d'un échalier, alors celui qui possède l'urfiælder doit entretenir l'échalier aussi loin qu'il s'étend. S'il est estimé à un certain nombre d'öresland et d'örtughland, il doit avoir l'échalier proportionnellement à sa superficie. L'urfiælder qui est estimé à un certain nombre d'öresland et d'orthugland sera soumis à tous les impôts suivant son étendue.

XVIII

Il est dit maintenant quelles limites doivent se trouver entre les by (1). Il y a *rör* lorsqu'il existe cinq pierres, quatre en

XVIII. — (1) *Bolstaþa skiæl.* Ce mot est employé ici comme synonyme de limite entre deux by, confinium pagorum. Cf. Schlyter, Gl. Upl. V. dans le même sens, Sm. Bb. 17 : pr. et 23 : 1. Mais le chap. 17 de notre loi, au même livre qui commence par les mots : *nu six um byæ skiæl ok bolstaþa a nit,* traite dans ses quatre premiers §§ du droit de jouissance des *byamæn* sur les terres du by, et le § 5, où il est question de l'obligation de clore,

dehors et une au milieu (2). Quatre pierres et trois pierres peuvent s'appeler *rör*; mais la limite entre deux *by* (*bolstaþa skiæl*) ne peut pas se composer de moins (de trois pierres). Chaque *tompta ra* doit se composer de cinq pierres; le *farvæghs ra* et l'*urfiælds ra* peuvent se composer de trois pierres. Pour délimiter un champ et une parcelle, deux pierres peuvent s'appeler *ra*; on peut aussi appeler *ra* un poteau et une pierre, avec un os dessous; on peut appeler *ra* un poteau et une pierre; on peut appeler *ra* un os et une pierre. Une seule pierre ne peut jamais faire foi. Il peut ne pas y avoir de *ra* ou de *rör*, ni aussi d'échalier : alors la limite du *by* sera au milieu de la rivière ou du détroit. — § 1. Si quelqu'un pose des bornes (*ra ok rör*) sur le territoire d'un autre, ou brise ses bornes, et s'il est pris sur le fait et qu'il y en ait six témoins, on peut le lier et le mener au ting, et ces six témoins qui étaient présents et ont vu le convaincront. Le demandeur a le droit, s'il le veut, de prendre sa vie et de le pendre (3), ou bien il rachètera sa

commence ainsi : *nu wiliæ mæn bolstaþ meþ garþ skiliæ* (Cf. Sm. Bb. 14, qui traite exclusivement de cette obligation, et qui a pour rubrique *um bolstaþa skiliæ*). Il en résulte que l'expression *bolstaþa skiæl* a, dans les anciennes lois suédoises, une double signification, et s'applique à la délimitation non seulement par le bornage, mais aussi par la clôture. Cf. Forsell, *Om ägo skilnader*, p. 27.

(2) V. sur la nature des différentes bornes ou limites qualifiées *ra*, ou *rör*, ou *ra ok rör*, Beauchet, *Propr. fonc.*, p. 465 et s.

(3) Cf. Wm. II Bb. 18; Sm. Bb. 23. C'est seulement dans la loi nationale de Magnus Eriksson (Bb. 21) que la peine si sévère portée par les anciennes lois contre le délit de *rabrut* ou *rarbrut* (V. Index) fut réduite à une amende de 40 marks. V. Nordström, II, p. 313. La loi nationale de Christophe (Bb. 27 : 2) porte à cet égard que celui qui, sans un jugement légal, arrache ou enlève des bornes, qui en est convaincu par des témoins et par la nämnd du härad, paie une amende de 40 marks. Celui qui arrache des bornes et les transporte sur le terrain d'autrui et qui en est convaincu comme il vient d'être dit, est puni d'une amende de 40 marks, qualifié de voleur, et frappé de l'incapacité de participer au ting ou de porter témoignage en justice. S'il est accusé sans avoir été pris sur le fait, il peut se défendre avec le serment d'une nämnd dont chaque partie nomme la moitié des membres, sinon il paie l'amende précitée. — La sévérité des anciennes lois suédoises en cas de déplacement illicite des bornes montre bien l'idée que se faisaient alors les Scandinaves de l'inviolabilité de la propriété. Elle se comprend d'ailleurs si l'on songe qu'à cette époque, en l'absence de cartes et de documents on ne pouvait guère prouver la délimitation des domaines qu'au moyen des bornes.

vie de chacun de ceux à qui il doit l'amende, le mieux qu'il le
pourra. S'il a pu lui-même s'échapper et si ses vêtements lui
ont été pris ou s'il y a eu deux témoins, il se justifiera avec
le serment de dix-huit hommes. S'il échoue dans ce serment,
il paiera une amende de dix-huit marks. S'il n'y a pas d'*aftækt*
ou de témoins, il se justifiera avec dix-huit hommes ou paiera
une amende de six marks, et les bornes seront replacées là où
elles étaient antérieurement, suivant le jugement et les formalités légales. — § 2. Personne ne peut enlever ni poser les
bolstaþa ra sans la présence de tous ceux qui sont propriétaires dans le by et sans un jugement rendu au ting. Celui qui
pose (des bornes) sans les formalités précitées paiera une
amende de trois marks ou fera la preuve négatoire avec dix
hommes. Lorsqu'on pose les *tompta ra,* tous les propriétaires
doivent être présents; mais il n'y a pas besoin de prendre un
jugement au ting. Si celui qui possède moins de la moitié du
by se plaint des *tompta ra,* il n'en a pas le droit (4).

XIX

Si un pâturage est situé entre des by, et qu'il y ait des bornes
(*ra ok rör*), ce qui a été sera. S'il n'y a pas de bornes, chaque
by aura la moitié du pâturage. Si un bois d'arbres non fruc-
tifères est situé entre deux by et qu'il y ait des bornes (*ra ok
rör*), ce qui a été sera; s'il n'y a pas de bornes, chaque by
aura la moitié du bois. Si un bois *værnkallaþær* (1) est situé
entre deux by, et qu'il y ait des bornes (*ra ok rör*), ce qui était
d'usage sera maintenu (2); s'il n'y a pas de bornes, il sera

A défaut de celles-ci on était exposé à toutes les incertitudes et à tous les
dangers de la preuve testimoniale.

(4) Cf. Wm. II, Bb. 18 : 2. Les dispositions de la loi d'Upland ont passé
presque littéralement dans les lois nationales de 1347 et de 1442. MELL.
Bb. 22 : 2; Chr. Ll. Bb. 27 : 3.

XIX. — (1) Schlyter traduit *værnkallaþer skogher* par silva arborum fruc-
tiferarum (Gl. Upl.) Ragvaldus Ingemundsson traduit : « Silva ad alia utilis,
quam quod inde combustibilia excidantur ». Le bois *værnkallaper* est peut-
être plutôt celui que la loi d'Upland (Wb. 21 : pr.) nomme ailleurs *innan
værner.* V. *infrà*, c. 21, note.

(2) Schlyter (Gl. Upl., vº *Vaner*) traduit : fines sunto ii, qui antea, testibus
lapidibus, fuerunt.

alors partagé suivant le nombre des öresland et des örtughland (3).

XX

Il est question maintenant de l'almenning. Si un almenning
est situé entre deux by, et qu'il y ait des bornes (*ra ok rör*),
ce qui a été sera. S'il n'y a pas de bornes, chaque by prendra
la moitié de l'almenning. Si plusieurs by sont situés autour d'un
almenning, et s'il n'y a pas de limites entre les by, chaque by
prendra autant que l'autre, quelle que soit leur valeur respective.
Si un almenning est situé entre deux hundari ou entre deux
folkland (1), et s'il n'y a pas de bornes (*ra ok rör*), chacun
aura la moitié de l'almenning; s'il y a des bornes, ce qui
était d'usage sera maintenu. S'il n'y a pas de bornes, on partagera en ligne droite entre eux en trois parties : deux lots pour
le *varskogher* (2) et le troisième pour l'almenning (3). Si un
almenning est situé entre deux hundari ou deux folkland,
chacun d'eux aura la moitié de l'almenning. — § 1. Si l'on va
dans l'almenning et si l'on défriche aussi près du varskogher
que l'on ait besoin d'une sortie sur le varskogher, on doit avoir
pour sortie un chemin de dix aunes depuis son domaine (isolé)

(3) La règle primitive du partage par moitié de l'almenning situé entre
deux by finit par être abandonnée quand la charge des impôts fut elle-même
proportionnée à l'étendue des terres de chaque communauté. Il parut alors
équitable de répartir les émoluments dans la même proportion que les charges.
De là la règle posée au texte. Cf. Beauchet, *loc. cit.*, p. 75.

XX, — (1) On ne rencontre l'almenning du folkland qu'en Upland, par
suite de la division spéciale à cette province. Cf. Beauchet, *Propr. fonc.*, p. 66.

(2) La loi d'Upland renferme à ce sujet deux dispositions contradictoires.
Elle pose d'abord le principe du partage par moitié de l'almenning situé
entre deux hundari. Puis elle décide, à propos de ce même almenning, qu'à
défaut de bornage antérieur, on doit en faire trois parts : deux sont attribuées sous le nom de *varskogher* à chacun des härad intéressés, tandis que la
troisième part constitue l'almenning. Schlyter (p. 245, note 37. — Cf. *Jurid.
Afhandl*, t. 2, p. 143) explique cette contradiction en disant que la règle du
partage par tiers est plus récente, et qu'en l'introduisant dans le texte de la
loi, on a négligé d'abroger l'ancienne règle du partage par moitié. Il nous
semble que la supposition contraire est mieux fondée et que la règle du partage par tiers est la plus ancienne. V. à ce sujet Beauchet, *Propr. fonc.*,
p. 74.

(3) On ne saurait voir dans ce partage par tiers une allusion au droit revendiqué plus tard par l'État sur l'almenning. Beauchet, *loc. cit.*, p. 97 et s.

sur le varskogher d'autrui (4) — § 2. Si quelqu'un va dans
une région déserte et sur l'almenning, le défriche (puis) s'en
va, qu'un autre survienne dans un défrichement voisin du lieu
déjà cultivé, fasse des signes sur les arbres en les décortiquant,
qu'un échalier et une défense s'élèvent autour (de la terre),
si survient (ensuite) celui qui a défriché le premier, disant :
« Comment és-tu venu dans le lieu par moi défriché? » « Non,
dit l'autre, c'est mon défrichement et non le tien ; j'ai fait des
signes sur les arbres en les décortiquant » (5), le vitsorþ est
alors donné à celui qui a entouré (le défrichement) d'un échalier
et qui y habite, et celui qui a défriché le premier a perdu son
travail. — § 3. Aucun hundari ni aucun by ne peut aller sur
l'almenning d'un autre ni l'exploiter, qu'il s'agisse d'un bois
ou d'une eau, sans avoir une permission gracieuse ou payée (6).
Celui qui va sur l'almenning et l'exploite entretiendra les
ponts, aussi loin qu'il s'avance sur l'almenning, ou encourra
l'amende légale (7). Si un almenning n'est point muni de chemins ou de ponts, tout le hundari doit établir des chemins ou
des ponts, ou payer l'amende légale, suivant l'importance du
délit. Celui qui veut aller sur l'almenning (pour l'exploiter),
doit en obtenir l'autorisation au ting du hundari (8).

XXI

Il est question maintenant des nouveaux défrichements (1).
Si quelqu'un défriche en dedans de la défense (*værn*) (2) un

(4) V. sur le droit de passage légal, Beauchet, *loc. cit.*, p. 509 et s.

(5) Le texte offre ici un de ces exemples d'allitérations rhytmées si fréquen-
tées dans les anciennes lois provinciales. Schlyter, *Afhand.*, t. 2, p. 111.

(6) Sur le caractère exclusif du droit de la communauté sur l'almenning,
V. Beauchet, *loc. cit.*, p. 76. Cf. Serlachius, p. 152.

(7) La jouissance de l'almenning par les intéressés comporte des charges
correspondantes. Cf. Beauchet, *loc. cit.*, p. 80.

(8) Sur les autorisations nécessaires pour défricher l'almenning, V. Beauchet, *loc. cit.*, p. 84. Cf. Vg. add. 3 : 144.

XXI. — (1) *Upgærþ.*

(2) Il est assez délicat de savoir ce qu'il faut entendre par cette expression. Le mot *værn* signifie à proprement parler défense (defensio, præsidium ;
Schlyter, Gl. Upl.). Le bois *innan værnar* est donc celui qui est *intra defensionem*, et le bois *utan værnar* celui qui est *extra defensionem*. L'un et l'autre
font bien partie de l'almenning, mais le premier est celui qui, probablement

champ qui est en dehors des terres soumises au partage légal, il peut l'ensemencer pendant trois ans et l'avoir trois ans en jachère (3), et ensuite (il doit) le soumettre au partage. S'il le possède au delà de cette période malgré la défense qui lui a été faite, il paiera une amende de trois marks. S'il défriche un pré, il doit le faucher et le récolter pendant trois ans et ensuite le soumettre au partage. S'il en jouit au delà de cette période, malgré la défense qui lui a été faite, il paiera une amende de trois marks. — § 1. Si quelqu'un défriche un champ en dehors de la défense (*værn*), il a le droit de l'ensemencer, de le récolter pendant six ans, et (il peut) le laisser en jachère (pendant six ans) et ensuite il le soumettra au partage, s'il n'y a pas d'*avisning* (4). S'il y a une *avisning*, il aura (le terrain défriché) comme terre patrimoniale et allodiale, jusqu'à ce que celui qui a demandé le partage (5) ait défriché un terrain semblable : alors on partagera le mauvais comme le bon. Si on défriche un pré en dehors de la défense (*værn*), on peut le faucher pendant six ans et on doit ensuite le soumettre au partage, s'il y a une avisning. S'il n'y a pas d'avisning, (celui qui demande le partage) défrichera un terrain semblable, et ensuite on partagera le mauvais comme le bon.

XXII

Il est question maintenant de l'emplacement des moulins (1) et des barrages d'eau. L'emplacement d'un moulin peut se

le plus rapproché du by et le plus riche, est l'objet d'une surveillance plus grande et d'une exploitation plus soignée, tandis que le second, considéré comme moins précieux à cause de son éloignement ou de sa pauvreté, se rapproche davantage des *res nullius*. Cf. Liljenstrand, *Bygn.*, p. 81 ; Beauchet, *loc. cit.*, p. 34. V. les autres explications fournies par Schlyter, Gl. Upl., v° *Værn* ; Serlachius, p. 156.

(3) Trois ans en friche pour le bétail. Cf. Liljenstrand, *Bygn.*, p. 163.

(4) C'est-à-dire s'il ne peut indiquer à ceux qui demandent le partage un autre terrain semblable propre à la même culture. Beauchet, *loc. cit.*, p. 85. Cf. sur l'avisning, *suprà*, Jb. 4 : 7, note 29.

(5) En ce sens : Schlyter, Gl. Upl., v° *Rypia* ; Herrig, *De rebus agrariis suecicis*, p. 24 ; Beauchet, *op. cit.*, p. 85 ; Schütz (*loc. cit.*) est d'avis, au contraire, que le défrichement nouveau est fait par le même.

XXII. — (1) V. sur l'emplacement et la construction des moulins, Beauchet, *op. cit.*, p. 534 et s.

trouver entre deux by; chaque by aura la moitié de cet emplacement aussi loin que son territoire s'étend. L'emplacement d'un moulin peut se trouver sur le territoire même d'un by. On doit le diviser suivant la valeur des terres imposables; chacun en prendra sa part suivant ce qu'il possède dans les tompt, et dans les champs et dans les prés. Il peut y avoir sur le territoire d'un by (2) deux ou trois emplacements de moulins; on doit les partager suivant le markland, et alors chacun a le droit de construire sur son emplacement ou de ne pas le faire. — § 1. Personne ne peut construire sur son emplacement de moulin au préjudice d'autrui : on ne peut construire en amont de manière à arrêter l'eau, à la répandre sur les champs ou les prés, ni en aval de manière à obstruer le cours de l'eau au préjudice de celui qui est en amont. En cas de contestation, l'un disant que la construction est telle qu'elle détériore son champ ou son pré, on doit nommer pour cela une syn de douze hommes, et chacun nommera la moitié de la syn (3). Si les douze (experts) jurent que la construction ne cause aucun dommage, la construction pourra rester impunément. Si la syn jure que la construction cause un dommage soit à un champ, soit à un pré, on doit démolir la construction et celui qui l'a édifiée paiera une amende de six marks. La même règle est applicable aux barrages à poisson qu'aux écluses à moulin. Personne ne peut construire (un barrage à poisson) au préjudice d'autrui et personne ne peut entraver un autre dans l'usage du sien, à moins d'encourir la même amende qui vient d'être indiquée pour les écluses de moulin. — § 2. Un homme ou un animal peut subir un dommage par le fait d'un moulin à vent (4) ou d'un moulin à eau ou d'une écluse de moulin ou d'un barrage à poisson : quel que soit le dommage, il n'engage aucune responsabilité (5). — § 3. Si un détroit est situé entre deux by, deux hundari ou deux folkland, ce détroit doit

(2) Nous croyons qu'il faut plutôt lire avec d'autres manuscrits, *mællum bolstaþæ* au lieu de *innæn bolstaþi*. Le sens serait alors : « Si deux ou trois emplacements de moulins sont situés entre plusieurs by... ».

(3) V. sur le rôle de la *syn* en des circonstances semblables, Nordström, II, p. 843; Serlachius, p. 127.

(4) Sur les moulins à vent, V. Beauchet, *op. cit.*, p. 536, note 3.

(5) Cf. Amira, p. 390; Nordström, t. 2, p. 285; Forsman, p. 24 et 82.

être large de dix aunes : c'est le chenal public (6). Le chenal des bateaux, qui n'est pas un chenal public, est large de cinq aunes. Celui qui barre plus paiera une amende de six marks.

XXIII

Il est question maintenant des ponts (1). Si les habitants du by ont eux-mêmes besoin d'un pont autre que celui qui appartient à la voie publique, si l'un veut le construire et l'autre pas, le vitsorþ est alors donné à celui qui veut le construire, et celui-là paiera une amende de trois öre qui néglige de construire le pont, et il le construira ensuite. Tous ceux-là doivent construire le pont qui en ont besoin, et les autres qui n'ont pas besoin du pont n'encourront aucune responsabilité. Si un pont est situé entre deux by et que tous les deux aient besoin de le construire, si l'un néglige (de le construire) et que l'autre le construise, celui qui est négligent paiera une amende de trois öre et ensuite le construira. Les demandeurs peuvent partager eux-mêmes l'amende. S'il y a besoin d'un pont pour aller à l'église, à la ville ou au ting, si le pont est entièrement tombé, il y a lieu à une amende de trois marks, à partager en trois parts, que le pont soit situé sur le territoire d'un by ou entre deux by. Si le pont est à moitié en état, l'amende est de trois öre. Si le pont est partagé, que chacun connaisse sa part et que la part d'une personne ne soit pas en état, cette personne paiera une amende de trois öre (2). Si un pont est situé entre deux folkland et s'il est entièrement inutilisable, il y a lieu à une amende de six marks; s'il est à moitié en état, l'amende est de trois marks. Ceux-là possèdent le pont qui possèdent les terres et pâturages adjacents. Tous les habitants du by doivent construire le pont, mais non un homme isolé. — § 1. Un pont peut être emporté par l'inondation ou être brûlé, et devenir ainsi inutilisable : quel que soit l'endroit ou il est situé, entre deux by ou sur le territoire

(6) V. sur le chenal public et sa largeur, Beauchet, *op. cit.*, p. 541.

XXIII. — (1) V. sur la construction et l'entretien des ponts sur les différentes routes, Beauchet, *op. cit.*, p. 410 et s.

(2) Sur la responsabilité partagée, Cf. Amira, p. 175. V. *infrà*, § 5. Sur la responsabilité solidaire, Cf. Amira, p. 188.

d'un by, entre deux hundari ou deux folkland, on doit y entretenir un bac ou un radeau jusqu'à ce que le pont soit recon-
struit. Le pont doit être construit avant trois *stæmpnudagher*,
l'un avant le jour de l'Ascension, et il y aura sept nuits entre
les *stæmpnudagher*, sinon on paiera l'amende légale pour négligence dans la construction du pont (3), suivant le témoignage des experts. Si la syn acquitte (le défendeur), il n'encourra aucune responsabilité. Si un pont est situé de
telle sorte qu'il ne puisse être atteint par l'inondation, il
sera en bon état à toute époque. Si le pont est néanmoins
en mauvais état, le länsman (4) se rendra au ting et ordonnera de refaire le pont. On a alors un délai de sept nuits
et dans ces sept nuits on doit refaire le pont ou payer
l'amende suivant la loi de la province. — § 2. Pour tous les
ponts qui appartiennent à la voie publique (5), pour le chemin
de l'église, ou de la ville, le chemin du ting, les chemins
du peuple ou du roi (6), le roi est alors le demandeur. Si quelqu'un souffre un dommage (par suite du défaut d'entretien) du
pont, celui-là sera le demandeur qui a souffert le dommage
par suite du pont. — § 3. Personne n'a le droit de déplacer
un chemin ou un pont à moins de prouver qu'il y en a un
autre de même qualité. — § 4. Un chemin, un pont ou une
barrière peut se trouver entre deux by et chaque by aura la
moitié du chemin et la moité du pont et la moitié de la barrière. — § 5. Le pont de Stockholm, le pont d'Öresund, le
pont d'Östen et le pont de þilæsund sont construits par plusieurs hundari et pour la négligence à les entretenir l'amende
est plus élevée que pour tout autre pont. Si la part d'un
homme dans le pont n'a pas été construite, l'amende est de
trois öre (7). Si la part d'un by dans le pont n'a pas été construite,
il paiera une amende de trois marks (8). L'amende n'est pas

(3) Cf. Beauchet, *op. cit.*, p. 411.
(4) *Broa fall* = neglectus pontis struendi vel reficiendi. Schlyter, Gl.
Upl.
(5) *Almanna vægher*. Cf. Beauchet, *op. cit.*, p. 410.
(6) Un manuscrit ajoute : « et s'il y a eu publication légale ». Loccenius
traduit : « Si legitime publicatum et tempus instructionis indictum sit ».
(7) V. *suprà*, note 2.
(8) Cf. Björling, *Bötesstr.*, p. 134.

plus élevée, à moins que la part d'un attunger (du hundari) (9)
n'ait pas été construite : si cette part n'a pas été construite,
l'amende est de cinq marks. Si la part d'un fiærþunger (10)
(du hundari) n'a pas été construite, l'amende est de dix marks.
Pour la part de la moitié d'un hundari, l'amende est de
vingt marks. Pour la part de tout le hundari, l'amende est de
quarante marks. Pour les autres ponts, (la négligence dans leur
entretien) donne lieu à l'amende légale précédemment indiquée.
— §6. Un homme peut souffrir un dommage par le (fait du)
pont et en mourir (11) : ce fait donne lieu à l'amende pour
dommage involontaire et il n'y a pas à offrir ni à prêter le
serment pour ce dommage. S'il se casse la jambe ou le bras,
tout cela donne lieu à l'amende pour dommage involontaire.
Si un cheval se casse quelque membre par le fait du pont et
en meurt, sa mort donne lieu à une amende de six öre; si c'est
une jument, l'amende est d'un demi-mark; si c'est un bœuf,
l'amende est d'un demi-mark; si c'est une vache ou un veau,
l'amende est de dix örtugh. Toutes les amendes légales (12
sont en monnaie pesée. Pour un porc, un mouton, une chèvre,
un bouc, l'amende est d'une örtugh si l'animal est âgé d'un an,
de deux örtugh s'il est âgé de deux ans, d'un öre s'il est âgé
de trois ans; l'amende n'est pas plus élevée. Pour les animaux
nés la même année, l'amende est de quatre penning. L'un de
ces animaux peut souffrir un dommage sans en mourir;
l'amende légale est alors le quart de celle qui vient d'être dite.
— Il est question maintenant des incendies fortuits.

XXIV

Des serviteurs peuvent battre du grain dans une grange; si
le feu qu'ils y ont apporté allume un incendie, et s'il brûle à la
fois le grain et la grange, on doit alors offrir le serment de
dix-huit hommes pour dommage involontaire, et l'amende de
ce dommage est de sept marks. Si l'on échoue dans ce serment,
on paiera une amende de quarante marks. Si le bonde, ou le

(9) Huitième du hundari.
(10) Quart du hundari.
(11) Cf. Beauchet, *op. cit.*, p. 415, 416; Nordström t. II, p. 285.
(12) Cf. Forsman, p. 250.

fils du bonde se trouvent dans l'intérieur de la grange, le fait
est impuni et il n'y a lieu ni au serment ni à l'amende. La
même règle est applicable au feu allumé dans la chambre ou
dans la cuisine (1). — § 1. Si l'on porte du feu entre des maisons ou des (fermes), là chacun est responsable de ce qu'il fait
avec ses mains. Si le feu s'élève plus qu'il n'en avait besoin,
et si une maison brûle, l'amende pour dommage involontaire
est de six öre et le serment (pour ce dommage) est prêté avec
dix hommes. Si l'on échoue dans ce serment, on paiera une
amende de six marks. Si la ferme tout entière brûle, ou bien
plusieurs fermes, ou même tout le by, l'amende pour dommage
involontaire est de sept marks et le serment comporte dix-huit
hommes. Si l'on échoue dans ce serment, on paiera une amende
de quarante marks. L'amende n'est pas plus élevée par ce fait
qu'un bonde aurait brûlé en même temps que le by. — § 2. Si
quelqu'un porte du feu dans le bois, pour brûler les arbres
dans un terrain qu'il veut défricher, si le feu s'étend plus
loin qu'il n'était besoin, il doit appeler les voisins. S'il peut
avoir leur aide, il n'encourt aucune responsabilité (2). S'il ne
peut avoir leur aide, il doit offrir et prêter le serment du dommage involontaire. Il doit l'offrir pendant que le feu brûle et
que la fumée fume (3); il l'offrira au ting légal, à trois ting
du hundari et à deux ting du folkland. L'amende sera remise
entre les mains d'un séquestre (4). S'il peut offrir et prêter le
serment, il n'encourra aucune responsabilité. Le serment pour
dommage involontaire est de dix-huit hommes. S'il peut prêter
le serment, l'amende pour dommage involontaire est de sept
marks. S'il échoue dans ce serment, il paiera une amende de
quarante marks. Si toute la forêt brûle, si l'on échoue dans le
serment et dans l'offre de serment, pour tout ce qui provient
d'un seul feu, il y a lieu à une seule amende. Si la moitié de
la forêt brûle, l'amende est de vingt marks ; si le quart brûle,
l'amende est de dix marks. Si c'est moins, en arbres non fruc-

XXIV. — (1) Cf. Amira, p. 404, 390. — V. sur les dispositions pénales
contre les incendiaires et la responsabilité civile par eux encourue, Beauchet,
op. cit., p. 599 et s.; Amira, p. 722 et s.

(2) Cf. Amira, p. 390.

(3) V. *suprà*, Mb. 7, note 2 et 23 note 3.

(4) Cf. Amira, p. 381.

tifères, l'amende est de trois marks. Toutes les fois que l'incendie est de moins du quart, l'amende pour dommage involontaire est de six öre et le serment pour dommage involontaire est de dix hommes. — § 3. C'est ainsi que l'on doit prouver le dommage involontaire. Dans tous les cas précités, l'amende doit être mise dans les mains d'un séquestre, et l'on doit offrir le serment à trois ting du hundari et à deux ting du folkland, et celui-là est dégagé de toute responsabilité plus grave qui offre pleine satisfaction. Si l'un dit que le serment du dommage involontaire n'a pas été offert, celui qui est poursuivi en fera la preuve avec son juge, deux fidéjusseurs et trois témoins du ting. Celui qui fait cette preuve, aura la paix pour lui et pour ses biens. S'il ne peut faire cette preuve, le dommage sera réputé non plus involontaire mais volontaire. — § 4. Si l'on poursuit une personne sur de simples soupçons d'avoir incendié quelque chose au demandeur, si le défendeur n'a pas été pris sur le fait ou n'avoue pas, il a alors le vitsorþ avant le demandeur. Partout le serment s'augmente comme l'amende, et l'un s'accroît d'après l'autre (5).

<h2 style="text-align:center">XXV</h2>

Il est question maintenant des incendiaires (1). Si quelqu'un est vu avec un tison ou un briquet et veut brûler le moulin d'une autre personne, si on le surprend en train de souffler le feu avec le tison brûlant, et qu'il y en ait six témoins, on le liera et on le mènera au ting, et les six hommes qui étaient présents et ont vu le convaincront. Quand il aura été légalement convaincu, il rebâtira le moulin en aussi bon état qu'il était auparavant, suivant le témoignage de douze hommes qui ont vu le moulin avant qu'il ne fût brûlé et il paiera une amende de six marks (2). — § 1. Si quelqu'un porte du feu, veut brûler à la fois le by et ses habitants, s'il brûle une maison, ou plusieurs, ou toute une ferme ou tout le by, s'il est surpris en

(5) Cf. Afzelius, *Om parts ed*, p. 55.

XXV. — (1) *Kasna vargher*, vraisemblablement de *Kasna* = domus, *vargher* = violator. Cf. Schlyter, Gl.

(2) Cf. sur la réparation du dommage : Nordström, t. II, p. 324, 830 ; Forsman, p. 71 ; Beauchet, *op. cit.*, p. 600, 601.

train de souffler le feu et avec le tison brûlant, on peut le lier
et le mener au ting. Ensuite douze hommes doivent jurer ce
qui est le plus vrai dans la cause. S'ils l'acquittent de cette
accusation, celui qui a lié un innocent paiera une amende de
quarante marks; s'ils le condamnent, il paiera alors l'amende
avec tous ses biens (3). Le roi prend une part, le demandeur
une seconde et le hundari la troisième, et l'on indemnisera
toujours en premier lieu le bonde du dommage qu'il a souffert
et il témoignera lui-même de l'étendue de ce dommage. Si les
biens (du coupable) sont insuffisants, le bonde sera d'abord
pleinement indemnisé du dommage par lui souffert (4), et l'on
brûlera sur le bûcher celui qui a incendié un bonde. S'il n'y a
pas eu de dommage causé, pour celui qui a été seulement
menacé, il n'y a pas d'amende.

XXVl

Il est question maintenant de l'usage (illicite) du bétail
(d'autrui) (1). Si une femme trait la brebis ou la chèvre d'autrui, si elle est prise sur le fait et qu'il y en ait deux témoins,
elle paiera une amende de trois öre. Si elle trait la vache
d'autrui, si elle est prise sur le fait et qu'il y en ait deux témoins,
elle paiera une amende de trois marks.

XXVII

Si l'on appose une marque sur la marque d'autrui (1), quelle
que soit la chose (marquée), inanimée ou vivante, on paiera
une amende de trois marks, ou l'on fera la preuve négatoire
avec dix hommes (2). Pour tout ce qui vaut plus d'un demi-
öre, l'amende est de trois marks; si la chose vaut un demi-öre

---

(3) C'est-à-dire que tous ses biens sont confisqués.

(4) En cas de confiscation, certains créanciers sont néanmoins payés par
privilège. Cf. Björling, *Bötesstr.*, p. 121.

XXVl. — (1) C'est un cas de *fornæmi*, V. *suprà*, Mb. 53, note 4. Cf.
Amira, p. 733.

XXVII. — (1) Cf. Sm. Bb. 19 : 1; Wm. II, Bb. 26 : 1; H. Wb. 23 : pr.;
MELl. Bb. 32 : 1.

(2) Cf. Nordström, II, p. 312; Estlander, *Klander*, p. 77.

ou moins, l'amende est de trois öre. — § 1. Si deux hommes sont en contestation relativement à une marque (3), et s'ils ont tous deux une marque de *bol* (*bolsmærki*), celui-là doit alors défendre (son bien) qui l'a entre les mains. Si deux hommes sont en contestation relativement à une marque, s'ils ont tous deux une marque semblable et que l'un ait une marque de *bol*, celui-là a le vitsorþ pour défendre sa chose qui a la marque de bol.

XXVIII

Il est question maintenant du dommage qu'un animal cause à un animal. Si un animal (domestique) blesse un autre animal, quel que soit cet animal, de telle sorte qu'il n'en meure pas, aucune responsabilité n'est encourue (1), sauf dans ces causes. Si un cheval mord un cheval, si une jument mord une jument ou un cheval une jument, si un bœuf frappe avec ses cornes un cheval ou une jument, ou si un cheval ou une jument frappe un bœuf ou quelque animal que ce soit, et endommage la bête de travail d'un autre, sans qu'elle en meure, mais de telle sorte qu'elle ne soit plus apte à porter la selle ou le joug, il doit lui procurer une bête de trait pour compléter son attelage pour la nouvelle lune ou le dernier quartier (2) ou payer un öre pesé (3). — § 1. Si un cheval tue un cheval, une jument une jument, un bœuf un bœuf, une vache une vache, si les deux animaux sont égaux quant au *laghgæld*, les deux parties auront l'animal vivant et les deux parties auront l'animal mort (4). Un animal de moindre valeur peut tuer un animal de valeur supérieure, ou bien un animal de qualité supérieure peut tuer un animal de qualité inférieure : si le propriétaire de l'animal qui a tué l'autre ne possède pas quelque animal de même espèce que celui qui a été tué, alors il y aura lieu à l'amende pour l'animal tué selon sa valeur. Voici quelle

(3) Cf. Estlander, *op. cit.*, p. 74.

XXVIII. — (1) V. Amira, p. 400, 727. Cf. Wm. II, Bb. 27 : pr.; H. Wb. 23 : 1 et 2; MELl. Bb. 34 : 1.

(2) Cf. Calonius, *Träl. rätt*, p. 89.

(3) Cf. Forsman, p. 70.

(4) Les deux bêtes deviennent ainsi indivisément la propriété des deux maîtres. Cf. Amira, p. 400.

est l'amende légale : pour un cheval, six öre, qu'il soit meilleur ou pire ; pour une jument, un demi-mark ; pour un bœuf, un demi-mark ; pour une vache et un veau, dix örtugh. Pour un mouton, un porc, une chèvre, un örtugh ; s'ils sont âgés de deux ans, l'amende est de deux örtugh, et elle est d'un öre s'ils sont âgés de trois ans. Pour l'animal né dans la même année, l'amende est de quatre penning, qu'il soit pire ou meilleur, et il en est de même pour une oie. — § 2. Le chien d'un homme peut mordre l'animal d'un autre homme, quel que soit cet animal, s'il n'en meurt pas, le fait est impuni, à moins qu'il ne s'agisse d'une bête de travail : alors pour celle-ci on réparera le dommage comme il est dit précédemment. Si l'animal meurt, on rendra une bête vivante à la place de la bête morte, suivant l'estimation d'experts, et celui-là aura la bête morte qui a donné la bête vivante pour la bête morte (5).

XXIX

Si un homme blesse l'animal d'autrui, soit involontairement, soit volontairement, de telle sorte que cet animal ne soit pas mutilé, il paiera à titre d'indemnité légale quatre penning. Si l'animal est mutilé sans en mourir, le coupable paiera alors le quart du *laghgæld* (1). — § 1. Si quelqu'un frappe à mort et d'une main irritée (2) l'animal d'autrui, quel que soit cet animal, il restituera un animal de qualité aussi bonne que l'animal mort, et paiera en outre une amende de trois marks, suivant le serment de deux experts, nommés l'un par le demandeur, l'autre par le défendeur. Il en est ainsi pour tout (animal) d'une valeur supérieure à un demi-öre. Pour tout animal d'une valeur inférieure à un demi-öre, on restituera un animal (de même qualité) et on paiera en outre une amende de trois öre. Si le défendeur nie le fait, l'autre partie le convaincra par le témoignage de deux personnes, et celui qui a commis le fait ne

(5) Cf. H. Wb. 23.

XXIX. — (1) Le *laghgæld* apparaît ici à titre de dommages-intérêts et non d'amende. Björling, *Bötesstr.*, p. 34.

(2) Il y a ainsi *viliaværk* (V. *suprà*, Mb. Ind. III, note 2), même en l'absence de préméditation, quand l'acte est commis, par exemple, sous l'empire de la colère. Cf. Amira, p. 374, 725 ; Forsman, p. 73.

pourra pas faire la preuve négatoire s'il y a (sur l'animal) des
traces de violence humaine. Si l'on n'aperçoit pas de semblables traces, il n'y a lieu ni au serment, ni à l'amende. Si (le
demandeur) invoque des témoins et échoue dans cette preuve
par le témoignage, alors celui qui est poursuivi sera dégagé
de toute responsabilité. Si quelqu'un tue ou vole le chat d'autrui, il encourt une amende d'un öre courant. Si quelqu'un tue
ou vole le chien d'autrui, il encourt une amende de trois öre
pesés. — § 2. Personne ne peut, à moins d'en avoir la permission gracieuse ou payée (3), prendre l'animal d'autrui ni s'en
servir pour quelque usage, non plus que des autres choses,
vivantes ou inanimées servant à la culture ; sinon (le coupable)
encourt les peines du vol pour de semblables choses (4). Maintenant est terminé le *viþærbo balker* (5), de telle sorte que chacun doit se contenter de ce qu'il possède légalement. Chacun
doit songer à sa part et à la loi (6). Il a été dit maintenant comment chacun doit habiter près de son voisin (7).

LIVRE DE LA PROCÉDURE

I. Du juge et du *buþkafli.*

II. Du ting, quand et où il doit avoir lieu.

III. Comment on doit intenter une action contre une personne.

IV. Du défaut de tenue du ting et de la *tvætala.*

V. Comment le serment doit être promis et prêté.

VI. Comment les serments sont valables ou nuls.

VII. Comment on doit exécuter un autre.

VIII. Comment on doit faire une saisie chez un autre.

IX. Des causes où il y a lieu à la preuve testimoniale.

(3) Cf. Amira, p. 658.

(4) Wm. II, Bb. 28 : 4. Cf. Amira, p. 733.

(5) V. *suprà*, Ind. note 1.

(6) C'est ici le laghman qui parle et avertit chacun des citoyens qui ont
assisté à la lecture de la loi (V. *infrà*, þg. § 14 : 2), d'avoir à se souvenir des
dispositions de loi qui le concernent. La même observation se retrouve à la
fin de la loi d'Ostrogothie. Cf. Schlyter, *Afhandl.* II, p. 114, 115.

(7) Un manuscrit ajoute : « Que Dieu nous laisse habiter en ce monde, de
telle sorte que nous puissions gagner le ciel. Amen ».

X. Du jugement et de l'appel.

XI. Comment la femme peut jurer et porter témoignage.

XII. Du fidéjusseur d'un serment, du fidéjusseur d'une somme d'argent et du fidéjusseur d'un pari.

XIII. Comment la loi de la province diffère du droit de Roden.

XIV. De la paix dans la poursuite.

I

Maintenant doivent être nommés les juges : le lænsman (1) doit alors se lever et nommer douze hommes du hundari. Ces douze hommes ont à nommer deux (2) hommes comme juges. Le roi mettra en leurs mains le pouvoir de juridiction. Ces juges se rendront au ting. A ce chaque jour de ting, il doit y avoir un lieu pour le ting dans chaque hundari (3). Chaque septième jour le lænsman doit tenir un ting dans le lieu légal du ting, et il (4) ne peut le tenir plus souvent si ce n'est quand un messager du roi survient (5). Le lænsman ne peut

I. — (1) Cette intervention du länsman, représentant du roi dans le hundari ou härad (V. *suprà*, Kgl. c. 10 : 11, note 32), n'avait probablement pas lieu à l'origine, alors que la province et sa subdivision le hundari, avaient conservé leur pleine autonomie. Mais elle se comprend à l'époque de la loi d'Upland, qui n'avait été publiée qu'avec la sanction royale. Cette même observation s'applique à l'investiture donnée par le roi aux juges nommés par « les douze hommes » désignés par le länsman. Cf. Nordström, I, p. 16; Liljenstrand, *Om Kan. rätt. infl.*, p. 39.

(2) Afin qu'en cas d'empêchement l'un pût remplacer l'autre. — Cf. Nordström, *loc. cit.*

(3) Même disposition dans la loi de Vestrogothie, III : 128. Cf. Beauchet, *Vestrog.*, p. 423. Dans l'Helsingie, pays très vaste et peu peuplé, le ting (*soknaþing*) (H. þg. 3, 6, 7) se tenait probablement à tour de rôle dans les différentes paroisses (*sokn*). Mais dans le Svealand il n'y avait qu'un seul lieu pour le ting. La loi nationale de 1346 dit formellement : « Il doit y avoir dans chaque härad un lieu pour le ting et non plusieurs ». MELL. þg. 6. Cf. Nordström, II, p. 507.

(4) Une fois par semaine. Cf. Nordström, II, p. 518.

(5) Le droit de juridiction du roi peut s'exercer soit à la cour, soit dans les divers härad où il le juge à propos. La loi de Vestrogothie (II, Fb. 43. — Beauchet, *Vestrog.*, p. 358), prévoit chaque année deux ting royaux (*ræfsingaþing*) dans la province. La loi d'Upland accorde au roi le droit de convoquer le ting royal quand bon lui semble. Cf. Lehmann, *Die Königsfriede der Nordgermanen*, p. 50 et s.

tailler le buþkafli (6), à moins qu'un messager ne vienne de
la part du roi ou que ce lænshærra (7) ne veuille tenir un ting.
— § 1. Si le lænsman taille le buþkafli suivant une lettre ou un
messager du roi, (il enverra) son buþkafli dans chaque fiar-
þunger. Le buþkafli ira en avant et non en arrière. Une veuve
ne doit point porter le buþkafli, à moins qu'elle n'ait un fils
âgé de plus de quinze ans, non plus que *þorpa karl* qui demeure
dans les bois (8). Les habitants de la *hamna* doivent lui trans-
mettre le message tel qu'ils l'ont reçu du roi. Si le buþkafli arrive dans le by par l'est, il en sortira par l'ouest; s'il arrive par
le sud, il en sortira par le nord. Tous doivent porter le buþkafli, bonde et fermiers, et tous ceux qui ne sont pas exempts
d'impôts en faisant un service à cheval. En cas de contestation,
l'un vient disant que le buþkafli est arrivé dans le by, l'autre
le niant, celui-là aura le *vitsorþ* qui veut prouver que le buþkafli a été porté (dans le by); il fera la preuve avec le témoignage de deux hommes, et lui-même troisième. Il prêtera aussi
le serment au ting légal. Il promettra (9) les témoins à un
ting, il les exhibera à un second et prêtera serment au troisième. Celui qui se trompe dans la transmission du buþkafli
ou qui néglige de l'effectuer de telle sorte que le ting
ne puisse s'assembler sur l'ordre du roi, paiera une amende
de trois marks. Celui qui se trompe dans la transmission
du buþkafli ou qui néglige de l'effectuer sur l'ordre du
lænshärra, paiera une amende de trois öre. Si le lænsman se
rend au ting, les bonde n'encourent néanmoins aucune responsabilité. Il y a ting là où il y a seize hommes (10), outre

(6) V. sur le *buþkafli*, Beauchet, *Propriété foncière*, p. 229, note 3,
p. 418.

(7) V. sur le *lænshærra*, *suprà*, Kgb. 10 : 11, note 32 ; Nordström, I,
p. 48 ; Lancken, *Om läns författn.*, p. 25 et s.

(8) Sur ce *þorp* et le *þorpa karl*, v° Beauchet, *Propriété foncière*, p. 228
et s.

(9) Indiquera. Cf. Uppström, p. 42.

(10) Sur le nombre de personnes nécessaire pour la tenue du ting,
V. Nordström, II, p. 511 ; Schlyter, *Afhandl.* 1, p. 217, II, p. 218 ; Lehmann,
loc. cit., p. 74. Ces personnes, nommées *þingsmän*, considérées comme les représentants du hundari, servent de témoins pour toutes les procédures et
décisions qui se passent au ting et ne doivent être confondues ni avec les
cojureurs, ni avec les membres de la nämnd. V. Beauchet, *Vestrog.*, p. 384,
note 23 ; Nordström, II, p. 512, 703.

le juge et le lænsman, et deux de chaque attunger. S'ils
restent chez eux et ne viennent pas, tous ceux-là paieront une
amende de trois marks qui par leur absence empêchent la tenue du ting, que ce soit un attunger ou un fiærþunger. Si le
lænsman trouve seize hommes (pour tenir le ting), tous seront
impunis, si ce sont des hommes habitant dans le hundari. Si
quelqu'un reste chez lui malgré le message qui le convoque,
il paiera l'amende comme il est dit précédemment dans ce
livre.

II

Le lænsman ne doit convoquer aucun ting, si ce n'est au lieu
légal du ting. Si le lænsman prétend avoir une lettre ou un
message du roi et s'il convoque un ting ou taille le buþkafli, et
qu'il n'ait ni lettre ni message, il paiera une amende de trois
marks, ou se justifiera avec le serment de dix hommes, là où
il habite. S'il succombe dans ce serment, le *folklands hærra* (1)
prendra un mark, ceux qui ont été convoqués en prendront un
autre et celui qui possède le *læn* sur ceux qui habitent dans le
hundari prendra le troisième. — § 1. Si le ting s'est réuni au
lieu légalement fixé, les juges doivent être au ting. Si l'un
d'eux est présent, tous les deux sont dégagés de toute responsabilité ; si aucun d'eux n'est présenté, tous les deux paieront
une amende de trois marks, ou bien ils prouveront l'existence
d'un empêchement, chacun d'eux avec deux hommes, et lui-
même troisième. Celui d'entre eux qui ne peut prouver l'empêchement par le serment paiera une amende de trois marks.
De cette amende, le roi prend un tiers, le hundari un second
et le demandeur le troisième. Celui-là sera le demandeur qui
triomphe dans la cause. Si le bonde dit que le juge n'était pas
au ting, tandis que le juge dit y avoir été présent, douze
hommes qui étaient au ting en décideront. Si le juge est au
ting et ne veut pas juger (2), douze hommes qui étaient au
ting l'attesteront aussi. S'ils condamnent le juge, celui-ci

II. — (1) C'est un des cas exceptionnels où l'amende se partage entre d'autres
personnes que le roi, le härad et le demandeur. Cf. Björling, *Bötesstr.*, p. 111.

(2) V. sur l'obligation du juge de juger et de rendre son jugement le plus
tôt possible, Uppström, p. 63.

paiera une amende de trois marks, qui sera partagée comme
il est dit précédemment. Chacun des plaideurs nommera la
moitié de la nämnd (3). Si l'un veut la nommer et l'autre pas,
celui-là succombe qui ne veut pas la nommer (4). Si la majorité (5) se trouve de l'autre côté, alors celui-là est acquitté qui
a la majorité. La décision de la nämnd ne peut jamais être révoquée (6). Quelle que soit la nämnd nommée, ces hommes-
là seront nommés que les deux plaideurs agréent (7).

III

Quelqu'un vient au ting et intente une action contre un
autre, quelle que soit cette action, si le défendeur n'est point
présent au ting, le demandeur l'actionnera à un second ting ;
le défendeur ne vient pas (au second ting), mais il peut venir au
troisième ting (1). Le défendeur peut venir au ting, il peut
invoquer telle preuve qu'il veut. S'il ne vient pas au troisième
ting, le lænsman doit alors convoquer un ting à son domicile (2) ;
s'il veut alors se défendre, il aura le droit de faire preuve,
comme auparavant au premier ting (3) ; s'il est encore contu-
mace comme précédemment, le juge doit alors au même
ting ordonner par jugement un *mæt* (4) de son domaine,
chaque *mæt* suivant l'importance de la cause. Ensuite le *mæt*

(3) C'est-à-dire, suivant Schlyter (*Afhandl.* I, p. 91), que chaque partie
agrée les personnes désignées par l'autre comme nämndemän.

(4) En cas de refus par l'une des parties de nommer la moitié de la nämnd,
cette moitié est, d'après d'autres lois, nommée par le représentant du roi.
V. Nordström, II, p. 793.

(5) La majorité suffit, et l'unanimité (les douze) n'est pas nécessaire ainsi
que pourraient le laisser croire d'autres textes. V. *suprà*, Kgb. 1 : 1. Cf. Nordström, II, p. 815.

(6) Cf. sur l'irrévocabilité de cette sentence, Karlsson, *Sv. Kon. domsrätt*,
p. 33.

(7) Le lænsman n'a donc aucun droit de récusation. Calonius, *loc. cit.*, p. 130.

III. — (1) L'assignation doit être renouvelée trois fois. Sm. þg. 4. Cf. Uppström, p. 24 — Sur les formes de l'assignation, v. Nordström, II, p. 573.

(2) Il s'agit là d'un cas *d'afkænnuþing*, V. *suprà*, Jb. 4 : pr. note 5.

(3) C'est-à-dire comme s'il avait comparu au premier ting.

(4) *Mæt* = estimatio bonorum damnati, non ultro solventis, pecuniæ loco
capiendorum. Schlyter. Gl. Upl. Cf. sur le *mæt*, Amira, p. 117 et s.

restera dans le même état, l'intervalle de trois ting légaux (5), pour celui qui voudra se défendre et faire sa preuve. S'il ne veut point alors se défendre par le serment ni payer l'amende légale au dernier ting, son amende (6), s'augmentera de six marks à raison du *lyktaran* (7), s'il est condamné par les douze hommes, que nomment les deux parties. L'amende n'est pas plus élevée à moins qu'il n'y ait *dombrut* (8). S'il fait droit après l'estimation, il n'encourra aucune amende pour *lyktaran*. S'il ne veut pas faire droit suivant l'estimation, il paiera l'amende pleine de *lyktaran*, ou il se justifiera avec le serment de douze hommes qu'il n'a pas fait de *lyktaran*. L'amende du lyktaran n'est jamais payée pour moins de trois marks et elle est payée par voie d'exécution (*sokn*) et non comme une dette. — § 1. Si une action est intentée contre une personne, quelle que soit cette action, si le bonde meurt avant qu'il n'ait prêté serment ou payé l'amende légale et s'il y a douze témoins du ting pour attester que l'action a été intentée du vivant du père, l'héritier a le droit de se défendre avec les mêmes preuves que son père pouvait invoquer. Si l'action n'a pas été intentée du vivant du père, l'héritier a le droit d'invoquer telles preuves qu'il le veut lui-même (9).

(5) Le défaillant a donc toutes garanties possibles, puisque : 1º il ne peut y avoir de *mæt* qu'après trois défauts successifs au ting ordinaire ; 2º que même après le *mæt* (qui permet au demandeur, garanti de son côté, d'attendre sans danger), le défendeur peut encore fournir sa défense dans l'inter- valle de trois ting.

(6) L'amende de trois marks pour *þryter* = retard.

(7) *Lyktaran* = Delictum ejus, qui vi recipit rem post factam publicam æstimationem vel alias in solutum datam ; vel ne facta quidem æstimatione litem contestatur vel debitum solvit ; quoque mulcta ob talem contumaciam pendenda. Schlyter, Gl. Upl., Schlyter ajoute : ratio denominationis ea esse videtur quod talis contumacia litem finiri non sinit (*Lykta* = finire, *ran* = rapina).

(8) *Dombrut* signifie désobéissance au jugement. Schlyter (Gl.) suppose qu'après la condamnation à l'amende pour *lyktaran*, le défendeur n'a point exécuté ce jugement. Cf. Nordström, II, p. 616.

(9) Sur l'exercice de l'action contre les héritiers, V. Nordström, II, p. 466, 741, 757 ; Bjorling, *Bötesstr.*, p. 144.

IV

Si le lænsman dit que le ting n'a pu être tenu par suite de l'absence des bonde, et si les bonde le nient, douze hommes en décideront. Chacune des parties nommera la moitié de la nämnd. — § 1. Le lænsman ne peut payer l'amende de la *tvætala* (1) ou de l'*offtala* (2), à moins qu'il ne soit lui-même demandeur dans la cause, pour son propre compte et non pour celui du roi. — § 2. Nous voulons maintenant parler de la *tvætala*. Si quelqu'un vient au ting, et poursuit une autre personne, il réclamera au premier ting ce qu'il voudra. S'il vient à un autre ting et poursuit l'affaire, alors il doit venir en continuant la même demande pour le serment ou pour l'amende légale (3), s'il est accusé de *tvætala* et si douze hommes l'acquittent, il n'encourt aucune amende. S'ils le condamnent, il paiera une amende de trois marks à partager en trois parts. Il doit ensuite se défendre ou attaquer dans les mêmes termes que devant le premier ting. Qu'il s'agisse du demandenr ou du défendeur, la règle est la même.

V

Si quelqu'un intente contre une personne une action au ting dans une cause où un serment (1) doit être prêté, si le défendeur offre le serment pour lui, et si l'autre partie ne veut pas l'accepter (le défendeur) déposera (le serment) et prendra un fidéjusseur (2) (pour la prestation du serment) au ting où ils sont

---

IV. — (1) *Tvætala* = sermo vel actio duplex v. discrepans : ita appellatur mutatio actionis pendente lite ab actore facta. Schlyter, Gl. Upl. Si le demandeur a toute liberté pour formuler sa demande au premier ting il ne peut plus la modifier dans la suite de l'instance. Cf. Nordström, II, p. 575; Uppström, p. 27.

(2) *Offtala* = injusta actio, qua ne juramentum quidem negatorium a reo obtinet actor. Schlyter, Gl. Upl. V. *infrà*, þg. 9 : pr.; Add., 16.

(3) Loccenius traduit : « Et adversarium ad jusjurandum dandum purgandumque aut ad satisfaciendum adiget ».

V. — (1) *Laghmal*.

(2) Ce fidéjusseur est appelé *taki* comme le séquestre (apud quem pignora data deponuntur). Schlyter, Gl. Upl., vº *Tak*. Cf. *suprà*, Kkb, 14 : pr., note 8 ; Nordström, II, p. 742.

tous deux ; il prêtera (ensuite) le serment au ting légal ou il sera condamné. — § 1. Les serments de dix hommes et les serments de dix-huit hommes doivent être fournis à trois ting légaux. Dans l'un on promettra le serment, dans le second on indiquera les noms des cojureurs, dans le troisième, on le prêtera, si ce n'est point un jour de jeûne ou de fête. Si c'est un jour de jeûne ou de fête, on prêtera le serment au plus proche jour de ting (3). Il y a quatre jours de jeûne précédant les fêtes, l'un la veille de Noël, le second la veille de Pâques, le troisième la veille de la Saint-Jean d'été, le quatrième la veille de Saint-Michel. Si l'on promet le serment avant un jour de jeûne, de telle sorte qu'on n'ait point un jour de ting devant soi, on indiquera les cojureurs au prochain jour de ting où il est ensuite permis de prêter serment et on prêtera le serment à l'autre ting. — § 2. Les serments de trois tylpt doivent être garantis avec trois fidéjusseurs (4). Ils seront prêtés dans l'an et nuit. S'il ne peut prêter le serment comme il vient d'être dit, le bönde paiera alors l'amende. Si son serment est attaqué, le fidéjusseur le prouvera avec trois témoins du ting pour chaque tylpt et cela sera une serrure devant le serment de trois tylpt (5). — § 3. Si quelqu'un vient au ting avec ses cojureurs (6) et peut prêter son serment avant le coucher du soleil (7), il n'encourra point d'amende. Si (son serment) est ensuite attaqué, il le prouvera avec ses fidéjusseurs et les témoins du ting. — § 4. Si le serment est promis au bonde et au lænsman, si tous deux remettent le serment (8), et qu'ensuite le serment soit critiqué,

(3) V. sur les jours où l'on peut prêter serment, Nordström, II, p. 642. Le c. 41 : 1. Mb. de notre loi apporte une exception à la règle posée au texte.

(4) La question de savoir si un serment a été régulièrement prêté est tranchée par un nouveau serment, que la loi d'Ostrogothie (Rfb. 16) appelle *göþslu eþer*. D'après notre loi, elle est tranchée par le serment du fidéjusseur, auquel s'adjoignent des témoins pris au ting (*þingvitni*). Cf. Nordström, II, p. 747. — V. sur le rôle du fidéjusseur, Amira, p. 701, 702.

(5) C'est-à-dire que le serment ne peut plus être mis en doute.

(6) La loi d'Upland nomme *eþviti* les cojureurs qualifiés *istapa maþer* par la loi de Vestrogothie. Le chef des cojureurs se nomme *huvuþman*. V. *suprà*, Kkb. 19 : pr. Cf. Beauchet, *Vestrog.*, p. 405, note 5.

(7) La procédure doit avoir lieu entre le lever et le coucher du soleil. Cf. Nordström, II, p. 518.

(8) Régulièrement, le serment doit être prêté par celle des deux parties,

on prouvera avec douze hommes qui étaient au ting, que le serment a été remis. Le serment remis est comme le serment prêté. — § 5. Les *hommes veulent avoir un ting au printemps ou à l'automne, au jour légal du ting* (9); leurs jours de ting doivent être dans la paix de l'automne ou dans la paix du printemps (10): ce doit être au lieu légal du ting (11). — § 6. Un serment peut être promis au lænsman ou à un bonde : on le promettra à un þingsdagh, à un second on indiquera les cojureurs, et on le prêtera au þingsdagh qui suit celui où l'on a indiqué les cojureurs. Si c'est un jour de fête, on le prêtera au þingsdagh suivant. Celui qui peut prêter serment au ting légal aura la paix pour sa personne et pour ses biens. S'il échoue dans son serment, il paiera l'amende selon son délit. Les serments doivent être prêtés au þingsdagh légal et au lieu légal du þing, mais non à l'*afkænnu þing*. — § 7. Si le juge (du hundari) a jugé injustement et si le laghman juge ensuite et qu'il juge la cause justement, selon la loi de la province, le serment qui a été juré sera valable, jusqu'à ce que la cause ait été instruite ; si celui-là triomphe ensuite qui a juré précédemment, son serment sera ferme et valable ; s'il perd le procès, son serment sera révoqué à la fois sous peine d'amende et de pénitence ecclésiastique (12).

VI

Si l'on attaque un serment fait et prêté, on le prouvera d'abord avec son fidéjusseur et les témoins du ting ensuite. Si.

demandeur ou défendeur, qui a le droit et le devoir de le prêter, ou, en d'autres termes, à qui appartient le vitsorþ. Mais rien n'empêchait une convention volontaire entre les parties par laquelle l'une d'elles cédait à l'autre son vitsorþ. V. *infrà*, þg. 9 : pr. Une partie peut aussi, comme le dit notre texte, remettre le serment ou autoriser un ou plusieurs des cojureurs à ne pas jurer. Cf. Nordström, II, p. 758 ; Afzelius, *Om parts ed*, p. 59.

(9) D'après Schlyter (Upl., p. 253, note 52), les mots en italique ont été mal à propos insérés au texte et se réfèrent au ch. 14.

(10) Pendant la paix du printemps ou de l'automne, dont la durée est déterminée *infrà*, c. 14, il ne peut pas y avoir de poursuite. Celle-ci ne peut donc reprendre qu'après l'expiration de la paix. Cf. Nordström, II, p. 516 et s.

(11) V. sur le lieu du ting. Nordström, II, p. 642.

(12) En principe, le serment légalement prêté est irrévocable. Wg. II, Add. 13 : 1. Cf. Nordström, II, p. 749 ; Uppström, p. 71.

quelqu'un vient au ting et dit avoir fait un serment, et (s'il apporte) le serment du fidéjusseur (1) et des témoins du ting, si ce serment est ensuite révoqué, il subira une pénitence ecclésiastique et une amende, qu'il ait juré ou non (2), et le roi sera juge sur ce point. Si l'on prête serment sans un jugement préalable (3) et sans les formalités légales, le serment sera révoqué. — § 1. Si l'on promet un serment entre des hundari ou des folkland (4), on le lui dénoncera avec son fidéjusseur, et le bonde se justifiera là où il demeure. Si ensuite on veut attaquer le serment prêté, il se justifiera dans le hundari avec ses témoins du ting, et (le lænsman) dans le ressort duquel habite le demandeur prendra l'amende, le demandeur poursuivra (l'amende) au ting du hundari et devant son juge. Si le bonde a un bryti ou un *bolaghsmaþer* (5) dans le hundari, c'est là qu'on poursuivra et qu'on fera la dénonciation légale; il en est ainsi dans l'intérieur de la province et de la laghsagha. Si l'on intente une action d'une autre laghsagha, si le défendeur se justifie, il se justifiera chez lui devant son hundari et on fera la dénonciation (6) devant le folkland. S'il succombe, il paiera l'amende au lænsman du lieu de son domicile (à lui défendeur) et au demandeur toujours au lieu où il habite.

VII

Aucun lænsman ne peut exécuter un (1) bonde, s'il n'a de-

VI. — (1) *Taksceþer*, V. *suprà*, Kkb. 19 : pr. note 4.

(2) Cf. Amira, p. 702.

(3) En raison de l'importance du serment au point de vue de la preuve, il appartient au juge de le déclarer d'abord admissible dans la cause. Cf. Lindblad, *Läran om bevisning*, p. 19; Nordström, II, p. 645.

(4) C'est-à-dire à une personne qui demeure dans un autre hundari ou dans un autre folkland.

(5) Le *bolaghsmaþer* est, comme le *bryti*, le représentant du propriétaire à l'effet de recevoir les significations adressées à ce dernier. Cf. Beauchet, *Propr. fonc.*, p. 668; Amira, p. 675.

(6) *Tilsighia* = indicare nomina eorum qui judicium dabunt. Schlyter, Gl. Upl. Loccenius traduit : « Condicet competenter juramentum coram Folklandicæ praefecturae judicio ». V. sur la compétence, Nordström, II, p. 567, 568.

VII. — (1) C'est un principe qu'à partir du commencement de l'exécution, le titulaire de la créance principale doit être présent. Cf. Amira, p. 84.

vant soi le demandeur légitime (2). Il doit d'abord lui estimer son droit (3) et ensuite à la fois au hundari et au roi (4). Si le demandeur dit qu'il n'a pas reçu tout ce qui lui revient, et si le hundari et le roi reconnaissent (avoir reçu ce qui lui revient), la cause est finie et l'on ne peut plus désormais agir contre le défendeur. Toutes les fois que l'on reconnaît que deux parts ont été perçues, et que l'une n'a pas été reçue, la cause est finie. Si l'une a été reçue et que deux n'aient pas été reçues, la cause n'est pas finie. Si le bonde dit qu'il a été exécuté sans le demandeur, et si le demandeur abandonne le lænsman en niant qu'il soit demandeur, douze hommes doivent décider si le demandeur a été ou non présent dans la cause. Si l'on procède à l'exécution en présence du demandeur légitime, et si l'exécution est annulée, le demandeur paiera l'amende de la rapine (5), et chacun restituera ce qu'il a reçu. — § 1. Toutes les fois qu'un lænsman ou un þiænistuman (6) commet un délit contre un bonde, on l'exécutera comme un bonde (exécute) un bonde. Si quelqu'un ne veut pas faire droit à un bonde au ting légal après (7) la décision des juges, il ira se rendre avec sa cause au ting du folkland pour la soumettre au laghman. S'il ne veut pas faire droit suivant la sentence du laghman, il en appellera du laghman au roi (8), si non on met-

(2) Au demandeur. Cf. Amira, p. 76, 79.

(3) V. sur l'exécution, Nordström, II, 614 et s.

(4) Les créances privées passent ainsi avant les créances publiques. Cf. Björling, *Bötesstr.*, p. 122.

(5) *Ransbot*, à proprement parler mulcta rapinæ. Dans notre texte, et dans le § 4, *ransbot* d'après Schlyter (Gl. Upl.) signifie « mulcta quam pendebat is qui, secundum sententiam latam, at postea rescissam, bona injuste damnati exegerat ». Le § 4 parle de deux amendes, l'une moindre de 6 marks, l'autre plus élevée, de 40 marks. Mais cette amende plus forte, qui était payée lorsqu'après une exécution on avait perdu tous ses biens, paraît avoir seule été appelée *ransbot :* « alias, ajoute Schlyter (*eod. loc.*) nempe reparatio tantum ei, qui damnum passus erit, debebatur ; cum vero hujus reparationis nomine minimum sex marcæ essent pendendæ, etiamsi minoris pretii essent res exactæ, hæc quoque sex marcæ mulctæ nomen acceperunt ».

(6) Sur les þiænistumæn, V. Beauchet, *Vestrog.*, p. 361, note 2. Pour tout ce qui est étranger à leur service, ils sont soumis au droit commun. Cf. Nordström, 1, p. 147 ; Calonius, *loc. cit.*, p. 193.

(7) Cf. Amira, p. 77.

(8) V. sur l'appel au roi Karlsson, *op. cit.*, p. 32 ; Ödberg, *Om dem svenske Konungens domsrätt*, p. 38.

tra à exécution la sentence du laghman. — § 2. Celui qui chasse de sa ferme les personnes chargées de procéder à l'estimation (pour l'exécution) sera punissable d'une amende de trois marks, si douze hommes le condamnent. Celui qui estime injustement les biens d'un bonde pour l'exécuter, paiera une amende de trois marks, quoique rien n'ait été enlevé. — § 3. Si celui-là qui n'a rien à perdre commet un délit contre un bonde (9), le bonde doit le poursuivre à un (premier), à un second et à un troisième ting. S'il vient au ting et offre de faire dròit, il aura le vitsorþ. S'il ne vient pas au quatrième ting, alors celui-là est condamné, qui se condamne lui-même, et il paiera l'amende suivant son délit. S'il n'a pas de domicile, on le poursuivra là où le délit a été commis (10). Quand il a été ainsi condamné, il entrera d'abord au service du bonde, une année pour chaque mark auquel il a été condamné, et ensuite au service du roi, et il sera libre vis-à-vis du hundari (11). Il peut s'échapper pendant qu'il est au service du bonde ; il encourt alors une amende de trois marks aussi souvent qu'il le fait, et il reste en conséquence une année de plus chez le bonde. Le coupable peut échapper ; le bonde peut alors vouloir le reprendre et lui faire une blessure ; il n'y a point lieu en ce cas à une amende, sauf s'il y a meurtre. Le meurtre (du fugitif) donne lieu à une amende de vingt marks à partager en trois parts, et l'on peut appréhender impunément, partout où on le saisit, l'individu qui vous a causé un dommage (12). Si le bonde ne veut pas l'appréhender, le læns-man (13) l'appréhendera, et le bonde est dégagé de toute res-

(9) La servitude de la dette n'est admise qu'en cas de délit commis contre un bonde, Amira, p. 134.

(10) En principe c'est le *forum delicti commissi.* Cf. Björling, *Botesstr.*, p. 67 ; Nordström, II, p. 570.

(11) La servitude de la dette n'existe ainsi que pour la part de l'amende due au demandeur et au roi, mais non pour la part revenant au härad. Cette règle remonte vraisemblablement à l'époque où les habitants du härad partageaient l'amende entre eux. Ils auraient pu difficilement se partager les services du coupable. Cf. Björling, p. 124. — V. sur la servitude de la dette, *suprà*, Mb. 32 : 1, notes 3 et 4 ; Amira, p. 129 ; Nordström, II, p. 472 et 473.

(12) Sur le pouvoir du bonde d'appréhender son débiteur, V. Winroth, *Om tjenstehjons förhållandet enligt svensk rätt*, p. 183.

(13) Le lænsman ne peut poursuivre qu'à défaut du demandeur. Cf. Nordström, II, p. 432.

ponsabilité vis-à-vis du ministre du roi s'il s'échappe pendant
qu'il est dans sa maison. Pour tout ce qui lui est fait ou pour
tout ce qu'il peut faire, il y a lieu d'appliquer l'amende relative
aux hommes libres (14). — § 4. Si l'on procède à une exécution conformément à un jugement et avec les formalités légales, pour six marks ou moins de six marks, et si (l'exécution)
est annulée, on paiera alors une amende de six marks, et celui
qui (par suite d'un jugement injuste) a perdu son bien prouvera l'étendue de la perte avec deux hommes et lui-même troisième (15). Si l'on exécute pour plus de six marks et moins de
quarante, il fera la preuve de la perte de son bien avec cinq
hommes et lui-même sixième. Si (l'exécution) est annulée, on
paiera mark pour mark (à titre d'amende) et il n'y a pas lieu
à l'amende pour rapine (*ransbot*) (16). Toutes les amendes
pour rapine sont partagées en trois parts. Si l'on exécute
pour quarante marks, on prouvera la perte de son bien avec
douze hommes. De même si tous les biens ont été saisis, celui
qui a perdu ses biens, qu'ils soient plus ou moins considérables, prouvera sa perte avec douze hommes, et (le poursuivant)
paiera pour cela une amende de quarante marks, et l'on prêtera le serment, comme tous les autres, au ting légal, et
l'amende sera partagée en trois parts. Les douze hommes doivent jurer que telle est l'étendue de la perte et du dommage
qu'il a subi en réalité. — § 5. Dans toutes les exécutions, celui-là seul paiera l'amende qui est *huvuþsmaþer* (17) dans la
cause, et qui a été légalement convaincu. On ne paie pas plus
d'une amende pour un seul délit, à moins qu'il n'y ait violation de l'eþsöre du roi. — § 6. Un homme domicilié (18) peut

(14) Celui qui est soumis à la servitude de la dette conserve, en principe,
son *manhælghi*. V. *suprà*, Mb. Ind. note 1. Cf. Amira, p. 129.

(15) Sur le cas d'exécution illégitime, V. Nordström, II, p. 615.

(16) V. *suprà*, note 5.

(17) *Huvuþsman*, V. *suprà*, Kgb. 5 pr. note 8. Le principe est que tous
les complices sont solidaires du paiement de l'amende, mais que, sauf en cas
de violation de l'edsöre, celle-ci ne doit être payée qu'une fois, le paiement
fait par celui qui a été poursuivi (*huvuþsman*) libérant tous les autres. Cf.
Nordström, II, p. 358; Björling, *Bötesstr.*, p. 133; Forsman, p. 25. V. aussi
sur la complicité, *suprà*, Mb. 9 : 4, note 11; KKb, 17 : 1, note 4.

(18) V. sur le privilège des hommes domiciliés (*bolfastær*) Wg. III : 70;
Nordström, II, p. 429.

commettre un délit, et, sans vouloir se soumettre à la procédure, dans quelque cause que ce soit, vouloir (néanmoins) faire droit lui-même ; il n'encourt aucune amende. S'il ne veut pas (faire droit), le demandeur légitime le convaincra de son délit et exécutera pleinement le recouvrement de l'amende avec son juge et son hundari (19), et chacun prendra la part à laquelle il a droit dans la cause.

VIII

Si quelqu'un a été légalement condamné pour son délit (et) si le lænsman veut l'exécuter avec un ting, il doit convoquer un ting (1) au by du débiteur et nommer les estimateurs dans sa ferme, à savoir douze hommes. Ni le lænsman ni le juge ne doivent aller dans la ferme (2), ni y décider l'estimation : celui d'entre eux qui va dans la ferme paiera une amende de trois marks. Les (douze hommes) doivent estimer les meubles et les bestiaux (3); à défaut de ces biens, on estimera le grain et le foin. A défaut de ces biens, on estimera la maison du débiteur. A défaut de ces biens on estimera son *umeghn* (4). A défaut de ces biens, l'estimation portera sur le bol du bonde. On fixe pour cela trois *stæmpnudagh*, et il y aura trois semaines dans chaque *stæmpnudagh*. Si le bonde ou ses parents rachètent (5) (les biens) dans les trois *stæmpnudagh* (6), ils leur appartiendront. Si ni le bonde ni ses parents ne les rachètent, celui-là aura la terre pour le compte de qui elle a été saisie.— § 1. Aussi souvent qu'il y a lieu à exécution entre un bonde,

---

(19) C'est le forum delicti commissi, Cf. Bjorling, *Bötesstr.*, p. 67.

VIII. — (1) Il s'agit d'un *afkænnu þing*. V. *suprà*, Jb. IV : pr. note 5. Au texte, l'expression « avec un ting », signifie « les hommes qui étaient convoqués pour recouvrer l'amende que le débiteur ne payait pas volontairement » Cf. Amira, p. 116 et s.

(2) Il y a là une manifestation de l'indépendance primitive des citoyens vis-à-vis des agents du pouvoir. Cf. Lencken, *op. cit.*, p. 30.

(3) On saisit d'abord les biens considérés comme les moins précieux. Le texte donne une échelle comparative de la valeur respective des différents biens. Cf. Nordström, II, p. 623.

(4) V. sur l'*umeghn*, *suprà*, Æb. 12, note 4; Beauchet, *Propr. fonc.*, p. 88.

(5) Sur le droit du retrait des parents, V. Beauchet, *loc. cit.*, p. 135.

(6) V. *suprà*, KKb. 1 : 1, note 6.

aussi souvent on séparera la part de la femme soit en terres, soit en meubles, et jamais pour les délits (du mari) on ne paiera l'amende davantage sur les biens de la femme. Si la femme commet (un délit) et si son mari succombe dans le serment, ou si elle est convaincue par les témoins, l'amende sera payée sur ses biens (7). — § 2. Si le bonde dit que l'exécution a été excessive, les estimateurs ont le droit de prouver avec leur serment qu'ils n'ont pas estimé au delà de ce qui était dû pour ce délit. Celui qui reprend ce qui a été légalement estimé, ou ce qui a été légalement payé, paiera une amende de six marks, et cette amende sera qualifiée d'amende de *lyktaran*. — § 3. Si le bonde possède la dîme (8) ou le fermage chez lui, on doit la laisser en dehors de l'estimation (9). Si plusieurs personnes sont copropriétaires du bonde ou si un dépôt ou des biens appartenant à un associé sont venus (dans la ferme) en présence de témoins, tout cela sera soustrait à l'estimation. — § 4. Le bonde peut enfermer ses biens sous clef dans sa maison alors qu'il a été procédé ou que l'on doit procéder à leur estimation; les estimateurs doivent alors estimer la maison où se trouvent les biens, et ensuite ils abattront la porte et estimeront ensuite les biens suivant le délit du bonde. — § 5. Quelqu'un peut venir au ting; il y intente son action au jour et au lieu fixés par la loi; le défendeur est également présent : le juge peut

(7) Le principe admis par les lois du Svealand, et qui constitue d'ailleurs un adoucissement à la rigueur du droit primitif (Cf. Wg. II, þb. 9 et 10), c'est que chacun des époux répond personnellement des obligations nées de ses délits. En cas d'exécution sur les biens de la communauté, la part de l'époux non coupable est d'abord mise de côté avant que le créancier ne saisisse. Si le mari n'est pas responsable pécuniairement des délits commis par sa femme, c'est contre lui que cependant, en sa qualité de *malsmaþer* de celle-ci, l'action est intentée, *infrà*, pg. 11 : pr. Cf. Amira, p. 182 et s.; Björling, *Bötesst.*, p. 142, 143; Thyren, *Makes gäld enligt svensk rätts utveckling*, p. 70.

(8) Les lois provinciales se préoccupent d'assurer le paiement de la dîme. V. Beauchet, *Propr. fonc.*, p. 393.

(9) Le principe est que le *mæt* (V. *suprà*, þb. 3, note 4), ne peut frapper que les biens du débiteur. Aussi, parmi les objets trouvés au domicile de ce dernier, doit-on d'abord distraire ceux qui appartiennent à des tiers, comme le bien propre de la femme ou du mari, lorsque le conjoint n'est pas tenu solidairement avec l'époux saisi, le bien déposé ou appartenant à un associé du débiteur saisi. Cf. Amira, p. 117; Winroth. *Om arfv. ansv.* p. 116; Björling, *Bötesstr.*, p. 112.

alors suspendre son jugement jusqu'au prochain þingsdagh qui suit. S'il ne reçoit pas de réponse (10) avant qu'il ne vienne à la maison devant le *garþer* du bonde, le juge a alors le droit de suspendre son jugement jusqu'au prochain *þingsdagh* s'il le veut. S'il veut alors mieux délibérer, il doit juger au *þingsdagh* qui est le plus proche (11). Le juge doit alors juger ce qui est poursuivi dans la cause ou non et il dégagera sa responsabilité. — § 6. Toutes les fois que l'on doit exécuter une personne à raison de son délit, que ce délit soit plus ou moins grave, les estimateurs doivent aller dans la ferme et estimer pour chacun autant qu'il a droit dans la cause, et ils laisseront la part du demandeur (dans la ferme) jusqu'à ce que celui-ci veuille l'avoir (12).

IX

Voici les causes où il y a lieu à la preuve par témoins (1). Dans toutes les causes où il y a lieu à la preuve par témoins (2), le demandeur a le droit ou de faire la preuve par témoins ou de recevoir le serment (du défendeur) (3), que le nombre des témoins exigés soit plus ou moins élevé. Si l'on invoque les témoins et si on les nomme au premier ting, on les fera voir

(10) *Svar*. Schlyter traduit ici *svar* par responsio in judicio. Cf. Wg. v° *Svar*. Loccenius traduit : « si nondum satis instructa caussa sit ».

(11) Le juge doit, en principe, rendre son jugement immédiatement. Mais quelquefois il peut délibérer jusqu'au second et même au troisième ting. Cf. Uppström, p. 63 ; Nordström, t. II, p. 685. V. *suprà*, Mb. 41 : 1.

(12) Le droit du demandeur de faire remise de sa part dans l'amende n'existait pas seulement lors de la poursuite, mais encore au moment de l'exécution. Cf. Björling, *Bötesstr.*, p. 56.

IX. — (1) Le texte les nomme *vitnis mal*. Il y a, dans la procédure des anciennes lois, trois sortes de causes. 1° Celles où le demandeur, ayant le vitsorþ, peut faire par témoins la preuve de ses prétentions : ce sont les *vitnis mal*. 2° Celles où le défendeur est admis à se justifier par son serment négatoire (*dylia*) : ce sont les *duls mal*. 3° Celles où le point litigieux est examiné et tranché par une nämnd, ordinairement nommée par les deux parties : ce sont les *næmnda mal*. Cf. Schlyter, II, p. 646.

(2) V. sur la preuve testimoniale, Uppström, p. 42.

(3) C'est-à-dire de permettre au défendeur de faire lui-même la preuve avec son serment. V. *suprà*, þg. 5 : 4, note 8. A l'inverse, le défendeur, au lieu d'user du serment négatoire qui lui est ouvert, peut laisser le demandeur produire ses témoins. H. þg. 10. Cf : Nordström, II, p. 758.

au second (ting) (4) et ils prêteront serment au troisième
ting (5). On ne peut aller contre les témoins dans les causes
où la preuve testimoniale est admise (6). Si (le demandeur)
nomme les témoins au ting, les fait voir au second (ting)
et que les témoins ne jurent point en sa faveur, alors celui qui
est poursuivi sera dégagé de toute responsabilité (7) et celui
qui intentait l'action paiera une amende de trois marks pour
son injuste poursuite (*offtala*) (8). Si l'on fait voir des témoins
et si l'on veut jurer avec d'autres que ceux qu'on a fait voir (9),
douze hommes en décideront avant que les témoins ne prêtent
serment; pour un témoignage produit mais non confirmé par le
serment (10), l'amende est de trois marks (11); pour six témoignages produits mais non confirmés par le serment, l'amende est de
six marks. — § 1. Quand douze hommes doivent décider si une
personne est condamnée et si une autre est acquittée, s'ils ne
le font pas au ting légal, ils seront passibles d'une amende de
trois marks (12), mais ceux qui s'offrent (à juger au ting légal)
n'encourront point l'amende, et l'on nommera une autre
nämnd dans la même cause. Si le lænsman dit que la nämnd
a été nommée, et si elle veut le nier tout entière, elle fera la

(4) Vraisemblablement pour que l'adversaire puisse voir s'il existe des
causes de reproche contre les témoins produits. Nordström, II, p. 723.

(5) V. *suprà*, Mb. 42 : 1, note 7.

(6) La preuve par témoins fait pleine foi et ne peut être infirmée par le
serment du défendeur. Cf. Nordström, II, p. 759.

(7) Si la partie qui avait le vitsorþ ne pouvait fournir la preuve qui lui incombait, elle perdait par cela même son procès, sans que l'autre partie eût
besoin de fournir la preuve contraire ou de faire un acte quelconque de procédure. De même, si le demandeur ne pouvait user de son vitsorþ ou s'il manquait sur quelque point de la preuve qui lui incombait, le défendeur était
renvoyé de la poursuite sans être obligé de prêter serment. Cf. Afzelius,
loc. cit., p. 59.

(8) V. *suprà*, þg. 4 : 1, note 2.

(9) De même que le demandeur ne peut pas changer l'objet de sa demande
(V. *suprà*, þg. 4 : 1), de même, il ne peut pas faire entendre d'autres témoins
que ceux qu'il a désignés et produits. Cf. Nordström, II, p. 725.

(10) Il semble résulter de ce texte que la prestation de serment suit la
déposition. Nordström, II, p. 726; Uppström, p. 43.

(11) Des manuscrits ajoutent que pour deux témoignages produits mais non
confirmés par serment, l'amende est de six marks, trois marks pour chacun
d'eux. Schlyter, Upl. p. 270, note 63.

(12) V. sur cette charge civique, *suprà*, Mb. 30 : 3, note 5.

preuve négatoire avec le serment de dix hommes qui ne faisaient point partie de la nämnd. Si un seul (nämndaman) conteste, il se justifiera avec le serment de deux hommes et lui-
même troisième. Si toute la nämnd succombe dans le serment,
elle paiera une amende de trois marks. Si un seul homme succ-
combe, il paiera une amende de trois öre. L'amende sera partagée en trois parts (13). — § 2. Si quelqu'un avoue un délit, il
doit promettre (14) l'amende au ting du hundari (15), pour
les trois tiers. S'il veut payer ainsi qu'il a été promis, il sera
dégagé de toute responsabilité, sinon il sera exécuté selon la
loi de la province. — § 3. Si le lænsman dit que le serment a
été prêté par d'autres témoins que ceux que (le demandeur) a
fait voir, celui-ci prouvera avec un juge et le témoignage de
trois hommes du ting qu'il a (régulièrement) prêté son serment.
Le juge doit témoigner et les hommes du ting jurer, et personne
ne peut plus critiquer son serment dans la même cause. Les
trois hommes du ting doivent présider au serment partout où
il n'y a pas de fidéjusseur (16), si le demandeur ne veut pas
y présider. — § 4. Dans tous les cas où l'on doit convaincre
une personne au moyen de témoins, quand elle a été prise sur
le fait, ainsi qu'il en est pour les *bræþa vitni* (17), pour le
meurtre, les blessures, la rapine, le vol, ou bien lorsqu'on appréhende une autre personne dans son bois, ou dans son champ
de pois, de raves, de fèves, dans son jardin, ou dans quelque
lieu que l'on appréhende l'auteur du dommage, on doit prou-

(13) C'est un cas exceptionnel où une amende inférieure à trois marks est
partagée en trois. V. *suprà*, KKb. 11 : pr. note 1.

(14) *Fæstæ*. La loi d'Helsingie (Mhb. 26) décide formellement que la convention relative à la composition du crime doit être faite en présence de
fastar. Il est probable qu'il en était ainsi dans les autres lois provinciales, et
notamment dans la loi d'Upland, ainsi que le laisse supposer l'expression
fæstæ. Cf. Ask, *Om formaliteter*, p. 76.

(15) V. sur cette publicité, Amira, p. 164.

(16) Cf. Amira, p. 702, 703.

(17) *Breþa vitni* = testis in re criminali et forte de tali quoque civili caussa,
ad quam testes non potuerunt acciri. Schlyter, Gl. Upl. L'étymologie probable de cette expression vient, d'après Schlyter, de *braþer* = subitus, *bræþa*
= celeritas, ut adeo haec denominatio respicit casum, ubi testibus subito opus
fi', nec quisquam potest testes pro lubitu suo acciri. Cf. Beauchet, *Vestrog.*,
p. 297, note 5, et *Propr. fonc.*, p. 172.

ver le fait avec des témoins libres et ingénus (18). — § 5. Ces témoins doivent être domiciliés (19) : les témoins du dépôt, du bail d'une terre, du commodat, de la vente, les témoins que la chose est née ou a été fabriquée à la maison (20), les témoins des autres causes semblables et ceux de la publication (d'une chose trouvée). Ils doivent tous être domiciliés et pris dans le *hundari* (21). Il en est de même des témoins de la *leþsn*, et du pari judiciaire (*væþning*). Les témoins doivent être domiciliés et pris dans le hundari dans toutes les causes où la preuve testimoniale est admissible, du moment que l'on peut convoquer ces témoins à son gré.

X

Si le juge rend son jugement (1) sur un serment à prêter ou sur le *vitsorþ* (2), s'il parie ensuite (3) et fournit un séquestre du gage, si personne ne parie contre lui, en en appelant au laghman, son jugement sera valable. Si le laghman juge valable ce que le juge a décidé, alors celui-là paiera une amende

(18) V. sur les qualités des témoins : Nordström, II, p. 706 ; Landtmanson, *Tràldom,* p. 34 ; Calonius, *Träl. rätt.,* p. 153.

(19) Si les témoins indiqués au texte doivent être domiciliés, la loi n'exige point chez eux la qualité de propriétaires fonciers. V. Beauchet, *Propr. fonc.,* p. 172.

(20) V. *suprà,* Mb. 43 : pr. note 2.

(21) Le témoin « que l'on peut appeler à son gré », doit appartenir à la même communauté de droit que la partie : il ne doit pas être *étranger,* dans le sens primitif de ce mot. V. Beauchet, *Vestrg.,* p. 153, note 6 ; Nordström, II, p. 709.

X. — (1) L'appel est possible contre un jugement d'instruction aussi bien que contre un jugement définitif. Cf. Uppström, p. 71 ; Nordström, II, p. 604.

(2) Suivant Schlyter (Gl. Upl. v° *vitsorþ*) les mots *eþa* et *vitsorþa* = non respiciunt diversas res. Le mot *vitsorþ* aurait suffi ; cela signifie que le juge détermine préalablement qui a le *vitsorþ,* du demandeur ou du défendeur, et quel mode de preuve (serment ou témoins) doit être employé. Cf. Järta, *Sv. lagfarenh.,* p. 212.

(3) La partie qui appelle d'un jugement doit parier (*væþia*) contre lui. Mais tout pari exige en principe un contre-pari. Aussi notre loi exige-t-elle que le juge lui-même, aussitôt après avoir statué, fasse l'offre d'un pari contre la partie condamnée. Si le pari est tenu, l'objet du pari échoit, en cas de rejet de l'appel, au juge de première instance, sinon à la partie qui obtient la réformation du jugement. Cf. Nordström, II, p. 600 ; Amira, p. 227 ; Lehmann, *Königsfriede,* p. 81.

de trois marks qui poursuit le procès devant le laghman, quand
le pari a été fait par le juge seul et non par la partie elle-
même. Tous les serments sont nuls qui sont prêtés sans jugement préalable et sans les formalités légales. Dans tous les cas
où il en est appelé au laghman par voie de pari, cela dépendra
de la décision du laghman (4), que le jugement soit rendu sur
la cause elle-même ou sur un serment à prêter. Si le juge
décide quelque chose sur une affaire dont il a été appelé au
laghman, il paiera une amende de trois marks. On n'a pas le
droit d'exécuter un bonde sans avoir prouvé son droit contre
lui en justice, sinon on se condamne soi-même (5). Si l'on
promet ou si l'on prête un serment pour lequel il n'y a pas de
fidéjusseur (6), les témoins du ting y présideront. Celui qui
juge ou qui persiste à contester la sentence du laghman sans
en avoir régulièrement appelé, paiera une amende de six
marks (7). Si l'on veut en appeler d'un ting depuis sa ferme (8),
on en a le droit. Personne ne peut en appeler au laghman sans
avoir donné de gages, et on ne peut en appeler au roi de la
sentence du laghman sans avoir donné de gages.

XI

Dans ces causes une femme peut prêter serment et porter témoignage (1). La première, c'est quand elle est présente lors de
la naissance de l'enfant, que l'enfant naisse mort ou vivant. La
seconde, c'est quand un animal cause un dommage à un animal, ou un homme à un animal ou un animal à un homme. Il
en est de même lorsqu'un mari accuse sa femme d'adultère au

(4) Cf. Nordström, II, p. 586.

(5) *Han sik sialfwær fælli* = dicitur de actore vel reo, qui causam suam
non rite agendo, litem perdit vel condemnatur. Schlyter, Gl. Upl., v° *fælla*.

(6) V. *suprà*, þg. 9 : 3.

(7) Cf. Bjorling, *Bötesstr.*, p. 83.

(8) Loccenius traduit : « Si velit a conventu in prædium sive domum æsti-
mationi ac executioni indicto appellare, hoc ei licebit ». Cela signifie que l'appel est encore possible au moment où l'on procède à l'exécution. Cf. art. 162,
C. proc. civ. français.

XI. — (1) V. sur la capacité des femmes de témoigner : Nordström, II,
p. 706 ; Lehmann, *Verlobung und Hochzeit*, p. 21 ; Calonius, *loc. cit.*, p. 161
et 162.

ting ou quand il l'accuse d'infanticide. Si un bonde accuse sa femme en disant : « Tu m'as empoisonné » (2), si le bonde meurt dans la même maladie, si l'héritier reprend alors la même accusation que le bonde avait précédemment portée, elle fera la preuve négatoire avec le serment de trois tylpt. Si elle succombe dans ce serment, il en sera ici comme pour tout autre homicide secret (*morþ*). Personne n'a le droit de porter contre la femme une semblable accusation, sauf le mari ou l'héritier du mari. Si une action est intentée contre une fille, son père la défendra ou ses parents, quelle que soit l'action intentée contre elle. Si une action est intentée contre une veuve, elle se défendra elle-même dans toutes les causes. Le mari sera le défenseur de sa femme dans toutes les causes (3), quelle que soit l'accusation portée contre elle, à moins qu'il ne s'agisse d'une cause où la preuve testimoniale est admissible, et qu'elle n'ait été convaincue par les témoins (4). Les témoins peuvent faire preuve contre elle aussi bien que contre les autres hommes et l'épouse paiera l'amende pour son délit suivant les résultats de la preuve. — § 1. Tous les témoins *breþa* (5) doivent être pris là où le délit a été commis. Tous les serments doivent être prêtés avec des hommes libres et ingénus (6) que le nombre des cojureurs soit plus ou moins élevé, là où on peut les trouver (7).

XII

Si on attaque un fidéjusseur, le fidéjusseur d'un serment, le fidéjusseur d'une somme d'argent (1), le fidéjusseur d'un

(2) V. sur ce crimé, *suprà*, Mb. 19 : pr.

(3) V. sur la représentation de la femme en justice, Nordström, II, p. 729.

(4) V. sur la responsabilité personnelle de chacun des époux, *suprà*, pg. 8 : 1, note.

(5) Sur les *þreþa vitui*, v. *suprà*, pg. 10 : 4, note.

(6) V. *suprà*, þg. 10, note 19.

(7) Donc là où on ne peut pas trouver d'hommes libres, les esclaves peuvent être pris comme témoins *breþa*. Calonius, *loc. cit.*, p. 161.

XII. — (1) *Fea taki*. Cf. Schlyter, Gl. ; Amira, p. 410. Schlyter, Gl. Upl., traduit à tort *fea taki* = fidéjussor, qui spondet de re apud se sequestrata, sequester. V. la note suivante.

pari (2), le fidéjusseur (3) a alors le droit de prouver avec deux hommes et lui-même troisième qu'il est un fidéjusseur. S'il nie être un fidéjusseur, douze hommes qui étaient au ting (4), décident s'il était fidéjusseur ou non, quelle que soit l'espèce de fidéjussion, et chacune des parties nommera la moitié de la nämnd. Si elle convainc le fidéjusseur, le bonde accomplira sa preuve et le fidéjusseur paiera une amende de trois marks. Si elle l'acquitte en décidant qu'il n'était pas fidéjusseur, le bonde est déchu de sa preuve, attendu qu'il invoquait une fidéjussion qu'il n'avait pas. — § 1. Si le bonde dit qu'il a un fidéjusseur pour un serment et qu'un autre dise avoir un fidéjusseur pour une somme d'argent (5), l'affaire sera décidée par douze hommes qui étaient au ting. Si l'on nie avoir promis une amende ou un serment, douze hommes qui étaient au ting décideront quelle promesse a été faite, ou à qui la promesse a été faite et qui était fidéjusseur. Si la défense est fournie contre le demandeur, elle est fournie contre tout le monde. Celui qui se dit être caution et qui se retire (6), paiera une amende de trois marks. Personne ne peut attaquer le serment du fidéjusseur donné pour le serment de la partie ou pour confirmer ce serment, à moins qu'un *taki* ne soit en opposition avec un *taki* (7).

(2) *Væþia taki* = sequester apud quem, cum de exitu rei cujusdam futuræ certaretur, pignus ab alterutro certantium deponebatur, victori tandem cessuram.

(3) V. sur la situation du fidéjusseur, Amira, p. 693 et s.

(4) V. sur la composition de la nämnd, Nordström, II, p. 806.

(5) Schlyter (Gl., v° *taki*) observe que dans les deux cas c'est le défendeur qui a donné caution, mais il est dit de lui que « il a un fidéjusseur » lorsque la caution est à son avantage, de telle sorte qu'il puisse se libérer avec son serment, mais lorsque la caution garantit le paiement d'une somme d'argent au demandeur et qu'elle est ainsi à son avantage, c'est alors de ce dernier qu'on dit que « il a un fidéjusseur ».

(6) Loccenius traduit : nec sistit. *Ater ganga*, suivant Schlyter (Gl. Upl.) signifie ici : irritus fieri.

(7) Schlyter (Gl. Upl.) explique ainsi ce passage : reus dicit juramentum adhibito fidejussore esse promissum, actor contra mulctam apud sequestrem esse depositam. Dans son Gl. (v° *taki*), il explique, plus exactement, qu'il ne s'agit pas ici de deux taki opposés l'un à l'autre, mais de deux affirmations contraires concernant le même taki, l'un, le demandeur disant qu'il s'agit d'un *fea taki*, fidéjusseur d'une somme d'argent, l'autre (le défendeur) affirmant qu'il est *eþa taki*, fidéjusseur d'un serment. V. *suprà*, note 5.

XIII

Tout le district de Roden qui est au nord de Stockholm (1),
est soumis au droit commun, sauf dans ces causes relativement
à l'appel. Si quelqu'un veut en appeler à la *syn* et à la vérité,
le pari est de trois marks ; on doit en appeler à un þinglagh (2).
Si le plaideur ne veut pas se contenter de la syn du þinglagh,
il a le droit d'en appeler avec un pari de six marks à deux
þinglagh. S'ils ne sont point encore d'accord, on en appellera à
six skiplagh (3) avec un pari de dix marks. Ces six skiplagh
doivent rechercher et voir ce qu'il y a de plus vrai dans la
cause. Il ne peut pas y avoir de pari plus élevé. Ce que les six
skiplagh auront vu et recherché sera valable. Celui qui dans ces
paris veut en appeler au jugement du roi ou duc, peut le faire
avec un pari (4).

XIV

Il est question maintenant de la paix sans la poursuite (1);
ici tous doivent avoir la paix. La paix de l'automne a lieu entre
la messe de Saint-Olaf et la messe de Saint-Michel. La paix de
Noël commence le soir de Noël et finit le huitième jour après le
treizième jour (2). La paix du disathing (3) commence le jour

XIII. — (1) Sur les limites de Roden, v. Schlyter, *Afhand.* II, p. 72, 73,
152.

(2) *þinglagh* = societas judicialis : ita appellatur regio cujus incolæ eodem
judicio subjecti sunt. Schlyter, Gl. Upl.

(3) *Skiplagh* = societas navalis; ita hodieque appellantur territoria, aliis
locis *hundari* v. *hæraþ* dicta, in quæ ora Uplandiæ maritima (Roþin) est di-
visa. Schlyter, Gl. Upl. V. *suprà*, Kgb, 11 : pr. ; 12 : 1. *Sæx skiplagh* =
sex ejusmodi territoria, ex quorum incolis inspectores ad litem decidendam,
appellatione facta, nominabantur. Schlyter, *ibid.*

(4) Cf. Karlsson, *loc. cit.*, p. 33.

XIV. — (1) Loccenius traduit à tort : in parœciis. Cf. Sm., þg. 11 : pr.
Wm. II, þg. 24 : pr.; H. þg. 14 : pr. — V. sur ces paix spéciales, Beau-
chet, *Propr. fonc.*, p. 599; Nordström, II, p. 515; Naumann, *Edsöre*, p. 9;
V. *suprà*, þg. V : 5 et notes.

(2) Jour de l'Épiphanie.

(3) *Disathings friþer* = immunitas ab actionibus judicialibus septimanæ,
qua habebatur conventus mercatorius *disaþing*, dictus. Schlyter, Gl. Upl.,
Disaþing = post acceptum christianismum frequens populi consilium circa

du disathing et a lieu entre deux ting de marché (4). La paix du printemps commence le cinquième dimanche de carême et dure jusqu'à l'Ascension. Tous doivent avoir la paix. Quiconque poursuit un autre pendant la paix paiera une amende de trois marks. — § 1. Quand le roi ordonne une expédition nouvelle, tous doivent alors avoir la paix qui demeurent dans le hundari ou dans le skiplagh d'où est partie l'expédition à la fois des vivres et des hommes, et dans l'autre skiplagh ou hundari d'où sont partis les vivres et non les hommes, on peut agir en justice comme dans l'intervalle des temps de paix et exécuter suivant la loi commune. — § 2. On peut poursuivre le paiement des redevances dues au roi dans tous les temps de paix dont il vient d'être parlé. — Que Dieu donne sa paix à tous ceux qui ont voulu venir ici (5) avec la paix, y rester et en repartir. Que notre roi, que la province et le laghman et tous ceux qui ont entendu la lecture de la loi vivent en paix. Que la paix soit la fin des lois et des cas sur lesquels statuent les lois. Que Dieu soit avec nous tous. Amen.

Le manuscrit E renferme sous cette rubrique : « Des anciennes lois en vigueur à l'époque païenne sur le combat singulier » (1), *les dispositions suivantes :*

festum purificationis Mariæ habitum (*kyndilþing*) et cum mercatu connexum. Schlyter, *ibid.* V. *suprà,* Kgb. 10 : pr.

(4) *Köpþing* = conventus mercatorius, certo quodam, ut videtur, septimanæ die habitus, ut adeo verba : tvæggia *köpþinga mællum* respiciant tempus illud octo dierum, quo celebratum est concilium *disaþing* dictum. Schlyter, Gl. Upl.

(5) C'est-à-dire au ting où avait lieu la lecture de la loi (*laghsagha*) par le laghman. Cf. Schlyter, *Afhand.,* II, 114.

(1) Suivant Kreuger (*Naumann's Tidskrift*, 1882, p. 643), on voit dans la saga d'Egil que le duel était usité dans le Nord comme moyen de preuve. Les faits qui y sont relatés, et qui se passent en 934, ne concernent point la Suède, mais il est vraisemblable que ces mêmes usages étaient suivis en Suède, bien que la preuve ne puisse en être tirée de notre texte. Celui-ci, en effet, a été emprunté par le copiste à l'histoire d'Olaus Petri (*Script. rer. suec.* I, sect. 2, p. 237). Cf. Schlyter, Upl., p. 275, note 100. Cette addition du manuscrit E a, du reste, déterminé certains historiens à croire que le duel judiciaire et les ordalies ont subsisté dans le Nord même après l'introduction du christianisme. Cf. Järta, *loc. cit.,* p. 201, note 28 ; Lindblab, *Lär om bevisn.,* p. 9.

Si quelqu'un injurie (2) une personne (en disant) : « Tu n'es point l'égal d'un homme, et il n'y a pas d'homme dans ta poitrine », (et si l'autre répond) : « Je suis un homme comme toi », ils doivent se rencontrer au croisement de trois chemins. Si là vient celui qui a prononcé les paroles injurieuses, et si ne vient pas celui qui les a entendues, il sera alors comme il a été appelé ; il n'est pas admis à prêter serment ni à porter témoignage, ni pour un homme ni pour une femme. Si là vient celui qui a écouté les injures mais non celui qui les a données, alors il (3) le proclamera trois fois d'infâme et il le marquera en terre (4), et alors (l'autre) sera un homme d'autant plus mauvais qu'il a dit ce qu'il n'a pas osé défendre. S'ils se rencontrent tous les deux avec toutes leurs armes, si celui-là succombe qui a écouté les injures, sa mort donnera lieu à la moitié de l'amende ; si celui-ci succombe qui a donné les paroles injurieuses, la pire des injures (5), et sa langue est cause de sa mort, aucune amende n'est due pour sa mort (6).

(2) V. sur l'injure dans l'ancien droit suédois, Nordström, II, p. 293.

(3) Le premier.

(4) Schlyter, Gl. Upl., v° *Marka :* eum (ut infamem hominem), designat in terra (i. e. palum contumeliosum, Isl. *nidstanng* dictum, in terra erigit, quo indicat se stato loco adfuisse, alterique trina proclamatione infamis hominis nomen dedisse).

(5) Schlyter, gl. Upl. y° *Værri :* « Conviciorum, i. e. conviciatorum pessimus is qui pessima convicia dixit ». Loccenius traduit : « Qui verba impotenti animi ejecit ». Schlyter, Gl. p. 734, dit que le sens de la phrase est probablement celui-ci : « Celui qui par ses paroles a le plus outragé l'autre est le pire et lui-même cause de sa mort ».

(6) Et non point, suivant Ihre : « Sepelitor in loco non consecrato ». Schlyter, Gl. Upl., v° *Aker.*

ADDITAMENTA

I

Au chapitre XIV du livre de l'Église. — Toutes les terres
que l'on donne pour (le salut de) son âme doivent être données au ting ou devant la paroisse (1), si l'on est sain et
bien portant. Si l'on est malade ou si l'on a un empêchement,
autant d'hommes doivent être présents à la donation qu'il
doit y avoir de fastar, et douze hommes l'attesteront. Toutes les terres acquêts et les meubles, on peut les donner
à qui l'on veut pendant que l'on est bien portant. Si l'on est
malade, on ne peut donner à personne sans le consentement
des héritiers, à moins que ce ne soit pour (le salut de) son
âme, et que ce ne soit fait devant l'église ou au ting. Ce qui
est fait là est valable.

II

Au même livre, chap. XVII. — Si quelqu'un fait plusieurs
blessures, chacun poursuivra sa blessure. Aucune ne peut
rester sans réparation (1), et cependant il n'y a pas plus d'une
amende pour violation de la paix. On paiera l'amende pour
ce qui est fait dans une lutte (2).

III

Sur l'edsöre, au livre du roi, chap. IX. — Quand on héberge
des proscrits (1), quel que soit le nombre de ceux qui ont parti-

I. — (1) V. sur la publicité des donations, *suprà*, Kkb. 14, note 4 ; Beauchet, *Propriété foncière*, p. 327 et s.

II. — (1) *Ogilder*, v° *suprà*, Kkb. 13 : 2, note 10.

(2) C'est-à-dire on paiera l'amende comme si tout était fait dans une même
lutte.

III. — (1) Cf. Schlyter, *Afhandl.*, I, p. 90.

cipé au même crime, on paiera une amende unique, ou on se justifiera avec un seul serment. Si le même homme héberge un individu proscrit pour un autre crime, il paiera une seconde amende; la règle est la même s'ils sont plusieurs.

IV

Au même livre, chap. X. — Aucun receveur des impôts (1) n'a le droit d'exécuter ou de prendre un gage (2) pour les redevances légitimes du roi avant que huit hommes de l'attunger n'aient condamné (le défendeur). Il pourra exécuter pour la somme qu'ils déclarent n'avoir pas été payée mais non pour plus.

V

Au livre des successions, chap. X, sur la *morghongæf*. — Si l'on donne à la fois des terres et des meubles, avec des *fastar*, les meubles seront partagés comme les autres meubles communs. Si l'on donne des meubles et pas de terres, celui à qui ils ont été donnés en sera propriétaire sans partage à moins qu'ils n'aient été précédemment redonnés (1).

VI

Au même livre, chap. VII. — Celui qui reçoit les biens d'un mineur par mariage ou autrement sans le consentement des plus proches parents, paiera l'amende de la rapine, suivant ce qu'elle est.

VII

Au même livre, chap. XII. — Toutes les fois qu'une succession s'ouvre, celui qui est né du frère héritera autant que ce

IV. — (1) *Tækiuman* = vectigalarius. Schlyter, Gl. Upl.

(2) *Sökiæ ællr næmæ*. V. sur ces deux modes de poursuite, Beauchet, *Vestrog.*, p. 206, note 1; Amira, p. 234.

V. — (1) La *morghongæf* est, en principe, acquise en toute propriété à la femme, c'est-à-dire, qu'en cas de décès de la femme, elle est transmise intégralement à ses enfants survivants, et, en cas de survie de la femme, elle revient à celle-ci. Notre texte apporte une exception au principe pour le cas où la *morghongæf* est constituée en meubles accessoirement à des immeubles.

frère, et celui qui est né de la sœur héritera autant que la sœur, s'ils sont germains. S'ils sont de lits différents, chacun héritera suivant sa parenté.

VIII

Au livre du manhælghi, chap. VIII. — L'amende du dulgha drap sera partagée en trois parts. Comment on doit prouver qui a commis le meurtre. Celui qui vient au ting et promet l'amende ou a reçu une pénitence ecclésiastique du *provaster* (1) ou de celui qui le remplace (c'est un meurtrier). Si (ces deux sortes de meurtriers existent), le hundari est responsable, autrement (le hundari ne l'est pas) en ce qui concerne le dulgha drap (2).

IX

Au même livre, chap. XXXII. — Si quelqu'un enlève avec violence à un autre un meurtrier, un voleur ou l'auteur d'une mutilation, il paiera une amende de quarante marks et répondra des délits qu'il a commis, s'il a été légalement convaincu de l'accusation. S'il n'a pas été légalement convaincu, le défendeur a alors le droit de faire la preuve négatoire.

X

Au livre de la terre, chap. I. — Jamais une terre n'est légitimement acquise si elle n'a point été légalement offerte (1) ou si elle n'est point restée à la disposition de la famille pendant le délai légal (2).

VIII. — (1) *Provaster* = præpositus territorialis.

(2) Ce texte contient un résumé assez imprécis de ce que décide le chap. VIII Mb.

X. — (1) *Laghbuþin.*

(2) *Laghstandin.* Nous entendons ici ce mot dans le sens que lui donne Schlyter, Gl. Upl. : « qui justo tempore (litis movendæ) præterlapso stabilis evasit (de fundo a cognatis venditoris non intra justum tempus redemto ». Amira, p. 578, n. 4, estime, au contraire mais à tort, selon nous, que le mot *laghstandin* se réfère à l'expiration du délai de la prescription, *laghahæfþ*. Cf. Beauchet, *Prop. fonc.*, p. 156 et 160.

XI

Au chap. VI. — Des contestations foncières. — Si l'un a la possession et si l'autre prétend avoir acquis l'immeuble le premier, on en fera la preuve avec le serment de douze hommes, et l'immeuble appartiendra à celui pour qui ceux-ci se seront prononcés (1).

XII

Au chap. XX. — Si le garant ne veut pas se présenter en justice pour défendre l'aliénation, il doit alors être convaincu avec le serment ou se défendre avec le serment, et personne ne perdra son vitsorþ pendant qu'on est en instance au laghting.

XIII

Au livre sur les rapports entre habitants du by, chap. VI. — Celui qui veut prouver avec des témoins que son échalier est en bon état, le fera avant que la nämnd ne jure. Il ne peut y avoir là plus d'une *syn*. La même loi est applicable aux ponts.

XIV

Au chap. XXIV du même livre. — En ce qui concerne l'incendie fortuit, celui-là prendra le plus de l'amende pour dommage involontaire, qui a souffert le dommage le plus grand. Si l'on échoue dans le serment pour dommage involontaire, la règle est la même. Chacun prouvera la perte de ses biens avec deux hommes et lui-même troisième, et ensuite tous ceux qui ont souffert le dommage seront réduits également, mark pour mark (1).

XI. — (1) V. sur la combinaison des différentes dispositions de la loi d'Upland concernant la translation de la propriété, Beauchet, *op. cit.*, p. 252.

XIV. — (1) L'amende pour incendie involontaire (*vaþabot*) n'augmente pas à raison du nombre des propriétaires lésés par l'accident. En conséquence, ceux-ci se partagent l'amende proportionnellement à l'étendue du dommage subi par chacun d'eux. V. Beauchet, *Propr. fonc.*, p. 601; Amira, p. 723; Björling, *Bötesstr.*, p. 52.

XV

Au livre du ting, chap. V. — Le demandeur doit observer son laghthing aussi bien que le défendeur.

XVI

Au chap. IX. — Si celui qui est demandeur dans la cause n'obtient ni serment ni pænning, il paiera une amende de trois marks pour *offtala* (1).

XVII

Au même chap. — Le juge doit témoigner et les témoins du ting jurer.

XVIII

Au chap. X. — Si quelqu'un en appelle du juge au laghman et ne veut pas poursuivre, lorsqu'il a été légalement assigné et qu'il n'a pas d'empêchement, le jugement du juge est valable. Si l'on en appelle contre la décision du laghman, la loi est la même (1).

XVI. — (1) V. *suprà*, þg. 4 : 1, note 2.
XVIII. — (1) Cf. Chr. Ll., Tg. 73. — Uppström, p. 79.

TABLE ALPHABÉTIQUE DES MATIÈRES [1]

(1) Les chiffres gras indiquent les pages où se trouve le siège de la matière.

BIBLIOTHÈQUE NATIONALE
R.F.
IMPRIMÉS

TABLE GÉNÉRALE DES MATIÈRES

BAR-LE-DUC. — IMPRIMERIE CONTANT-LAGUERRE.

A LA MÊME LIBRAIRIE

BEAUCHET (Ludovic), Professeur à la Faculté de droit de Nancy. — **Histoire de la propriété foncière en Suède**, 1904, 1 vol. in-18........ **12** fr.

DARESTE, Membre de l'Institut, Conseiller honoraire à la Cour de cassation. **Études d'histoire du droit**, 2ᵉ édit., 1909.................... **10** fr.
— **Nouvelles études d'histoire du droit**, 1902, 1 vol. in-8°...... **10** fr.
— Conseiller à la Cour de cassation. — **La science du droit en Grèce, Platon, Aristote, Théophraste**, 1893, 1 vol. in-8°............. **8** fr.

ESMEIN (A.), Membre de l'Institut, Professeur à la Faculté de droit de Paris, Professeur à l'Ecole libre des sciences politiques, Président de section à l'Ecole pratique des Hautes-Etudes. — **Précis élémentaire de l'histoire du droit français de 1789 à 1814, Révolution, Consulat et Empire.** L'ouvrage contient une table des matières alphabétiques très détaillée, 1908, 1 vol. in-8°... **8** fr.
— **Cours élémentaire d'histoire du droit français, à l'usage des Étudiants de 1ʳᵉ année**, accompagné d'une table analytique et détaillée, 1907, 1 vol. in-8°.. **10** fr.
    (Ouvrage couronné par l'Académie des Sciences morales et politiques).
— **Le mariage en droit canonique**, 1891, 2 vol. in-8°.......... **16** fr.
— **Histoire de la procédure criminelle en France et spécialement de la procédure inquisitoire depuis le XIIIᵉ siècle jusqu'à nos jours**, 1881, 1 vol. in-8°... **10** fr.

VIOLLET (Paul), Membre de l'Institut, Professeur d'histoire du droit à l'Ecole des Chartes, Bibliothécaire de la Faculté de droit de Paris. — **Droit privé et sources d'histoire du droit civil français**, accompagné de notions de droit canonique et d'indications bibliographiques, 3ᵉ édition du *Précis de l'histoire du droit français*, corrigée et augmentée, 1905, 1 vol. in-8°... **12** fr.
    (Ouvrage honoré du grand prix Gobert de l'Académie des Inscriptions et Belles-Lettres).

VIOLLET (Paul), Membre de l'Institut, Bibliothécaire de la Faculté de droit de Paris. **Histoire des institutions politiques et administratives de la France** (*Droit public*), 1900-1903, 3 vol. in-8°.............. **26** fr.

KOVALEWSKI (Maxime). — **Coutume contemporaine et loi ancienne. Droit coutumier ossétien éclairé par l'histoire comparée**, 1893, 1 vol. in-8°. Prix.. **12** fr.

BAR-LE-DUC. — IMPRIMERIE CONTANT-LAGUERRE.

www.ingramcontent.com/pod-product-compliance
Lightning Source LLC
LaVergne TN
LVHW010806060726
842527LV00002B/539